Konkurrenz und Solidarität

Campus Forschung
Band 767

Dr. Karl Reinhard Lohmann, geb. 1966, studierte Philosophie, Agrarwissenschaften und Soziologie in Göttingen und Hamburg sowie Wirtschaftswissenschaften in Witten; Projekte in der Internationalen Entwicklungsarbeit, Politikberatung und strategischen Planung; Promotion an der Philosophischen Fakultät Göttingen. Der Autor ist zur Zeit tätig in einer internationalen Unternehmensberatung.

Karl Reinhard Lohmann

Konkurrenz und Solidarität

Rationale Entscheidungen in den Grenzen sozialer Strukturen

Hans-[illegible]
September 2000

Campus Verlag
Frankfurt/New York

Die Deutsche Bibliothek – CIP-Einheitsaufnahme

Lohmann, Karl Reinhard:
Konkurrenz und Solidarität: rationale Entscheidungen in den Grenzen sozialer Strukturen / Karl Reinhard Lohmann. – Frankfurt/Main; New York: Campus Verlag, 1998
(Campus: Forschung; Bd. 767)
ISBN 3-593-36107-8

Druck und Bindung: KM-Druck, Groß-Umstadt
Gedruckt auf säurefreiem und chlorfrei gebleichtem Papier.
Printed in Germany

Inhalt

Teil IV. Rationalität und Koordination

Vorwort

In der vorliegenden Arbeit behandle ich ein Paradoxon der Theorie praktischer Rationalität: In Koordinationskonflikten ist es für alle Beteiligten rational, gemeinsam eine Lösung zu suchen, zugleich aber ist es für jeden einzelnen Beteiligten rational, nur den eigenen Interessen zu folgen, so daß keine gemeinsame Lösung zustande kommen kann. Ich versuche zu zeigen, daß dieses Paradoxon auf einer inadäquaten Beschreibung von Koordinationssituationen und einem zu einfachen Verständnis von Rationalität beruht.

Für reale Personen ist es im allgemeinen vorteilhaft (und oft angenehm), Problemlösungen gemeinsam zu suchen. Eine Reihe von Personen haben geholfen, meine diesbezüglichen Intuitionen zu testen und die Argumente möglichst klar zu formulieren. Mein besonderer Dank gilt Professor Julian Nida-Rümelin (Göttingen), der die Arbeit als Dissertation betreut und kritisch begleitet hat. Daneben danke ich für Kritik und Ermutigung Professor Wilhelm Brandes (Göttingen), Professor Erich Fries (Göttingen), Willi Haan (Rio de Janeiro), Professor Martin Hollis (Norwich), Nelson Killius (München), Professor Birger P. Priddat (Witten), Inez Roellecke (München), Michael Schefczyk (Göttingen), Stephan Schlothfeldt (Düsseldorf), Thomas Schmidt (Göttingen) und Professor Wilhelm Vossenkuhl (München).

Düsseldorf, im Frühjahr 1998

Einleitung

Auf den Schultern von Riesen stehend

Immanuel Kant vertritt in seiner Schrift *Zum ewigen Frieden* die Auffassung, daß Koordinationsprobleme, wie sie z.B. bei der Staatserrichtung entstehen, »selbst für ein Volk von Teufeln (wenn sie nur Verstand haben) auflösbar« sind. Eine solche Auffassung erscheint auf der einen Seite auch dann reichlich optimistisch, wenn man statt von Teufeln von ganz normalen Menschen mit unterschiedlichen Interessen ausgeht, die – so sagen wir heute – rational sind. Unter Rationalität wird oft mit Rückgriff auf Max Webers Analyse der *Wirtschaft und Gesellschaft* eine instrumentelle Zweck-Mittel-Beziehung verstanden, so daß zwischen rationalen Wesen – seien es nun Teufel oder ganz aufrichtige Mitbürger – eher Streit und Zank denn (ewiger) Frieden herrscht. Sinnbild dieser engen Auffassung von Rationalität ist der *homo oeconomicus*, wie er uns im ökonomischen Modell des Marktes aber auch bei Charles Dickens in Gestalt des Scrooge begegnet. Diese pessimistische Auffassung von der Möglichkeit des Zusammenlebens rationaler Personen scheint durch die Arbeiten der formalen Entscheidungstheorie gedeckt zu sein, die wie das bekannte Gefangenendilemma zeigen, daß rationale Akteure, die in einem Konflikt ihren individuellen Vorteil suchen, nicht besonders gut abschneiden.

Auf der anderen Seite entspricht der kantische Gemeinspruch ganz gut unserer lebensweltlichen Erfahrung. Wir können auch dann mit anderen Menschen zusammenleben, wenn sie uns weitgehend egal sind oder wir sogar mit ihnen konkurrieren. Es ist tatsächlich nicht so, daß wir mit anderen Menschen in einem ewigen Krieg aller gegen alle leben. Auch widerspricht die enge instrumentelle Auffassung unserer normalsprachlichen Redeweise von Rationalität. Wir bezeichnen einen Menschen, der seinen eigenen Vorteil zurückstellt, deshalb nicht als irrational. Vielleicht sagen wir, daß es nicht klug sei, so zu handeln. Es mag dennoch gute Gründe dafür geben, den eigenen Vorteil zugunsten anderer, mit denen man zusammenlebt, zurückzustellen.

Es ist also sinnvoll, genauer zu untersuchen, in welchem Sinn wir sagen, eine Person habe Verstand oder sei rational. Die ganz einfache Auffassung von Rationalität, bei der Entscheidungen ausschließlich anhand ihren direkten Konsequenzen bewertet werden, wird unseren vielfältigen Intuitionen und Erfahrungen nicht gerecht. Auch philosophiegeschichtlich bieten sich eine Vielzahl möglicher Interpretationen. Bei Aristoteles bezeichnet die rationale Entscheidung eine »gute Praxis«, die von den Mitgliedern einer Gemeinschaft geteilt wird. Die kantischen Teufel sind nicht einfach die Vorfahren der *homines oeconomici*. In der philosophischen Tradition wird die Rationalitätsdebatte mit weiteren Fragen wie z.B. der nach der Identität handelnder Personen oder nach der Bedeutung übergeordneter Ziele verknüpft. Diese philosophiegeschichtliche Vielfalt findet sich noch bei Max Weber, der die instrumentelle Rationalität neben der Wertrationalität und der traditionalen Orientierung als eine mögliche Art des zielgerichteten Handelns einführt.

Die Prominenz des instrumentellen Verständnisses von Rationalität erklärt sich zum einen daher, daß wir die normative Kraft geteilter Werte oder Überzeugungen eher skeptisch beurteilen. Auch Menschen, die sehr eng zusammenleben, haben ganz unterschiedliche, zum Teil konkurrierende Interessen oder Wünsche und teilen nicht notwendig die gleichen Wertvorstellungen oder Traditionen. Zum anderen erlaubt die instrumentelle Auffassung von Rationalität die Angabe eindeutiger Kriterien zur Bewertung einer Entscheidung, die sich in der Theorie rationaler Wahl oder rationaler Entscheidung auch formal abbilden lassen. Entscheidungs- und Spieltheoretische Modelle können so dazu beitragen, unser Verständnis der Struktur von Koordinationskonflikten zu schärfen.

In der vorliegenden Arbeit geht es um die Frage, wie sich entscheidungstheoretische Rekonstruktionen von Koordinationskonflikten so modifizieren lassen, daß auf der einen Seite der formale Kern der Theorie rationaler Wahl beibehalten werden kann und daß auf der anderen Seite diese Darstellungen nicht gegen unsere Erfahrungen und Intuitionen verstossen. Dabei erweist es sich als hilfreich, moderne Überlegungen an die philosophische Tradition zurückzubinden. Im Vordergrund stehen dabei nicht einzelne Autoren, sondern das traditionell weite Verständnis von Rationalität. Auf diese Weise läßt sich ein begrifflicher Rahmen gewinnen, der erlaubt, sowohl unsere Erfahrungen sinnvoll zu interpretieren als auch normative Kriterien anzugeben, wie rationale Personen in kompetitiven Koordinationssituationen entscheiden sollten.

Kleine Lesehilfe für eilige und nicht ganz so eilige Leser

Für diejenigen, die gerne vorher wissen, woran sie sind, werden die zentralen Argumente aus den vier Hauptteilen der Arbeit im nächsten Abschnitt zusammengefaßt. Allen anderen bieten die kurzen Zusammenfassungen am Anfang jedes Kapitels ausreichend Orientierung bei der Lektüre.

Drei allgemeinere Anmerkungen mögen helfen, Verwirrung zu vermeiden. Die erste betrifft die Fußnoten. Ich gehe bei der systematischen Diskussion einzelner Fragen zum Teil recht freizügig mit den Positionen einzelner Autoren um. In den Fußnoten finden sich dann neben den Verweisen auf weiterführende Literatur auch kurze Diskussionen von spezifischen Fragen, die den Fluß der Darstellung im Haupttext behindert hätten. Allerdings findet sich auch rein Anekdotisches, das für die Lesemühe entschädigen mag. Die zweite Anmerkung bezieht sich auf die Verwendung von Kursivierungen und anderen Hervorhebungen. Lateinische und englische Ausdrücke sind, wenn sie nicht gebräuchlich sind, kursiv gesetzt. Das gilt auch für einige Fachtermini. Umgangssprachliche Ausdrucke und die metaphorische Verwendung einzelner Begriffe sind wie auch Zitate in Anführungszeichen gesetzt. Nicht gebräuchliche Abkürzungen werden bei der ersten Nennung eingeführt. Schließlich ist im deutschen Sprachraum noch immer eine geschlechtsneutrale Verwendung von Personalpronomina, der ich hier folge, ungebräuchlich. Die Leserin möge also nicht erschrecken, wenn unverhofft eine Entscheiderin als Repräsentantin aller, also auch der männlichen Entscheider auftritt. Bei der Verwendung der dritten Person Singular wird zwischen der maskulinen und der femininen Form gewechselt. Im Plural verwende ich durchgehend die maskuline Form.

Ein schneller Überblick über die zentralen Argumente

In dem ersten Hauptteil »Gerechte und effiziente Koordination« wird zunächst diskutiert, welche Eigenschaften Koordinationskonflikte auszeichnen. Knappheit, so der Ausgangspunkt im ersten Kapitel, ist nicht eine Eigenschaft von Dingen, sondern von sozialen Beziehungen, so daß Menschen unter der Bedingung von Knappheit gemeinsam ein Koordinationsproblem lösen müssen (Kap. 1.1). Solidarität wird in einem schwachen Sinne als Eigenschaft von Koordinationslösungen eingeführt, die gemeinsam gefunden werden und also zustimmungsfähig sein müssen. Das gilt mindestens dann, wenn man (wie in der Mehrzahl moderner Gesellschaften) ausschließt, daß das Faustrecht herrscht. Jede zustimmungsfähige Lösung muß sowohl in einem ausweisbaren Sinne gerecht als auch effizient sein (Kap. 1.2). Traditionell finden sich zwei Lösungsversuche, die sich etwas grob als »etatistische Lösung« und als »Markt-orientierte Lösung« bezeichnen lassen (Kap. 1.3). Im ersten Fall werden Fragen der Gerechtigkeit dem Problem der Effizienz vorgeordnet. Im zweiten Fall werden Gerechtigkeitsfragen auf die effiziente Lösung eines Optimierungsproblems reduziert. Die zweigeteilte These, die ich in der Arbeit vertrete, lautet dann etwas holzschnittartig: (1) Das Problem der Beziehung zwischen Fragen der Gerechtigkeit und Fragen der Effizienz in Koordinationskonflikten ist weder durch (institutionelle) Vorordnung noch durch Reduktion adäquat beschrieben. (2) Es gibt eine effiziente und gerechte Lösung des Koordinationsproblems, wenn die Entscheidungen rationaler Personen unter der Bedingung von Knappheit nicht unabhängig voneinander beschrieben werden. Die scheinbare Dichotomie zwischen Fragen der Gerechtigkeit und Fragen der Effizienz wird anhand von zwei Überlegungen kritisiert. Zum einen präjudiziert jede Antwort auf Fragen der Gerechtigkeit bestimmte Lösungen des Effizienzproblems (und vice versa), so daß Gerechtigkeit und Effizienz nicht getrennt behandelt werden können (Kap. 2.1). Zum anderen zeigt sich am Beispiel öffentlicher Güter (Kap. 2.2), daß es nicht möglich ist, eindeutig zwischen einem öffentlichen Bereich (»Gerechtigkeit«) und einem privaten Bereich (»Effizienz«) zu unterscheiden. Der erste Hauptteil schließt mit zwei realen Beispielen, die sich weder mit dem Marktmodell adäquat beschreiben lassen noch mit (liberalen) etatistischen Ansätzen erklärbar sind (Kap. 2.3). Weil Gerechtigkeit und Effizienz gleichermaßen als gute Gründe aufgefaßt werden können, scheint eine Diskussion des Koordinationsproblems im Kontext der Theorie praktischer Rationalität geeignet, die (scheinbare) Dichotomie der beiden Begriffe zu überwinden.

Das setzt aber eine Modifikation der konsequentialistischen Standardinterpretation der Theorie rationaler Wahl im Sinne des zweiten Teils der These voraus. Als paradigmatischer Fall unabhängiger Entscheidungen gelten ökonomische Wahlhandlungen an idealen Märkten. Im zweiten Hauptteil »Der Markt als Koordinationsmechanismus« wird gezeigt, daß die ökonomische Gleichgewichtstheorie nicht geeignet ist, Koordinationsprobleme adäquat zu beschreiben. Zunächst werden die Grundbegriffe des Marktmodells rationalitätstheoretisch rekonstruiert (Kap. 3). Das zentrale Argument gegen das Gleichgewichtsmodell richtet sich gegen die ökonomische Modellierung der Person (Kap. 4). In dem Marktmodell werden Personen über ihre indirekte Nutzenfunktion abgebildet. Diese Modellierung ist nicht kompatibel mit Annahmen, die wir voraussetzen, wenn wir Personen Wünsche zuschreiben. Auf diesen normalsprachlichen Begriff können wir aber bei der Beschreibung von Koordinationskonflikten nicht sinnvoll verzichten. Die Zuschreibung von Wünschen setzt bei der Beschreibung von Personen voraus, daß wir über eine Vorstellung von Handlungsgründen verfügen (Kap. 5). Versuche, das ökonomische Standardmodell in dieser Weise zu modifizieren, scheitern, wenn ausschließlich parametrische Entscheidungen betrachtet werden (Kap. 6).

In dem dritten Hauptteil »Strategische Wahl und Koordination« werden Koordinationskonflikte deshalb spieltheoretisch im Rahmen strategischer Entscheidungen rekonstruiert. Dabei gehe ich von der Beschreibung von Koordinationskonflikten im Gefangenendilemma aus, das die symmetrische Struktur von Konkurrenzbeziehungen gut darstellt (Kap. 7). Dem Gefangenendilemma widersprechen unsere Intuitionen über Koordinationssituationen, in denen Menschen sowohl konkurrierende Wünsche als auch ein gemeinsames Interesse daran haben, eine Lösung zu finden. Diese Intuition wird mit dem bekannten Symmetrieargument rekonstruiert (Kap. 8). Diese beiden gegensätzlichen Positionen schreibe ich (unter Verzicht auf philologischen Ehrgeiz) Thomas Hobbes und John Locke zu. Soweit halte mich an die Darstellung bekannter Argumente, die aber unter den Pseudonymen »Hobbes« und »Locke« auch normalsprachlich diskutiert werden. Auch die beiden ersten Abschnitte des folgenden Kapitels (Kap. 9.1 und 9.2) sind weitgehend darstellend. Anhand der Theorie iterierter Spiele und eines Rückwärtsinduktion-Argumentes wird gezeigt, daß der mögliche Konflikt zwischen Gerechtigkeit und Effizienz auch bestehen bleibt, wenn man annimmt, daß sich Koordinationssituationen mehrmals (aber endlich oft) wiederholen. Die Situation ändert sich, wenn man wie in dynamischen Spielen die einzelnen Entscheidungen einer Folge von Koordinationssituationen nicht separat beschreibt (Kap. 9.3 und 9.4). Mit der Beschreibung dynamischer Spiele wird nun auch die These, daß Entscheidungen in Koordinationskonflikten nicht unabhängig voneinander beschreibbar sind, verständlich: Um in Koordinationskonflikten ihre je eigenen Interessen verfolgen zu können, müssen die Akteure auch die Entscheidungen ihrer Mitspieler antizipieren und ggf. versuchen, diese zu beeinflussen. Wenn wir unter diesen Umständen sinnvoll am Begriff der rationalen Entscheidung (und am formalen Kern der Theorie rationaler Wahl) festhalten wollen, können wir Handlungsalternativen nicht ausschließlich über die einer Person zuordenbaren Auszahlungen (Konsequenzen) beschreiben.

Im vierten Hauptteil »Rationalität und Koordination« werden Versuche diskutiert, Handlungsalternativen (und Koordinationskonflikte) anders zu beschreiben. Eine solche Möglichkeit bieten Verhandlungsspiele, die nicht von einer Menge von Handlungsalternativen mit diskreten Auszahlungen, sondern von einem stetigen Verhandlungs- oder Auszahlungsraum ausgehen, um den Personen konkurrieren. Anhand der axiomatischen Darstellung der Nash-Zeuthen-Verhandlungslösung läßt sich meine These nun auch formal präzisieren: Im Rahmen der durch Verhandlung gegebenen sozialen Strukturen sind einige Handlungsoptionen auch dann für die Entscheidung einer Person irrelevant, wenn sie individuell besonders vorteilhaft wären (Kap. 10). Allerdings läßt sich so kein über das Pareto-Kriterium hinausgehendes substantielles Gerechtigkeitskriterium auszeichnen. David Gauthiers modifizierte Verhandlungslösung (Kap. 11) läßt sich als Versuch verstehen, mit Verweis auf John Locke und ausgezeichnete (»natürliche«) individuelle Rechte für Verhandlungen ein stärkeres Gerechtigkeitskriterium zu gewinnen. Dieser Versuch scheitert im Rahmen der konsequentialistischen Standardinterpretation der Theorie rationaler Wahl oder setzt ein nicht wirklich klares Verständnis davon voraus, was es heißt, eine rationale Entscheidung zu fällen. Das Gauthier-Programm wird unter Bezugnahme auf neuere Arbeiten zu *Negotiation-Games* (Kuchenteilungsspielen) wieder aufgegriffen (Kap. 12.1).

Dabei wird wie bei Gauthier die formale Struktur solcher Spiele normativ interpretiert. Die Positionen der Akteure in der Ausgangsverteilung eines Spieles lassen sich sinnvoll als Rechte auffassen (Kap. 12.2), wobei hier »Recht« nicht im Sinne justitiabler Ansprüche, sondern in einer weiten Verwendungsweise analog zu »sozialen Rechten« verstanden werden muß. Anders als bei Gauthier werden positionale Rechte im Rahmen der sozialen Struktur des Spieles begründet. Zustimmungsfähige Koordinationslösungen setzen symmetrische positionale Rechte voraus. Diese Rationalitätsforderung an Koordinationsspiele läßt sich sinnvoll als Gleichberechtigung in einem Spiel interpretieren. Eine solche Interpretation ist nicht mit der konsequentialistischen Standardinterpretation der Theorie rationaler Entscheidung vereinbar, ist aber im Rahmen der sozialen Strukturen von Koordinationskonflikten, wie sie sich in Kuchenteilungsspielen abbilden lassen, wohlbegründbar. Menschen müssen gemeinsam oder eben solidarisch eine Lösung für ihre Koordinationskonflikte finden. Aus Gleichberechtigung folgt jedoch nicht das Gleichheitsprinzip, sondern ein davon zu unterscheidendes Gerechtigkeitskriterium der Neid-Freiheit (*envy-freeness*) (Kap. 12.3). Anhand eines konstruierten Koordinationskonfliktes wird ein Kuchenteilungsspiel unter der Bedingung symmetrischer positionaler Rechte dargestellt (Kap. 12.4). Es zeigt sich, daß solche Beschreibungen vielleicht besonders gut unseren Erfahrungen und Intuitionen über Koordinationskonflikte entsprechen (Kap. 12.5). Im abschließenden Kapitel werden nach einigen Hinweisen zur Abgrenzung der dargestellten Lösung von anderen Vorschlägen (Kap. 13.1 und 13.2) die Beispiele aus dem ersten Hauptteil wiederaufgenommen und als Kuchenteilungsspiel rekonstruiert (13.3). Ich schließe mit einigen Anmerkungen zu der Frage, inwiefern diese Überlegungen mit einer politischen Verwendungsweise von »Solidarität« vereinbar sind, und dem Verweis auf offene Fragen. Aber erst einmal fange ich an.

Teil I
Gerechte und effiziente Koordination

Kapitel 1

Das Koordinationsproblem

1.1 Knappheit als Ausgangspunkt: Vertreibung aus dem Schlaraffenland

Im Schlaraffenland sind die Flüsse aus Milch und Honig, und gebratene Tauben fliegen durch die Luft – alle haben von allem im Überfluß. Zwar mag es sein, daß die Schlaraffen lieber gemeinsam unter Bäumen liegen und es sich in einer Gruppe wohlergehen lassen, aber sie sind, auch wenn sie so beisammen liegen, nicht voneinander abhängig. Keine Paarungslust verdirbt ihnen das Leben, und selbst wenn einmal zwei Schlaraffen unter derselben Palme nach Kokusnüssen suchen, kommt es zu keinem Streit, da sie zwischen dieser und jeder anderen Palme indifferent sind. Die Schlaraffen sind nicht nur wohlgenährt und gemütlich, sondern auch frei.[1]

Außerhalb des Schlaraffenlandes dagegen leben Menschen unter der Bedingung von Knappheit. Anders als die Schlaraffen sehen sich »reale« Menschen vor die Frage gestellt, wie sie ihre Interessen miteinander koordinieren können und sollen. Eine Antwort auf diese Frage setzt voraus, daß wir möglichst genau verstehen, was Koordinationsprobleme kennzeichnet und welche Kriterien für ihre Lösung relevant sind. Genau dies soll in diesem ersten

---

1 Freiheit folgt aus den als Schlaraffen-typisch unterstellten Präferenzordnungen, d.h. der Annahme, daß Schlaraffen zwischen allen Handlungsalternativen indifferent sind. Unter diesen Bedingungen dürfte es weder zu der Entwicklung von Industrie und Landwirtschaft, noch von Wissenschaften und Kunst kommen. Letzteres immerhin haben Hobbes' Toren (Hobbes 1980: 13. Kap) im Naturzustand mit den Schlaraffen gemeinsam.

Kapitel geleistet werden. Dazu müssen wir zuerst möglichst genau beschreiben, was es heißt, daß Menschen unter der Bedingung von Knappheit leben.

Die adverbiale Verwendungsweise von »knapp« oder »Knappheit« in dem Satz »Menschen leben unter der Bedingung von Knappheit« scheint *prima facie* sinnlos. Man kann sagen, daß in der Wüste Wasser knapp ist oder daß in einer Runde von Zechern am frühen Morgen das Bier knapp ist. Hier wird »knapp« als Attribut verwendet. Knappheit, so die sprachliche Intuition, ist ähnlich wie »vom Aussterben bedroht« eine Eigenschaft bestimmter Dinge oder Arten (*kinds*) in der Welt.[2] So wie wir sagen, daß der Wolf in den Pyrenäen vom Aussterben bedroht ist, können wir sagen, daß Wasser in der Wüste oder daß Bier am Morgen knapp sind. Schon die beiden Beispiele »Wasser« und »Bier« machen jedoch deutlich, daß die sprachliche Intuition irregeht. Das Bier ist nur deshalb knapp, weil die Zecher beim Einkauf ihren Durst unterschätzt haben und weil sie auch am frühen Morgen weitertrinken wollen, anstatt schlafen zu gehen. Ähnlich verhält es sich auch mit dem Wasser in der Wüste, das nur dann knapp ist, wenn nicht ausreichend für die Menschen oder Kamele vorhanden ist, die sich an dem Wasserloch versammeln. Zwar ist das natürlich (ohne technische Hilfsmittel) verfügbare Angebot von Wasser an bestimmten Orten beschränkt; wir sagen dann aber eher, daß Wasser z.B. in der Wüste selten oder rar ist. Knappheit ist nicht eine Eigenschaft von Dingen in der Welt, sondern die Eigenschaft einer Situation, in der die Nachfrage nach einem Ding oder einer Handlungsoption das Angebot übersteigt.

Zwar sagt man in der Ökonomik, wenn man den *terminus technicus* des »Gutes« einführt, daß Knappheit eine notwendige und hinreichende Charakterisierung ökonomischer Güter ist. »Knapp« bezeichnet aber nicht die Eigenschaft von Dingen oder Handlungen, die unter den Begriff »ökonomisches Gut« subsumiert werden, sondern kennzeichnet die Situation, in der diese Dinge oder Handlungen relevant sind. Die Nachfrage nach (knappen) Gütern übersteigt das Angebot. »Etwas nachfragen« und »etwas anbieten«

---

2 Diese Auffassung diskutiert Nelson (1990: 102-135). Die Vorstellung, daß Knappheit eine Eigenschaft der Welt sei und man bei dem derzeitigen Stand der Güterproduktion nicht von Knappheit reden könne, sondern nur von einem Problem der Verteilung, wird auch in den Diskussionen über Internationale Entwicklungszusammenarbeit von einigen Kritikern vertreten (Duchrow 1986: 191-196).

sind Handlungen von Personen. Dabei müssen die Begriffe »Nachfrage« und »Angebot« noch spezifiziert werden. Statt eines Zeit-Indizes verwendet man den zu erbringenden Aufwand oder kürzer den Preis[3] zur genauen Kennzeichnung: Die Nachfrage nach einem Gut übersteigt bei einem Preis p_1 das Angebot (dieses Gutes zu p_1).[4]

Man könnte nun einwenden, daß also nicht der Nachfrageüberhang, sondern der erforderliche Aufwand Knappheit kennzeichnet. Im Schlaraffenland ist mit dem Verzehr von Milch, Honig, gebratenen Tauben usw. kein Aufwand verbunden. Außerhalb des Schlaraffenlandes hingegen sind Milch, Honig und gebratene Tauben nicht ohne Aufwand irgendeiner Art (eine Kuh melken, ein Bienenvolk suchen oder eine Taube jagen) verfügbar. Der Unterschied zwischen den Schlaraffen und »realen« Menschen, die unter der Bedingung von Knappheit leben, sei also, daß »reale« Menschen das Brot im Schweiße ihres Angesichts essen müßten.[5] Knappheit, so der Einwand, ist durch Arbeit charakterisiert.[6] Es ist zwar eine (vielleicht bedauerliche) Tatsache, daß Menschen außerhalb des Schlaraffenlandes für ihr Überleben arbeiten müssen, aber es ist nicht einsichtig, daß die in einem Zustand geleistete Arbeit eine notwendige Bedingung dafür ist, daß wir von Knappheit sprechen. Wasser ist für Wüstenbewohner knapp, weil die Nachfrage das Angebot übersteigt – unabhängig davon, ob sie es direkt einem kleinen See in

3 Technisch entsprechen sich Preis und Aufwand natürlich nicht; der Verweis auf den Preis zeigt hier nur, daß der Aufwand negativ bewertet wird. Das ist z.B. bei Menschen, die »unter großem Aufwand« ihrem Hobby frönen, nicht der Fall.

4 Ich werde oben (Kap. 3.1) zeigen, daß diese Definition eine erstaunliche Pointe für die Interpretation der Marktlösung des Koordinationsproblems enthält: Im statischen Markt-Gleichgewicht herrscht keine Knappheit – und gibt es also kein Problem der Koordination. Das ist natürlich ein semantischer Trick.

5 Der Umzug aus dem Schlaraffenland in unsere Welt der Knappheit ähnelt also der Vertreibung aus dem Paradies, die mit dem unangenehmen Umstand verbunden war, daß der Mensch sich fortan mit Mühsal nähren und das Brot im Schweiße seines Angesichts essen sollte, siehe 1. Moses 3.17-19. Eine ähnliche Beschreibung des Koordinationsproblems findet sich bei Hollis (1984: 230-253).

6 Die Auffassung, daß gerade die aufgewendete Arbeit die *differentia specifica* für die Charakterisierung des Lebens außerhalb des Schlaraffenlandes bilde, weil mit Arbeit natürliche Rechtsansprüche verbunden seien, kann sich auf Locke (1983: V. Kap.) berufen.

einer Oase entnehmen oder (unter Aufwendung von Arbeit) einen Brunnen bohren müssen. Bier hingegen ist bei einer Versammlung des *Blauen Kreuzes* niemals knapp – auch dann nicht, wenn es sich bei den Versammelten um Mitarbeiter einer Brauerei handelt.

Die Pointe der Vertreibung aus dem Schlaraffenland ist nicht, daß die Menschen nun arbeiten müssen, sondern daß »reale« Menschen im Gegensatz zu den Schlaraffen zwischen alternativen Handlungen nicht indifferent sind. Menschen haben Wünsche oder Interessen, die sie verschieden bewerten: Wir schreiben ihnen Präferenzen zu.[7] Der Begriff der Präferenz steht für ein theoretisches Konzept, das erst oben (Kap. 3.1 und 5.3) formal eingeführt wird. Vorerst werden die Begriffe »Wunsch«, »Interesse« und »Präferenz« synonym verwendet. Bei der Wahl zwischen verschiedenen mehr oder weniger gut geeigneten Mitteln oder Handlungen entscheiden sich rationale Menschen für das am besten geeignete Mittel oder die am besten geeignete Handlung, um diese Wünsche zu befriedigen. Statt von »am besten geeignet« kann man auch von »effizient« sprechen. Dieses Rationalitätsprinzip individueller Entscheidungen folgt aus der Art, wie wir über Wünsche oder Interessen von Personen sprechen, und ist nur formal bestimmt. Ein Zustand der Knappheit ist durch die Wünsche realer Personen gekennzeichnet, die (leider) nicht immer befriedigt werden können.

Aber auch diese Antwort auf die Frage, was Knappheit ist, bleibt unbefriedigend. Stellen wir uns einen Robinson Crusoe vor, den es alleine auf eine Insel verschlägt, auf der es leider nur eine einzige Palme gibt. Robinson würde gerne mehr Kokusnüsse essen, als die Palme trägt, d.h. die Nachfrage übersteigt das Angebot. Trotzdem sind wir in diesem Fall (vielleicht) unsicher, ob man sagen kann, Robinson lebe auf seiner Insel unter der Bedingung von Knappheit oder Kokusnüsse seien auf der Insel knapp. Um unsere sprachlichen Intuitionen zu testen, stellen wir uns vor, daß es sich nicht um den Wunsch (die Nachfrage) nach Kokusnüssen handelt, sondern um den Wunsch nach Barrique-gereiftem Bordeaux, den es auf der Insel nicht gibt. Robinsons Nachfrage nach Barrique-gereiftem Rotwein übersteigt das verfügbare Angebot, so wie seine Nachfrage nach Kokusnüssen das Angebot

---

7 Die Urahnen realer Menschen haben vom Baum der Erkenntnis gegessen und wollten sich fortan lieber schick mit geflochtenen Feigenblättern kleiden, als nackt herumzulaufen, 1. Moses 3.7-8.

durch die eine Palme übersteigt. Man könnte gegen dieses Beispiel einwenden, anders als die Kokusnüsse sei der Barrique-gereifte Wein nicht »wirklich« vorhanden und also könne er auch nicht knapp sein oder Knappheit konstituieren. Folgt man diesem Einwand, wird der Begriff des Wunsches sinnlos: Robinson könnte sich nur je das wünschen, was er bereits hat. Auch der Wunsch nach Kokusnüssen würde in dem Moment gegenstandslos, in dem der letzte Tropfen Kokusmilch getrunken ist. Zwar wäre eine Welt, in der Menschen so beschaffen wären, daß sie jeweils nur das wünschen, was sie besitzen, vielleicht besonders angenehm, sie widerspricht aber unserer Redeweise von Wünschen. Mit dem Rotwein verhält es sich wie mit den Kantischen Talern[8] (Kant 1781: A 596-600), die man sich auch dann wünschen kann, wenn sie nicht munter in der Tasche klimpern. Damit man sagen kann, Robinson wünsche sich Barrique-gereiften Rotwein, muß er sich nur einen Begriff davon machen können, wie schön es wäre, auf seiner tropischen Insel bei Sonnenuntergang Barrique-gereiften Rotwein zu trinken. Auch wenn Robinsons Wunsch nach Kokusnüssen (und einigen Flaschen Wein) unerfüllt bleibt, würden wir aus begrifflichen Gründen nicht sagen, er lebe unter der Bedingung von Knappheit.

In welchem Sinn kann man dann aber sagen, Menschen lebten unter der Bedingung von Knappheit? Wir bleiben bei Robinson und schauen, ob sich die Situation ändert, wenn wir die Insel mit Mitbewohnern bevölkern. Knappheit, so die These, ist eine Eigenschaft sozialer Situationen, weil nun mehrere Personen die ohnehin wenigen Kokusnüsse zwischen sich aufteilen müssen. Gegen diese These könnte man einwenden, daß unklar ist, was sich mit der Ankunft Freitags (und weiterer Personen) geändert hat. Wenn wir einen Zustand, in dem der einsame Robinson seinen Wunsch nach Kokusnüssen nicht befriedigen kann, aus begrifflichen Gründen nicht als Knappheit bezeichnen, dann können wir auch die neue Situation, in der Robinson und Freitag den beiden gemeinsamen Wunsch nach Kokusnüssen nicht befriedi-

8 Das Argument hängt allerdings an unseren sprachlichen Intuitionen über die Verwendung von »möglich«. Auch wenn man anders als ich der Meinung ist, daß weitere (sic!) Kokusnüsse in einer anderen Weise auf Robinsons Insel »möglich« sind als der Barrique-gereifte Bordeaux, kann man die weiteren Schritte mitgehen. Man wird dann aber der Ressourcenausstattung und anderen empirischen Nebenbedingungen mehr Aufmerksamkeit widmen müssen, als ich es im folgenden tue.

gen können, nicht als Knappheit bezeichnen. Eine Situation nach der Ankunft Freitags entspricht genau einer Situation, in der der Wind dem einsamen Robinson einige Kokusnüsse ins Meer weht. Dieser Einwand setzt voraus, daß wir in derselben Weise, wie wir über Robinsons Wunsch nach Kokusnüssen sprechen, auch über den gemeinsamen Wunsch von Robinson und Freitag nach Kokusnüssen sprechen können. Das ist aber nicht der Fall. Robinson und Freitag haben je den Wunsch nach Kokusnüssen. Wenn die einzige Palme auf der Insel nicht genügend Kokusnüsse trägt, um Robinsons und Freitags Wünsche nach Kokusnüssen zu befriedigen, dann konkurrieren die beiden um die Verteilung der Kokusnüsse. Robinson und Freitag leben unter der Bedingung von Knappheit. Knappheit kennzeichnet eine soziale Situation, in der Menschen miteinander um die Verteilung von Gütern konkurrieren.[9]

Auf dieser Grundlage können wir jetzt versuchen, das Koordinationsproblem realer Personen genauer zu kennzeichnen. Das Zusammenleben unter der Bedingung von Knappheit ist im Vergleich mit dem Schlaraffenland ein merkwürdiger Zustand. Wir haben für unsere Schlaraffen unterstellt, daß sie zwischen alternativen Handlungen indifferent sind. Es ist unklar, in welchem Sinne man dann davon sprechen kann, daß ein Schlaraffe Wünsche oder Interessen hat. Schlaraffen sind zwischen alternativen Handlungen indifferent. Daraus folgt, daß sie auch nicht voneinander abhängig sind. Es ist dann gleichermaßen unklar, in welchem Sinne man davon sprechen kann, daß Schlaraffen eine Gemeinschaft bilden. Dagegen gehört es zu unserer Beschreibung von Personen, daß wir ihnen Wünsche zuschreiben können, die unter der Bedingung von Knappheit konfligieren. Reale Menschen konkurrieren miteinander um Güter, zwischen denen sie nicht indifferent sind. Anders als im Schlaraffenland bekommt nicht jeder, das was er will. Das Koordinationsproblem stellt also tatsächlich einen Konflikt dar.[10] Ich werde die Begriffe »Koordinationsproblem« und »Koordinationskonflikt« im folgenden synonym verwenden. Damit ist das Situation außerhalb des Schlaraffenlandes aber noch nicht vollständig beschrieben. Reale Menschen müssen Güter zwi-

---

9 Man könnte auch sagen, Knappheit sei die Eigenschaft eines Präferenz*systems* mehrerer Personen.

10 In der formalen Spieltheorie unterscheidet man zwischen Koordinationsproblemen und Kooperationskonflikten; ich komme auf diese Unterscheidung noch zurück.

schen sich aufteilen. Das ist natürlich auf der einen Seite unangenehm. Auf der anderen Seite können wir von realen Menschen, die miteinander konkurrieren, sagen, daß sie eine Gemeinschaft bilden, weil sie anders als die Schlaraffen nicht unabhängig voneinander sind. Sowohl die Konkurrenz als auch die wechselseitige Abhängigkeit sind Kennzeichen des Koordinationsproblems. Unter diesen Bedingungen ist nicht recht klar, wie sich dieses Problem lösen läßt.

1.2 Effizienz und Gerechtigkeit als Kriterien der Zustimmung zu Koordinationslösungen

Im Schlaraffenland sind die Menschen unabhängig voneinander, weil sie zwischen möglichen Handlungen indifferent sind. Das Zusammentreffen »realer« Menschen unter derselben Palme beinhaltet unter der Bedingung von Knappheit, anders als zwischen Schlaraffen, ein Verteilungsproblem – sie müssen ihre Interessen koordinieren. Die einfachste Lösung dieses Problems scheint in der Durchsetzung des »Rechts des Stärkeren« zu bestehen. Unter Umständen können den Betroffenen mit dieser Lösung allerdings Kosten entstehen, die andere Lösungen vorteilhafter erscheinen lassen. Wenn unsicher ist, wer in einem Fall der Stärkere ist, müssen sich die Konkurrenten schlagen, einen Wettlauf veranstalten oder sich in anderer (relevanter) Weise messen. Das »Recht des Stärkeren« kann unter Unsicherheit zu teuer, d.h. ineffizient, sein. Man kann die Lösung von Koordinationsproblemen über das »Recht des Stärkeren« aber auch einfach aus normativen Gründen zurückweisen.[11]

Jede andere Lösung des Koordinationskonfliktes bedarf der Zustimmung der Betroffenen. Die Forderung nach qualifizierter Zustimmung ist hier als normative Forderung zu verstehen, so daß wir die Zustimmung aller rationalen, wohlüberlegt urteilenden Personen fordern. Dieses normative Kriterium der Zustimmungsfähigkeit einer Lösung unterscheidet sich von der For-

11 Vgl. dazu Tugendhat (1992a: 315).

derung nach einem faktischen Konsens oder einer Mehrheitsregel.[12] Menschen suchen gemeinsam eine zustimmungsfähige Lösung von Koordinationsproblemen, weil sie das »Recht des Stärkeren« ablehnen (sei es aus Kostengründen oder anderen Gründen). In einer etwas altertümlichen Wendung kann man sagen, daß die Lösung eines Koordinationsproblems eine solidarische Entscheidung der Beteiligten (oder Betroffenen) darstellt. Diese Verwendungsweise von »solidarisch« zur Bezeichnung einer durch alle Beteiligten zustimmungsfähigen Lösung entspricht dem etymologischen Stamm des Wortes, das sich von dem lateinischen *solidus* »fest« oder »ganz« ableitet. Es ist zunächst unklar, welche konkreten normativen Folgerungen sich aus der Forderung nach Solidarität im Sinne von Zustimmungsfähigkeit ergeben. Es ist dann natürlich auch offen, ob das Ergebnis der solidarischen Entscheidung solchen starken normativen Forderungen entspricht, die in einer sozialgeschichtlichen Verwendungsweise des Begriffes (und etwas beliebig in politischen Auseinandersetzungen) als solidarisch bezeichnet werden.[13]

Man kann »Zustimmung« in einer nicht technischen, nicht juristischen Verwendungsweise des Begriffes als die Anerkennung (sozialer) Rechte beschreiben.[14] Damit wird offengehalten, was als Gegenstand der Zustimmung betrachtet wird: Rechte können sowohl soziale Zustände charakterisieren als auch Verfahren oder Regeln, deren Ergebnis offen ist. Es gibt verschiedene Kriterien, die für die Zustimmungsfähigkeit relevant sind.

---

12 Zu der Konsensregel und pragmatischen Abschwächungen in Form von Mehrheitsregeln siehe Buchanan/Tullock (1971: 63-68).

13 Der Begriff der Solidarität wird einigermaßen willkürlich für verschiedene Positionen verwendet. Ich lehne mich (sehr) grob an die Verwendungsweise bei Rorty (1988: 11-37, insbes. 14-15) an. Anders als bei Rorty folgt aus den Kriterien der Zustimmungsfähigkeit, die im folgenden erläutert werden, in der hier vorgeschlagenen Verwendungsweise keine *pragmatistische* Position. Für einen anderen, normativ aufgeladenen Begriff der Solidarität siehe Bayertz (1996: 305-329).

14 Das macht z.B. Coleman (1990: 54). Solche Rechte können ganz verschiedener Art sein; so können sie auch darin bestehen, ein Gut nur über einen bestimmten Zeitraum oder nur einen bestimmten Teil eines Gutes zu nutzen, siehe dazu Kleinewefers (1985: 333-362). »Soziale Rechte« wird hier als *terminus technicus* in Abgrenzung zu »natürlichen Rechten« verwendet, um solche Rechte zu kennzeichnen, die erst mit der Anerkennung in der Gruppe entstehen.

Man kann erstens sagen, daß eine rationale Person einer Lösung von Koordinationskonflikten nur zustimmen sollte, wenn keine andere Lösung erreichbar ist, die sie besserstellen würde. Das gilt natürlich für alle Personen, so daß man folgendes Kriterium formulieren kann: Rationale Personen sollten in einem Koordinationskonflikt einen sozialen Zustand anstreben, in dem keine Person bessergestellt werden kann, ohne daß eine andere Person dadurch schlechtergestellt wird. Unter einem sozialen Zustand versteht man eine Situation, die von den beteiligten Personen gemäß ihrer Präferenzen bewertet wird. Man kann sich das wie ein Gesellschaftsspiel vorstellen, an dem sich mindestens zwei aber auch beliebig viele Spieler beteiligen können. Wir setzen voraus, daß alle Beteiligten rational sind. Das Spiel besteht darin, aus einer großen Menge von verschiedenfarbigen Murmeln gemeinsam die »schönste« Kette zusammenzustellen. Allerdings sind sich die Personen eben nicht einig, was »schön« ist. Die Personen ordnen den verschiedenen Permutationen je individuell Punkte (Nutzenwerte) zu, so daß sich ihre Bewertungen nicht entsprechen müssen. Jede Kombination von Murmeln entspricht nun dem, was man als einen sozialen Zustand bezeichnet. Es gilt nun den Zustand zu finden, der am höchsten bewertet wird – eben die in diesem Sinne schönste Kette. Dazu wird folgende Spielregel eingeführt. Alle Beteiligten haben über die ganze Dauer des Spieles hinweg das Recht, Murmelkombinationen vorzuschlagen. Ein Vorschlag wird nur dann übernommen, wenn alle Mitspieler zustimmen. Wenn keiner der Beteiligten mehr einen Vorschlag unterbreiten kann, dem alle zustimmen, kann keiner der Beteiligten bessergestellt werden, ohne daß ein anderer schlechtergestellt wird. Einen solchen Zustand bezeichnet man als Pareto-effizient. Die Wahl zwischen sozialen Zuständen läßt sich als Allokationsproblem beschreiben. Ein Pareto-effizienter Zustand entspricht *prima facie* auch der unter den gegebenen Umständen der Knappheit besten möglichen Wahl einer einzelnen Person.

Aber Pareto-Effizienz ist kein hinreichendes Kriterium, um eine zustimmungsfähige Lösung von Koordinationskonflikten eindeutig auszuzeichnen. Zum einen sind Situationen möglich, in denen die individuell unter der Bedingung von Knappheit besten möglichen Wahlhandlungen der einzelnen Personen nicht zu einem Pareto-effizienten Ergebnis führen. Für Robinson und Freitag ist es je individuell rational zu versuchen, mit einer langen Bambusstange möglichst viele reife Kokusnüsse abzuschlagen. Wenn beide mit ihren Stangen hantieren, fallen aber auch einige Kokusnüsse herunter, die noch nicht reif sind. Sie hätten sich (Pareto-) besserstellen können, wenn sie sich darauf verständigt hätten, daß nur einer von beiden die reifen Früchte abschlägt und daß sie diese dann zu gleichen Teilen zwischen sich aufteilen. Leider sprechen die beiden unterschiedliche Sprachen, so daß ihnen diese Lösung nicht offensteht. Das Pareto-Kriterium, das auf soziale Zustände angewendet wird, folgt anders als das Rationalprinzip für individuelle Entscheidungen nicht analytisch aus dem Begriff individueller Interessen und ist also ein normatives Kriterium. Zum anderen zeichnet das Pareto-Kriterium nicht notwendig eindeutig genau einen Zustand aus. In dem Robinson-Freitag-Beispiel könnte sowohl Robinson als auch Freitag die Aufgabe übernehmen, die Kokusnüsse abzuschlagen. Das Pareto-Kriterium ist also kein hinreichendes Kriterium, um genau eine Lösung des Koordinationskonfliktes auszuzeichnen. Zwar wird das Pareto-Kriterium für soziale Zustände formuliert, man kann es aber auch auf die Entscheidung über alternative Verfahren oder Regeln übertragen. Verfahren oder Regeln, die zu Pareto-effizienten Ergebnissen führen, sind Pareto-inklusiv.[15]

Zweitens kann man sagen, daß eine rationale Person mit individuellen Interessen einer Lösung des Koordinationsproblems nur dann zustimmen sollte, wenn sie ihre Interessen mindestens in gleicher Weise berücksichtigt findet wie die Interessen der Konkurrenten. Auch dieses Kriterium läßt sich wieder verallgemeinern: Zustimmungsfähigkeit setzt Unparteilichkeit voraus. Unparteilichkeit kann sich sowohl auf Verfahren oder Regeln als auch auf die Bewertung sozialer Zustände beziehen, so daß Unparteilichkeit sowohl mit Prinzipien der Gleichverteilung von Rechten oder Gütern als auch mit verschiedenen Arten der Ungleichverteilung wie z.B. in Lotterien vereinbar ist, sofern der Auswahlmechanismus von den Beteiligten als unparteilich angesehen wird.[16]

---

15 Siehe zu den formalen Definitionen des Pareto-Kriteriums (Pareto-Effizienz, Paretobesser und Pareto-Inklusivität) Kern/Nida-Rümelin (1994b: 33, 46 f.).

16 Eine restriktivere Verwendungsweise von »Unparteilicheit« findet sich bei Höffe (1994: 83-85). Höffe sagt, das Kriterium der Unparteilichkeit bestehe darin, daß »man weder für einen einzelnen noch für eine Gruppe, vielmehr für distributiv alle Partei« nimmt – Unparteilichkeit ist die »Parteinahme für jeden«. Dieses Kriterium muß entweder so verstanden werden, daß die individuellen Interessen der Personen objektiv bewertet werden, oder aber Interessen für Unparteilichkeit irrelevant sind. Unpartei-

Handelt es sich in dem ersten Fall um den Versuch, ein Kriterium der Effizienz auszuweisen, so handelt es sich im zweiten Fall um den Versuch, ein Kriterium der Gerechtigkeit auszuzeichnen. Sowohl das Kriterium der Pareto-Effizienz als auch das Gerechtigkeits-Kriterium der Unparteilichkeit beziehen sich auf die individuellen Interessen einer Person unter der besonderen Bedingung von Knappheit. Die Beziehung zwischen diesen Kriterien ist aber zunächst unklar. Beide Kriterien bleiben unterbestimmt; wir können weder (in allen Fällen) genau eine Lösung als effizient ausweisen noch genau eine Lösung als (unstrittig) gerecht auszeichnen.

Menschen außerhalb des Schlaraffenlandes müssen ein Koordinationsproblem lösen. Lösungsvorschläge für dieses Koordinationsproblem sind zustimmungsfähig, wenn sie in einem noch auszuweisenden Sinne gerecht und effizient sind. Gerechtigkeit muß also mit Effizienz vereinbar sein. »Vereinbarkeit« ist natürlich eine reflexive Beziehung, so daß man auch sagen kann, die Forderung nach Effizienz müsse unter der Bedingung von Knappheit mit der Forderung nach Gerechtigeit vereinbar sein. Rationale Personen, die nicht im Schlaraffenland leben, müssen die Frage beantworten, wie sie ihre konfligierenden Interessen effizient und gerecht koordinieren können. (Man kann sich natürlich vorstellen, daß es Menschen gibt, die keine Koordinationskonflikte haben. Es fällt uns aber für unsere Welt schwer, uns vorzustellen, daß es keine Menschen gibt, die Koordinationskonflikte haben.) Wenn man sich vorstellt, daß Personen nicht über Kokusnüsse o.ä., sondern über die Frage streiten, welche politischen Institutionen eingerichtet werden sollen, läßt sich ein weiteres sinnvolles Kriterium für die Zustimmung zu Ko-

---

lichkeit, wie sie oben eingeführt wurde, bezieht sich auf die subjektive Bewertung der individuellen Interessen und läßt auch subjektiv bewertete Lotterien zu. In diesem Sinn kann auch das Rawlssche Unterschiedsprinzip (Differenzprinzip) verstanden werden (Rawls 1993: 96-101). Hinter dem Schleier des Nichtwissens kennen Menschen nicht ihre Position in der Gesellschaft, so daß die Wahl der Gerechtigkeitsgrundsätze einer Lotterie gleicht, in der die Beteiligten den Auswahlmechanismus selbst bestimmen können. Der Unparteilichkeit widerspricht nicht, daß in der Gesellschaft, nachdem der Schleier des Nichtwissens gelüftet ist, die (stochastische) Wahrscheinlichkeit, durch das Unterschiedsprinzip gefördert zu werden, für die Personen unterschiedlich ist. Höffes Auffassung, Rawls müsse das Prinzip der Unparteilichkeit legitimatorisch voraussetzen, trifft für das Unterschiedsprinzip nicht zu. Siehe zu Unparteilichkeit in Lotterien Wassermann (1996a: 29-49).

ordinationslösungen formulieren. Bei der Wahl politischer Institutionen fordern wir zusätzlich, daß eine Koordinationslösung stabil ist.[17] Wir betrachten hier allerdings einstweilen nur Koordinationskonflikte im privaten Verkehr (den Kokusnuß-Fall). Dazu müssen wir weder voraussetzen, daß notwendig alle Menschen an einer Koordinationslösung beteiligt sind, noch müssen wir voraussetzen, daß alle Koordinationskonflikte zusammen betrachtet werden müssen – in diesen Fällen wäre das Stabilitätskriterium besonders relevant. Außerdem vereinfachen wir uns die Betrachtung von Koordinationsproblemen ungemein, indem wir Konflikte nur zwischen rationalen Akteuren betrachten. Damit werden einige Probleme von vornherein ausgeklammert; es geht im folgenden weder um Rechte für Menschen, die – aus welchen Gründen auch immer – keine Koordinationspartner sein können oder wollen, noch um Rechte von Tieren oder der Umwelt, denen wir nicht den Status einer Person zuschreiben. Trotzdem bleibt auch unter diesen Einschränkungen die Frage bestehen, wie Koordinationskonflikte effizient und gerecht lösbar sind.

Es finden sich zwei Antworten auf diese Frage. Zum einen wird gesagt, daß Menschen ihre Interessen nur dann zum gemeinsamen Vorteil aller Beteiligter effizient koordinieren können, wenn Gerechtigkeit vorausgesetzt werden kann. Zum anderen dagegen wird gesagt, daß Gerechtigkeit zwischen Menschen mit konkurrierenden Interessen darin besteht, eine für alle Beteiligten gleichermaßen effiziente Lösung zu finden. Diesen Antworten entsprechen historisch verschiedene Vorstellungen darüber, wie das Zusammenleben von Menschen zu organisieren sei.[18] Der ersten Antwort entsprechen etatistische Ansätze, in denen eine gerechte politische Grundstruktur

17 Das Pareto-Kriterium und die Unparteilichkeit sind nicht hinreichend, um die Stabilität einer Lösung zu sichern. Man kann das Stabilitätskriterium für gesellschaftliche Abstimmungsprozesse auch als eigenständiges Kriterium formulieren, so Laden (1991: 139-222, insbes. 214 ff.), der für Rawls die Bedeutung der Stabilitätsbedingung untersucht. Dieses Stabilitätskriterium (Rawls 1993: § 76) ist als Adäquatheitsanforderung an Lösungen des Koordinationsproblems aus dem individuellen Rationalprinzip hergeleitet (Johannes Schmidt 1995: 175 f.). Das unterscheidet sich von der klassischen Ansicht (Aristoteles 1986: 1132 b32-1133 a5), die das Stabilitätskriterium als ein unabhängiges Kriterium in eigenem Recht betrachtet.

18 Kurzweilig zu lesen Kurnitzky (1994). Zu der Auseinandersetzung zwischen Sozialisten und »bürgerlichen« Theoretikern über geeignete Formen des ökonomischen Tausches siehe Lindblom (1983: 23-31).

vorausgesetzt wird, die den institutionellen Rahmen bietet, in dem Koordinationskonflikte im privaten Verkehr zwischen Menschen effizient gelöst werden können. Man kann zwei Typen etatistischer Ansätze unterscheiden. Vertreter eines perfektionistischen Verständnisses, die die politische Grundstruktur als Ausdruck einer »dicken« Theorie des Guten interpretieren, stehen Vertretern eines »neutralen« Verständnisses etatistischer Ansätze gegenüber, die sagen, die politische Grundstruktur müsse mit einer Vielzahl individueller normativer Vorstellungen kompatibel sein. In beiden Fällen kommt dem Staat eine aktive Rolle bei der Lösung von Koordinationskonflikten zwischen einzelnen Personen zu. Die konkrete Ausgestaltung der politischen Grundstruktur wird über die (allerdings unterschiedlichen) Konzepte von Gerechtigkeit begründet. Der zweiten Antwort entspricht das ökonomische Marktmodell[19], das Institutionen nur funktional, d.h. mit Bezug auf ihre Funktion für die Marktmechanismen, begründet. Während etatistische Ansätze das Problem der Gerechtigkeit dem Problem der Effizienz vorordnen und so genau eine Lösung eines Koordinationskonfliktes auszeichnen, reduziert das Marktmodell Gerechtigkeitsfragen auf Fragen der Effizienz. »Reduktion« erlaubt hier zwei Lesarten.[20] Zum einen kann man sagen, daß alle Fragen der Gerechtigkeit, also z.B. Verteilungskonflikte, als Allokationsprobleme dargestellt werden können. Zum anderen kann man sagen, daß Zustände effizienter Allokation in besonderer Weise als »gerecht« ausgezeichnet sind. Die beiden Lesarten sind miteinander kompatibel und entsprechen einer eher formalen oder einer eher normativen Sicht auf das Marktmodell.

Etatistische Ansätze und das Marktmodell unterscheiden sich also hinsichtlich der Rolle, die staatlichen Institutionen für die Lösung von Koordinationsproblemen zukommt, nicht hinsichtlich der Frage, ob staatliche Insti-

---

19 Die Verwendung des Singulars für die verschiedenen Markt-orientierten Ansätze ist sehr vereinfachend. Wenn hier von *dem* ökonomischen Marktmodell die Rede ist, dann ist damit das Standardmodell der ökonomischen Gleichgewichtstheorie gemeint. In dem zweiten Teil dieser Arbeit werden die formalen Grundlagen dieses Modells eingeführt und einige institutionentheoretische Modifikationen diskutiert.

20 »Reduktion« ist natürlich ein »dicker« wissenschaftstheoretischer Begriff. Hier wird Reduktion nicht auf Theorien, sondern auf Begriffe angewendet und meint, daß der Begriff der Effizienz im Rahmen des Marktmodells so interpretiert wird, daß ein eigenständiger Begriff der Gerechtigkeit nicht sinnvoll ist: Marktlösungen sind gleichermaßen effizient und gerecht, sofern sie effizient sind.

tutionen existieren sollten. Auch das Marktmodell setzt bestimmte staatliche Institutionen voraus. Wenn man die beiden Antworten auf die Frage nach geeigneten Koordinationsmechanismen in dieser Weise rekonstruiert, dann sind etatistische Ansätze und das Marktmodell nicht miteinander kompatibel. Bei den Debatten um eine geeignete Redefinition von Staatsaufgaben, wie sie z.B. um eine Reform des Steuerrechtes und sozialer Absicherungssysteme geführt werden, geht es also *prima facie* tatsächlich um die Frage, Koordinationskonflikte entweder über den Markt oder über den Staat zu lösen.

Sowohl etatistische Ansätze als auch das Marktmodell beanspruchen, daß ihre Lösung den Interessen aller beteiligten Personen entsprechen. Sie folgen aber unterschiedlichen Interpretationen davon, was es heißt, daß eine Lösung »im Interesse aller Beteiligter« ist. Man kann sich den Unterschied anhand des Humeschen Beispiels zweier Farmer verdeutlichen, die überlegen, ob sie sich wechselseitig Erntehilfe leisten sollen (Hume 1978: 3. Buch, Abschnitt 2.5).[21] Man könnte auf der einen Seite sagen[22], daß beide Farmer ein Interesse daran haben, daß eine Regel etabliert wird (wie und von wem auch immer), die Erntehilfe ermöglicht (»Versprechen sind einzuhalten«). In Analogie zu diesem Fall sprechen wir in etatistischen Ansätzen von einem gemeinsamen Interesse von Akteuren. Regeln (wie »Versprechen sind einzuhalten«) setzen aufgrund des universellen Geltungsanspruches das Interesse an anderen Akteuren (im Geltungsbereich der Regel) mindestens in dem Sinne voraus, daß eine Person, die dem Satz »Ich möchte, daß Versprechen eingehalten werden« zustimmt, auch dem Satz zustimmen muß »Ich möchte, daß Menschen davon profitieren, wenn Versprechen eingehalten werden«. (Ansonsten müßte sie sagen »Ich wünsche, daß andere ihre Versprechen mir gegenüber einhalten« und also den universellen Geltungsanspruch für die Regel aufgeben.) In diesem Fall, in dem das Interesse einer Person sich (auch) auf andere Personen erstreckt, sprechen wir von *affinen* Interessen der Akteure. Auf der anderen Seite kann man auch sagen, daß beiden Farmern das Interesse gemeinsam ist, je möglichst gutes (trockenes, junges etc.) Heu in ihre Scheuer zu bekommen. In diesem Fall sind die Interessen der Farmer unabhängig voneinander, man sagt auch, sie haben *disjunkte* Interes-

21 Siehe zu Hume auch Hollis (1994: 187).

22 Und Gauthier sagt dies tatsächlich (1994: 690-721).

sen (Coleman 1990: 201 f.).[23] Die Aussage, daß beide trockenes Heu einfahren wollen, fügt der Beschreibung ihrer Interessen, daß jeder für sich trockenes Heu einfahren will, keine relevante Information hinzu. Es mag zutreffen, daß die Farmer aufgrund der Produktionsbedingungen für Heu und den Wetterbedingungen in Schottland ihre individuellen Interessen nicht unabhängig voneinander befriedigen können. Daraus folgt aber nicht, daß sie gemeinsame (affine) Interessen haben. Das Marktmodell geht von den disjunkten Interessen der Akteure aus.

Den beiden Interpretationen entsprechen unterschiedliche Beschreibungen der Beziehungen von Personen. Etatistische Ansätze beschreiben diese Beziehungen so, als ob in sozialen Situationen die Interessen der Individuen anders interpretiert werden könnten. Im Marktmodell sind die sozialen Beziehungen für die individuellen Entscheidungen der Akteure irrelevant. Folgt man dieser Rekonstruktion des Unterschiedes zwischen etatistischen Ansätzen und dem Marktmodell sind die beiden Antworten auf die Frage nach zustimmungsfähigen Koordinationslösungen miteinander kompatibel. Für die Frage, welche Lösungen von Koordinationsproblemen als effizient und gerecht ausgezeichnet werden können, ist es relevant, wie Koordinationskonflikte adäquat beschrieben werden. Man kann *prima facie* reine Koordinationsprobleme, bei denen die Personen »nur« zwischen verschiedenen sozialen Zuständen zu wählen haben, die gleichermaßen den (affinen) Interessen aller Beteiligter nützen, und Kooperationsproblemen unterscheiden, die aus der Konkurrenz verschiedener individueller (disjunkter) Interessen entstehen. In reinen Koordinationskonflikten sind dann nur Fragen der Gerechtigkeit und in reinen Kooperationskonflikten nur Fragen der Effizienz relevant.[24]

---

23 Vgl. zu einer ähnlichen Unterscheidung Tuomela (1996: 260-291, insbes. 261). Coleman (1990: 36 ff.) führt diese unterschiedlichen Arten von Interessen ein, um genauer zu erklären, was es heißt, daß in einem sozialen System unterschiedliche Arten von Abhängigkeiten zwischen den Akteuren existieren. Dabei nennt er als Beispiel für affine Interessen die Mutter-Kind-Beziehung, was eine engere Verwendungsweise des Begriffs nahelegt, als ich sie oben eingeführt habe.

24 Vgl. Fn. 10. In der Spieltheorie entsprechen dem reinen Koordinationsproblem z.B. ein als *battle of the sexes* bezeichnetes Spiel und dem Kooperationsproblem das Gefangenendilemma. Man kann der Meinung sein, den in solchen Interaktionssituationen (oder Spielen) relevanten (unterschiedlich beschriebenen) Interessen entsprechen un-

Solche einseitigen Beschreibungen sind weder besonders plausibel noch entsprechen sie besonders gut unseren Erfahrungen. Die These, für die ich im folgenden argumentiere, lautet in einer ersten holzschnittartigen Form (T^*): Das Problem der Beziehung zwischen Fragen der Gerechtigkeit und Fragen der Effizienz in Koordinationskonflikten ist weder durch (institutionelle) Vorordnung noch durch Reduktion adäquat beschrieben: Es gibt effiziente und gerechte Lösungen von Koordinationsproblemen, wenn die Entscheidungen rationaler Personen unter der Bedingung von Knappheit nicht unabhängig voneinander beschrieben werden.

Die These besteht aus zwei Teilen. Der erste Teil der These, daß weder der Vorordnung von Gerechtigkeit noch der Reduktion von Gerechtigkeit auf Effizienz adäquate Beschreibungen des Koordinationsproblems zugrundeliegen, richtet sich gegen die Vorstellung einer Dichotomie »Staat oder Markt«. Ein systematisches Argument gegen eine solche Vorstellung wird im nächsten Abschnitt (Kap. 1.3) entwickelt. Weitere Argumente ergeben sich aus der Diskussion des zweiten Teils der These, der im folgenden im Vordergrund steht. Prominente Opponenten des zweiten Teils der These, daß die Entscheidungen eigeninteressierter Akteure nicht unabhängig voneinander beschrieben werden sollten, sind Vertreter des Marktmodells, die in der Tradition Adam Smith' für rationale Entscheidungen die Unabhängigkeit der Akteure notwendig voraussetzen. Der zweite Hauptteil ist deshalb der detaillierten Auseinandersetzung mit dem Marktmodell gewidmet. Erst im dritten Teil der Arbeit wird die These präzisiert und schließlich im vierten Teil ein Vorschlag vorgestellt, wie Koordinationskonflikte adäquat beschrieben werden können. Dabei muß insbesondere gezeigt werden, wie die (partielle) Aufgabe der individuellen Unabhängigkeit der Person mit der Vorstellung rationaler Individuen vereinbart werden kann.

---

terscheidbare Typen von (ethischen und eigeninteressierten) Präferenzen, siehe Harsanyi (1996: 22-35).

1.3 Koordination ein Problem der Politischen Philosophie oder der (ökonomischen) Theorie rationaler Entscheidung?

Die These, daß etatistische Ansätze und das Marktmodell unterschiedlichen Beschreibungen von Koordinationskonflikten folgen, muß man von der stärkeren These unterscheiden, daß diese Ansätze Antworten auf unterschiedliche Fragen darstellen. Diese stärkere These hat zwei Lesarten.

Erstens kann damit gemeint sein, daß Antworten auf Fragen der Gerechtigkeit unabhängig von Fragen der Effizienz oder Allokation diskutiert werden können. In unserer realen Welt geht es in der Regel nicht um die Allokation verschiedenfarbiger Murmeln, sondern um die Allokation von Gütern. Um zu zeigen, daß die These der Unabhängigkeit von Fragen der Gerechtigkeit und Fragen der Allokation von Gütern falsch ist, reicht es zu zeigen, daß die Wahl zwischen verschiedenen Gerechtigkeitsprinzipien einen Einfluß auf Allokationsentscheidungen auf Märkten hat. Da Allokationsentscheidungen auf Märkten idealerweise eindeutig sind, muß nicht gezeigt werden, daß das Marktergebnis einen Einfluß auf die Wahl von Gerechtigkeitsprinzipien hat. Das gilt natürlich auch dann, wenn es in einem Marktspiel mehrere Pareto-effiziente Lösungen gibt, aus denen die Beteiligten wie in dem Murmelbeispiel genau eine auswählen. Bei Marktlösungen sind effiziente Allokation und Gerechtigkeit trivialerweise identisch. Das Pareto-Kriterium wird als Gerechtigkeitsprinzip interpretiert. Man muß dann erklären, in welchem Sinne das Pareto-Kriterium mit der Forderung nach Unparteilichkeit vereinbar ist.

Für perfektionistische Gerechtigkeitstheorien ist die These der Unabhängigkeit von Fragen der Gerechtigkeit und der Allokationsentscheidungen klarerweise falsch. Wenn Gerechtigkeit über eine von allen geteilte Theorie des Guten definiert ist, folgt sie genau den Vorstellungen, die auch für die Allokationsentscheidungen der Personen relevant sein müssen.[25] Es kommen

---

25 Vertreter perfektionistischer Theorien folgen hier Aristoteles (1986: 1130 b30-1133 b20). Dabei unterscheidet Aristoteles zwischen der distributiven Gerechtigkeit, die für Fragen der politischen Gerechtigkeit relevant ist, und der retributiven Gerechtigkeit, die auf Allokationsentscheidungen Anwendung findet, vgl. zu dem Begriff der retributiven Gerechtigkeit Höffe (1994: 42 f.). Zur aktuellen Bedeutung Aristoteles in der ökonomischen Theorie siehe Bien (1990: 33-64). Auch Kommunitaristen vertreten i.a. (und zum Teil unter explizitem Verweis auf Aristoteles) perfektionistische Theorien

als Kandidaten für die These der Unabhängigkeit also nur solche etatistischen Ansätze in Betracht, die behaupten, daß Entscheidungen über Gerechtigkeitsgrundsätze in bezug auf Allokationsentscheidungen neutral sind. Da es hier um den allgemeinen Fall geht, werde ich nicht einzelne Gerechtigkeitsprinzipien diskutieren. Für jedes nicht triviale Gerechtigkeitsprinzip (jedes Gerechtigkeitsprinzip, das nicht mit dem Allokationsmechanismus am Markt identisch ist) gilt, daß die Interessen von Personen oder Personengruppen gewichtet werden (es können natürlich auch alle Interessen gleichgewichtet werden). Ich hatte oben (Kap. 1.2) gesagt, daß eine Vielzahl solcher nicht trivialer Gerechtigkeitsprinzipien mit der Forderung nach Unparteilichkeit kompatibel sind. Die Neutralitätsthese läßt sich hier für uns hinreichend genau in der Weise verstehen, daß jedes (zustimmungsfähige) Gerechtigkeitsprinzip Pareto-inklusiv sein muß – jeder über ein konkretes Gerechtigkeitsprinzip ausgezeichnete soziale Zustand ist Pareto-effizient.[26] Diese Formulierung ist hinlänglich offen, um auch prozedurale Gerechtigkeitprinzipien (Verfahren und Regeln) zu umfassen. Ein konkretes Gerechtigkeitsprinzip wählt aus der Menge Pareto-effizienter Zustände genau einen Zustand aus. Das heißt, entweder die Allokationsentscheidung und die gerechte Wahl fallen zusammen, wenn es nur genau eine Pareto-effiziente Lösung gibt, oder aber mit dem Gerechtigkeitsprinzip wird ein Zustand effizienter Allokation besonders (normativ) ausgezeichnet. Gerechtigkeit und Allokation sind dann nicht unabhängig voneinander. Ein Gerechtigkeitsprinzip muß natürlich nicht genau eine Möglichkeit auszeichnen, es kann auch eine Teilmenge oder die gesamte Menge der Pareto-effizienten Ergebnisse auszeichnen – dann leben wir entweder in einer wunderbaren Welt, in der Entscheidungen nach dem Zufallsprinzip getroffen werden können, oder haben ein zu schwaches Gerechtigkeitsprinzip. Man kann sich die Wirkung von Gerechtigkeitsprinzipien anhand des schon diskutierten Beispiels von Robinson und Freitag verdeutlichen. Wenn Robinson und Freitag beschließen, die Kokusnüsse gemeinsam zu ernten (nur jeweils einer schlägt mit der Stange

---

(Forst 1993: 181-212; Höffe 1996b: 92-112). Zu den wenigen kommunitaristischen Ökonomen zählt Etzioni (1993: 109-133). In Anlehnung an Etzioni entwickeln Donaldson und Dunfee (1995: 85-112) ihr Modell einer »Integrative Social Contract Theory«.

26 Das entspricht der Rawlsschen Formulierung (Rawls 1993: 88-95).

reife Früchte ab), dann müssen sie diese Aufgabe nach einem zustimmungsfähigen Gerechtigkeitsprinzip unter sich verteilen. Wenn beide übereinkommen, daß sie sich normalerweise abwechseln, wenn einer von beiden jedoch krank ist, der andere die Aufgabe übernimmt, dann haben sie eine Lösung ausgewählt, die kranke Menschen (in bezug auf Verpflichtungen beim Abschlagen von Kokusnüssen) bevorzugt.

Die These, daß etatistische Ansätze und das Marktmodell Antworten auf verschiedene Fragen geben, hat zweitens eine Lesart, die auch dann sinnvoll ist, wenn Fragen der Gerechtigkeit und Fragen der Effizienz nicht unabhängig voneinander sind. Koordinationskonflikte enthalten (so diese Lesart) zwei Probleme, die man unterschiedlichen Theorietypen zuordnen kann. Das Problem der Effizienz ist eine Frage der Theorie rationaler Entscheidung; das Problem der Gerechtigkeit hingegen ist eine Frage der politischen Philosophie. Auch wenn, so die These, Effizienz und Gerechtigkeit nicht unabhängig voneinander sind, so können sie doch nicht im Rahmen derselben Theorie sinnvoll beantwortet werden.

Man kann der Meinung sein, daß eine adäquate Interpretation der Theorie rationaler Entscheidung Fragen der politischen Gerechtigkeit aus begrifflichen Gründen ausschließt. Dieses Argument geht von der ökonomischen Standardinterpretation der Theorie rationaler Entscheidung aus.[27] Um das Argument zu verstehen, reicht hier die ganz einfache, normalsprachliche Populärversion der ökonomischen Standardinterpretation: Menschen maximieren je unabhängig voneinander ihren *subjektiv bemessenen* Nutzen. Der Begriff des Nutzens wird dabei nur formal eingeführt und ist nicht weiter bestimmt, so daß *prima facie* auch solche Interpretationen möglich erscheinen, die mit Gerechtigkeitsüberlegungen kompatibel sind; der rationale Entscheider ist nicht notwendig egoistisch. Allerdings bewertet er die Interessen anderer Personen je aus seiner Sicht. Jeder sinnvolle Begriff der politischen Gerechtigkeit enthält mindestens die Forderung nach Unparteilichkeit, d.h. die Forderung, daß die individuellen Interessen aller Personen aus *ihrer je eigenen Sicht* berücksichtigt werden. Die ökonomische Standardinterpretation schließt aufgrund der subjektiven Bemessung des Nutzens schon die

---

27 Dieses Argument findet sich z.B. bei von Hayek (1977: 23-38). Zu der Unterscheidung zwischen einer ökonomischen Standardinterpretation der Theorie rationaler Entscheidung und dem formalen Kern dieser Theorie siehe Nida-Rümelin (1992: 131-152).

Forderung nach Unparteilichkeit begrifflich aus: Rationale Personen können Fragen der politischen Gerechtigkeit in ihren Entscheidungen nicht berücksichtigen. Das Argument der begrifflichen Unvereinbarkeit scheint zu zeigen, daß Fragen der politischen Gerechtigkeit entweder nicht sinnvoll beantwortbar sind[28] oder anders als im Rahmen der Theorie (individuell) rationaler Entscheidung behandelt werden müssen.

Ein Vorschlag ist, aus systematischen Gründen zwischen den Fragen der politischen Gerechtigkeit, die die Konstitution des Gemeinwesens oder des Staates betreffen, und Fragen der rationalen Wahl, die nur einzelne Personen und ihre privatrechtlichen Übereinkünfte betreffen, zu unterscheiden. Die Übereinkunft über die Konstitution des Gemeinwesens muß anders als der private Vertrag, der nur die faktische Zustimmung der vertragschließenden, individuell rationalen Parteien voraussetzt, zustimmungsfähig durch alle beteiligten Personen sein. Konstitutionelle Vereinbarungen sind, so könnte man sagen, eine Frage der kollektiven Vernunft; der private Vertrag hingegen ist eine Frage der individuellen Vernunft. Man kann entsprechend zwei Arten der vertraglichen Vereinbarung unterscheiden: den konstitutionellen Vertrag und den (postkonstitutionellen) Vertrag im privaten Verkehr. Die Durchsetzung der konstitutionellen Vereinbarungen kann im privaten Verkehr über Sanktionen sichergestellt werden.[29]

Auch wenn man zwischen den zwei Arten des Vertrages eindeutig trennt, müssen die *Begründungen*, die für Vereinbarungen über einen konstitutionellen Vertrag und für private Verträge gegebenen werden können, miteinander verträglich sein. Die Hypostasierung von rationalen Überlegungen in der Rede von »individueller Vernunft« oder »kollektiver Vernunft« kann nur metaphorisch gemeint sein. Es sind keine kleinen Vernunft-*Homunkuli* in den Köpfen, die mit schweren Hämmern Nerven bearbeiten[30], sondern reale Personen, die mit Gründen eine Wahl treffen. Wenn man kein »gespaltenes

---

28 Zu genau diesem Ergebnis kommt Hayek, wenn er sagt, daß »für eine Gesellschaft freier Menschen dieses Wort [›soziale Gerechtigkeit‹, K.R.L.] überhaupt keinen Sinn hat« (1977: 23).

29 So z.B. Buchanan (1988: 41 ff.; 1984: 39-44 und 4. Kap.), der zwischen einem konstitutionellen und einem postkonstitutionellen Vertrag unterscheidet.

30 Siehe zu dieser Vorstellung von Geistern in der Maschine Ryle (1987: 36).

Selbst«[31] einer Person voraussetzen will, muß man an der Einheit der Vernunft festhalten. Die These, daß einige (gute) Gründe in dem Fall des konstitutionellen Vertrages gelten, in dem Fall privater Verträge hingegen nicht, ist nicht selbsterklärend.[32]

Zur Begründung dieser These wird gesagt, daß systematisch zwischen politischer Gerechtigkeit im konstitutionellen Vertrag und personaler Gerechtigkeit im privaten Verkehr zu unterscheiden ist. Wenn damit verschiedene Typen von Handlungsgründen und nicht nur Anwendungsbereiche bezeichnet werden sollen, dann müßten Entscheidungen auf der konstitutionellen Ebene und im privaten Verkehr unabhängig voneinander sein. Das ist aber nicht der Fall. Es handelt sich also tatsächlich um verschiedene Anwendungsbereiche. Die angelsächsische politikwissenschaftliche Literatur kennzeichnet diese Anwendungsbereiche mit den Begriffen *policy*, für konstitutionelle Sicherungssysteme, und Fragen der *politics*, die auch im privaten Verkehr unter Menschen relevant sein können. In beiden Fällen handelt es sich um Probleme der Gerechtigkeit zwischen Menschen.[33] Wenn die Trennung zwischen politischer und personaler Gerechtigkeit keinen systematischen Unterschied kennzeichnet, sondern nur verschiedene Anwendungsbereiche, dann hat das weitgehende Auswirkungen auf unser Verständnis rationaler Entscheidungen von Personen.[34] Fragen der Gerechtigkeit können nicht systematisch Fragen der Effizienz vorgeordnet werden. Die These, daß die individuelle Rationalität Gerechtigkeitsfragen aus *begrifflichen* Gründen aus-

---

31 Siehe dazu Elster (1989: 4-7, auch 204), der zeigt, daß eine einzelne Person ganz verschiedene Interessen haben kann, die in eine Theorie der Rationalität integrierbar sein müssen.

32 Einer anderen Auffassung scheint nicht nur Buchanan, sondern auch Höffe (1994: 60-61) zu sein. Höffe weist der personalen Gerechtigkeit den Bereich der persönlichen Einstellungen zu, der politischen Gerechtigkeit hingegen den Bereich der institutionellen Struktur. Er gesteht aber zugleich zu, daß es zwischen diesen Bereichen Wechselwirkungen gibt.

33 Siehe Messner (1995: 85) und die dort angegebene Literatur.

34 In diesem Sinn scheint Strauss (1965: 126-120, 147) das Hobbessche Programm zu verstehen. Hobbes entwickelt eine politische Theorie als Antwort auf moralische Fragen personaler Gerechtigkeit. Daraus folgt nicht, daß der Staat selbst als moralische Institution zu verstehen ist, sondern nur, daß eine bestimmte Vorstellung von Moral nicht anders als im Staat verwirklichbar ist.

schließt, ist mit der Vorstellung, daß Gerechtigkeit und Effizienz in gleicher Weise gute Handlungsgründe für eine Person darstellen können, nicht vereinbar. Nicht die Theorie rationaler Entscheidung, sondern die ökonomische Standardinterpretation dieser Theorie schließt Gerechtigkeit im Sinne der Forderung nach Unparteilichkeit begrifflich aus. Wenn man trotzdem der Auffassung ist, daß eine solche (ökonomische) Interpretation der Theorie rationaler Entscheidung adäquat ist, dann ist diese Auffassung begründungsbedürftig.

Die Koordination von Menschen unter der Bedingung von Knappheit ist ein Problem der rationalen Wahl. Eine adäquate Theorie praktischer Rationalität muß in der Lage sein, die Bedeutung einer Vielfalt guter Gründe[35] für die Entscheidungen rationaler Personen in Koordinationskonflikten zu diskutieren. Dazu gehören auch Fragen der (personalen und politischen) Gerechtigkeit, das heißt solche Fragen, die das Zusammenleben mit anderen Menschen betreffen. In diesem Sinne ist eine adäquate Theorie praktischer Rationalität als politische Theorie interpretierbar.

35 So der programmatische Titel des Aufsatzes von Nida-Rümelin (1994: 95-103).

Kapitel 2

Politische Ökonomie

2.1 Der Januskopf des Liberalismus: Ökonomischer und politischer Liberalismus

Die bisherigen Überlegungen lassen sich in drei Punkten zusammenfassen. Erstens habe ich gesagt, daß sich Koordinationsprobleme unter der Bedingung von Knappheit als soziale Situationen beschreiben lassen, in der Akteure miteinander konkurrieren. Zweitens kann man feststellen, daß trotz der Konkurrenzsituation jede Lösung eines Koordinationsproblems (jenseits des »Rechts des Stärkeren«) für alle Beteiligten zustimmungsfähig sein muß. Ich habe von dem Problem der Solidarität gesprochen, das entsteht, weil es sich bei dem Leben unter der Bedingung von Knappheit um eine soziale Situation handelt. Zustimmungsfähige Lösungen müssen gleichermaßen gerecht und effizient sein. Drittens ist es nicht möglich, die Fragen gerechter Verteilung und effizienter Allokation unabhängig voneinander zu behandeln. Die Koordination zwischen Menschen läßt sich als Problem der rationalen Wahl von Personen beschreiben, für deren Entscheidungen eine Vielzahl guter Gründe relevant sind.

Theorien, die in dem so abgesteckten Rahmen argumentieren, lassen sich unter dem Begriff des Liberalismus zusammenfassen. Alle liberalen Ansätze haben gemeinsam, daß sie die Bedeutung des Individuums und der individuellen Entscheidung betonen. Individuen verfolgen eben, auch wenn sie in einer Gruppe zusammenleben, ihre Interessen – wenn sie rational sind. Bei der Koordination dieser unterschiedlichen und vielfältigen Interessen kommt allen Personen das gleiche Gewicht zu; liberale Theorien sind mindestens in diesem Sinne universalistisch. Innerhalb dieses gemeinsamen liberalen Rahmens lassen sich verschiedene Ansätze unterscheiden. Dabei geht es insbesondere um die Frage, was es genau heißt, eine individuell rationale Entscheidung zu fällen. Die Differenzen zwischen verschiedenen liberalen Positionen, die ich in diesem ersten Abschnitt des Kapitels diskutiere, lassen sich anhand ihrer unterschiedlichen Einschätzung des Marktmodells als normative Antwort auf Koordinationsprobleme verdeutlichen. Es ist insbesondere umstritten, inwiefern das Marktmodell für alle Arten von Koordinationskonflikten in gleicher Weise geeignet ist. Diese Frage des Geltungsbereiches einer Lösung, die in den beiden folgenden Abschnitten mit Bezug auf das Problem öffentlicher Güter und das Problem empirischer Anomalien diskutiert wird, ist von der oben behandelten Frage des Anwendungsgebietes unterschiedlicher Theorietypen zu unterscheiden.

Ein sinnvolles Verständnis des Marktmodells als Lösungsvorschlag für Koordinationsprobleme setzt eine Interpretation im Sinne einer politischen Ökonomie[36] voraus, das heißt, Fragen der Gerechtigkeit können nicht ausgeschlossen werden.[37] Da die ökonomische Standardinterpretation der Theorie rationaler Entscheidung aus begrifflichen Gründen nicht mit Gerechtigkeit im Sinne von Unparteilichkeit kompatibel ist, kann Gerechtigkeit (oder Unparteilichkeit) im Rahmen des Marktmodells also nicht so verstanden werden, als würden rationale Marktakteure intentional eine für alle Beteiligten gleichermaßen effiziente wie gerechte Lösung wählen. Wenn man das Marktmodell trotzdem im Sinne der politischen Ökonomie interpretiert, muß man sagen können, in welcher Weise der Marktmechanismus oder ein Marktergebnis normativ ausgezeichnet sind.

Historisch wendet sich das Marktmodell gegen ein etatistisches Staatsverständnis, wie es sich im Merkantilismus findet. Der Staat, so Vertreter des

---

36 Der Begriff der politischen Ökonomie ist nicht gleichbedeutend mit dem restriktiven Programm der ökonomischen Theorie der Politik. Die ökonomische Theorie der Politik schließt Begründungsprobleme gerade aus, siehe z.B. Homann (1995: 12). »Ordnungsethik« wird hier als eine Frage der Anreizstrukturen verstanden, Fragen der Begründbarkeit sind in einem solchen Aufriß nicht diskutierbar (Homann 1994: 15-27).

37 Siehe zu dieser These Priddat (1994: 1-11), Meran (1992: 45-81; 1991: 85-133) und Sen (1987: 1-25). Wobei i.a. die Nähe zur Moralphilosophie nicht zur politischen Philosophie betont wird. Man mag die folgenden Abschnitte auch als Plädoyer verstehen, die Beziehungen der Ökonomik zur politischen Philosophie stärker zu berücksichtigen.

klassischen Marktmodells, müsse auf solche Funktionen beschränkt werden, die den Marktmechanismus sichern. Neben der Sicherung einer stabilen Währung sind das vor allem die Durchsetzung einer transparenten Rechtsverfassung, aber auch eines geeigneten Ausbildungswesens und (aus anderen Gründen) die Landesverteidigung.[38] Der merkantilistische Staat sei, so die Kritik, nicht nur ineffizient, sondern er schränke auch die Freiheit seiner Bürger ungebührend ein. Menschen sollten aber frei entscheiden können.

Im Vergleich mit dem Merkantilismus mag das liberale Marktmodell normativ ausgezeichnet sein. Ausgangspunkt der Überlegungen war aber nicht eine bestimmte historische Situation wie z.B. der merkantilistische Staat im 18. Jahrhundert, sondern allgemein das Zusammenleben von Menschen unter der Bedingung von Knappheit. Knappheit zeichnet sich gerade dadurch aus, daß die Freiheit des einzelnen in der Konkurrenz mit anderen beschränkt ist: Es ist in einem Koordinationskonflikt kein sozialer Zustand möglich, in dem jeder Beteiligte seine individuell beste Wahl realisiert. (Davon unbeschadet sprechen wir von Handlungen, die unter der Einschränkung, daß man sich mit anderen einigen muß, die beste Wahl einer Person darstellen) Wie läßt sich unter diesen Bedingungen von Knappheit die Forderung nach der Möglichkeit freier Entscheidung des Individuums sinnvoll verstehen? Anhand dieser Frage lassen sich zwei liberale Ansätze unterscheiden. Auf der einen Seite gibt es einen »ökonomischen Liberalismus« (*libertarianism*), dessen Vertreter Freiheit als Unabhängigkeit der Entscheidung individueller Akteure interpretieren. Auf der anderen Seite stehen die Vertreter eines »politischen Liberalismus« (*liberalism*), die Freiheit im Rahmen politischer (sozialer) Strukturen als Autonomie des Subjekts auffassen.[39] Diese im Englischen üb-

---

38 Siehe insbesondere Smith (1978: 5. Buch, 1. Kap.), wobei die Bedeutung der öffentlichen Ausgaben für Bildungseinrichtungen bei Smith nur im Zusammenhang mit seiner Kritik am quasi-feudalen und reglementierten Ausbildungssystem der Kammern und der Rolle, die Smith (1978: 103-125) in seiner Theorie der Preisbildung der Arbeit zumißt, verständlich ist. Für einen Überblick der klassischen Politischen Ökonomie siehe Sowell (1994: 1. Kap).

39 Ein prominenter Vertreter des ökonomischen Liberalismus ist z.B. Nozick (o.J). Für den politischen Liberalismus steht z.B. Rawls (1993). Zu der Unterscheidung zwischen (ökonomischen) *libertarians* und (politischen) *liberals* siehe Galston (1995: 516-534), Scheffler (1994: 4-22) und Tugendhat (1992b). Die Vielfalt liberaler Vorstellungen läßt sich in der Dokumentation eines Symposiums »Was heißt heute li-

liche Unterscheidung meint nicht, daß ökonomische Liberale kein politisches Programm verfolgten oder daß politische Liberale den Markt als Koordinationsinstrument ablehnten. Die Unterscheidung ist jedoch hilfreich, um die Extremata auf einem Spektrum liberaler Ansätze zu kennzeichnen.[40] Tatsächlich sind die Gemeinsamkeiten der unterschiedlichen liberalen Ansätze größer als ihre Unterschiede. Um das zeigen zu können, muß allerdings ein adäquates Verständnis davon vorausgesetzt werden, was es heißt, individuell rational zu entscheiden. Die folgenden Überlegungen zeigen, daß die strikte Trennung von politischem und ökonomischen Liberalismus nicht zu sinnvollen Ergebnissen führt.

Vertreter eines ökonomischen Liberalismus sagen, die freie Entscheidung einer Person sei dadurch gekennzeichnet, daß sie unabhängig von anderen zwischen einer Vielzahl alternativer Handlungen wählen kann.[41] Auch das ökonomische Marktmodell geht von individuellen Akteuren aus, die je unabhängig voneinander ihren subjektiv bemessenen Nutzen maximieren. Selbst wenn unter der Bedingung von Knappheit die *Ergebnisse* der individuellen Entscheidungen (konkurrierender Personen) nicht unabhängig voneinander sind, kann man (vielleicht) sagen, daß die Marktakteure ihre Entscheidungen unabhängig von den Entscheidungen anderer fällen.[42] In dem einen Fall geht es um die Unabhängigkeit von Zuständen, die sich aus den Entscheidungen der Akteure ergeben, in dem anderen Fall geht es um die Unabhängigkeit der Entscheidungen. Man kann der Meinung sein, daß eine solche Art der Unabhängigkeit von Entscheidungen auch normativ ausgezeichnet werden kann.

---

beral?« zu Ehren von Marion Gräfin Dönhoff ablesen, an dem u.a. Egon Bahr, Ralf Dahrendorf, Tyll Necker und Rita Süßmuth teilnahmen, in: *Die Zeit* 49 (02.12.1994), 13-17.

40 Die von mir als »politischer Liberalismus« oder »ökonomischer Liberalismus« bezeichneten Extrem-Positionen stellen also tatsächlich nur »Strohmänner« dar, die ich im verbleibenden Rest dieses ersten Hauptteils munter abfackel. Eine ernsthafte Auseinandersetzung mit dem Marktmodell folgt im zweiten Hauptteil. Die Intuitionen »politischer« Liberaler greife ich in den Teilen III und IV dieser Arbeit auf. Die Auseinandersetzung mit den Extremata scheint trotzdem sinnvoll, um das Arbeitsprogramm klar herauszuarbeiten.

41 Vgl. den in diesem Sinne programmatischen Titel von Friedmans (1980).

42 Diese Intuition bildet den systematischen Kern des Bäcker-Schlachter-Argumentes bei Smith (1978: 17).

Die Koordination der einzelnen Entscheidungen erfolgt über den Preis. Sehen wir einmal von den Feinheiten des Preisbildungsmechanismus an Märkten ab und setzen nur voraus, daß unsere Akteure Geld besitzen und daß sich für jedes Gut ein Preis als Funktion der monetären Nachfrage und des Angebots ergibt. Der Einfachheit halber können wir dann den individuellen Nutzen einer Markttransaktionen mit ihrem monetären Wert gleichsetzen. Der Marktpreis ist der einzige für das Kalkül aneinander desinteressierter Personen *gemeinsame* Entscheidungsparameter. Der Marktpreis stellt für den einzelnen Akteur (in der Theorie idealer Märkte) so wie das Wetter oder die Fallgesetze eine externe Variable dar, die nicht durch das eigene Verhalten zu beeinflussen ist.[43] Über den Preismechanismus oder die unsichtbare Hand[44] des Marktes werden die Austauschbeziehungen zwischen den Akteuren anonymisiert. Der Preismechanismus erlaubt an Märkten einen Austausch von Gütern zum gegenseitigen Vorteil, ohne daß die einzelnen Personen gemeinsame Regeln einhalten, normative Überzeugungen teilen oder auf das Wohlwollen anderer Personen angewiesen wären. Dem Staat kommen im Rahmen des ökonomischen (oder anarchistischen[45]) Liberalismus systematisch nur solche Funktionen zu, die den Preismechanismus absichern.

Vertreter des ökonomischen Liberalismus könnten also sagen, der Markt sei als Verfahren (und unabhängig vom Marktergebnis) auch normativ ausgezeichnet, weil unter der Bedingung von Knappheit die Koordination über

---

43 Coleman (1990: 36 f.) unterscheidet diese Art der strukturellen Interdependenz von der als Verhaltensinterdependenz bezeichneten Abhängigkeit der individuellen Wahlhandlungen, wie sie nach der Stackelberg-Formel für Oligopolisten unterstellt wird. Nach Stackelberg werden im Oligopol Marktführer und Marktfolger unterschieden. Der Marktführer geht davon aus, daß der Folger eine Angebotsfunktion hat, die sich an dem eigenen (des Marktführers) *out-put* orientiert. Die Entscheidungen der beiden Anbieter sind nicht unabhängig voneinander. Man kann gegen eine solche Rekonstruktion von Markttransaktionen einwenden, daß der Preis (auch der Angebotspreis) des Marktführers die entscheidende Variable sein müsse.

44 Diese Redeweise geht auf Smith (1978) zurück, vgl. Priddat (1997: 1-10).

45 Höffe (1994: 17 f., 197-205) zeichnet den Bedeutungswandel des Begriffes »Anarchismus« nach; Anarchismus wurde einmal als Gegenmodell zum staatlichen Leviathan angesehen. Der anarchistische Liberalismus ist insofern keine *contradictio in adjecto*. Wie der Begriff des Liberalismus wird auch »Anarchismus« nicht einheitlich verwendet.

den Preismechanismus unparteilich, d.h. in Absehung von den Eigenschaften der Marktakteure und ihrer Beziehungen, erfolgt. Diese Auffassung ist natürlich falsch. Der Preismechanismus setzt die Verteilung von Geld voraus. Da der Preismechanismus nicht unabhängig von der Ausgangsverteilung ist, kann man nicht sagen, daß der Markt hinsichtlich aller individuellen Eigenschaften der Akteure unparteilich ist. Wenn man nun statt einer willkürlichen Ausgangsverteilung die Gleichverteilung oder eine (begründungsbedürftige) Ungleichverteilung der Geldmittel voraussetzt, dann folgt die normative Auszeichnung des Marktes aus dieser Voraussetzung. Der Markt ist dann nur unparteilich, insofern die Ausgangsverteilung als unparteilich bezeichnet werden kann.

Zwar ist der Marktmechanismus, d.h. das Koordinationsverfahren, nicht unabhängig von der Ausgangsverteilung. Vertretern des ökonomischen Liberalismus bleibt aber folgende Rückzugsposition. Wenn eine Ausgangssituation als gerecht bezeichnet werden kann, dann ist auch der soziale Zustand, der über den Marktmechanismus aus der Ausgangssituation abgeleitet werden kann, gerecht.[46] Relativ zur Ausgangssituation, so das Argument, werden am Markt alle Wünsche oder Interessen gleichgewichtet, so daß man in diesem Sinne von einem unparteilichen Verfahren sprechen kann.

Das Argument hat zwei Lesarten. Zum einen kann man das Argument so verstehen, daß behauptet wird, die Wünsche aller Personen seien am Markt gleichgewichtet. Das wäre natürlich nur richtig, wenn man einen linearen Verlauf des Nutzens von Geld unterstellt. Nimmt man einen abnehmenden Grenznutzen des Geldes an, dann werden arme Menschen doppelt benachteiligt. Auf der einen Seite haben sie absolut weniger Geld, so daß sie sich weniger Wünsche erfüllen können. Dies wird mit Verweis auf die Ausgangsverteilung gerechtfertigt. Auf der anderen Seite entsprechen nominal identische Gebote einer armen und einer reichen Person nicht der Stärke ihrer Wünsche nach einem Gut. Man kann also nicht sagen, daß die Wünsche aller Personen gleichgewichtet werden.

46 Das entspricht dem Prinzip gerechter Übertragung in der Anspruchstheorie von Nozick (o.J.: 144).

Zum anderen kann man das Argument so verstehen, daß behauptet wird, am Markt würde die Vielzahl unterschiedlicher Wünsche gleichgewichtet.[47] Jeder soziale Zustand, der über den Markt aus einer Ausgangsverteilung folgt, entspricht dann den Wünschen der Marktakteure. Der Markt wird als ein Verfahren ausgezeichnet, das den verschiedenen Interessen in einem Koordinationskonflikt die gleiche Bedeutung zumißt. Dabei sind aber nicht die Personen, sondern die einzelnen Wünsche Gegenstand der Forderung nach Unparteilichkeit. Deshalb können in dieser Interpretation von Unparteilichkeit eben auch solche sozialen Zustände gerecht genannt werden, in denen die einzelnen Personen ihre Wünsche in ganz verschiedenem Maß befriedigen. Welche Person ihre Wünsche besonders gut realisieren kann, ist eine Frage der Ausgangsbedingungen und nicht der Marktmechanismen.

Gegen diesen Versuch, die Marktlösung über die Vielzahl der Wahlmöglichkeiten normativ auszuzeichnen, wenden Vertreter des politischen Liberalismus ein, daß es bei dem Problem der Entscheidungsfreiheit doch unmöglich um die Frage gehen könne, eine Vielzahl von Interessen unabhängig davon zu befriedigen, wer die Träger dieser Interessen sind. Es sei einfach kontraintuitiv eine Gesellschaft, in der wenige Personen ihre Vielzahl ausgefallener Wünsche z.B. nach Kuchensorten befriedigen können, während für eine Vielzahl von Personen der Wunsch nach Brot unbefriedigt bleibt, einer Gesellschaft vorzuziehen, in der alle Personen mindestens Brot haben. Die freie Entscheidung setze vielmehr die Autonomie des Individuums voraus.

Nun ist einigermaßen unklar, was genau unter der Autonomie eines Individuums zu verstehen ist. Man kann sich darunter vielleicht am besten die Grundversorgung einer Person mit Gütern vorstellen. Mindestens ist die Grundversorgung Teil eines vollständigen Konzeptes individueller Autonomie. Die Forderung nach der Möglichkeit freier Entscheidung des Individuums läßt sich dann als Anspruchsrecht auf Grundversorgung verstehen. Rechtsträger ist in diesem Fall jede einzelne Person. Anspruchsrechten ent-

---

47 In der Literatur wird dieses Argument als *Diversity Argument* bezeichnet und dem *Autonomie Argument* des politischen Liberalismus entgegengestellt. siehe Galston (1995: 516-534) und die dort angegebene Literatur. vgl. Lohmann (1996a: 156-163) und Rawls (1994b: 345-349).

sprechen Pflichten, die in diesem Fall nur der Staat tragen kann.[48] Wo unter der Bedingung von Knappheit die Autonomie einzelner Individuen bedroht ist, hat der Staat bestimmte Fürsorgepflichten. Die Forderung nach einer Grundversorgung für alle Personen ist eine sinnvolle Mindestanforderung dafür, daß Personen der Lösung von Koordinationskonflikten überhaupt zustimmen können – sie ist mindestens in diesem schwachen Sinne gerecht. Das Problem liegt natürlich darin, möglichst genau zu bestimmen, welche Güter und in welchem Umfang Güter Teil der Grundversorgung sind.[49] Wenn man die Grundversorgung nicht auf eine physiologisch bestimmbare Mindestversorgung mit Nahrung einschränkt, sondern auch andere Güter wie z.B. Bildung dazuzählt, dann muß man entweder hinsichtlich der Versorgung mit solchen Gütern eine objektive Position vertreten (»Jede Person hat Anspruch auf den Besuch einer weiterführenden Schule«) oder sich an den subjektiven Wünschen der Person orientieren. Folgt man der zweiten Strategie (über die subjektiven Wünsche), muß man fordern, daß Personen solche Güter auszeichnen, die für sie besonders wichtig sind. Das können auch Güter sein, deren Bereitstellung hohe Kosten verursacht oder mit der Bereitstellung anderer Güter unvereinbar ist.[50] In solchen Fällen ließe sich dann nicht

---

48 Nicht allen Rechten müssen Pflichten (korrelativ) entsprechen, siehe Dworkin (1990: 283-285). Anders als Abwehrrechte sind Anspruchsrechte einer Person aber nicht sinnvoll formulierbar, ohne daß für eine andere Person Pflichten entstehen. In einem entwickelten Rechtssystem kann es sich natürlich auch um juristische Personen handeln. Man könnte (in Übereinstimmung mit der bundesdeutschen Rechtspraxis) die Auffassung vertreten, daß die Grundversorgung einer Person, wenn sie diese nicht selbst sichern kann, durch ihre Angehörigen wahrzunehmen sei (Eltern, Kinder etc.). Weil es sein kann, daß ein Mensch entweder keine Angehörigen (mehr) hat oder die Angehörigen selbst mittellos sind, kann der Träger einer Pflicht zur Grundversorgung nur der Staat sein.

49 Siehe zu diesem Problem die Auseinandersetzung um die Theorie der Grundgüter Rawls (1993: 111-115, 446-448; 1982: 159-185) und Taylor (1982: 129-144).

50 Für beide Probleme finden sich Beispiele in der Auseinandersetzung um Bildungsformen. Ein Orts-nahes Angebot von Schulen, dem Gesamtschulen entsprechen, kollidiert aus Kostengründen mit dem Wunsch nach der Vielzahl differenzierter Schultypen (Hauptschule, Realschule, Gymnasium). Der Wunsch nach Koedukation ist mit dem Wunsch nach Geschlechtertrennung in der Schule unvereinbar, wenn Mädchen und junge Frauen für Geschlechterdifferenzierung plädieren, Jungen und junge Männner hingegen für Koedukation. Die Argumente entsprechen den unter der Problemstellung

sinnvoll von Anspruchsrechten und einer Fürsorgepflicht sprechen. Eine besondere Klasse bilden Personen, deren subjektive Interessen aus besonderen (objektiv zu bestimmenden) Eigenschaften folgen, wie z.B. im Fall schwerer Krankheiten oder Behinderungen. Diesen Menschen spricht man besondere Anspruchsrechte aufgrund dieser Eigenschaften zu.[51] (Anders als wir müssen politische Liberale diesen Fall immer betrachten, da sie sinnvolle Kriterien für Entscheidungen über politische Institutionen (*policy*-Entscheidungen) angeben müssen, die eben für alle Menschen gelten.)

Eine sinnvolle Interpretation der staatlichen Fürsorgepflicht muß eine objektive Interpretation individueller Grundbedürfnisse zugrundelegen. Das setzt allerdings eine Theorie über Güter voraus, die alle rationalen Personen in gleicher Weise wünschen und die nicht am Markt gehandelt werden. Die Pointe des Autonomie-Argumentes liegt nicht in der Frage, ob Umverteilung durch den Staat gerechtfertigt werden kann, sondern in der Frage nach dem Geltungsbereich des Marktmodells. Wenn man den Geltungsbereich etatistischer und Markt-orientierter Lösungsansätze trennscharf unterscheiden könnte, wäre die These der Inkompatibilität der Lösungsvorschläge irrelevant. Es gibt, so politische Liberale, bestimmte Koordinationskonflikte, die sinnvoll ausschließlich als Problem affiner (gemeinsamer) Interessen[52] aller Personen zu verstehen sind: Es gibt Güter, an denen alle Personen ein Interesse haben und deren Nutzung allen in gleicher Weise offenstehen sollte. Diese Position entspricht *grosso modo* der Mehrheit sozialstaatlicher Ansätze.[53] Lassen sich solche Bereiche »staatlicher Fürsorge« nicht trennscharf

---

»expensive tastes« diskutierten Gründen gegen ein Gleichheitsprinzip, das sich an den subjektiv bewerteten Interessen der Person orientiert, siehe Dworkin (1981a: 228-240) und Goodin (1988: 52-58).

51 Diese Klasse ist aber an den Grenzen unscharf, wo nicht zwischen pathologischen Wünschen und subjektiven Vorlieben zu unterscheiden ist. Siehe dazu Dworkin (1981a: 240-244), vgl. Tugendhat (1992c: 371-382).

52 Vgl. oben die Diskussion des Beispiels der Humeschen Farmer und die zwei möglichen Beschreibungen eines Koordinationskonfliktes, S. 34.

53 Es lassen sich *in praxi* zwei Sozialstaatsmodelle unterscheiden. Neben einer auf der katholischen Soziallehre, das heißt auf einer starken normativen oder perfektionistischen Theorie, beruhenden Tradition gibt es eine als sozialdemokratisches Modell bezeichnete Theorie, siehe Esping-Andersen (1990: 12-18) und von Nell-Breuning (1992: 31-44).

bestimmen, darf man mit dem ökonomischen Liberalen skeptisch gegenüber dem Versuch sein, Koordinationskonflikte zwischen Menschen anhand objektiver (mindestens für alle Staatsbürger verallgemeinerbarer) Kriterien zu regeln.

2.2 Das Problem öffentlicher Güter

Für welche Güter kann man sagen, daß alle Personen ein affines Interesse an ihnen haben? Allen Menschen ist das Interesse nach Nahrungsmitteln gemeinsam, trotzdem würden wir nicht sagen, daß alle Menschen ein gemeinsames Interesse an Brot haben. Dagegen sagen wir, daß Menschen ein gemeinsames Interesse an dem Schutz der Meere oder dem Erhalt der Ozonschicht haben. Was unterscheidet Brot von solchen Gütern wie dem Meer oder der Ozonschicht? Wenn wir sagen, allen Menschen sei das Interesse an Brot gemeinsam, dann meinen wir, jeder einzelne möchte für sich Brot haben. Die betroffenen Menschen lösen das Problem idealerweise, indem sie das Brot zwischen sich aufteilen. Wenn wir hingegen sagen, daß alle Menschen ein Interesse an dem Schutz der Meere oder dem Erhalt der Ozonschicht haben, dann meinen wir nicht, daß jeder einzelne für sich an einem Teil des Meeres oder der Ozonschicht interessiert ist, sondern daß jeder einzelne daran interessiert ist, daß das Meer geschützt wird und die Ozonschicht erhalten wird. Es handelt sich um nicht teilbare Güter. Im Fall des Erhalts der Ozonschicht und (eingeschränkt) im Fall des Schutzes der Meere handelt es sich außerdem um Güter, von deren Nutzung keine Person ausgeschlossen werden kann. Solche Güter nennen wir öffentliche Güter.[54] Dies entspricht einer engen (formalen) Verwendungsweise des Begriffes »öffentliches Gut«, der durch die Guteigenschaften bestimmt werden kann. Öffentliche Güter

54 Zur Einführung in die Debatte sehr schön die Geschichte des Problems der Wasserreinhaltung in Kern/Nida-Rümelin (1994b: 205-208). Allgemein zu diesem Abschnitt siehe Buchanan (1984: 26, 50-75) und die schon klassische Schrift von Kapp (1988: 1-34). Auch die Rechtsordnung oder die in einer Gesellschaft geteilten moralischen Überzeugungen werden z.T. als öffentliche Güter bezeichnet (McClennen 1992: 25-41).

sind dann durch die Eigenschaft der Nicht-Ausschließbarkeit und der Nicht-Teilbarkeit gekennzeichnet. Man kann den Begriff auch für alle solche Güter verwenden, bei denen die Nachfrage systematisch das Angebot am Markt übertrifft. Das ist zum Beispiel auf dem Kapitalmarkt der Fall, wo Risikokapital oder Kredite für Kleinunternehmen nicht in ausreichendem Umfang angeboten werden, obwohl die Zahlungsbereitschaft der Nachfrager dem am – eben begrenzten – Markt für diese Finanzdienstleistungen erzielten Zinssatz entspricht.[55]

Das Problem öffentlicher Güter besteht darin, daß mit ihrer Bereitstellung aufgrund der Nicht-Ausschließbarkeit positive externe Effekte verbunden sind, die am Markt aufgrund der Nicht-Teilbarkeit nicht entlohnt werden können.[56] Öffentliche Güter können an Märkten nicht wie andere Güter gehandelt werden. Es gibt öffentliche Güter, die, wie z.B. Bildungseinrichtungen oder Risikokapital, nicht natürlich bereitgestellt werden und auch nicht am Markt gehandelt werden können. Trotzdem zählen sie zu den Gütern, die entweder alle Menschen brauchen oder deren Bereitstellung doch zumindestens für alle Menschen vorteilhaft ist. Dies entspricht dem Argu-

---

55 Das Problem der Kapitalversorgung insbesondere ländlicher Regionen und Klein- und Mittelständischer Unternehmen wird in vielen sog. Entwicklungsländern diskutiert. Die Kluft zwischen Angebot und Nachfrage läßt sich hier nicht über die mangelnde Zahlungsbereitschaft der Nachfrager begründen, so daß kulturelle Faktoren zur Erklärung herangezogen werden. Derzeit gibt es Bemühungen, die Kreditversorgung in ländlichen Regionen und für Kleinunternehmer besser zu organisieren (Pinzler 1997).

56 Man unterscheidet monetäre und technische (nicht monetär bewertbare) externe Effekte, siehe Buchanan (1991: 166-169). Die Unterscheidung ist identisch mit der Unterscheidung über die Zuordenbarkeit von Verfügungsrechten. Auswirkungen einer Handlung, die aufgrund fehlender Rechtsansprüche (oder aufgrund der Nicht-Durchsetzbarkeit von Rechtsansprüchen) nicht gehandelt werden können, gelten auch dann nicht als monetär bewertbar, wenn damit für den Nutznießer ersichtlich Vorteile verbunden sind. Lehrreich und vergnüglich nachzulesen bei Wieland (1984: 2. Teil, IV. Buch) der Streit um die Frage, ob mit der Anmietung eines Esels zugleich Nutzungsrechte an dem Schatten, den dieser wirft, erworben wurden. Man kann sich tatsächlich darüber streiten, ob erstens unabhängig von dem Recht an dem Esel ein Recht an des Esels Schatten existiert und zweitens ob Eselschatten handelbar sein können. Was passiert zum Beispiel bei Verträgen über einen Schatten, die sich bei aufziehenden Wolken in Nichts auflösen?

ment politischer Liberaler für eine Fürsorgepflicht des Staates hinsichtlich der Erstellung dieser Güter.

Es gibt allerdings eine Reihe von Versuchen, über Vergleichsrechnungen[57] (wie z.B. der hypothetischen Zahlungsbereitschaft) die externen Effekte zu internalisieren. Ökonomische Liberale können also argumentieren, daß die Unterscheidung öffentlicher von privaten Güter keinesfalls eindeutig ist. Wenn es gelingt, die mit der Erstellung öffentlicher Güter verbundenen positiven Effekte zu berechnen, dann können sie gemäß der Nutzungsanteile aufgeteilt werden. Da mindestens für die Mehrzahl der erstellten öffentlichen Güter (z.B. Bildung) aber auch für einige natürlich bereitgestellte öffentliche Güter gilt, daß die Nicht-Ausschließbarkeit eingeschränkt werden kann (man kann Zufahrtswege sperren oder Zäune errichten), können auch öffentliche Güter dem normalen Marktmechanismus unterworfen werden. Die Übernutzung des öffentlichen Gutes »Meer« kann z.B. durch die Vergabe von Fischereirechten eingeschränkt werden. Die Vergabe solcher Rechte kann über Auktionen[58] erfolgen, wobei der Staat dann einmalig als Auktionator auftreten muß. Die Behauptung ökonomischer Liberaler ist also, daß Koordinationskonflikte auch für öffentliche Güter adäquat über die disjunkten Interessen von Personen an der individuellen Nutzung dieser Güter beschrieben werden können.

---

57 Zum Beispiel werden bei der Erstellung von Golfplätzen die dabei vernichteten Naturflächen über die alternativen Erstellungskosten bewertet. Für Parkanlagen, die von vielen Personen genutzt werden, wird der Wert über die aggregierten Anfahrtkosten der Nutzer berechnet. Läßt sich eine Schwellenentfernung bestimmen, von der aus Nutzer noch anreisen, dann können die Kosten der Anfahrt von diesem Ort als Zahlungsbereitschaft interpretiert werden. Zur Einführung in Methoden der indirekten Nutzenbewertung siehe das Beispiel des Exports von Umweltverschmutzung von Industriestaaten in sog. Entwicklungsländer in Hausman/McPherson (1996: 9-16).

58 Die Zahlungsbereitschaft auf diese Verfügungsrechte entspricht nicht der individuellen Zahlungsbereitschaft der Bietenden, sondern ihren Erwartungen auf Gewinne am Markt. Bei asymmetrisch verteilter Information über die Marktchancen können nach dem Nobelpreisträger für Ökonomik 1996 benannte Vickrey-Auktionen eingesetzt werden, bei denen der zu zahlende Preis dem zweithöchsten Gebot entspricht (Brams/-Taylor 1996: 178-179). Klassisch zur Internalisierung externer Kosten durch die Vergabe von Rechten Coase (1960: 1-44), vgl. Hagel (1991: 239-241).

Sowohl dem politisch liberalen als auch dem ökonomisch liberalen Ansatz widerspricht eine merkwürdige Beobachtung. Menschen schließen sich unterhalb der Ebene[59] staatlicher Institutionen zusammen, um öffentliche Güter, die sie nutzen wollen, gemeinsam zu erstellen. Tatsächlich finden sich *de facto* unterschiedlichste Gruppen von Menschen, die Parkbänke anschaffen oder Schulbibliotheken ausstatten sowie eine Vielzahl anderer öffentlicher Aufgaben wahrnehmen.[60] Solche Gruppen kann man als Interessen- oder Solidargemeinschaften bezeichnen oder, etwas *oversophisticated* aber exakt, von Nicht-Regierungs-Organisationen, *Non-Governmental-Organisations* (NGO) sprechen. In solchen Gruppen muß man keine sehr weitgehenden gemeinsamen Interessen vermuten, nur eben, daß Parkbänke und Schulbibliotheken etc. in irgendeiner Weise zu den je individuellen Interessen der beteiligten Personen gehören. Man kann weiterhin die plausible Annahme machen, daß die Mitglieder einer NGO unterschiedliche Zahlungsbereitschaften für einen Anteil am zu erstellenden öffentlichen Gut haben. Sofern es sich nicht um private Parks und private Schulen handelt, unterscheiden sich die NGOs von Clubs, bei denen die Nutzung eines Gutes an die Mitgliedschaft gebunden ist. Clubgüter unterscheiden sich von privaten Gütern nur, insofern mehreren Personen wohldefinierte Nutzungsrechte zugestanden werden und die Verfügungsgewalt von einer Gruppe ausgeübt wird – und sind für die zur Diskussion stehende Frage also uninteressant.

Die Bedeutung von Nicht-Regierungs-Organisationen (»unterhalb der staatlichen Ebene«) widerspricht zunächst der These unserer (extremen) politischen Liberalen, daß dem Staat besondere Fürsorgepflichten eigen wären. Allerdings lassen sich solche Organisationen auch nicht im Rahmen des einfachen Marktmodells erklären. Wenn sich, was wahrscheinlich ist, die unter-

---

59 Auch die Rede von »Ebenen« ist metaphorisch. Die klassische Vorstellung von unterscheidbaren Ebenen kommt in dem verbreiteten Bild vom pyramidischen Staatsaufbau zum Ausdruck, bei dem das Volk mit starkem Arm eine kleinere Schicht von Beamten trägt, auf deren Schultern der mächtige Herrscher thront. Modern spricht man (Messner 1995: 45-46) von Mikro-, Meso-, Makro- und Metaebenen, ohne daß ganz genau klar ist, wie die *Ebenen* gegeneinander abgegrenzt werden können. Trotzdem wird hier und im weiteren von einer »Ebene staatlicher Institutionen« und anderen, meist darunterliegenden, Ebenen gesprochen.

60 Zu der Bedeutung von Nicht-Regierungs-Organisationen siehe Merz/Wernicke (1995).

schiedlichen Lebenspläne der Mitglieder einer NGO nicht darauf reduzieren, Parkbänke zu erstellen oder Schulbibliotheken auszustatten, konkurrieren sie an anderen Märkten untereinander und mit Personen, die entweder weder Bibliothek noch Parkbank nutzen oder diese Güter als *free rider*, also ohne für die Erstellungskosten aufzukommen, nutzen. Der für die öffentlichen Güter aufgewendete Teil ihrer knappen Ressourcen schränkt die Chancen von NGO-Aktivisten auf Konkurrenzmärkten ein. Auch die Erstellung öffentlicher Güter durch eine NGO führt also zu Verteilungseffekten, die man vielleicht als eine Art Selbstausbeutung kennzeichnen könnte. Für wechselseitig desinteressierte Akteure scheint es nicht rational, sich in dieser Weise verhalten, wenn weder Clubmitgliedschaft noch andere institutionelle Regeln[61] einen wohldefinierten und den geleisteten Erstellungskosten äquivalenten Anteil an der Nutzung sichern. Das gilt zumindestens dann, wenn man der These der Unabhängigkeit individueller Wahlhandlungen und also der ökonomischen Standardinterpretation der Theorie rationaler Entscheidung folgt. Damit ein feststehender Mindestbetrag für die Erstellung einer kleinsten Einheit eines öffentlichen Gutes unter den Mitgliedern einer NGO zusammengebracht werden kann, muß man unterstellen, daß die Zahlungsversprechen der Individuen nicht unabhängig voneinander gegeben werden. Es läßt sich also zeigen, daß das Problem der Erstellung öffentlicher Güter allein über die disjunkten Interessen der Person nicht adäquat beschrieben ist: Menschen erstellen aufgrund ihrer affinen Interessen gemeinsam Güter, die alle nutzen wollen.

Dieser Abschnitt endet mit einem leichten Vorteil für die Position des ökonomischen Liberalen. Die Frage, ob es möglich ist, öffentliche Güter eindeutig von privaten Gütern zu unterscheiden, konnte nicht eindeutig geklärt werden. Für eine Vielzahl von *prima facie* öffentlichen Gütern scheint es möglich, über die Vergabe von Rechten die Verfügung dieser Gütern zu privatisieren und diese Güter in den »normalen« Marktmechanismus zu integrieren. Die Frage, welche Güter dann noch originär als öffentliche Güter bezeichnet werden können, ist eine empirische Frage. Die Diskussionen über die Absicherung und Sanktionierung internationaler Fischereirechte oder

---

61 Das können zum Beispiel steuerliche Regeln der Abzugsfähigkeit von Ausgaben/Spenden für öffentliche Parkanlagen, Schulen oder Kunstgalerien sein.

über die Möglichkeit der Aufteilung von Rechten an Rohstoffvorkommen in extraterritorialen Gebieten (insbesondere Meeren) zeigen, daß diese Frage nicht nur für den Streit zwischen ökonomischen und politischen Liberalen relevant ist. Da nicht eindeutig über öffentliche Güter ein Bereich staatlicher »Fürsorge« ausgezeichnet werden kann, scheint die Position des (extremen) politischen Liberalen nicht haltbar. Allerdings kann im Rahmen des ökonomischen Marktmodells nicht erklärt werden, warum solche Güter in Gruppen erstellt werden. Im nächsten Abschnitt werden wir sehen, daß der (extreme) ökonomische Liberalismus nicht nur einer Vielzahl von Intuitionen, sondern auch der Empirie widerspricht.

2.3 Anomalien: Von »fairem« Kaffee und »ökologischen« Bankgeschäften

Auch wenn man für alle oder eine Mehrzahl von Gütern zeigen kann, daß sie sinnvoll als private Güter gelten und also Interessenskonflikte um diese Güter »ganz normal« als Problem disjunkter Interessen beschreibbar sind, gibt es das Problem der empirischen Anomalien an Märkten. Selbst wenn man eine Mehrzahl von Güterkonflikten im Rahmen des Marktmodells beschreiben *kann*, ist die Frage sinnvoll, ob diese Beschreibungen adäquat sind.

Die Unabhängigkeit der individuellen Entscheidungen am Markt schließt wechselseitige moralische Geltungsansprüche der Akteure aus. Der Markt wird als ein *moralfreier Raum* (Gauthier 1986: 13) modelliert. Individuell können normative Überzeugungen einer Person bei der Bewertung alternativer Güter relevant sein und sich in Zahlungsbereitschaften niederschlagen. Eine politisch aktive und umweltbewußte Marktteilnehmerin mag bereit sein, mehr für politisch korrekten (weil genossenschaftlichen) Nicaragua-Kaffee oder *dolphin-free-fished-tuna-pizza* auszugeben als für einen anderen Kaffee oder eine andere Pizza. An einem normalen Markt mit einer großen Zahl von Nachfragern und Anbietern hat weder die einzelne Konsumentin noch die einzelne Anbieterin die Macht, das Preis- und Mengengefüge nachhaltig zu beeinflussen.[62] Die normativen Überzeugungen einer Vielzahl von Konsumenten können aber für den Handel mit Thunfischpizzen oder Kaffee bedeuten, daß sich entweder die Angebotsfunktion insgesamt verschiebt – es werden nur noch *dolphin-free-fished-tuna-pizza* gehandelt – oder daß sich neue Teilmärkte bilden – wie im Beispiel des Kaffeemarktes, wo sich der Markt für verschiedene *fair* gehandelte Kaffeesorten von dem »normalen« Kaffeemarkt weitgehend entkoppelt hat.[63] Für jeden dieser Märkte gilt aber nach der ökonomischen Theorie, daß die Marktakteure unabhängig voneinander entscheiden – auch die politisch aktive und umweltbewußte Marktteilnehmerin entscheidet allein darüber, was in ihren Jute-geflochtenen Einkaufskorb kommt. Moral wird in diesem Modell empirisch als aggregierte Zahlungsbereitschaft aufgefaßt, die am Markt relevant wird, weil genügend Personen unabhängig voneinander die gleiche normative Überzeugung haben.

Das widerspricht unseren Intuitionen davon, was Sätze der Art (S 1) »Ich bin der Meinung, daß Nicaragua-Kaffee ›gut‹ ist« oder (S 2) »Ich bin der Meinung, daß *dolphin-free-fished-tuna-pizza* ›gut‹ ist« bedeuten. Die Verwendung moralischer Terme wie »gut« oder auch dicker moralischer Terme wie »politisch korrekt«, »fair« oder »ökologisch korrekt«, so die Intuition, läßt sich nicht auf einen deskriptiven Gehalt beschränken, so daß (S 1) mit (S

62 Mikroökonomisch wird diese Stabilität an idealen Märkten über die Elastizität der Nachfrage resp. des Angebotes erklärt. Die einzelne Konsumentin und die einzelne Anbieterin sehen sich einem unelastischen Angebot resp. einer unelastischen Nachfrage gegenüber.

63 Statt des statistischen Beweises über die Entwicklung der Marktanteile für die in Frage stehenden Produkte erfolgt hier an die Zweifelnden die Aufforderung, einen Supermarkt aufzusuchen und den Beweis induktiv über die Inspektion der Tiefkühltruhe und des Kaffeeregals zu führen. Die unterschiedliche Entwicklung der Märkte für normativ ausgezeichnete Pizzen und normativ ausgezeichneten Kaffee kann auch durch die unterschiedlichen Produkteigenschaften erklärt werden. Mit der politisch korrekten Ernte von Kaffee entstehen reale Kosten (für die höhere Entlohnung der Erntearbeiter). das ist für Thunfisch nicht notwendig in derselben Weise der Fall: »Es entstehen keine Mehrkosten im Einkauf, da es sich bei der Rohware um Thunfisch aus einer Region handelt, in der keine Treibnetze eingesetzt werden.« (zitiert aus einem Brief der *MANTUA SURELATI TIEFKÜHLVERTRIEBSGESELLSCHAFT MBH & CO.KG* an mich vom 12.07.1995 auf eine Anfrage über »delphinfreundliche GEKA-PIZZA«) In dem Fall des Marktes für Thunfischpizzen haben sich die mexikanischen Fischer mit ihren Fangmethoden anpassen müssen – und so einen Wettbewerbsvorteil eingebüßt.

1*) »Meine Zahlungsbereitschaft für Nicaragua-Kaffee ist größer als für andere Kaffeesorten« adäquat übersetzt wäre. Weil die Wahrheitsbedingungen der Sätze (S 1) und (S 2) unabhängig von den Wahrheitsbedingungen für »gut« sind, gilt diese Aussage über die Übersetzbarkeit unabhängig von den Gründen, die für die Meinung, daß Nicaragua-Kaffee »gut« ist, angegeben werden können. Mit der Verwendung moralischer Terme ist ein Geltungsanspruch verbunden, der sich in der Regel an andere Personen richtet, sich mindestens aber auf die eigene Person in anderen vergleichbaren Situationen bezieht – wenn es sich statt um Kaffee um Tee oder statt um Delphine um andere abgefischte Nichtspeisefische handelt. Es geht nicht um die einzelnen Interessen einer Person, sondern um normativ ausgezeichnete Lebenspläne, die für eine Vielzahl von Handlungen dieser Person leitend sind. Dazu gehört auch, daß die Person gegenüber anderen Personen für ihre normativen Überzeugungen wirbt. Ein solches Verständnis von Moral widerspricht tatsächlich der im ökonomischen Modell behaupteten Unabhängigkeit individueller Wahlhandlungen und dem für Märkte unterstellten Allokationsmechanismus.

Dabei ist natürlich noch unklar, was genau es heißen soll, daß Personen voneinander abhängig sind. Schauen wir uns ein weiteres empirisches Beispiel an. 1988 wurde die Ökobank e. G. in Frankfurt am Main gegründet.[64] Sie versteht sich als Teil der »sozialen Bewegungen der 80iger Jahre« (Eigenwerbung). Die Ökobank hat die Rechtsform einer eingetragenen Genossenschaft (e. G.).[65] Im Gegensatz z. B. zur Aktiengesellschaft ist die Be-

---

64 Auch andere Banken bieten ihren Anlegern und Eignern Möglichkeiten der Partizipation (Sparkassen, Volks- und Raiffeisenbanken), des Sozial-Sponsoring (Alfred-Herrhausen-Gesellschaft der Deutschen Bank), der Projekt-bezogenen Fonds-Anlage (Bank für Sozialwirtschaft Köln) u. a. Die Ökobank bietet die Möglichkeit, eine Vielzahl solcher nicht-Produkt-bezogener Differenzierungsangebote zu analysieren. Die Daten entstammen dem Geschäftsberichten 1995 und 1994 abgedruckt in der Zeitschrift der Ökobank »Ökorrespondenz« der entsprechenden Jahrgänge.

65 In der Bundesrepublik ist die eingetragene Genossenschaft (e. G.) im Vergleich mit anderen Rechtsformen als juristische Person steuerlich benachteiligt. Insbesondere sind die Möglichkeiten zur Steuer-mindernden Gewinnverteilung über die Jahre durch Rückstellungen begrenzt. Neben historischen Gründen und der politischen Absicht, die Verbreitung dieser Form gemeinschaftlichen Besitzes und kollektiver Entscheidung zu behindern, spricht auch ein systematisches Argument für eine stärker Aufkommen-bezogene Bilanzierung. Bei dem Austritt eines Genossen hat er das Recht auf Auszah-

teiligung der Mitglieder (Genosssen) an der Entscheidungsfindung an die Mitgliedschaft und nicht an den Umfang der gezeichneten Anteile gebunden.[66] Neben den gesetzlich vorgeschriebenen Mitbestimmungsgremien der (a) Vertreter-Versammlung, die (b) den Aufsichtsrat wählt, gibt es an den Standorten der Bank (c) autonome Beiräte, die gemeinsam mit dem Vorstand über Förderkriterien und die Kreditvergabe entscheiden. Daneben können sich die Genossen an der Strategischen Planung der Bank bei einem Strategie-Workshop beteiligen.

Die Produkte der Ökobank entsprechen den herkömmlichen Bankprodukten. Neben dem Girokonto und dem Sparbuch sind das Festgelder, Sparbriefe und Fondsgeschäfte. Die Unterscheidung von den Konkurrenten erfolgt über eine Selbstbindung der Bank bei der Kreditvergabe und dem eigenen Anlagegeschäft. Über die Beiräte werden politische Vergabekriterien festgelegt. Davon unbeschadet bleibt eine Wirtschaftlichkeitsprüfung. Die Kundin hat auch die Möglichkeit, ihre Einlage an einen spezifischen Förderzweck zu binden. Dabei kann sie zwischen den Fonds »Frauen«, »psychisch Kranke«, »Selbstverwaltung«, »Umwelt«, »Energie« und »soziales Engagement« wählen.[67] Die Geschäfte und (bei Zustimmung der Kreditnehmer) auch

---

lung seines Anteils und anteiliger Vermögenszuwächse. Anders als eine Aktie, für die an der Börse ein Tageswert ermittelt wird, muß der genossenschaftliche Anteil Zeitpunkt-bezogen zurechenbar sein.

66 Dabei gibt es eine nicht verzinsbare Mindestzeichnungs-Summe, hier: 100 DM/p.c., und die Möglichkeit, weitere Anteile zu zeichnen. Die Ökobank gewährt ab fünf gezeichneten Anteilen weiterhin die Möglichkeit, der Bank weiteres Kapital bis zum fünffachen der Zeichnungssumme in Form eines Eigenkapitalbriefes mit einer Laufzeit von 7-10 Jahren und einer festen Verzinsung über die Gesamtlaufzeit zur Verfügung zu stellen. Das Stimmrecht ist gebunden an den ersten gezeichneten Anteil. Das entspricht dem guten alten genossenschaftlichen Prinzip »one man, one vote«. Laut Jahresabschluß 1995 hat die Ökobank gut 22.000 Mitglieder bei einem gezeichneten Kapital in Höhe von 13,4 Mio DM. Im Durchschnitt ergibt sich eine Zeichnungssumme von 630 DM.

67 Solche spezifizierten Einlagen machten 1995 38,39% der Einlagen aus (1994: 45,3%, 1992 29,5%). Den höchsten Anteil haben Fonds-Einlagen »Umwelt« gefolgt von »Soziales Engagement«. Dabei entspricht die Kreditvergabe in den einzelnen Fonds-Bereichen nicht notwendig dem prozentualen Anteil der Einlagen, da die Bank entsprechend der Nachfrage nach Krediten weiteres nicht spezifiziertes Anlagekapital als Kredit vergeben kann.

Anteilszeichnung bei der Ökobank entspricht, *Greenpeace* unterstützt. Trotzdem arbeiten Menschen in NGOs zusammen oder zeichnen Genossenschaftsanteile.

Unser Problem mit solchen empirischen Beispielen ist, daß wir sie tatsächlich nicht gut erklären können. Anders als dem ökonomischen Liberalen mit seinem Marktmodell, das für eine Vielzahl von Situationen rationale Beschreibungen erlaubt, fehlt uns das Instrumentarium, um die These der »Abhängigkeit rationaler Entscheidungen« sinnvoll auf empirische Fälle anwenden zu können. Eine Vertreterin des ökonomischen Rationalitätmodells könnte zur Erklärung solcher Anomalien z.B. darauf verweisen, daß reale Personen mit der Berechnung des Grenznutzens zum Zeitpunkt einer Entscheidung überfordert sind. Wenn man solche Erklärungen nicht besonders plausibel findet, muß man im Rahmen eines alternativen Modells erklären können, *warum* Personen nicht unabhängig voneinander entscheiden sollten – wenn sie rational sind. Dabei ist vielleicht der moralische Status der Beteiligung an einer Gemeinschaftsaufgabe in besonderer Weise relevant. Nach unseren Überlegungen zum Status öffentlicher Güter kann man natürlich nicht einfach sagen, daß die Beteiligten an Gemeinschaftsaufgaben nur gemeinsame (affine) Interessen hätten. Es ist aber (vielleicht) eine besondere Eigenschaft der Beteiligung an NGOs und des Kaufs bestimmter Lebensmittel, daß *jede* Person *ihren* Anteil übernimmt. Eine so beschriebene Zusammenarbeit könnte sogar ökonomisch vorteilhaft sein.[72] Man könnte sagen, daß die Beziehung der ökonomischen Akteure durch eine Art »Vertrauen« gekennzeichnet ist und deshalb auch (mindestens unter Umständen) effizient ist – wobei der Begriff »Vertrauen« hier vor-theoretisch verwendet wird, und es nicht wirklich klar ist, auf welche Eigenschaften einer Beziehung der Begriff referiert.[73] Es ist auch unklar, ob man »Vertrauen« in einer Beziehung

---

72 Ausführlich mit empirischen Beispielen beschreiben die Vorteile solcher Zusammenarbeit Fukuyama (1995) und Putnam (1993), vgl. für Laborexperimente Bohnet/Frey (1995: 169-209).

73 »Vertrauen« in eine Person oder die »Reputation« einer Person wird in der Spieltheorie anhand der Erwartungswahrscheinlichkeit über die Handlungen eines Spielers als formaler Begriff eingeführt, siehe dazu insbesondere Coleman (1990: 8. Kap). Zur Abgrenzung zu einem emphatischen Begriff von »Vertrauen« (*trust*) spricht man auch von *trustworthiness* (Hardin 1996: 28 f.). Vgl. zu einem emphatischen

schaffen kann oder ob es von spezifischen Eigenschaften der Personen (und ihrer ganz besonderen Beziehung) abhängt. Die Bedingungen der als *Trust-Economics* oder *Trust-Society* bezeichneten empirischen Phänomene sind weithin unklar.[74]

Wenn wir uns jetzt fragen, welche zustimmungsfähigen Lösungen für Koordinationskonflikte außerhalb Schlaraffias möglich sind, dann müssen wir auch solche Phänomene im Rahmen eines Modells rationaler Entscheidung beschreiben können. Das ökonomische Modell des idealen Marktes bietet *prima facie* eine ganz gute und formal entwickelte Antwort auf Koordinationsprobleme: Menschen maximieren unabhängig voneinander ihren Nutzen. Unsere wirkliche Welt außerhalb Schlaraffias ist aber nicht nur in bezug auf die Ressourcenausstattung unvollkommen, weil keine gebratene Tauben durch die Luft fliegen und Berge aus Geröll statt aus Schokolade bestehen, sondern auch von realen Akteuren bevölkert. Realen Akteuren schreiben wir Eigenschaften zu, die mit der Annahme der Unabhängigkeit im einfachen Marktmodell nicht vereinbar sind. In unserer besten aller möglichen Welten leben Menschen (das zeigen die diskutierten Beispiele) in sozialen Beziehungen zusammen und verhalten sich so, als ob sie Regeln folgten.

Wenn man also solche empirischen Beobachtungen (und unsere Intuitionen) in ein Modell rationaler Entscheidung zur Beschreibung von Koordinationskonflikten zu integrieren versucht, kann man zwei Arbeitshypothesen folgen. Eine erste Arbeitshypothese lautet: Zwar widerspricht die ökonomische Standardinterpretation der Theorie rationaler Entscheidung einigen unserer Erfahrungen mit Menschen. Man kann aber den Kern des ökonomischen Marktmodells zur Koordination von Interessen beibehalten und muß nur das Modell gegebenfalls leicht modifizieren, so daß auch die für die Beschreibung realer Akteure relevanten Phänomene wie Regeln u.ä. integriert werden können.

Scheitert dieser erste Versuch, kann man zweitens die Intuition politischer liberaler (und etatistischer) Ansätze aufgreifen und reformulieren. Entscheidungen rationaler Akteure lassen sich außerhalb des Schlaraffenlandes nicht adäquat unabhängig voneinander beschrieben: Auch Personen, die in kom-

---

Begriff des Vertrauens als Einstellung Jones (1996: 4-25). Vertrauen in dem Sinne von »Einstellung« ist auf eine non-kognitivistische Verwendungsweise festgelegt.

74 Erhellend zu dem Thema der Beitrag von Kern (1996: 7-14).

petitiven Beziehungen zueinander stehen, haben affine Interessen. Dies entspricht einer zweiten Arbeitshypothese: Die Beschreibung der Struktur von Allokationsentscheidungen im ökonomischen Modell ist für Menschen, die nicht im Schlaraffenland leben, inadäquat. Im Rahmen einer plausiblen alternativen Beschreibung läßt sich zeigen, daß Menschen auch unter Konkurrenzbedingungen eine gleichermaßen gerechte und effiziente Lösung des Koordinationsproblems suchen müssen (und erreichen können). Dazu ist es dann allerdings notwendig, das ökonomische Standardmodell rationaler Entscheidung zu reformulieren.

Damit ist das Arbeitsprogramm beschrieben, dem ich in dieser Arbeit folge.

Teil II
Der Markt als Koordinationsmechanismus

Kapitel 3

Der ideale Markt – Vom Schlaraffenland nach Epikurion

3.1 Grundbegriffe und Geltungsanspruch der Theorie idealer Märkte

Menschen können an Märkten ihre unterschiedlichen Interessen koordinieren, nicht *obwohl*, sondern *wenn* sie unabhängig voneinander ihre Ziele verfolgen. Weil Menschen an Märkten unabhängig voneinander entscheiden, sagt man auch: *Märkte sind moralfreie Räume*.[1]

Diese These der Unabhängigkeit ökonomischer Entscheidungen ist falsch. Um genau zu verstehen, warum die Unabhängigkeits-These falsch ist, ist es notwendig, einige Eigenschaften des Marktmodells kritisch zu diskutieren. Der Anspruch dieses zweiten Hauptteils ist trotzdem nicht ausschließlich negativ. Ich werde versuchen, das Marktmodell in einer plausiblen (in Teilen auch unorthodoxen) Rekonstruktion zu verteidigen. Dazu werden zunächst einige Grundbegriffe des Marktmodells eingeführt und im Sinne einer Theorie praktischer Rationalität interpretiert.[2]

Die These einer Verteidigerin des Marktmodells lautet, daß auch Menschen, denen es nicht vergönnt ist, im Schlaraffenland zu leben, die aber das Glück hatten, in eine ökonomischen (Modell-) Welt umzuziehen, getrost un-

---

1 Dieses Verdikt findet sich sowohl als Standardbestandteil ökonomischer Lehrbücher, die den Status der Ökonomik als positive Wissenschaft (Henrichsmeyer 1988: 8) unterstreichen, als auch bei Gauthier (1986: 13).

2 Aus den oben (Kap. 1.3) dargestellten Gründen diskutiere ich hier ausschließlich mikro-ökonomische Rekonstruktionen des Marktmodells und keine Makro-Modelle.

abhängig von anderen ihre individuellen Wünsche verfolgen können. Damit wir uns nicht zwischen den Welten verlieren, nenne ich diese Welt der ökonomischen Theorie im folgenden kurz Epikurion. Auf Epikurion leben die Menschen anders als im Schlaraffenland unter der Bedingung von Knappheit. Es gibt also ein Koordinationsproblem, das heißt, die Nachfrage nach Gütern übersteigt das Angebot.

Die ökonomische Terminologie von Angebot und Nachfrage darf nicht so verstanden werden, daß es auf Epikurion ausschließlich um Kokusnuß-Konflikte oder um Butter-Margarine-Entscheidungen, also um materielle Güter, geht. Auf politischen Märkten werden normative Vorstellungen (und politische Mandate) gehandelt, auf dem Markt für Liebesbeziehungen buhlen Anbieter und Nachfragerin um die Gunst, und die Freundschaft wird gemäß Meistgebot versteigert. Diese Vorstellung mag *prima facie* unwirtlich erscheinen, verliert aber viel von ihrem Schrecken, wenn man sich erstens deutlich macht, daß Politik, Liebe und Freundschaft für Menschen in der Regel Teil von Koordinationsproblemen sind, und wenn man zweitens beachtet, daß jedes einzelne Koordinationsergebnis (der Tausch von Geld gegen Butter wie der Austausch von Küssen) zustimmungsfähig sein muß. Die Freiheit des einen, seine Interessen zu verfolgen, findet ihre Grenzen in der Freiheit der anderen, den (eben ggf. divergierenden oder konkurrierenden) eigenen Interessen zu folgen. Schließlich verliert die Vorstellung von Märkten für Liebesbeziehungen und Freundschaften ihren artifiziellen Charakter, wenn man annimmt, daß nicht Geld, sondern z.B. Anerkennung oder Aufmerksamkeit die Rolle eines *Numéraires* zufällt.[3] Bewertet man die unterschiedlichen Güter mit den (in unterschiedlichen »Währungen« zu berechnenden) Marktpreisen, gleichen sich Angebot und Nachfrage aus, bis sich ein Gleichgewicht einstellt. Im Gleichgewichtspunkt kann jeder seine Nachfrage in den Grenzen befriedigen, die durch die konkurrierenden Interessen anderer Nachfrager und durch das zu diesem Preis erstellte Angebot gesetzt werden.

---

3 Vgl. Gary S. Becker (1981: 1-13) und (mit Verweis auf Becker) Coleman (1990: 158 f., 165, 277 ff.). Becker und Coleman versuchen zu zeigen, daß auch Beziehungen außerhalb von ökonomischen Märkten, z.B. in der Familie, rational rekonstruierbar sind. Auch das Verhalten in Familien ist so beschreibbar, als ob (*as if*) die Familienangehörigen rational entscheiden würden.

Das gilt zumindestens unter den folgenden Bedingungen, die unter dem Begriff des idealen Marktes zusammengefaßt werden. (a) Es stehen sich eine sehr große Zahl von Marktakteuren gegenüber, die homogene Güter handeln und (b) die über vollständige Information verfügen. (c) Markttransaktionen laufen ohne Zeitverzögerung ab und (d) sind nicht mit Kosten verbunden. Schließlich (e) soll es sich bei den Marktakteuren um vollständig rationale Personen handeln. Die erste Bedingung (a) stellt sicher, daß keine direkte Marktmacht ausgeübt werden kann. Kein einzelner Akteur kann durch sein Angebot oder seine Nachfrage die abzusetzende Menge und also den Preis so beeinflussen, daß sich die Reaktionen der je anderen Akteure verändern: Wir sprechen von Mengenanpassern und Preis-Nehmern. Die Bedingungen (b)-(d) erlauben die Anpassung (*tâtonnement*) von Entscheidungen an neue Informationen wie z.B. technischen Fortschritt, so daß sich ein Gleichgewichtspunkt auch dann herausbildet, wenn das Modell einmal aufgrund externer Veränderungen in ein Ungleichgewicht gerät. Diese Anpassung der Entscheidungen läßt sich natürlich realistischer als Prozeß beschreiben. Man kann das einfache Modell des idealen Marktes entsprechend erweitern, so daß auch der zeitliche Ablauf von Markttransaktionen beschrieben werden kann. Eine solche Beschreibung ist mit der Theorie idealer Märkte kompatibel, wenn man davon ausgeht, daß das Ergebnis eines Anpassung-Prozesses nicht von seinem Verlauf abhängt.[4]

Interessanter ist (e) die Annahme rationaler Akteure. *Prima facie* entspricht die ökonomische Theorie rationaler Entscheidung der Bayesschen Theorie. Personen können (Präferenz-) Ordnungen über alternative Handlungen zugeschrieben werden. Jedes Individuum verhält sich so, als sei es in der Lage, für eine Alternativenmenge X eine Auswahlfunktion C so zu definieren, daß für jede Menge $S \subset X$ eine nicht leere Auswahlmenge $C(S)$ angegeben werden kann. Die Präferenzrelation zwischen Handlungsalternativen ist über C bestimmt. Interpretiert man $C(S)$ als (beste) Wahl einer Person, dann hat man diese Präferenzrelation auf das Entscheidungsverhalten einer Person zurückgeführt (Thomas Schmidt 1995: 28-29). Es lassen sich für rationale

4 Die Diskussion über die sog. evolutorische Ökonomik kann man so rekonstruieren, daß genau diese Voraussetzung bestritten wird. Insbesondere wird gesagt, daß im Verlauf des Anpassung zusätzliche Kosten und Pfadabhängigkeiten entstehen können. Für einen allgemeinen Überblick siehe Witt (1995: 153-179).

Entscheidungen von Personen also entsprechend den Eigenschaften von Präferenzordnungen Kriterien angeben. Insbesondere fordern wir, daß die Entscheidungen einer Person konsistent sind.[5] Dann kann man auch sagen, Personen verhalten sich so, als ob sie mit der Wahl ihren erwarteten Nutzen – den Nutzenerwartungswert ($E(u)$) – maximieren. Die Nutzenfunktion ist eine numerische Repräsentation der Präferenzordnung, wobei in einer probabilistisch erweiterten Welt die Nutzenwerte der Konsequenzen einer Handlung mit ihrer Eintrittswahrscheinlichkeit gewichtet werden. Diese Nutzenfunktion wird unter zu spezifizierenden Nebenbedingungen oder Restriktionen maximiert.[6] Weil der Begriff des Nutzens nur formal über den Begriff der Präferenz definiert ist, bleibt unentschieden, ob der Besitz von materiellen Gütern nützlicher ist als moralische Reputation (Hollis/Sugden 1993: 1-35; Kirchgässner: 1986).

Hier setzt die spezifisch ökonomische Interpretation der Bayesschen Theorie an. Marktakteure gelten als gegenseitig desinteressiert. Zwar folgt daraus nicht, daß der *homo oeconomicus* einer besonders egoistischen Spezies angehört. Auch er kann Interessen haben, die andere Menschen einschließen; er mag sich verlieben, seine Eltern ehren, eine innige Beziehung zu dem Wirt seiner Lieblingskneipe unterhalten, regelmäßig für *Greenpeace* spenden und in ökologische Fonds investieren. In Präferenzen können auch moralisch relevante Fragen eingehen. Weil das (mikro-) ökonomische Modell mit dem *homo oeconomicus* im Kern eine allgemeine Theorie rationaler Entscheidung darstellt, kann es auch über den Bereich wirtschaftlicher Transaktionen hinaus angewendet werden (Scharpf/Mohr 1994; Kirchgässner 1991: 98-142; Gary S. Becker 1981: IX f.). Allerdings legt man sich mit dem ökonomischen Modell auf eine spezifische Interpretation der Bayesschen Theorie fest: Die ökonomische Rationalitätstheorie setzt eine konsequentialistische Interpreta-

---

5 Präferenzordnungen erfüllen die Bedingungen der Vollständigkeit oder der Monotonie, der Transitivität und der Reflexivität. Die Monotonie-Bedingung grenzt die Betrachtung auf den Bereich der linearen Aggregation ein, dazu vgl. Nida-Rümelin (1993a: 117-126). Das Konsistenzkriterium entspricht der Transitivitätseigenschaft.

6 Die Maximierungsregel der ökonomischen Theorie wird mit der formalen Einführung des Präferenzbegriffes begründet (Malmnäs 1994: 233-249). Ich werde weiter unten auf Probleme der ökonomischen Interpretation der Bayesschen Theorie zurückkommen.

tion der Bayesschen Theorie voraus. Die Forderung wechselseitigen Desinteresses besagt, daß für die Präferenzordnung einer Person ausschließlich ihre eigene, subjektive Bewertung der Konsequenzen alternativer Handlungen relevant ist.[7] Das heißt, selbst wenn unser *homo oeconomicus* ein guter Freund, liebevoller Sohn und romantischer Liebhaber ist, so bezieht er den Freund, die Eltern und die Geliebte nur in dem Sinne in seine Entscheidung ein, daß er die Konsequenzen, die alternative Handlungen für diese Personen haben, aus *seiner* Sicht bewertet. Wir beschreiben den *homo oeconomicus* so, als ob er unabhängig von anderen entscheidet: Für seine Entscheidungen ist nur die eigene Bewertung relevant. Eine solche Beschreibung scheint für eine Vielzahl von Entscheidungen unter Menschen (z.B. für Verliebte oder enge Freunde) inadäquat. Dabei handelt es sich, wie das Beispiel der Ökobank zeigt, nicht notwendig um Entscheidungen in besonders engen Beziehungen. Der *homo oeconomicus* mag in ökologische Fonds investieren; er wird dies aber nicht bei der Ökobank e.G. mit ihren partizipativen Entscheidungsstrukturen tun.

Diese Einschränkung auf wechselseitig unabhängige Wahlhandlungen ist aus systematischen Gründen notwendig. Die Koordination über den Preismechanismus setzt die Unabhängigkeit der Wahlhandlungen der einzelnen Akteure voraus. Wechselseitig abhängige (interdependente) Wahlhandlungen sind nicht eindeutig bestimmt.[8] Der Markt setzt eindeutige Entscheidungen voraus, die über den Preis – und nur über den Preis – koordiniert werden. Die Forderung nach Eindeutigkeit macht eine zusätzliche Einschränkung notwendig. Präferenzordnungen sind nur für abgeschlossene Mengen alternativer Handlungsmöglichkeiten definiert, so daß die Regel der Nutzenmaximierung strikt Zeitpunkt-bezogen ist. Informationen, die nicht in der (aktu-

---

7 Das gilt natürlich auch dann, wenn die subjektive Bewertung des Nutzens probabilistisch gewichtet wird und »objektive« Eintrittswahrscheinlichkeiten, z.B. auf der Grundlage langjähriger Wetterbeobachtungen, zugrundegelegt werden.

8 Siehe dazu z.B. das Spiel *battle of the sexes* in der Spieltheorie, in dem es zwei Gleichgewichte gibt (Holler/Illing 1996: 11). Dem Argument der Unterbestimmtheit kann man wie Kirzner (1994: 101-114) entgegenhalten, daß sich Ökonomik nicht eigentlich mit Gleichgewichten, sondern mit Marktprozessen beschäftige, die erlauben, auch interdependente Wahlhandlungen zu berücksichtigen. Man gibt dann aber das Gleichgewichtsmodell der Standard-Ökonomik auf.

ellen) Alternativenmenge enthalten sind, können nicht berücksichtigt werden.[9] (Natürlich können zukünftige Ereignisse zum Gegenwartswert berechnet werden, vgl. Kap. 4.1.) Das würde sich ändern, wenn ein weiser Magier ein *Futuroskop* erfinden würde, das uns einen Einblick in die Zukunft erlaubte. Wenn der (gleichfalls weise) Wirtschaftsminister alle seine Untertanen mit einem *Futuroskop* ausstattete, dann ergäbe sich auf Phantasias Märkten ein dynamisches Gleichgewicht. Leider haben wir in Mitteleuropa im Mittelalter unsere weisen Magier verbrannt, so daß wir heute auch technischen Einschränkungen unterliegen.[10] Die effiziente Koordinationsfunktion der Märkte ist auf die statische Betrachtung beschränkt; Marktentscheidungen können sich zukünftig als falsch erweisen.

Im sehr vereinfachten Ein-Gut-Fall gibt es einen Gleichgewichtspreis, in dem das Angebot der Nachfrage (zu je diesem Preis) entspricht und der Markt vollständig geräumt wird. Der Gleichgewichtspunkt stellt für jeden einzelnen Marktakteur den unter diesen Bedingungen der Interaktion mit anderen je best-möglichen (erreichbaren) Zustand dar. Die Gleichgewichtslösung ist Pareto-effizient oder, wie man auch sagt, Pareto-optimal.[11] Keiner der Marktakteure hat ein Interesse (*incentive*), mehr anzubieten oder nachzufragen (als die Gleichgewichtsmenge). Wir können metaphorisch sagen,

---

9 Nida-Rümelin (1993a: 127-129) diskutiert die Einführung eines Busnetzes in einer Stadt, die je nur eine Buslinie finanzieren kann. Die zeitpunktbezogene rationale Wahl einer Buslinie durch die bevölkerungsreichsten Teile der Stadt ist bei dynamischer Betrachtung, bei der die Anschlußmöglichkeit der vielen Linien entscheidend ist, nicht optimal.

10 Dieses Phänomen der praktischen Irreversibilität von Entscheidungen bezeichnet man als Pfadabhängigkeit. Die Einführung z.B. des Linksverkehrs in einigen Staaten (England, früher auch Schweden) ist nur unter hohen Kosten reversibel, so daß zukünftige Entscheidungen, z.B. die Frage der Produktvariation eines PKW für den europäischen Markt, von vergangenen Entscheidungen direkt abhängen: Volkswagen muß für den englischen Markt PKW mit dem Lenkrad auf der rechten Seite anbieten. Vgl. auch die Diskussion über das beste Tastensystem für Computertastaturen und elektronische Schreibmaschinen (Drösser 1997: 66).

11 Ich hatte oben das Pareto-Kriterium über den Begriff der Pareto-Effizienz eingeführt, um so deutlich zu machen, daß mehrere Pareto-effiziente Lösungen eines Koordinationsproblems möglich sind. Die Gleichgewichtslösung an Märkten ist eindeutig bestimmt. Hier verwende ich den in der Ökonomik gebräuchlichen Begriff der Pareto-Optimalität. Zu diesem Begriff siehe z.B. Kern/Nida-Rümelin (1994b: 45 f.).

daß alle Forderungen gedeckt sind; die Marktakteure haben ihre Interessen koordiniert. Unter zusätzlichen Annahmen der ökonomischen Theorie, die das Austauschverhältnis (Substituierbarkeit) von Gütern näher bestimmen[12], ist der Ein-Gut-Fall (des sog. partiellen Gleichgewichts) auf den Handel aller Güter übertragbar, so daß wir von einem allgemeinen Gleichgewicht – oder eben der ökonomischen Gleichgewichtstheorie – sprechen können.

Folgt man der ökonomischen Interpretation, sind im Gleichgewicht Auseinandersetzungen mit meinem Bäcker über einen *gerechten* Preis oder der Kampf der Gewerkschaften um *faire* Arbeitsbedingungen nicht sinnvoll. Die moralischen Begriffe *gerecht* und *fair* sind an Märkten jenseits des schwachen Pareto-Kriteriums unverständlich (Nozick o.J.: 231).[13]

3.2 Prognostische Erfahrungswissenschaft oder Theorie praktischer Rationalität?

Man kann gegen die These der Unabhängigkeit von Entscheidungen an Märkten zunächst empirisch einwenden, daß Menschen *de facto* auch an (ökonomischen) Märkten wechselseitig normative Forderungen erheben und daß zumindestens für Beziehungen jenseits des Austauschs von materiellen Gütern – Politik, Freundschaft und Liebesbeziehungen – eine Vielzahl von Personen der Rekonstruktion (oder Beschreibung) so nicht zustimmen würde. Es gibt Personen, die sich in Vereinen und Nicht-Regierungs-Organisationen engagieren. Kaffee, der von Kleinbauern geerntet wurde, und Thun-

---

12 Diese Annahmen sind die Slutzky-Forderungen an die Eigenpreis und Kreuzpreis-Elastizität eines Gutes, die den Kern der ökonomischen Haushaltstheorie ausmachen, und das Walrassche Gesetz. Für die Definition der Begriffe siehe ein beliebiges mikroökonomische Lehrbuch, besonders schön Phlips (1983: 32-47).

13 Davon unabhängig ist die These, daß der Markt normativ ausgezeichnet ist, weil hier die effiziente Allokation knapper Güter gewährleistet ist. Dieses Argument findet sich literarisch besonders schön bei Mandeville (1980) in der *Bienenfabel*. Anders als Adam Smith betont Mandeville die Effizienz an Märkten. Mehr Mandeville als Smith in der normativen Auszeichnung des Marktmodells findet sich bei Homann/Pies (1993: 311-316).

fischpizzen, deren Belag aus Netzen mit einer bestimmten Maschenweite und Schlepplänge stammt, so daß keine Delphine abgefischt werden, erorbern Marktanteile. Menschen verzichten auf Zinsgewinne und legen ihr Geld bei Banken mit partizipativen Entscheidungsstrukturen an. Verbraucher boykottieren einen Ölkonzern, der seine Bohrinseln im Meer versenken will. Ärzte kaufen keine medizintechnischen Geräte der Firma Siemens, weil ein Tochterunternehmen in der Entwicklung von Atomkraftwerken aktiv ist.[14] Freunde und Verliebte gehen zu Fußballspielen oder Jazzkonzerten, obwohl sie keinen Fußball oder Jazz mögen, alleine weil die andere Person zu dem Fußballspiel oder dem Konzert gehen möchte. Ich hatte oben (Kap. 2.3) gesagt, daß sich solche Entscheidungen nicht adäquat in deskriptive Sätze (über die Zahlungsbereitschaft der Akteure) übersetzen lassen. Auch ökonomische Entscheidungen haben einen expressiven und normativen Gehalt (Hausman/McPherson 1996: 25). Die Vorstellung, daß die einzelnen Wahlhandlungen unabhängig sind, scheint im besten Fall unplausibel und im schlechteren Fall schlicht empirisch falsch.

Eine Verteidigerin des Gleichgewichts-Modells könnten dagegen vorbringen, daß Personen, die sich so verhalten[15], nicht rational sind (oder eine der anderen Bedingungen für den idealen Markt verletzt ist). Diese Verteidigung der Gleichgewichtstheorie hat eine stärkere und eine schwächere Lesart. In einem starken Sinne kann man sie so verstehen, daß das Modell im allgemeinen empirisch gehaltvoll sei, in dem speziellen Fall jedoch eine Art von Massenwahnsinn vorliegt, der z. B. Anhänger einer bestimmten politischen Couleur befällt. Eine solche *ad hoc* Erklärung von durch die Theorie nicht abge-

---

14 In den Beispielen werden offensichtlich ganz unterschiedliche Forderungen erhoben. Im Fall des Kaffees und der Pizza fordern Verbraucher für ein Produkt spezifische Produkteigenschaften. Im Fall des Ölkonzerns werden weitergehende Forderungen an die Produktionsbedingungen aller Produkte eines Unternehmens erhoben. Dabei kann man nur in einem metaphorischen Sinn davon reden, daß »ökologisch« eine Produkt*eigenschaft* von Benzin sein kann. Schließlich werden allgemein Forderungen über das Handeln eines Unternehmens erhoben, die in keiner Beziehung zu dem konsumierten Produkt stehen. Unternehmensboykott läßt sich als demokratisches Machtinstrument in der Marktgesellschaft verstehen (Beck 1995: 9).

15 Eben z. B. Gewerkschaftsfunktionäre und linke Spinner (Nozick o.J.: 231), vgl. auch Gary S. Becker (1962).

deckten Anomalien sollte man aus wissenschaftstheoretischen Gründen nicht zulassen.

Man kann die Verteidigung hingegen in einem schwächeren Sinne derart verstehen, daß die Sprecherin mit ihrem Hinweis auf die hier nicht erfüllten Bedingungen für ideale Märkte nicht zugleich einen allgemeinen empirischen Erklärungsanspruch verbindet. Sie hätte vielleicht besser sagen sollen: *Ich weiß wohl, daß unser Gleichgewichtsmodell nicht realen Märkten entspricht, aber ich kann auf seiner Grundlage zum einen erklären, warum es in der Realität zu Ungleichgewichten kommt, und zum anderen traue ich mir zu, Prognosen über das Marktergebnis abzugeben.* Sie wird dann vielleicht auf der Grundlage statistischen Materials über den Wähleranteil der PDS, der Bündnis90/Die Grünen und der SPD sowie des prozentualen Anteils von Gewerkschaftsmitgliedern (ohne IG Chemie-Bergbau-Leder) einen maximalen Marktanteil für politisch (oder normativ) beworbene Produkte von 3-5% prognostizieren. Folgt man dieser schwächeren Lesart der Verteidigung des Gleichgewichtsmodells, kann zwar der empirische Einwand pariert werden, es stellt sich aber zugleich die Frage nach dem Status des Gleichgewichtsmodells.

Betrachten wir verschiedene Möglichkeiten: Erstens (a) könnte behauptet werden, daß sich aus dem Modell Prognosen über empirische Ereignisse ableiten lassen. Zweitens (b) könnte man die etwas schwächere These vertreten, daß das Modell ein geeigneter Referenzpunkt ist, empirische Situationen zu analysieren, und es deshalb Prognosen erlaubt (Hausman 1984a). Schließlich könnte man drittens (c) sagen, daß mit dem Modell Entscheidungen besonders »gut« (im Sinne einer Theorie praktischer Rationalität) rekonstruiert werden, wobei »gut« hier (c.1) in einem streng explanatorischen Sinne oder (c.2) in einem präskriptiven Sinne verstanden werden kann. Die drei Möglichkeiten sind logisch kompatibel. Der Charme prognostischer Modelle (im Sinn von (a) oder (b)) liegt darin, daß sie sich auf die Analyse von wenigen Variablen beschränken können, wenn diese für eine Vielzahl von Handlungen als relevant angesehen werden. Als Relevanztest reicht jedoch ein einfacher statistischer Signifikanztest nicht aus. Der Nachweis statistischer Signifikanz beim Auftreten von abhängigen und unabhängigen Variablen in Zeitreihenuntersuchungen mag die Plausibilität einer Theorie über den Zusammenhang von *explanandum* und *explanans* unterstützen, er reicht aber als Beweis nicht hin. Auch prognostische Theorien sind im allgemeinen hinsichtlich eines enthaltenen Erklärungsgehaltes »dicker« als Regressionsanalysen. Die Frage, welcher *trade-off* zwischen explanatorischem Gehalt und Prognosefähigkeit eines Modells zu wählen sei, wird von einigen Vertretern[16] in dem starken Sinne (a') vertreten, daß die Prognosefähigkeit eines Modells unabhängig von der internen Konsistenz und unabhängig vom explanatorischen Gehalt des Modells sei. Ökonomische Modelle dienen der Prognose der wirtschaftlichen Entwicklung – und zu sonst nichts. Einen solchen Ansatz bezeichnet man als funktionalistisch. (a') widerspricht (c). Diese Position ist in bezug auf einen mikrotheoretischen Ansatz wie das *homo oeconomicus* Modell, das Wahlhandlungen abbildet, zunächst erstaunlich. Gegen das Verständnis des *homo oeconomicus* im Sinne einer philosophischen Theorie rationaler Entscheidung wenden Vertreter eines prognostischen Verständnisses von Ökonomik ein, daß das *homo oeconomicus*-Modell nicht einzelne Entscheidungen abbildet, sondern für ökonomische Aggregate (Haushalte, Unternehmen) gilt, über die sich die spezifischen Umstände der Einzelentscheidungen gegenseitig aufheben. (Alle makro-ökonomischen Modelle müssen diese Voraussetzung machen.) Der *homo oeconomicus* ist eine Art statistisch repräsentativer Vertreter seiner Art. So scheint es, als ob (*as-if*) jeder einzelne dieser statistischen *Homunkuli* dem einfachen Rationalkalkül folge. Zum anderen werden mögliche Veränderungen der empirischen Ausgangsbedingungen mit einer *ceteris-paribus*-Klausel (d.h. unter sonst gleichen Umständen) ausgeschlossen. Die Aussagen des Modells werden auf stabile Umweltbedingungen beschränkt. Eine solche Auffassung prognostischer Modelle in der Ökonomik kommt ohne eine (philosophische) Theorie der Handlungsgründe oder eine »dicke« philosophische Theorie rationaler Entscheidung aus. Es ergibt sich allerdings das Problem der hinreichenden Spezifizierung einer Ausgangssituation des Modells. Stimmen Modellaussage und Empirie nicht überein, so können entweder die ökonomischen Aggregate falsch gewählt sein, oder es kann die

---

16 Der prominenteste unter ihnen ist Friedman (1984, 1964: 736-740). Zu der Frage der Leistungsfähigkeit prognostischer Theorien ist es jedes Jahr aufs Neue amüsant, die Prognosen der führenden Wirtschaftsforschungsinstitute mit den tatsächlich eingetretenen Zahlen zu vergleichen. Zum einen unterscheiden sich die Prognosen der Institute untereinander um einige Prozentpunkte realer Steigerung, zum anderen kann selbst das Institut, das am nähesten an den realen Zahlen liegt, noch um einige Prozentpunkte irren.

ceteris-paribus-Klausel verletzt sein. Das Modell bleibt unterdeterminiert. Weil die Ausgangssituation nicht hinreichend spezifizierbar ist, hat sich das Modell gegen Einwände immunisiert.[17]

Für ein Verständnis im Sinne von (b) finden sich Beispiele in der Analyse von Ungleichgewichten[18] in der Monopoltheorie: Monopole bleiben mit ihrem Angebot unter der Nachfrage und können so einen höheren Preis (und Monopolrenten) durchsetzen. Stellt man zusätzliche Forderungen an den explanatorischen Gehalt des Modells fallen (b) und (c.1) zusammen. Für (c.1) findet sich der *locus classicus* bei Max Weber[19]: Das Modell wird idealtypisch verstanden, Abweichungen sind (wie in der Monopoltheorie) als Störungen zu verstehen. Damit Abweichungen eindeutig identifizierbar sind und die Wirkung von Störungen prognostizierbar ist, muß das Modell intern konsistent sein. Vertreter von (c.1) behaupten keine Korrespondenz ihrer theoretischen Terme mit Tatsachen in der Welt, die kausale Erklärungen erlauben würde, sondern die konsistente Darstellung des propositionalen Gehalts von Sätzen über die Welt in einer Modellsprache, die Humesche Erklärungen, d.h. hier Verallgemeinerungen, erlaubt.[20] Auch bei Vertretern von (c.2) stehen Modell-interne Ansprüche im Vordergrund. Dies entspricht unseren Vorstellungen von Begründungen (hier für Handlungen), an die Konsistenzforderungen gestellt werden können. Daneben beanspruchen präskriptive Modelle im allgemeinen auch explanatorischen Gehalt.[21] Versuche der nor-

---

17 Es gibt Ökonomen, die genau dies als Vorteil des Marktmodells preisen (Binmore 1994: 99 f.).

18 Zur Ungleichgewichtstheorie allgemein Vilks (1991) und Rothschild (1981).

19 Weber (1985: §§ 1-2, 2): »Für die typenbildende wissenschaftliche Betrachtung werden nun alle irrationalen, affektuell bedingten Sinnzusammenhänge des Sichverhaltens, die das Handeln beeinflussen, am übersehbarsten als ›Ablenkungen‹ von einem konstruierten, rein zweckrationalen Verlauf desselben erforscht und dargestellt. Z.B. wird bei einer Erklärung einer ›Börsenpanik‹ zweckmäßigerweise zunächst festgestellt: wie *ohne* Beeinflussung durch irrationale Affekte das Handeln abgelaufen *wäre*, und dann werden jene irrationalen Komponenten als ›Störungen‹ eingetragen.«

20 Siehe zu dem Begriff der Humeschen Erklärung und dem skeptischen Kausalitätsbegriff Hume (1990b: Abschnitte 4-7) und MacIntyre 1985: 175).

21 Darauf weist z.B. Nida-Rümelin (1993a: 80) hin. Der schwache explanatorische Anspruch erklärt sich aus der Vorstellung, daß das Gesollte auch umsetzbar sein muß - »ultra posse nemo obligatur«; eine moralische Forderung, die eine am Gleichheitsprin-

mativen Auszeichnung von Märkten sind im Sinne von (c.2) zu verstehen. Im allgemeinen wird von Vertretern der Erfahrungswissenschaft Ökonomik ein modelltheoretischer Anspruch analog zu (b) oder (c) erhoben[22] – dieser setzt ein Verständnis des *homo oeconomicus* Modells im Sinne einer »dicken« Theorie rationaler Entscheidung voraus (Hausman/McPherson 1996: 40).[23]

3.3 Koordination als Gleichgewicht der Interessen

Der Reiz des ökonomischen Gleichgewichtsmodells liegt – neben der ästhetischen Eleganz des formalen Modells – darin, daß ausgehend von einer einfachen Interpretation der Theorie rationaler Entscheidung gezeigt werden kann, daß Menschen ihre unterschiedlichen Interessen und Bedürfnissen koordinieren können – wenn sie nur (im Sinne der Theorie) rational sind. Ein Mechanismus, der auch Menschen mit unterschiedlichen moralischen Normen ein Zusammenleben erlaubt, weil die Koordination unabhängig von moralischen Regeln funktioniert, ist für alle Beteiligten vorteilhaft.[24] Die Koordination der unabhängigen individuellen Wahlentscheidungen wird wie von unsichtbarer Hand allein über den Preismechanismus hergestellt.

---

zip orientierte Umverteilung von Gütern aus den Industrienationen in die sog. Dritte Welt fordert, ist zwar logisch möglich, sie erscheint uns auf der Grundlage unserer Erfahrungen doch (zu) rigide.

22 Daneben gibt es eine konstruktivistische Kritik in der Ökonomik, die prognostische und explanatorische Ansprüche gleichermaßen zurückweist und mit Verweis auf Rorty die Ökonomik als rhetorische Wissenschaft versteht; siehe dazu Rorty (1994: 11-36), McCloskey/Klamer (1995: 191-200), Farrell (1995:186-190) und Backhouse (1992: 65-82).

23 Daraus folgt dann tatsächlich, daß Makromodelle eine mikro-ökonomische Fundierung voraussetzen.

24 Das muß formal nicht gelten: Wenn ich eine starke einmischende Präferenz über das Verhalten meiner Mitbürger habe, dann erscheint mir ein solcher Zustand nicht besonders vorteilhaft. Das gilt zum Beispiel für Kirchenhierarchen, die eine gottesfürchtige Gemeinschaft im Krieg einer friedlichen Gesellschaft agnostischer Individuen, die – mit Voltaire – »Gott zwar kennen, ihn aber nicht grüßen«, vorziehen.

Man muß den Beweis für die Existenz (mindestens) eines Gleichgewichtes von dem Beweis dafür, daß alle idealen Märkte zu einem Gleichgewichtszustand tendieren, unterscheiden. Der Beweis für die Existenz eines Gleichgewichtes ist am einfachsten graphisch zu erbringen. Dabei stellen wir die empirisch plausible Forderung an unsere Angebots- und Nachfragefunktionen, daß sie inverse Steigungen aufweisen. Wir gehen im allgemeinen in unserer Welt Eigennutz-orientierter Individuen davon aus, daß die Angebotsmenge eines Gutes bei einem hohem Preis höher ist als bei einem relativ niedrigerem Preis. Für die Nachfragemenge dieses Gutes gilt die inverse Preis-Mengen-Funktion. (Es sei denn, es handelt sich um ein Giffen-Gut. Das heißt solchen (relativ zu anderen billigen) Gütern, die, wie Brot oder Getreide, auch bei sinkenden Realeinkommen und steigendem Eigenpreis des Gutes vermehrt nachgefragt werden, um die Ernährung sicherzustellen.) Wenn man in ein Preis-Mengen-Diagramm eine mögliche Kombination von Angebots- und Nachfragefunktion einträgt, schneiden sich die Kurven (Abb. 1).

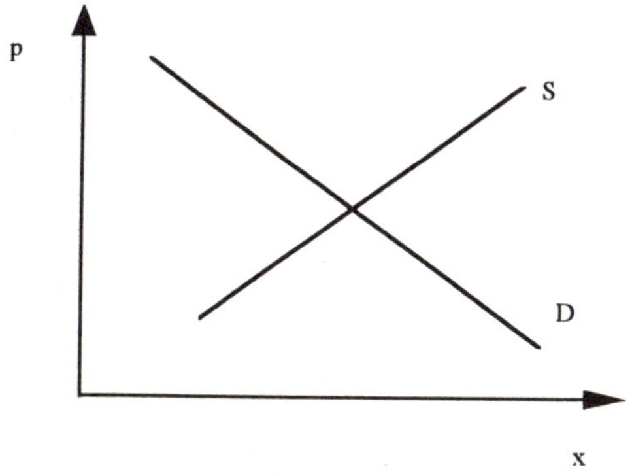

Preis-Mengen-Diagramm

Abb. 1

An den Achsen bezeichnen p den Preis und x die Menge des Gutes, die (hier zur Vereinfachung) linearen Funktionen stellen D die Nachfrage (*demand*) nach x und S (*supply*) das Angebot von x dar. Aus der einfachen graphischen Darstellung gewinnt man die Existenzbedingungen für ein Marktgleichgewicht: (1) die Produktionskosten für das erste Gut dürfen die maximale Zahlungsbereitschaft nicht übersteigen; (2) es muß sich um ein knappes Gut handeln, das heißt, bei einem Preis von 0 ist die Nachfrage größer als das

Angebot dieses Gutes. Für Güter, die diese beiden Bedingungen erfüllen, gibt es einen Gleichgewichtspunkt. Der Existenzbeweis ist also unabhängig von jeder Optimalitätsbedingung (Chiang 1984: 36). Es werden ausschließlich Forderungen an den Verlauf der Angebots- und Nachfragefunktionen gestellt. Es gilt:

$x_S = x_D$ gdw.
$x_S = -c+dp$ und
$x_D = a-bp$ so daß
$(b+d)p = a+c$ für $(a,b,c,d>0)$[25]

Dabei sind a,b,c,d Variablen. Die Indizes stehen S für Angebot (*supply*) und D für Nachfrage (*demand*). Als Gleichgewichtspreis (p_E) ergibt sich dann:

$p_E = (a+c)/(b+d)$.

Die Pointe des Gleichgewichtsmodells ist, daß im Gleichgewicht Angebot und Nachfrage tatsächlich ausgeglichen sind, d.h. kein Koordinationskonflikt besteht. Dabei handelt es sich um einen definitorischen Trick, der ein spezifisches Verständnis davon voraussetzt, was es heißt, an Märkten einen Wunsch oder eine Präferenz zu haben. Die Präferenzordnung einer Person ist über Handlungen definiert. Präferenzen sind im Marktmodell über Güter oder Güterbündel (oder Kaufhandlungen) definiert. Eine solche Präferenzordnung läßt sich durch einfache numerische Repräsentation in eine direkte Nutzenfunktion umformen, deren Argumente eben diese Güter sind: $u=f(u/x_1,x_2)$. Die numerische Repräsentation der Wünsche entspricht, so das zentrale Argument, an Märkten der relativen Zahlungsbereitschaft für die Güter. Die Zahlungsbereitschaft einer Person ist von dem Marktpreis im Gleichgewicht zu unterscheiden. Über die Zahlungsbereitschaft kann die direkte Nutzenfunktion in die indirekte Nutzenfunktion eines Individuums übersetzt werden, deren Argumente nun die realen Güterpreise, d.h. die Preise relativ zum Haushaltseinkommen (Y) einer Person, sind: $u=f(u/p,Y)$. Die Nachfrage-

25 Diese algebraischen Forderungen entsprechen den oben verbal formulierten Forderungen, daß es sich um einen Markt knapper Güter handelt, auf dem die Produktionskosten geringer sind als die maximale Zahlungsbereitschaft.

funktion an Märkten entspricht der indirekten Nutzenfunktion. Bei der Marktkoordination wird also ausschließlich die monetär bewertete Nachfrage berücksichtigt, die vom Preis abhängt. Unter der oben getroffenen Annahme einer großen Zahl von Marktteilnehmern gilt, daß kein einzelner durch seine Kauf- oder Produktionsentscheidung einen *direkten* Einfluß auf die Handlungen der je anderen ausübt.[26] Der Gleichgewichtspunkt ist definiert als der Zustand, in dem einem Angebot eine entsprechende (monetär wirksame) Nachfrage gegenübersteht, so daß sich beide ausgleichen.[27] Keiner der Marktakteure hat – unter gleichbleibenden Umständen (*ceteris paribus*) – einen Anreiz, diesen Zustand zu verlassen; die Gleichgewichtslösung an Märkten ist Pareto-effizient.

Der Existenzbeweis für ein Gleichgewicht an idealen Märkten ist unabhängig von möglichen Optimierungsstrategien der beteiligten Akteure. Das gilt nicht für die stärkere Behauptung, daß *alle* idealen Märkte zu einem Gleichgewichtszustand tendieren. Der Beweis dieser Behauptung setzt die Optimierungs-Hypothese aus der ökonomischen Theorie der Rationalität voraus. Wenn wir uns fragen, ob Epikurion ein wirtlicher Ort ist, interessiert uns nicht, ob es auf Epikurion die Möglichkeit gibt, daß sich ein Koordinationsgleichgewicht einstellt, sondern ob sich (wenn alle Bewohner rational im Sinne der Theorie sind) tatsächlich ein Koordinationsgleichgewicht einstellt. Man kann diese Frage auch so formulieren, daß wir wissen wollen, ob die Aussage »Ideale Märkte tendieren zum Gleichgewicht« in allen möglichen Welt wahr ist. Wir müssen zwei Teile der Frage unterscheiden. Zum einen fragen wir, ob notwendig gilt, daß ideale Märkte zum Gleichgewicht tendie-

---

26 Der indirekte Einfluß, den Akteure am Markt über den Preismechanismus aufeinander ausüben, wird im folgenden noch ausführlich diskutiert. Ein anderer Fall liegt in der Oligopoltheorie mit dem Fall der Stackelberg-Führerschaft vor. Da der Ausschluß von Marktmacht nicht im axiomatischen Kern der Theorie modelliert ist, ist die Anwendung der Theorie auf Oligopol- und Monopolmärkte *mutatis mutandis* möglich.

27 Von einigen Ökonomen wird der Satz in der Tradition des Sayschen Gesetzes so interpretiert, daß sich jedes Angebot eine Nachfrage schafft. Sie schließen daraus, daß Wirtschaftspolitik »Angebots-orientiert« sein müsse, also durch Steuervergünstigungen etc. die Unternehmen stärken müsse. Das hat allerdings nicht einmal Say so gemeint (Sowell 1994: 37-50).

ren. Welten, in denen dies gilt, nennen wir Debreu-Welten.[28] Zum anderen fragen wir, ob solche Debreu-Welten mögliche Welten derart sind, daß sie mit anderen Meinungen, die wir von dem Kosmos außerhalb Schlaraffias haben, kompatibel sind. Eine ganz einfache Mögliche-Welten-Semantik wird eingeführt, um zu prüfen, ob die Voraussetzungen des ökonomischen Modells mit unseren sonstigen Überzeugungen vereinbar sind oder ob mit dem Modell eine merkwürdige »Zwei-Reiche-Lehre« verbunden werden muß.[29]

Prüfen wir zuerst, ob Epikurion eine Debreu-Welt ist. Ideale Märkte haben die oben diskutierten Eigenschaften. Um die Vielzahl von Markttransaktionen vergleichen zu können, fehlt uns noch ein *Numéraire* oder allgemeiner Bewertungsmaßstab. Wir fordern kardinale Vergleichbarkeit von Gütern oder eine kardinale Ordnung der Präferenzen. (Ein Marktakteur muß sagen können: Vier Hühner finde ich so gut wie zwei Schweine. Zwei Schweine finde ich so gut wie ein kleines Rind. Zwei Hühner entsprechen einem Halben Rind. Er muß also die einzelnen Güter zueinander gewichten können.[30]) Als *Numéraire* könnten Muscheln, Kakao oder Tabak dienen; wir lassen über Epikurion eine wohlbemessene Menge Geld regnen. (Jeder Marktakteur weiß, was Geld ist, und weiß, daß alle anderen wissen, was Geld ist, und wissen, daß er weiß, was Geld ist usf.). Unter dieser Bedingung läßt sich die

---

28 Von Gerard Debreu stammt der formale Beweis für ein allgemeines Gleichgewicht. Die Mögliche-Welten-Terminologie wird eingeführt, um verschiedene Modi wahrer Aussagen zu unterscheiden. Ein Satz kann notwendig, d. h. in allen möglichen Welten, wahr sein oder er ist kontingenterweise, in einer möglichen Welt, wahr. Der Satz »Alle Tiger haben eine Tiger-DNA« ist in allen möglichen Welten wahr, wohingegen der Satz »Tiger sind Vegetarier« nach allem, was wir über unsere Welt wissen, in unserer Welt falsch ist, aber in einer anderen Welt wahr sein könnte, nämlich genau dann, wenn es dort Tiere gibt, die wir als Tiger bezeichnen, und diese kein Fleisch fressen.

29 Die Warnung vor der ökonomischen »Zwei-Reiche-Lehre« oder »Zwei-Welten-Konzeption« findet sich vor allem bei Wirtschaftsethikern, so bei Priddat (1996) und Ulrich (1993:, 343 f.). Eine ausführliche modalsemantische Analyse der ökonomische Theorie findet sich z. B. bei Elster (1978: 175-192).

30 Legen wir eine ordinale Präferenzordnung zugrunde, sind nur Aussagen der Art »Schweine sind mir lieber als Hühner« zulässig. Ordinale Skalierungen sind unabhängig vom Abstand der Bewertungen, so daß jede Transformation einer Präferenzordnung, die die Reihenfolge der Bewertung beibehält, zulässig ist. Zu der Frage, ob Kardinalität eine starke Forderung oder eine schwache Forderung ist, siehe Hahn (1982: 187-198).

Rationalitätsforderung, daß Personen, die Handlung wählen, die sie in ihrer Präferenzordnung am höchsten angeordnet haben, in allgemeine Reaktionsfunktionen übersetzen. Wir sagen, daß an idealen Märkten alle Akteure ihre Nachfrage (Angebot) bei steigenden Preisen senken (erhöhen). Die Reaktionsfunktionen der Marktakteure entsprechen den ersten Ableitungen der Gewinnfunktionen der Anbieter respektive analog der indirekten Nutzenfunktionen der Nachfrager. Wir haben oben Marktmacht an idealen Märkten ausgeschlossen, so daß die Marktakteure einzig über die optimale Menge eines Produktes oder die Zusammensetzung eines Produktbündels, das sie kaufen oder verkaufen wollen, entscheiden. Wenn wir Skaleneffekte in der Produktion und im Konsum ausschließen, bleibt der Preis als Entscheidungsparameter für die Akteure. Ideale Märkte haben die angenehme Eigenschaft, daß die gebotenen/geforderten Preise zu jedem Zeitpunkt bekannt sind. Will man diese realitätsferne Eigenschaft aufgeben, kann man eine Preiserwartungs-Funktion p_t definieren, an die wir ausschließlich die schwächere und realitätsnahe Forderung formulieren müssen, daß die Preiserwartung unter anderem von den Preisen der vergangenen Perioden abhängt; also z.B.: $p_t = p_{t-1} + \beta((p_{t-1} - p_{t-2}) + (p_{t-2} - p_{t-3}))$, wobei β einen (anhand der Preisentwicklung) empirisch zu ermittelnden Gewichtungsfaktor darstellt. Der Preis eines Gutes ist eine Funktion der aggregierten Nachfrage und des aggregierten Angebotes. (Auf idealen Märkten ermittelt man den mit der Menge gewichteten Durchschnitt aller Gebote und Forderungen.) Dieser Knappheitspreis eines Gutes übermittelt ein nicht decodierbares Bündel an Informationen über Zahlungsbereitschaft und Budgetrestriktion der Nachfrager und die Produktionsfunktion der Anbieter. Weil jede einzelne Akteurin ihre individuelle Entscheidung in Abhängigkeit vom Preis fällt, kommt es zu einem Anpassungsprozeß (*tâtonnement*), so daß ideale Märkte sich entweder im Gleichgewicht befinden oder – bei veränderten Umweltbedingungen – zu einem neuen Gleichgewicht tendieren.[31] Damit haben wir die erste Frage beantwortet: Epikurion ist, nachdem eine weise Bundesbank Geld ausgegeben hat, eine Debreu-Welt.

31 Dieses Theorem bezeichnet man in der Ökonomik als Cob-Web-Theorem, weil sich von einer Ungleichgewichtssituation ausgehend in mehreren Schritten ein Gleichgewicht einpendelt. Zeichnet man die Schritte nach, so ergibt sich eine Spinngewebeähnliche Figur um das Gleichgewicht.

Bevor es jetzt zum großen trans-kosmischen Migrantenstrom[32] kommt, möchte ich zeigen, daß Debreu-Welten wie Eier-legende Wollmilchsauen und Dukatenesel den Nachteil haben, daß sie mit einer Reihe von Meinungen, die wir über unsere Welt haben, nicht kompatibel sind.[33] (Das heißt, wenn wir nicht auf andere Elemente unserer Theorie verzichten wollen, müssen wir hierbleiben.) Machen wir uns zunächst auf die Suche nach Welten, in denen Eier-legende Wollmilchsauen und Dukatenesel existieren.[34] Für diese Fabelwesen gilt natürlich, daß sie tatsächlich Milch geben, Eier legen (usf.) oder Dukaten ausscheiden. (Es reicht nicht beim Anblick einer deutschen Landsau zu sagen: Siehe da eine Eier-legende Wollmilchsau.)

Auf der Suche nach unseren Fabelwesen gehen wir von unserer aktuellen Welt aus, in der die Begriffe »Esel«, »Schwein«, »Esel«, »Dukaten« und »Ei« eine Referenz haben. In unserer aktuellen Welt können wir sinnvollen Sätzen über Schweine[35] einen Wahrheitswert zuweisen. Diese Forderung

---

32 Nach der Vertreibung aus dem Paradies durch Arrows *Impossibility Theorem* (1950), das für unsere Welt zeigt, daß es keine Aggregationsregel über individuelle Präferenzordnungen (*Social Welfare Function*) gibt, die plausible Rationalitätsanforderungen erfüllt, dürften sich starke Migranten-Ströme zur Debreu-Welt aufmachen, so daß diese dann wohl ihre Grenzen abschotten müßte. Ein ausgeklügeltes System müßte sicherstellen, daß die Einwanderungspolitik nicht parteilich gegenüber bestimmten Präferenzordnungen ist. Die Nicht-Aufgenommen müßten zurück in die Welten anderer (politischer) Koordinationsmechanismen. (Vielleicht gäbe es ein nach dem Präsidenten der Debreu Welt benanntes Nozick-Kontingent für Flüchtlinge aus sozialdemokratisch regierten Welten.) Der Preis für das Paradies ist die Hölle.

33 Zu diesem ganzen Abschnitt siehe insbesonders Goodman (1990: 114-120, 146-157; 1980: 211-215) und Hempel (1980). Ich halte mich weitgehend an Goodmans etwas unorthodoxe Verwendungsweise der Möglichen-Welten-Semantik.

34 Diese Entdeckung würde die Finanzmärkte und Future-Märkte für Eier natürlich erschüttern. Folgte man hier einer konstruktivistischen Vorstellung möglicher Welten, wie sie von Hacking (1991) vertreten wird, dann würde man sagen, es gebe diese phantastischen Tiere nicht, weil dies den durchsetzungsfähigen Interessen der Kapitaleigner und Hühnerhalter in Goodman-Hacking-Welten widerspräche. Uns interessiert hier die Frage, ob eine (hypothetische) mögliche Welt denkbar ist, in der unsere Fabelwesen existieren.

35 Der deutsche Satz »Schweine sind lustige Tiere, die immer viel Pillepalle machen« ist kein sinnvoller Satz in diesem Sinne. Selbst wenn wir uns auf eine Referenz des Attributes »lustig« einigen könnten (»wer lustig ist, verzieht das Gesicht« sei eine reflexive Beziehung), so bereitet uns das Wort »Pillepalle« doch einige Schwierigkeiten, so daß

können wir für jede mögliche Welt stellen. Ausgehend von unserer aktuellen Welt sind all jene Welten möglich, in denen wir die Referenz der Begriffe verstehen können. Dieses Kriterium ist noch hinlänglich unklar. Etwas formaler und präziser können wir sagen, daß mögliche Welten Teil eines Modells sind, das durch das Tripel $<W;R;T>$ repräsentiert wird. Dabei steht W für die Menge aller möglichen Welten; R für eine Übersetzungsfunktion oder Sichtbarkeitsrelation, die diese möglichen Welten ineinander übersetzt, und T für eine Wahrheitsfunktion, die jedem Zustand in $w \in W$ einen der beiden Wahrheitswerte $\{1;0\}$ zuweist. Wenn wir uns fragen, ob eine Welt $w^{WMS/DE}$ (für: eine Welt, in der Wollmilchsauen und Dukatenesel existieren) Element von W ist, so läßt sich die Frage präzisieren: Gibt es eine Übersetzungsfunktion R, die $w^{WMS/DE}$ in unsere (Normal-) Welt $w^n \in W$ überführt? Eine schwache Forderung an R ist, daß die beiden Welten oder eben jene Entitäten, mit denen wir $w^{WMS/DE}$ und w^n bevölkern, logisch miteinander kompatibel sind; ein Individuum $e^{WMS/DE}$ darf keine Eigenschaften haben müssen, die sein »Counterpart« e^n nicht haben kann.

Wir können nun sagen, daß es keine mögliche Welt gibt, in der Dukatenesel oder Eier-legende Wollmilchsauen existieren, weil (a) die Umwandlung von organischer Materie in Metalle in unserer Welt als ausgeschlossen gilt und (b) in unserer Welt »Säugetier« die Eigenschaft »Eier-legen« ausschließt.[36] Wir sagen also, daß die korrekte Verwendungsweise von »Esel«, »Schwein« usw. in unserer aktuellen Welt mit der Verwendungsweise dieser Begriffe in der Fabelwelt, in der sich Dukatenesel und Eier-legende Wollmilchsauen tummeln, nicht kompatibel ist. (Das heißt nicht, daß es dort keine Tiere geben kann, die aussehen wie Schweine und die Eier legen – es sind halt keine Schweine.)

Etwas schwieriger ist die Frage der Koexistenz von möglichen Welten, wenn wir nicht über natürliche Arten, sondern (wie in den Sozialwissenschaften) über Handlungsweisen und soziale Institutionen sprechen (vgl.

---

es schwer ist, den propositionalen Gehalt von »Schweine sind lustige Tiere, die immer viel Pillepalle machen« anzugeben. Dabei gehe ich davon aus, daß wir gegen Quine »Schweine« und andere natürliche Arten nicht von unserer Welt verbannt haben.

36 Es gibt dagegen die mögliche Welt »Wool-Landia«, in der Schweine Wolle produzieren. Wolle produzieren ist nicht durch eine der Eigenschaften ausgeschlossen, die in unserer Welt Schweine kennzeichen. (Es gibt sogar in unserer Welt Wollschweine.)

Kap. 1.1). Wir haben Theorien darüber, was es heißt, daß Personen Handlungen ausführen. Anders als unsere Theorien über Säugetiere und chemische Prozesse systematisieren unsere sozialwissenschaftlichen Theorien eine Reihe von normativen Vorstellungen z.B. darüber, was es heißt, eine Person zu sein. Wenn man analog zu den Überlegungen über Esel und Dukatenesel fordert, daß Handlungsbeschreibungen in den möglichen Welten eines Kosmos miteinander kompatibel sein sollen, reicht logische Kompatibilität nicht hin. Übersetzungen von w^x nach w^n müssen möglich sein derart, daß sich für unsere (zum Teil auch unklaren) Vorstellungen aus w^n Entsprechungen in w^x angeben lassen. In dem folgenden Kapitel werde ich für die These argumentieren, daß das ökonomische Epikurion schon mit sehr schwachen Annahmen davon, was es heißt, eine Person zu sein, nicht kompatibel ist. Wenn man diese Annahmen nicht aufgeben will, muß man versuchen, die ökonomische Theorie der Rationalität zu modifizieren.

Kapitel 4

Das Problem des Personenbegriffs in der Ökonomik

4.1 Ökonomische Präferenzen oder Wünsche?

Die formale Theorie der Präferenzen läßt sich sinnvoll in einer Weise interpretieren, die *grosso modo* unserer vortheoretischen Redeweise entspricht, wenn wir Personen Wünsche zuschreiben. Wir sagen, daß eine Person verschiedene Wünsche haben kann und daß ihr einige Wünsche wichtiger sind als andere. Zwar sind einige Menschen skeptisch, ob es sinnvoll ist, sehr unterschiedliche Alternativen zu vergleichen und in eine (ordinale) Folge zu bringen. Aber mit dem Zusatz, daß solche Vergleiche »eigentlich« nicht sinnvoll seien, würde auch ein Skeptiker, wenn er sich für genau einen seiner Wünsche entscheiden muß, eine Rangfolge seiner Wünsche bilden. (Um sicherzustellen, daß er tatsächlich alle Wünsche ordnet, könnte man ihm sagen, eine gute, aber leider nicht allmächtige Fee würde genau einen seiner Wünsche realisieren. Sie könne leider nicht alle Wünsche verwirklichen, halte sich aber an die Rangfolge, die er aufstelle.) In dem ökonomischen Modell des Marktes werden Personen ausschließlich über Präferenzordnungen oder entsprechende Nutzenfunktionen eingeführt.[37] In diesem Kapitel diskutiere ich,

---

37 Davis (1995) entwickelt in seiner Kritik an dem neoklassischen Personenbegriff mit Verweis auf Hume die Vorstellung, daß Personen im ökonomischen Modell nicht über ihre Präferenzen, sondern über ihre Zeitrestriktion individuierbar seien. Mit einer solchen Vorstellung geht der Verzicht auf unseren vortheoretischen Begriff der Person einher, der immer auch auf die Identität mit sich selbst oder auf die Integrität einer Person rekurriert. Der Glaube an die Wiedergeburt einer Person, mit der jede Zeitre-

ob die ökonomische Interpretation der Theorie der Präferenzen mit unserer Verwendungsweise von »Wunsch« (oder »Interesse«) vereinbar ist.[38] Dabei geht es zunächst in den beiden ersten Abschnitten um das Problem der Gewichtung ökonomischer Präferenzen und im dritten Abschnitt um die Frage der Individuierbarkeit ökonomischer Akteure.

Die Marktkoordination, so eine Verteidigerin der ökonomischen Theorie, führt zu einem sozialen Zustand, in dem die Präferenzen aller beteiligter Personen – und nichts anderes – gleichermaßen (unparteilich) berücksichtigt werden. Die indirekte Nutzenfunktion bildet die ökonomisch relevanten Präferenzen einer Person ab. Es wird gesagt, daß diese ökonomischen Präferenzen den aktuellen Zahlungsbereitschaften von Personen entsprechen. Das mengenmäßige Marktergebnis ergibt sich dann als Abhängige der aggregierten Zahlungsbereitschaften, dem Gleichgewichtspreis. Diese Eigenschaft des Koordinationsmechanismus' bezeichnet man in der Ökonomik auch als Konsumentensouveränität.[39] Es ist unklar, ob die indirekte Nutzenfunktion mit der Weise, wie wir über Wünsche von Personen sprechen, vereinbar ist. Ich werde diese Frage erst an dem speziellen Fall von Präferenzen einer Person über zukünftige Ereignisse diskutieren. Es läßt sich zeigen, daß Präferenzen über zukünftige Ereignisse in dem Marktmodell in einer Weise interpretiert werden, die nicht mit unser »normalen« Redeweise vereinbar ist, wenn wir einer Person Wünsche über zukünftige Ereignisse zusprechen. Dieses Ergebnis wird dann in einem zweiten Schritt verallgemeinert.

Wenn wir das Marktmodell nicht nur auf einfache Butter-Margarine-Entscheidungen, sondern auch auf Investitionsgütermärkte oder den Markt für Liebesbeziehungen anwenden, dann müssen bei Entscheidungen Hand-

---

striktion überschritten wird, ist *hinsichtlich unserer Vorstellungen von Personen* leichter verständlich als die Vorstellung, daß ich mich vor aller Augen in einen Esel verwandle, der mit dem vorher bekannten Karl Reinhard Lohmann nichts gemein hat als das Zeitbudget, das ich-Esel nunmehr auf die nutzenmaximierende Wahl zwischen zwei Heuhaufen aufzuwenden habe.

38 Statt von »ökonomischer Interpretation der Theorie der Präferenzen« spreche ich auch von ökonomischen Präferenzen.

39 Dieses Effizienzkriterium erster Stufe, das sich auf die bestmögliche Verteilung bezieht, unterscheidet sich von einem Effizienzkriterium zweiter Stufe, das den Marktmechanismus als volkswirtschaftlich (unabhängig von allen Verteilungsfragen) effizient auszeichnet.

lungsalternativen verglichen werden, deren Nutzen und Kosten für eine Person zu unterschiedlichen Zeitpunkten anfallen. Um solche Handlungsalternativen vergleichen zu können, werden Nutzen und Kosten im ökonomischen Gleichgewichtsmodell auf einen Zeitpunkt bezogen (vgl. Kap. 3.1, S. 82) In der ökonomischen Theorie werden Präferenzen über zukünftige Ereignisse zum *Gegenwartswert* bewertet. Das können natürlich sowohl Präferenzen sein, die ausschließlich das eigene Leben des Entscheiders betreffen, wie die Frage der (für die Person) »besten« langfristigen Nutzung eines Geldbetrags, als auch Präferenzen, die ein Entscheider stellvertretend für andere (z.B. die eigenen Kinder) formuliert. Der Gegenwartswert eines Ereignisses zum Zeitpunkt t_n mit dem (erwarteten) Nutzen u_n entspricht einem Wert u_1, der zum Zeitpunkt t_1 angelegt werden müßte, um zum Zeitpunkt t_n eine Auszahlung u_n zu erhalten. Man sagt kurz, daß zukünftige Präferenzen diskontiert werden.

Wenn ich mir von meiner guten Bekannten Maria Geld, z.B. 1000 DM, borge und verspreche, es Morgen zurückzuzahlen, so verlangt Maria wahrscheinlich, daß ich nicht nur die 1000 DM zurückerstatte, sondern ihr einen zusätzlichen Betrag, den Zins, z.B. 60 DM, erstatte. Wie kann man diese Forderung interpretieren? Auf der einen Seite könnte man sagen, daß Maria eine besondere Zeit-Präferenz hat. Eigentlich würde sie gerne ihre 1000 DM jetzt für z.B. eine Reise nach Madrid ausgeben. Sie verzichtet zu meinen Gunsten, wenn ich bereit bin, ihr die Nutzendifferenz, die sie empfindet, wenn sie erst Morgen nach Madrid fliegt, zu erstatten. Diese Vorstellung ist merkwürdig. Warum sollte es bei der Bewertung des Nutzens einer Handlung – wenn ansonsten alles gleich bleibt (*ceteris paribus*) – einen Unterschied machen, ob sie Heute oder Morgen ausgeführt wird?

Trotzdem muß der Zins eine Art Gegenwert von Nutzen darstellen. Maria hat zum Zeitpunkt t_1 die Wahl, entweder nach Madrid zu fliegen oder ihr Geld anderweitig zu verwenden. Sie könnte das Geld in ein lukratives Geschäft investieren, bei einer Bank anlegen oder es mir leihen. Der Zins bemißt sich an den Opportunitätskosten des Geldverleihs in der Periode t_1 bis t_n. Die 60 DM entsprechen der im Durchschnitt der Anlagemöglichkeiten am Markt erzielbaren Kapitalrendite. Fliegt sie erst Morgen nach Madrid, dann kann sie – *ceteris paribus* und vor Steuern – zusätzlich 60 DM ausgeben. Diese 60 DM entsprechen nicht einer individuellen Präferenz Marias, sondern dem Marktpreis für die zeitweise Überlassung von Geld.

Weil Präferenzen als Zahlungsbereitschaften der Akteure interpretiert werden, müssen Präferenzen über zukünftige Ereignisse zum aktuellen Zinssatz diskontiert werden. Der Zinssatz ergibt sich als Gleichgewichtspreis am Kapitalmarkt.[40] Die ökonomisch relevante Bewertung eines zukünftigen Ereignisses ist nicht allein von der individuellen Bewertung dieses Ereignisses, sondern auch vom Kapitalmarkt-Zins abhängig. Das widerspricht aber unserer Redeweise, wenn wir Personen Wünsche über zukünftige Ereignisse zuschreiben. Menschen bewerten Ereignisse zum jeweiligen Zeitpunkt. Nehmen wir den Satz (S_1): Maria fliegt lieber Heute als Morgen nach Madrid. (S_1) meint nicht, daß Heute der Nutzen einer Reise nach Madrid höher ist als Morgen, sondern daß Maria sich sehr wünscht, Heute nach Madrid zu fliegen.

Wenn wir »lieber mögen als« durch eine einfache »besser als« Funktion abbilden und die Konsequenzen der Ereignisse jeweils durch Nutzenwerte (u) repräsentieren, dann ist eine adäquate Übersetzung (S_1^*): u (»Heute Fliegen«) > u (»Morgen fliegen«). Es ist tatsächlich unverständlich, was die Zuschreibung einer reinen Zeitpräferenz bedeutet; eine reine Zeitpräferenz ließe sich darstellen als (S_1^{**}): u (»Fliegen« $\wedge$ »Heute«) > u (»Fliegen« $\wedge$ »Morgen«). Bei den Wünschen, »Heute nach Madrid fliegen« und »Morgen nach Madrid fliegen« handelt es sich um zwei verschiedene Wünsche, die Maria unterschiedlich bewertet. Etwas schwieriger verhält es sich mit dem Satz (S_2): Maria legt lieber Heute ihr Geld an und fliegt Morgen nach Madrid, als Heute nach Madrid zu fliegen. Ökonomen übersetzen (S_2) durch (S_2^*): u (»Geldanlage« $\wedge$ »Fliegen«) > u (»Fliegen«). In (S_2^*) ist der Zinssatz der Geldanlage die einzige Größe, die zwei zeitlich auseinander liegende Wünsche »Fliegen« unterscheidet. Das scheint mit (S_2) aber nicht gemeint zu sein, so daß wir besser sagen (S_2^{**}): u (»Geldanlage«) $\wedge$ u (»Morgen fliegen«) > u (»Heute fliegen«). Wenn man annimmt, daß Maria lieber mit mehr als mit weniger Geld in Madrid ist, dann unterscheidet sich (S_2^{**}) von (S_2^{***}): u (»Geldanlage« $\wedge$ »Morgen fliegen«) > u (»Heute fliegen«). In

40 Die empirischen Probleme einer solchen Diskontierung zum aktuellen Marktzins werden unter dem Stichwort des *sustainable development* diskutiert. Zukünftige Auszahlungen würden, so die These von Vertretern des *sustainable development*, bei einer Bemessung zum Gegenwartswert unterbewertet. Siehe zu dem Problem der Diskontierung Rowe (1989: 6. Kap.), Dasgupta (1994) oder Broome (1994b).

(S_2^{**}) ist die Beurteilung des Wunsches, Morgen nach Madrid zu fliegen, unabhängig von dem Zinssatz. Daraus folgt nicht, daß die Frage, ob Maria lieber Heute nach Madrid fliegt oder Heute ihr Geld anlegt und Morgen fliegt, unabhängig vom Zinssatz wäre. Der Zinssatz ist relevant für die Beurteilung der Geldanlage. In (S_2^{***}) ist zwar die Bewertung des Wunsches, Morgen nach Madrid zu fliegen, nicht unabhängig von der Bewertung der Geldanlage. Daraus folgt aber eben nicht, daß die Wünsche »Heute fliegen« und »Morgen fliegen« identisch bewertet werden. Ökonomische Präferenzen über zukünftige Ereignisse, die zum Gegenwartswert berechnet werden, sind nicht in der Lage, zwischen verschiedenen Arten von Wünschen zu unterscheiden, und sind also nicht adäquat als Wünsche einer Person zu interpretieren (Eisenführ/Weber 1994: 31 f., 279-295).

Dieses Ergebnis ist für eine Vertreterin des Marktmodells beunruhigend. Die These der Konsumentensouveränität läßt sich nur aufrechterhalten, wenn das Marktergebnis als Ergebnis des Ausgleiches von Wünschen oder Interessen interpretierbar ist. Um den unangenehmenen Konsequenzen der Diskontierung individueller Präferenzen zum allgemeinen Marktzins zu entgehen, könnte die Vertreterin des Marktmodells einwenden, daß der Marktzins natürlich nicht objektiv zu interpretieren sei, sondern durch jede Person je individuell gemäß ihrer Präferenz für Geld bewertet werden müsse. Der Marktzins sei nur ein Ausdruck der generell unter der Bedingung von Knappheit geltenden Beschränkung, daß die Realisierung individueller Präferenzen durch die Präferenzen anderer Personen eingeschränkt sei. Allgemein gelte an Märkten der Grundsatz: »Jeder, wie er will, jedem, wie die anderen wollen.«[41]

---

41 Dieser von Nozick (o.J.: 152) vorgeschlagene Anspruchsgrundsatz ist sogar schwächer als das (starke) Pareto-Prinzip. Um eine Pareto-inklusive Interpretation des Nozick-Grundsatzes zu erlauben, modifizieren wir ihn leicht. In Übereinstimmung mit dem Pareto-Prinzip lautet der Gerechtigkeitsgrundsatz des Nozick-Liberalismus: *Jeder, wie er will, jedem, wie die Gruppe aller hinsichtlich der Alternativenmenge relevanten Personen will.* Die Gruppe der hinsichtlich der Alternativenmenge relevanten Personen umfaßt alle Personen, die um substituierbare Güter konkurrieren, und schließt die je eigene Person ein. Nozick (o.J.: 144-148) unterscheidet Endzustands-Grundsätze von historischen Gerechtigkeits-Grundsätzen. Endzustands-Grundsätze, wie das von Rawls eingeführte Differenzprinzip, seien nicht sinnvoll begründungsfähig (Nozick

Betrachten wir jetzt diesen allgemeinen Fall. Wir gehen von einem ganz einfachen Markt aus, für den die Angebotsfunktion als konstant angenommen wird. Da die Angebotsfunktion der Produktionsfunktion entspricht, ist diese Annahme unter der Bedingung konstanter Skalenerträge und minimaler Markteintrittskosten plausibel. Außerdem fordern wir, daß die Angebotsfunktion unabhängig von der Nachfragefunktion ist (wir fordern die Separierbarkeit von Märkten). Betrachten wir nun die Nachfragefunktion. Die Gesamt-Nachfrage ergibt sich aus der Aggregation der individuellen Nachfragefunktionen (der indirekten Nutzenfunktionen). Bevorzugen alle Personen ein Gut vor einem anderen (z.B. Butter vor Margarine), dann steigt der Preis dieses Gutes, und es wird mehr von dem Gut angeboten. Nehmen wir an, daß alle Nachfrager außer einem, Pedro, bei einem Butterpreis p_B indifferent sind zwischen einer weiteren Einheit Butter und einer Einheit Margarine. Formal sprechen wir dann davon, daß die Grenznutzen der beiden Produkte identisch sind. In unserem Beispiel hat nur Pedro beim Preis p_B eine Präferenz für Butter. Seine Präferenz wirkt sich auf den Preis und also auf das Angebot von Butter aus (was natürlich die Margarine-Produzenten ärgert).

Die Sache scheint recht einfach: Pedro will Butter haben und kann diesen Wunsch in den Grenzen umsetzen, die durch die Wünsche anderer nach Butter (oder Margarine) gesetzt werden. Wir schreiben also Pedro unabhängig von den anderen den Wunsch nach Butter zu. Das entspricht aber gerade nicht dem Marktmodell. Formal entspricht dem Satz »jeder, wie er will« die Zuschreibung der indirekten Nutzenfunktion $u=f(u/p;Y)$. Die Preise, die als Argumente in die indirekte Nutzenfunktion aufgenommen werden, sind Gleichgewichts- oder Marktpreise, die sich als Funktion der aggregierten Nachfrage (und der gemäß unserer Annahme konstanten aggregierten Angebotsfunktion) ergeben. Das heißt, die indirekte Nutzenfunktion einer Person ist nicht unabhängig von den Nutzenfunktionen anderer Personen, die am Markt Handel treiben. So wie die Bewertung zukünftiger Ereignisse nicht unabhängig vom Marktzins ist, sind die Bewertungen aktueller Ereignisse nicht unabhängig von den Marktpreisen. Marktpreise sind allgemeine Gleichgewichtspreise und entsprechen nicht den individuellen Zahlungsbereitschaf-

---

o.J: 158). Das Pareto-Prinzip ist in der Nozick-Terminologie ein historischer Gerechtigkeits-Grundsatz.

ten. Man sagt auch die Gleichgewichtspreise seien »Knappheitspreise« – Knappheit kennzeichnet eine soziale Situation (vgl. Kap. 1.1).

Betrachten wir noch einmal den Butter-Margarine Markt. Pedro hat bei einem Preis p_B, unter den gegebenen Umständen, eine Präferenz für Butter. Das heißt, Pedro ist bereit, noch etwas mehr für Butter zu zahlen. Tendenziell wirkt sich diese im Vergleich zu anderen Marktakteuren stärkere Zahlungsbereitschaft erhöhend auf den Gleichgewichtspreis aus. Seine Wahlhandlung hat (monetäre) externe Effekte auf andere Marktteilnehmer, die jetzt weniger Butter kaufen können. Die Umstände der Wahlhandlung, des Butterkaufes, sind eben jene indirekten Nutzenfunktionen der anderen Marktteilnehmer, die unter Pedros Vorliebe für Butter leiden. Das scheint eine vollends verfahrene Situation. Der Marktmechanismus führt zu einer Pareto-effizienten Lösung eines Koordinationsproblems zwischen Menschen mit verschiedenen Präferenzen. Das Pareto-Kriterium schien uns in besonderer Weise ausgezeichnet, weil wir (oder doch zumindest viele Menschen) der Meinung sind, daß die Wünsche einer Person für das Ergebnis einer Koordination ausschlaggebend sein sollen, wenn die anderen zwischen diesem Ergebnis und Alternativen indifferent sind. Nun stellen wir fest, daß wir gar nicht genau verstehen, in welchem Sinne wir an Märkten davon sprechen können, daß eine Person unabhängig von anderen Personen Wünsche hat. Die indirekten Nutzenfunktionen, die im Modell die Wünsche von Personen repräsentieren, sind eben nicht unabhängig voneinander. Wenn wir uns fragen, ob Pedro Butter (lieber als Margarine) mag, lassen sich zwei Antworten geben. Zum einen können wir sagen, daß dies, wenn gemeint ist, ob Pedro lieber Butter als Margarine kauft, darauf ankommt, was die anderen Personen mögen resp. kaufen. Zum anderen können wir mit einiger Kenntnis von Pedro sagen, daß er zwar die Eigenschaft eines Güterbündels »enthält Butter« höher schätzt als die Eigenschaft »enthält Margarine«, daß Pedro aber auch konkurrierende Vorlieben hat, z.B. »enthält cubanische Zigarren«, deren Realisierung wiederum von den relativen Preisen dieser Produkte abhängt. Mag Pedro Butter? Das hängt im Marktmodell davon ab, was die anderen mögen, und insbesondere davon, wie teuer cubanische Zigarren sind.[42]

---

42 Man spricht auch davon, daß sich Wünsche am Markt anpassen (Braybrooke 1974).

4.2 Der Einfluß der Population auf die Möglichkeit der Präferenzerfüllung

Auf der einen Seite wird in der ökonomischen Theorie rationaler Entscheidung die Unabhängigkeit der individuellen Wahl behauptet. Auf der anderen Seite sind die indirekten Nutzenfunktionen der Akteure über den Preismechanismus an Märkten nicht unabhängig voneinander. Das hat eine unangenehme Konsequenz. Selbst wenn die Haushaltseinkommen der Akteure nicht stark divergieren, können einzelne Personen gegen die Präferenzen aller anderen Personen die eigenen Präferenzen durchsetzen. Über den Preismechanismus wirken sich die Präferenzordnungen der je anderen Individuen auf die Konsummöglichkeit jeder einzelnen Person aus. Man kann zeigen, daß es Kombinationen von Präferenzen (indirekten Nutzenfunktionen) und Produktionsbedingungen, d.h. von Nachfrage- und Angebotsfunktionen, gibt, so daß eine einzelne Person allein aufgrund der Verteilung der alternativen Präferenzordnungen in der Gruppe selbst bei gleicher Ausgangsverteilung der Budgetmittel das Ergebnis der Koordination dominiert.

Stellen wir uns vor, auf Epikurion würden nur drei Produkte gehandelt: italienischer Rotwein, cubanische Zigarren und französischer Käse. Der Einfachheit halber bevölkern wir diese Welt mit nur drei Individuen: Pedro, Maria und Fidel, die je über genau drei Quetzal, so heißt das lokale Zahlungsmittel, verfügen. Die für alle drei Produkte identischen Produktionskosten des Anbieters Mister John vom Nachbarplaneten Monetarion sind alleine vom Faktor Arbeit abhängig. Mister John kann je vier Einheiten eines Produktes mit einer Arbeitskraft erstellen, die 2 Quetzal verdient. 1 Quetzal/4 Einheiten berechnet Mister John für seine eigene Arbeit. In unserem Universum fallen keine Transportkosten an. Unter der Annahme, daß alle drei Produkte je einen Quetzal kosten, werden unsere drei Bewohner von Epikurion gebeten, eine Präferenzordnung aufzustellen. Es sind (bei dem zugrundegelegten Budget) folgende Güterbündel möglich

(a) <3 Rotwein; 0 Zigarren; 0 Käse>,
(b) <2 Rotwein; 1 Zigarre; 0 Käse>,
(c) <2 Rotwein; 0 Zigarren, 1 Käse>,
(d) <1 Rotwein; 1 Zigarre; 1 Käse>,
(e) <0 Rotwein; 3 Zigarren; 0 Käse>,

(f) <1 Rotwein; 2 Zigarren; 0 Käse>,
(g) <0 Rotwein; 2 Zigarren; 1 Käse>,
(h) <0 Rotwein; 0 Zigarren; 3 Käse>,
(i) <0 Rotwein; 1 Zigarre; 2 Käse>,
(j) <1 Rotwein; 0 Zigarren; 2 Käse>.

Pedro legt sich auf die Ordnung e>f=g>b=i=d>c=a=j und Fidel und Maria je auf die Präferenzordnung d>b=i>f=g>c=j>a=h>e fest. Es besteht für alle Beteiligten vollständige Information. Außerdem kann Mister John unter der Annahme fehlender Transportkosten sein regionales Monopol nicht ausnutzen (andere Anbieter würden den Markt übernehmen). Wie wird sich unser epikureischer Markt entwickeln? In einem ersten Schritt will Pedro drei Zigarren, Maria und Fidel wollen jeder je eine Zigarre erwerben. Maria und Fidel fragen außerdem je eine Flasche Rotwein und ein Pfund Käse nach. Die aggregierte Nachfrage beträgt also 5 Zigarren, 2 Flaschen Rotwein und 2 Pfund Käse. Bei dieser Nachfrage ergibt sich ein Gleichgewichtspreis für Zigarren von 1,2 Quetzal und für Rotwein (Käse) von 1,5 Quetzal.[43] Zu diesen Preisen sind die den ursprünglichen Präferenzordnungen zugrundegelegten Mengen nicht mehr zu realisieren. Die ursprünglichen Präferenzordnungen kann man nun so interpretieren, daß Pedro auf jeden Fall möglichst viele Zigarren kaufen will; Fidel und Maria bevorzugen Rotwein und Käse vor Zigarren. Außerdem bevorzugen sie ein Güterbündel mit drei Produkteinheiten vor jeder Alternative mit weniger als drei Einheiten. Pedro kündigt an, daß er möglichst viele Zigarren kaufen werde. Die beiden anderen revidieren daraufhin ihre Kaufentscheidungen. Dies senkt den Zigarrenpreis auf 1 Quetzal, so daß Pedro seine ursprüngliche Kaufentscheidung durchsetzen kann. Maria und Fidel kaufen – wenn sie im Sinne der ökonomischen Theorie rational sind – je verschiedene (homogene) Güterbündel und zwar entweder

43 Dies gilt unter der Regel Durchschnittskosten=Preis. Diese Regel macht dann Sinn, wenn wir unterstellen, daß Mister John zwar potentiell durch einen Wettbewerber verdrängt werden könnte, aber alle Geschäfte nur durch einen Anbieter abgewickelt werden können: es liegt ein regionales Monopol vor.

drei Flaschen Rotwein oder drei Pfund Käse. Pedro hat sich auf Epikurion mit seiner Präferenz zuungunsten der beiden anderen durchgesetzt.[44]

Selbst bei gleicher Ausgangsverteilung gibt es Umstände – die relative Ungleichverteilung der Präferenzen zwischen den Akteuren –, so daß ein einzelner an Märkten seine Präferenzen auf Kosten aller anderer durchsetzen kann. Auf der einen Seite entspricht dieses Ergebnis unseren Erwartungen darüber, was es heißt, daß an Märkten Wünsche oder Interessen koordiniert werden. Der Markt ist gegenüber der Vielzahl möglicher Wünsche unparteilich. Auf der anderen Seite zeigt sich, daß die Realisierung von Wünschen an Märkten nicht nur von der je subjektiven Gewichtung abhängt, sondern auch von der zufälligen Zusammensetzung der Marktgemeinschaft. Märkte gleichen in dieser Hinsicht bestimmten Lotterien, bei denen der Erwartungswert der Auszahlungen für jeden Mitspieler von der Zusammensetzung der Spieler-Population abhängt. Selbst wenn man bereit ist, unter der Bedingung von Knappheit indirekte Nutzenfunktionen als adäquate Repräsentation von Wünschen aufzufassen, wird man den Markt zur Koordination solcher Wünsche ablehnen. Das Beispiel zeigt, daß der Markt keine faire Lotterie ist. Die Möglichkeit, Wünsche zu realisieren, hängt selbst unter der Bedingung gleicher Ausgangsverteilung erstens von der zufälligen Verteilung der Wünsche in einer Gemeinschaft ab und ist zweitens zwischen den verschiedenen individuellen Wunschstrukturen ungleich verteilt. Menschen mit homogenen Wünschen haben bessere Chancen, sich an Märkten durchzusetzen. Selbst wenn wir sagen, daß die indirekte Nutzenfunktion den Wünschen einer Personen »entspricht«, sind wir vielleicht nicht bereit, die Marktkoordination so verstandener Wünsche als gerecht zu bezeichnen.[45]

---

44 Bei der Beschreibung des Marktprozesses habe ich natürlich aus stilistischen Gründen geschummelt; das entspricht aber der oben (in Kap. 3.1) zugelassenen Modifikation des einfachen Modells idealer Märkte.

45 Zur Bedeutung des Zufalls für die Beurteilung von Koordinationsverfahren siehe Dworkin (1981b: 288 f.).

4.3 Identität der Person in der ökonomischen Welt

Ich war von der Frage ausgegangen, ob Epikurion mit Annahmen kompatibel ist, die wir (für unsere Welt) sinnvollerweise treffen. Das Gleichgewichtsmodell setzt eine konsequentialistische Interpretation der Bayesschen Theorie rationaler Entscheidung voraus. Damit ein Gleichgewichtspunkt eindeutig ausgezeichnet werden kann, muß Unabhängigkeit der individuellen Entscheidungen unterstellt werden. Ein genaues Verständnis davon, was es heißt, daß Personen in dem ökonomischen Modell unabhängig voneinander entscheiden, erweist sich aber als problematisch, weil die indirekten Nutzenfunktionen der Personen über den Preismechanismus nicht unabhängig sind. Damit widerspricht das Modell nun einer ganz schwachen Forderung, die wir im allgemeinen stellen, wenn wir über Individuen oder Akteure sprechen. Wir sagen, daß Personen als mit sich selbst identisch gekennzeichnet werden können. Im Rahmen unserer Überlegungen interessiert uns nicht die körperliche Identität einer Person mit sich selbst, sondern in welcher Weise wir in bezug auf Handlungen einer Person sagen, es seien die Handlungen derselben Person – wir reden dann (etwas unklar) von der Integrität einer Person. Eine schwache Lesart der Forderung nach Identität oder Integrität meint, daß eine Person in der Lage ist, eine Geschichte über alle ihre Handlungen derart zu erzählen, daß die Handlungsgründe für jede einzelne Handlung miteinander kompatibel sind. Eine stärkere, aber plausible Lesart schließt die Forderung ein, daß auch andere Personen ein Individuum als eine bestimmte Person anhand ihrer Handlungen (wieder) erkennen können – oder eben eine konsistente Geschichte in der dritten Person erzählen können. Man kann dann davon sprechen, daß sich Personen (in unserem Sinn von »Person«) durch eine bestimmte Lebensform individuieren.

Stellen wir uns vor, unser guter alter Freund Pedro verwandle sich (oder werde verwandelt) in eine Küchenschabe. Küchenschaben sehen nicht nur anders aus, sondern sie haben auch ein von unserem gänzlich verschiedenes Leben – eben eine Küchenschaben-Lebensform. Wir sind (leider) nicht in der Lage, Aussagen über die Gefühle der Küchenschabe, die vielleicht identisch mit denen unseres alten Freundes sind, zu machen. Dazu müßten wir wissen, wie es ist, eine Küchenschabe zu sein (oder eben in der ersten Person sagen können »Ich fühle mich genau wie Pedro, sehe aber jetzt aus wie eine Küchenschabe«). Wenn wir nicht wie die Schweinedame Wutz aus James Krüss'

»Urmel aus dem Eis«, die sich zunächst in einen Wurm und dann wieder in ihre Schweinegestalt zurück verwandelt, selbst Erfahrungen in der anderen Gestalt haben, und es auf unserer Welt kein *Emotioskop* gibt, mit dem die Gefühle wie mit einer Sonde gemessen werden können, dann können wir nicht wissen, wie es Küchenschaben geht, und ob diese spezielle Küchenschabe vielleicht Pedro-Gefühle hat.[46] Das unterscheidet die Situation von einer Situation, in der Pedro durch einen besonders schweren Autounfall stark verunstaltet ist, aber noch Pedro-Handlungen vollziehen und uns nachvollziehbare Pedro-Gefühle zeigen kann – z.B. weinen oder fluchen kann, wenn er an den Tag seines Unfalls denkt. Unter welchen Bedingungen würden wir sagen, daß wir der Freund der Pedro-Küchenschabe sind? (»Freundschaft« ist eine zweistellige Relation, in die ausschließlich Individuenkonstanten eingesetzt werden können.[47]) Man könnte der Meinung sein, es reiche aus, daß wir ganz sicher wissen, daß die Küchenschabe Pedro ist. Ändern wir die kafkaeske Geschichte in der Weise ab, daß wir zufällig dabei waren, als sich Pedro (»vor unseren Augen«) in eine Küchenschabe verwandelt hat. Wir können jetzt sicher sein, daß die Küchenschabe im Sinne einer historischen Kausalrelation mit Pedro identisch ist. Bevor wir dieses schwache Kriterium der historischen Kausalrelation als hinreichend für Identität akzeptieren, sollten wir unsere Intuitionen mit einem Gedankenexperiment testen. Pedro ist unser Freund. Pedro ist seit dem 01.04.1995 eine Küchenschabe – ansonsten hat sich nichts geändert. Mit Freunden geht man auf Parties. (Ich gebe zu, daß dieses Kriterium für Freundschaft umstritten sein mag.) Würden wir die Küchenschabe auf Parties mitnehmen? Ich denke, daß wir, nachdem einige Monate vergangen sind, und wir nicht mehr hoffen, daß sich die Küchenschabe in Pedro zurückverwandelt (wir haben alle bekannten Methoden

46 Über Pedros Gefühle vor der Verwandlung können wir dagegen eine ganze Menge sagen. Er hat uns von sich erzählt, wir haben ihn beobachtet und wir haben ähnliche Erfahrungen: Man muß nicht Pedro sein, um Pedro zu verstehen (Weber 1985: §§ 1-2). James Krüss zeigt, daß unsere Handlungen mit unserem Wissen über die Welt korrespondieren: Die schlaue Schweinedame Wutz folgert aus ihren Wurm-Erfahrungen ganz kantisch, daß man Würmer nicht aus Fenstern werfen soll, weil ihnen schwindelig wird. Verallgemeinerungen für die Tier-Ethik sind nicht ausgeschlossen.

47 Das schließt Sätze wie »Der Hund Waldi ist der beste Freund von Peter« und im weiteren »Waldi und Peter sind (wie) Freunde« ein, nicht aber »Ich bin ein Freund des Weines (der Kunst etc.)«.

ausprobiert, die Küchenschabe geküßt und gegen Wände geschmissen), ihn (sie?) nicht mehr auf Parties mitnehmen werden. Wir werden dann vielleicht sagen: »Tscha das mit Pedro ist schon eine dumme Sache, diese langweilige Küchenschabe *war* einmal mein guter alter Freund.« Unter keinen Umständen sind wir der Freund einer Küchenschabe. (Daraus folgt nicht, daß wir unter allen Umständen Pedros Freund bleiben. Aber wir würden auch nach dem Autounfall der Freund des körperlich schrecklich verunstalteten Pedros bleiben *können*.) Historische Kausalität ist kein hinreichendes Kriterium für Identität. Wiedererkennbarkeit der Lebensform ist ein plausibles (und hinreichendes) Kriterium, damit wir von einem Individuum sprechen können. Dieses Kriterium ist sehr viel schwächer als Forderungen nach Autonomie der Person (vgl. Kap. 2.1) oder andere noch weitergehende Forderungen (Hollis 1994b). Die Forderung nach Wiedererkennbarkeit (der Lebensform) wird durch das Gleichgewichtsmodell nicht erfüllt, so daß man sagen kann, das ökonomische Epikurion ist nicht mit (Annahmen in) unserer Welt kompatibel.

In das ökonomische Modell werden Personen ausschließlich über die Präferenzordnungen eingeführt: Aussagen über Personen oder über die Lebensform von Personen werden auf Aussagen über Präferenzen reduziert. Die Präferenzordnung ist (wie die Gefühle einer Person) nicht direkt durch andere wahrnehmbar. Sie muß aus den (beobachtbaren) Handlungen einer Person rekonstruiert werden. Die Theorie unterscheidet nicht zwischen den möglichen Präferenzen einer Person und ihren Handlungen: Wenn man die Präferenzen kennt, kann man die Handlungen ableiten und (die Beziehung ist reziprok), wenn man die Handlungen beobachtet, kann man die Präferenzen ableiten. Dieses Argument liegt der Einführung indirekter Nutzenfunktionen zugrunde. Der Koordinationsmechanismus auf Epikurion basiert auf indirekten Nutzenfunktionen – oder eben den Reaktionsfunktionen – der Akteure, die über den *tâtonnement*-Prozeß zu einem Gleichgewichts-Zustand führen. Relevante Entscheidungsparamter für die Akteure sind die Preise. Preise sind eine Funktion der aggregierten Nachfrage und des aggregierten Angebotes. Stellen wir uns einen Bewohner Epikurions i aus der Menge N aller Bewohner Epikurions vor. Während wir überlegen, welche Eigenschaften i auszeichnen, lassen wir ihn noch ein wenig auf einer Umlaufbahn um Epikurion kreisen. Auf Epikurion werden Individuen durch ihre Präferenzordnungen repräsentiert. Das heißt sie sind nur als Marktsubjekte beschreibbar. Andere

Eigenschaften gelten als irrelevant. Über den auf seiner Umlaufbahn kreisenden *i* ist also nichts bekannt – wir haben noch keine Kaufhandlungen beobachtet. Diese heuristische Sparsamkeit der Modells widerspricht nicht notwendig unserer Forderung nach Wiedererkennbarkeit. Um zu testen, ob unsere Forderung nach Wiedererkennbarkeit auf Epikurion erfüllt ist, können wir *i* auf zwei verschiedenen Märkten Epikurions landen lassen. Weil die einzelnen Märkte – im allgemeinen Gleichgewichtsmodell – miteinander verbunden sind und weil Epikurion eine reine Marktgesellschaft ist, in der auch Küsse usw. auf Märkten gehandelt werden, reicht es hin, zwei Märkte zu betrachten. Erfüllt Epikurion unsere Forderung, müßte *i* in beiden Fällen durch die gleiche direkte Präferenzordnung repräsentiert werden können. (Wir haben keine anderen Eigenschaften zur Beschreibung von *i* zur Verfügung.) Ein ökonomischer Markt wird durch die Menge rationaler Marktakteure N konstituiert. Da die Eigenschaften idealer Märkte gelten, nehmen wir an, daß das Geld gleichverteilt ist. (Es besteht keine Geldillusion, so daß die absolute Geldmenge nicht für den Markt konstitutiv ist.) Märkte lassen sich dann über die Gruppe der Teilnehmer kennzeichnen, wobei *i* natürlich nicht Teil der Beschreibung eines Marktes sein darf. Zur Vereinfachung nehmen wir an, es gebe nur zwei Gruppen (Märkte) $N\backslash i$ mit jeweils identischen Präferenzen und drei Güter. N^1 sei durch das Tripel $<c,b,a>$ und N^2 sei durch $<a,b,c>$ hinreichend beschrieben, wobei die Reihenfolge der Gütervariablen für die Präferenzordnung in N^1 bzw. N^2 steht. Wir lassen *i* jetzt zunächst in N^1 landen. Unser Epikurianer *i* kauft in N^1 zwei *a*, zwei *b* und ein *c*. Unterstellen wir eine Preisrelation $0{,}5*p_a<p_c<2*p_b$, dann können wir *i* mit der Präferenzordnung $<b,c,a>$ repräsentieren. Testen wir nun unseren Epikurianer für N^2. Für N^2 gilt die Preisrelation $0{,}5*p_c<p_a<2*p_b$. Unterstellen wir zunächst *i*'s Präferenzordnung bliebe beim Wechsel von N^1 nach N^2 konstant. Dann könnte die Kaufentscheidung von *i* in N^2 unter den veränderten Umweltbedingungen z.B. zwei *b*, zwei *c* und ein *a* umfassen. (Die genaue Zusammensetzung ist abhängig von den genauen Preisrelationen. Es muß nur gezeigt werden, daß zwei *a*, zwei *b* und ein *c* in N^2 für *i* keine rationale Wahl sein kann: *i* kann in N^2 nicht weniger *c* als *a* kaufen.) Machen wir einen zweiten Versuch und halten die Kaufentscheidungen beim Übergang von N^1 zu N^2 konstant. Wenn *i* auch in N^2 zwei *a*, zwei *b* und ein *c* kauft, dann lautet die korrespondierende Präferenzordnung $<b,a,c>$. Es ist nach diesen Überlegungen völlig unklar, in welchem Sinne wir auf Epikurion sagen, daß *i* in N^1

mit *i* in N^2 identisch ist. (Es sei denn, man gibt sich mit dem schwächeren Kriterium der historischen Kausalrelation zufrieden.) Auf Epikurion ist es nicht möglich, unter veränderten Umweltbedingungen *i* wiederzuerkennen.

Der Anspruch der ökonomischen Gleichgewichtstheorie, einen Koordinationsmechanismus anzubieten, der Menschen mit ganz verschiedenen Wünschen hilft, ihre Interessen zu koordinieren, stimmt nicht mit unserem Begriff des Individuums überein, der Wiedererkennbarkeit in der Zeit einschließt. Natürlich ist es unsinnig, so von Personen zu reden, als würden sie sich in der Zeit nicht verändern. Weil Menschen altern, gilt das selbst dann, wenn man über personale (körperliche) Identität redet. Wenn wir nicht über personale Identität, sondern über Identität im Sinne der Integrität einer Person reden, gehören Veränderungen einiger Vorlieben und Handlungsweisen in der Zeit vielleicht sogar zu unseren Vorstellungen davon, was es heißt, eine entwikkelte Person zu sein. Wir hoffen z.B. im allgemeinen (es sei denn man spielt *Skat* um Geld, dann wünscht man sich *kretine* Mitspieler), daß Menschen aus Fehlern lernen. Trotzdem ist die im letzten Abschnitt eingeführte Forderung nach Wiedererkennbarkeit (der Lebensform) plausibel. Die Eigenschaft, genetisch dieselbe Person zu sein, ist für »Wiedererkennbarkeit« notwendig aber nicht hinreichend. In der Regel gehen wir davon aus, daß sich Personen weder von einem Tag auf den anderen in Küchenschaben verwandeln noch daß sie sich *plötzlich* ganz anders verhalten. Genau dies wurde aber für das Gleichgewichtsmodell gezeigt; Personen verhalten sich allein deshalb unterschiedlich, weil der Preis für Butter relativ zum Margarinepreis steigt (Anderson 1993 150-158).

Meine das Gleichgewichtsmodell verteidigende Opponentin mag dagegen einwenden, daß solche Verhaltensänderungen in bezug auf Butter-Margarine-Entscheidungen plausibel seien. Es ist – auch in unserer vortheoretischen Verwendungsweise des Wortes – *vernünftig* (und deshalb plausibel), daß eine Person auf Preisveränderungen reagiert. Solche Verhaltensänderungen seien auch dann plausibel, wenn es sich nicht um ökonomische Gütermärkte, sondern um andere Lebensbereiche handelt. Menschen wählen bei politischen Wahlen im Wechsel verschiedene Parteien, weil sich aufgrund empirischer Veränderungen die relativen Auszahlungen, die mit der Wahl einer Partei erwartet werden können, verändern. Freunde und Liebespaare trennen sich, weil unter veränderten empirischen Bedingungen andere Menschen wichtiger geworden sind. Trotzdem müssen solche Verhaltensänderungen nicht mit einer veränderten Lebensform einhergehen. Die Rede von der »Lebensform« einer Person sei ohnehin unklar. Wenn damit tatsächlich gemeint sei, daß Personen über die Zeit hinweg unter allen Umständen identische Handlungen durchführen würden, dann kennzeichnet diese Vorstellung höchst unvernünftige Entscheidungen, denen – so rational seien auch reale Personen – egal in welcher Welt kaum Menschen folgen würden. Auch fänden wir solche Menschen, die darauf beharren, immer Nudeln mit Broccoli zu essen oder Wein eines bestimmten Winzers zu trinken, vielleicht nicht sehr sympatisch, sondern eher dogmatisch. Wenn die Rede von der »Lebensform einer Person« Verhaltensänderungen zuläßt, dann aber sei unklar, was dieser Begriff genau bezeichnet. Wenn Pedro eine andere Partei wählt als bei den vergangenen Wahlen, weil diese Partei verspricht, ein (für ihn) attraktives Genossenschaftsrecht einzuführen, oder wenn Maria sich von Pedro trennt, nachdem dieser als neugewählter Präsident der Genossenschaft »Tierra Libre« weniger Zeit hat, dann mögen sie ihre Lebensformen beibehalten haben oder eben nicht. Für die Beschreibung der Wahl einer Handlung ist es, so meine Opponentin, irrelevant, ob diese Handlung Teil einer Lebensform ist oder nicht.

Man mag meiner Opponentin zugestehen, daß es Butter-Margarine-Entscheidungen gibt, für die es plausibel ist anzunehmen, daß sie von den spezifischen Umständen, unter denen eine Wahl getroffen wird, abhängen. Trotzdem gibt es gute Gründe für die Meinung, daß Menschen nicht (nur) aufgrund von Güterpreisen handeln, sondern bei ihren Handlungen auch mehr oder wenigen festen Vorstellungen davon folgen, wie sie leben wollen. Einige Gründe dafür diskutiere ich im nächsten Kapitel.

Kapitel 5

Die Möglichkeit von Regeln in Epikurions Markt-Anarchie

5.1 Regelfolgen und Handlungsgründe

Im letzten Abschnitt haben wir gesehen, daß die im Marktmodell relevanten Zahlungsbereitschaften einer Person nicht trivialerweise mit ihren Wünschen gleichgesetzt werden können. Weil sich eine Person im ökonomischen Modell bei jeder einzelnen Entscheidung ausschließlich an den relativen Preisen orientiert, sind die einzelnen Entscheidungen einer Person unabhängig voneinander. Etwas technischer kann man sagen, daß die Entscheidungen einer Person voneinander separierbar sind. Die Modellierung ökonomischer Akteure ist nicht mit unseren Vorstellungen vereinbar, was es heißt, eine Person zu sein. Eine Person kann auch dann gute Gründe haben, eine Handlung *x* auszuführen, wenn die relativen Kosten von *x* steigen. Wir wollen zulassen, daß sich Menschen an Märkten so verhalten, als ob sie auch bei sich verändernden Preisen bestimmten Regeln folgen würden. In diesem Sinne wurde der Begriff der Lebensform eingeführt. Der Begriff der Lebensform kennzeichnet weder eine existenzialistische Position noch eine »dicke« anthropologische Theorie, sondern eine Theorie der Handlungsgründe.[48]

Erstens ist es aus begrifflichen Gründen notwendig, eine Theorie der Handlungsgründe zu vertreten, die über den Verweis auf die realen Güterpreise hinausgeht – das gilt zumindestens dann, wenn man das ökonomische Modell idealer Märkte als Theorie rationaler Entscheidung interpretiert (vgl.

48 Anders Anderson (1993: 59-64).

Kap. 1.3 und 3.2).[49] Menschen handeln mit Gründen, die angebbar sein müssen. Zwar fordern wir für ideale Märkte gerade nicht, daß die Handlungsgründe einer Person von allen geteilt werden müssen. Wir fordern aber auch von Marktakteuren, damit wir sinnvoll von einer rationalen Entscheidung sprechen können, daß ihre subjektiven Gründe verstehbar sind. Auch für die subjektiven Gründe einer Person gilt, daß sie – für die Person – unter allen vergleichbaren Umständen in derselben Weise gelten. Der Verweis auf partielle Preisänderungen ist offensichtlich kein guter Grund in diesem Sinne. Das gilt auch dann, wenn man im allgemeinen dem Satz »Wenn der Preis eines Gutes steigt, kauft ein Akteur nicht mehr von diesem Gut als zu dem alten Preis (es sei denn, es handelt sich um ein Giffen-Gut)« zustimmen würde. Es bleibt unklar, *warum* ein Akteur in dem einen Fall, seinen Konsum trotz einer Preiserhöhung beibehält, im anderen Fall reduziert und im Fall von Giffen-Gütern[50] erhöht. Preise sind interpretationsbedürftig (Frey 1992: 164-169; Ebeling 1991: 177-194). Die Beziehung zwischen der Entwicklung der Marktpreise und Verhaltensänderungen der Akteure sind nicht in der Weise eindeutig, daß jede Preisveränderung sich in derselben Weise auswirkt. Die Reaktion eines Akteurs auf Preisveränderungen (eines Gutes, seines Substitutes oder – über das Einkommen – der realen Preise) bezeichnet man in der Ökonomik als Elastizität. An die Elastizitäten werden in der theoretischen Mikroökonomik bestimmte Anforderungen gestellt. So sagt man z.B., daß die Summe aller Elastizitäten Null ergibt, ein Akteur also immer sein gesamtes Haushaltseinkommen, aber auch nicht mehr ausgibt. Diese Forderung ist fragwürdig, wenn man keine normalsprachlichen Aussagen darüber machen kann, welche Bedeutung ein Akteur einer Gruppe von Gütern im Vergleich mit einer anderen Gruppe von Gütern beimißt. Dabei reichen Aussagen der Art »Pfeifentabak ist ein Substitut für Zigarretten, und Pfeifen sind Komplementärgüter zu Tabak« nicht aus – auch dann nicht, wenn sie zutreffen, was für Pfeifentabak und Zigaretten natürlich aus der Sicht »echter« Pfeifenraucher nicht der Fall ist. Die Forderung ist zugleich in einer Welt, in der Kre-

49 Das gilt sogar dann, wenn man wie Nozick (1982: 403-409) eine funktionalistische Theorie der Rationalität vertritt. Über die empirischen Nebenbedingungen kann man einen sanktionierten Rahmen setzen, innerhalb dessen Personen handeln und sich (zu ihrem eigenen Besten) als moralische Person entwickeln können (Nozick 1982: 413).

50 Siehe Seite 81.

dite verfügbar sind, empirisch belanglos. Wenn wir sinnvoll davon sprechen, daß ein rationaler Akteur sich auf Märkten in einer bestimmten Weise verhalten wird, dann müssen wir mehr darüber sagen, welchen Regeln er bei seinen Entscheidungen folgt. Der Begriff der Lebensform, der Menschen folgen, läßt sich sinnvoll in der Weise übersetzen, daß wir sagen, Menschen halten sich bei ihren Wahlhandlungen an Regeln (Kirchgässner 1992).

Zweitens kann man pragmatisch feststellen, daß reale Akteure unabhängig davon, ob sie selbst eine bestimmte Lebensform gewählt haben, auf realen Märkten immer schon eine Reihe von Institutionen vorfinden, die unabhängig von den Preisen an diesen Märkten Handlungen vorschreiben. Auch Institutionen lassen sich sinnvoll als Regeln auffassen.[51] Wenn man annimmt, daß mindestens einige dieser Regeln Handlungs-leitend sind, dann muß eine ökonomische Theorie mit einem Begriff der Regel kompatibel sein.

Dabei unterscheiden sich die Verwendungsweisen von »Regel« im ersten und im zweiten Argument. Aus begrifflichen Gründen müssen Handlungen, so das erste Argument, begründbar sein. Handlungsgründe sind Teil der Beschreibung individueller Wahlhandlungen. Über einen wohldefinierten Bereich ähnlicher Handlungen gelten Gründe allgemein, so daß wir eine mit Gründen ausgeführte Handlung so beschreiben, als folge der einzelne Handelnde einer Regel. In dem zweiten Argument wird auf Regeln Bezug genommen, die als Norm Teil der Beschreibung einer Gruppe von Menschen sind (Coleman 1990: 241). Für den Begriff der »Regel« ist in beiden Verwendungsweisen konstitutiv, daß Regeln für eine Person oder für eine Menge von Personen (vielleicht für alle) immer (oder meistens bei genau spezifizierten Ausnahmen) und in gleicher Weise gelten. Damit stellen Regeln einen eigenen Typus von Handlungsgründen dar. Davon unabhängig gilt natürlich, daß es verschiedene Arten von Regeln geben kann (Nida-Rümelin 1997a: 105 f.).

Im allgemeinen scheint es sinnvoll, Regelverstöße[52] nicht *ex ante* auszuschließen. Ein striktes Verständnis von Regeln ist in der Moderne nicht be-

---

51 Zu der Vorstellung, daß Institutionen sinnvoll als Regeln aufgefaßt werden können siehe Rowe (1989: 1-35). In einer deutlich normativen Sprache könnte man auch von Normen sprechen; die beiden Begriffe werden hier synonym verwendet.

52 Manchmal redet man auch von Regeldeviationen. Dieser Latinismus klingt zwar schöner, ist aber irreführend, wenn damit gemeint ist, man würde mehr oder weniger von

sonders plausibel. Wir glauben zumeist nicht, daß uns der Himmel auf den Kopf fällt, wenn wir h_1 statt wie geboten (vorgeschrieben etc.) h_2 tun, sondern erwarten bei Regelverstößen eher banale Ereignisse wie zum Beispiel einen Eintrag in das Flensburger Punkteregister für Verkehrsdelikte. Regelverstöße sind möglich, werden aber sanktioniert.[53] Wir können auch sagen, daß Menschen über einen großen Bereich, der ökonomische Butter-Margarine-Entscheidungen im allgemeinen einschließt, frei sind, irgendeine der möglichen Handlungen zu wählen. Zwar gibt es auch eine Verwendungsweise von »es gilt, daß *a*«, mit der wir ausdrücken, daß *a* notwendig gelten soll. Solche Regeln stellen aber einen Spezialfall dar. Hier wird nur die schwächere Verwendungsweise von »es gilt, daß *a*« diskutiert, nach der Personen Regeln als eine Art von Handlungsgrund auffassen. Regeln sollen eingehalten werden – unabhängig davon, ob es sich um subjektiv gesetzte Regeln handelt, die sich z.B. ein Raucher setzt, um mit dem Rauchen aufzuhören, oder ob es sich um Normen in einer größeren Gruppe handelt. Ich werde beide Arten von Regeln auch als Institutionen bezeichnen, wobei man zwischen informellen (selbstgesetzten) und formellen Institutionen unterscheiden kann. Beiden Arten von Institutionen ist gemeinsam, daß sie als »underlying rules of a game« (North 1990: 5)[54] tatsächlich (im allgemeinen und von den Personen, auf die sie sich beziehen oder für die sie gelten) eingehalten werden.[55] Formelle Institutionen können wie die Straßenverkehrsordnung (StVO) eine ganz einfache Form haben. Gemäß StVO gilt die Regel »Wenn eine Verkehrsampel ein rotes Licht zeigt, muß der Fahrer anhalten«. Anders als Juristen sagen Ökonomen, daß diese Regel gilt, wenn die Mehrzahl der Autofahrer in der Mehrzahl der Fälle die Regel befolgt. Sie sagen, daß aggregiert über eine große Zahl von Personen regelgemäßes Verhalten vorher-

---

dem durch die Regel gekennzeichneten Pfad abweichen. Entweder hält man sich an eine Regel oder man hält sich eben nicht an die Regel. Wer von einer Regel abweicht, verstößt gegen die Regel.

53 Rowe (1989: 117 ff.) argumentiert für dieses moderne Regelverständnis mit dem Argument der Drohfunktion von prinzipiell möglichen Regelverstößen.

54 Wenn man von Institutionen als Handlungsgründen spricht, kann man analog auch interne und externe Handlungsgründe unterschieden. Man kann sich dann durchaus streiten, wie die Beziehung zwischen diesen verschiedenen Arten von Gründen ist (Williams 1984b: 112-124; Korsgard 1986: 8-15).

55 North (1990: 4): »Institutions define and limit the set of choices of individuals.«

gesagt werden kann.[56] Dieses Verständnis von »Regel« ist tatsächlich unverständlich, wie folgende Geschichte zeigt. Es besucht mich mein alter Freund Pedro aus Mittelamerika. Auch in Pedros Heimat gilt analog zur Ampelregel der StVO eine Straßenverkehrsregel. Leider wird Pedro, der ein ausgewiesener Experte für Entscheidungstheorie ist, auf dem Weg zu einer Tagung der *Gesellschaft für angewandte Entscheidungstheorie* beim Überfahren einer roten Ampel an einer verkehrsarmen Kreuzung von der Polizei gestoppt, so daß er seinen Vortrag über »Die Kontextsensitivität rationalen Entscheidens« nicht halten kann. Auch Pedros Verteidigung, daß er bei der Mehrzahl der roten Ampeln angehalten habe, die Regel also nicht außer Kraft gesetzt sei, kann die Polizisten nicht dazu bewegen, ihn freizulassen.[57]

Es reicht nicht zu sagen, daß Regeln manchmal oder häufig oder aggregiert über viele Personen einen Handlungsgrund darstellen. Die Aussage, daß Institutionen Handlungen beeinflussen, ist so banal wie unpräzise, wenn damit gemeint ist, daß Institutionen oder allgemeiner institutionelle Regeln Handlungsgründe sein können (Raz 1990: 1.1 Kap.), sofern der Status dieser Handlungsgründe in einem Entscheidungskalkül nicht präzisiert wird. Natürlich trifft es zu, daß eine Mehrzahl von Personen in einer Mehrzahl der Fälle an einer roten Ampel halten. Halten sie aber an, *weil* die Ampel rot ist oder weil sie vermuten, daß sie im entgegengesetzten Fall einen Unfall verursachen (weil die Fahrer auf der Querstraße ein grünes Signal als Aufforderung zum Fahren verstehen und also ein Koordinationsproblem entsteht)? Die Vorstellung, daß das rote Licht eine Reaktion des »Bremse-Tretens« auslöst, ist insbesondere, wenn wir es mit autofahrenden Menschen und nicht mit Ratten zu tun haben, einigermaßen unverständlich.[58] Es reicht im Kontext der ökonomischen Theorie rationaler Entscheidung nicht hin, allgemein davon zu

---

56 Ich habe oben, siehe S. 77, den Funktionalismus prognostischer Theorien kritisiert. Das Regel-Folgen wird rein funktional betrachtet. Ein Klassiker des funktionalistischen Ansatzes ist Pareto (1976: 153-162). Zu einem funktionalistischen Ansatz in der Institutionenökonomik und möglichen Kritikpunkten vgl. Knudsen (1993: 277 ff.) und Rowe (1989: 16 ff.). Ein interessantes, hier aber nicht auszuführendes wissenschaftstheoretisches Problem ist, ob der funktionalistische Ansatz mit dem methodologischen Individualismus vereinbar ist (Rowe 1989: 8 und 19).

57 Eine ganz ähnliche Geschichte erzählt für Ottawa Ross (1995: 113-136).

58 Vgl. zu der Ökonomie der Ratten Sugden (1994a: 265-285).

sprechen, daß eine Menge von Institutionen und eine Menge von (Kauf)Handlungen in einer statistisch signifikanten Weise verknüpft sind. Wir müssen genauer verstehen, in welcher Weise (»warum«) Institutionen im Vergleich mit anderen Handlungsgründen eine *spezifische* Wahlhandlung beeinflussen (Hollis 1991: 36). Das Problem der Modellierung von Regeln stellt sich insbesondere, wenn man an der Einheit der Rationalität in der ökonomischen Theorie festhalten möchte, d.h. an der Auffassung, daß das Befolgen von Regeln und die individuellen Wahlhandlungen miteinander vereinbar sein müssen. Für diese Auffassung spricht unsere Vorstellung, daß auch Marktsubjekte im allgemeinen keine geteilte Persönlichkeit besitzen, oder positiv eben unsere Vorstellung der Integrität handelnder Personen.[59] Geht man außerdem vom methodologischen Individualismus aus und betrachtet das Wahlverhalten einzelner Personen, müssen die *institutionellen* Regeln in Parameter der *individuellen* Entscheidungssituation übersetzt werden.[60]

5.2 Regeln im Rahmen einer Theorie von Präferenzen und Restriktionen

Um zu verstehen, welche Ansatzpunkte sich für die Modellierung von Regeln oder Institutionen im Rahmen der ökonomischen Theorie bieten, ist es zunächst sinnvoll, das ökonomische Standardmodell in einer ganz einfachen

59 Man mag diese Auffassung aufgeben wollen; m. E. scheitert dann jeder Versuch einer prognosefähigen Wissenschaft. Das allein mag noch kein bedauernswertes Resultat sein; schlimmer scheint der Verzicht auf jede Art von Moralphilosophie (Vossenkuhl 1992a: 167).

60 Auch diese Auffassung kann man kritisieren und versuchen, Makrophänomene unabhängig von jeder Mikrotheorie zu erklären. Ich halte dies insbesondere für Marktphänomene, bei denen paradigmatisch einzelne Personen einzelne Güter handeln, nicht für besonders überzeugend. Das gilt auch dann, wenn eine Menge von Personen eine Menge von Gütern handelt, wobei der Preis der einzelnen Güter eine Funktion der aggregierten Nachfrage und des aggregierten Angebots ist. Zum methodologischen Individualismus siehe Danto (1980: 426-465). Vossenkuhl (1992a: 155, 160 f., 166 ff.) untersucht für den Spezialfall der moralischen Regeln, wie diese in das individuelle Entscheidungskalkül integriert werden können.

formalen Form (für einen ganz einfachen Gütermärkt) zu präzisieren. Man unterstellt eine wohldefinierte Nutzenfunktion über eine Menge alternativer Kaufhandlungen, die hier mit der Benennung der Gütermengen abgekürzt werden. Akteure an Märkten, so die ökonomische Standardinterpretation der Theorie rationaler Wahl, maximieren unter den gegebenen empirischen Nebenbedingungen[61] ihre Nutzenfunktion. Eine solche Maximierung unter Nebenbedingungen läßt sich nach der Lagrange-Funktion (L) lösen, wobei jede Nebenbedingung mit einer reelen Zahl (dem sog. Lagrange-Multiplikator λ) multipliziert wird. Der Lagrange-Multiplikator λ kann sinnvoll als Grenznutzen des Geldes interpretiert werden (Stobbe 1983: 98): max $u:=L=u+\lambda(Y)$

Die Pointe des Lagrange-Ansatzes liegt in der Trennung von Präferenzen (oder der Nutzenfunktion) und Restriktionen (hier dem Haushaltseinkommen Y). Anders als in der indirekten Nutzenfunktion scheint es über den Lagrange-Ansatz möglich, Effekte, die sich aus den individuellen Präferenzen einer Person ergeben, von solchen Effekten zu unterscheiden, die sich aufgrund der Marktsituation, d.h. insbesondere aufgrund des realen Preisniveaus, ergeben. Man trennt auf diese Art zwei Klassen von relevanten Handlungsgründen. Ökonomen sagen, diese Trennung von Restriktionen und Präferenzen zeichne das einfache ökonomische Modell des idealen Marktes in besonderer Weise aus (Frey/Bohnet 1993: 95-97). Mit dem am Markt handelnden *homo oeconomicus* bietet die ökonomische Theorie ein heuristisches Modell[62], das es erlaubt, die unterschiedlichen Bedingungen der Möglichkeit »guter« (zustimmungsfähiger) Koordinationslösungen getrennt voneinander zu testen, so daß auch Regeln in das ökonomische Modell integriert werden können. In den folgenden Abschnitten werde ich diskutieren, ob sich im Rahmen der ökonomischen Theorie rationaler Entscheidung Regeln sinnvoll

61 Das sind auf extra-schlaraffigem Territorium etwa ein begrenztes Haushaltsbudget und Güterpreise, aber auch Strafen, die fällig werden, wenn man rote Ampeln »überfährt«.

62 Der unter Ökonomen gebräuchliche Begriff »heuristisches Modell« soll auf eine mir nicht wirklich klare, als pragmatisch bezeichnete Weise ausdrücken, daß ein Modell explanatorisch gehaltvoll ist (Suchanek 1997: 67-72; 1993; o.J). Der *locus classicus* für die Vorstellung, daß ein Modell unter pragmatischen Gesichtspunkten explanatorisch gehaltvoll sein könne, ist Friedman (1953); die Diskussion um diesen Ansatz zeichnet Rosenberg nach (1992: 2. Kap. und 57 ff.).

in der einen (analog zu Restriktionen) oder der anderen (analog zu Präferenzen) Weise darstellen lassen.

Betrachten wir als Beispiel den Markt belebender, warmer Getränke $X=\{x_1,x_2\}$, dann habe ich, wenn ich Tee (x_1) und Kaffee (x_2) mag, vielleicht eine Nutzenfunktion $u=(x_1+a)*(x_2+b)$, wobei a und b den zu konsumierenden Mindestmengen der beiden Getränke entsprechen.[63] Die Nutzenfunktion repräsentiert in der dargestellten Form ein Austauschverhältnis der beiden Güter.[64] Natürlich verhalte ich mich so, *als ob* ich meinen Nutzen maximiere. In einer Welt, in der Kaffee und Tee (und meine Haushaltsmittel) knapp sind, gelten leider die restriktiven Nebenbedingungen meines begrenzten Einkommens (Y) und der Güterpreise (p). Unter der Voraussetzung eines idealen Marktes gibt es keine weiteren Beschränkungen. Da ich gerne First Flush Darjeeling und ausgewählte Kaffeesorten trinke, seien die Preise (in DM) $p_1=8/100$ g und $p_2=12$/Pfund, wobei ich bereit bin, 40 DM, $Y=40$, meines monatlichen Einkommens auf die beiden Produkte zu verteilen. Wei-

---

63 Zur Vereinfachung wurde eine ganz einfache Nutzenfunktion gewählt, wie sie z.B. bei Stobbe (1983: 70 ff.) eingeführt wird. Eine probabilistische Erweiterung in einer Welt, in der die Kaffee- und Teepreise oder das Einkommen unsicher sind, würde in Form der Erwartungsnutzentheorie lauten $E(u)=(\varpi u+\lambda(Y_1))+((1-\varpi)u+\lambda(Y_2))$; wobei ϖ die Wahrscheinlichkeit für das Eintreten eines Ereignisses (hier: entweder Y_1 oder Y_2) bezeichnet. In Abhängigkeit von der konsumierten Menge an Kaffee und Tee steigt das Nutzenniveau stetig an. *For the sake of the argument* bevölkern wir unsere ökonomische Welt mit dieser Art von koffeinsüchtigen »Zufriedenheitsmonstern« (Nida-Rümelin 1993a: 57). Die Nutzenfunktion ist formal eine Repräsentation der Präferenzordnung. Die in der empirischen Ökonomik verwendeten Nutzenfunktionen werden gemäß der Theoreme der Haushaltstheorie konstruiert; die aus den Nutzenfunktionen ableitbaren Nachfragefunktionen müssen homogen vom Grade 0 in Einkommen und Preisen sein, um Geldillusion auszuschließen, außerdem gelten die Adding-up Bedingung (1. Ableitung der Budgetrestriktion nach dem Einkommen ergibt 1, so daß das gesamte Einkommen auf die Güter verteilt wird) und die Slutsky-Anforderungen bezüglich der Symmetrie der Kreuzpreis-Elastizitäten und der Negativität der Eigenpreis-Elastizität (Phlips 1983: 32-56). Auf den Zusammenhang zwischen diesen homothetischen Nutzenfunktionen der Ökonomik und den Annahmen der formalen Entscheidungstheorie werde ich unten eingehen.

64 Alternativ zu der Nutzenfunktion wird in der Ökonomik auch die graphische Darstellung in Form von Indifferenzkurven gewählt, die Güterkombinationen gleichen Nutzens abbilden; klassisch dazu v. Neumann/Morgenstern (1968: 217 ff.).

terhin gilt, daß ich jeden Morgen mindestens zwei Tassen Kaffee und zwei Tassen Tee trinke, so daß $a=b=2$. Dann schreiben wir:

(1) $u=(x_1+a)*(x_2+b)$

(2) $Y=p_1x_1+p_2x_2$.

Nach Lagrange gilt:

(3) $\max u:=L=u+\lambda(Y)=(x_1+a)*(x_2+b)+\lambda(Y-p_1x_1-p_2\ x_2)$, so daß

(4) $\delta L/\delta x_1=x_2+b-\lambda p_1=0$

(5) $\delta L/\delta x_2=x_1+a-\lambda p_2=0$

(6) $\delta L/\delta\lambda=Y-p_1x_1-p_2x_2=0$

(7) $p_1x_1+ap_1=p_2x_2+bp_2$, aus (4) und (5)

so daß sich nach Umformung aus (2) und (7) ergibt

(8) $x_1=(Y+bp_2-ap_1)/(2p_1)$

(9) $x_2=(Y+ap_1-bp_2)/(2p_2)$

(10) $x_1=3; x_2=1{,}3$

Unter den gegebenen Umständen kann ich – wenn ich mich rational verhalte und außer der Budgetbeschränkung keine weiteren Restriktionen vorliegen – 300 g Tee und ca. 1,3 Pfund Kaffee im Monat trinken.

Nehmen wir an, in Epikurion verbreite sich die Kunde, der Genuß von Kaffee sei mit der Ausbeutung von Plantagenarbeitern verbunden, so daß es wünschenswert ist, den Kaffeekonsum zu senken. Versuchen wir zunächst, über die Restriktionen eine Regel zu etablieren, die meinen Kaffeekonsum senkt. Restriktionen wirken zumeist als Kosten oder seltener (im Fall positiver externer Effekte) als Nutzen, die mit einer Wahlhandlung verbunden sind. Die Nicht-Einhaltung einer Regel muß also monetär sanktioniert werden. Kosten wirken erstens direkt substitutiv auf die Wahlentscheidung zwischen alternativen Handlungen oder Produkten und zweitens indirekt über die Budgetrestriktion, weil mit derselben Geldsumme insgesamt weniger Güter gekauft werden können. Das gilt für alle monetär bewert*baren* Kosten. Monetär bewertbar sind (1) Kosten, die monetär anfallen, (2) Zustände, die mit monetär bewerteten Opportunitätskosten verbunden sind, oder (3) Zustände, die über Vergleichsrechnungen monetär bewertet werden können. Beispiele sind für (1) Bußgelder oder auch indirekte Steuern, für (2) eine soziale Sanktion durch den Freund, der seine Hilfe bei der Gartenarbeit einschränkt, so daß die Leistung über den Markt bezogen werden muß, und für (3) ein psychisches Unbehagen, das über den Erholungswert von Freizeit monetär bewertet werden kann. Man sieht also, daß zum einen auch informelle Institutionen (über Opportunitätskosten) monetär bewertbar sein können und daß zum anderen auch solche Handlungsgründe, die allein für den Handelnden relevant sind, (über Vergleichsrechnungen) als Restriktionen dargestellt werden können.

Nehmen wir wieder an, auf Epikurion herrsche eine weise Regierung, so daß beschlossen wird, eine Kaffeesteuer (s_2) einzuführen (um die Arbeit der Plantagenarbeitergewerkschaft zu unterstützen). (Um nicht den Rahmen der Diskussion von Koordinationskonflikten im privaten Verkehr zu sprengen, könnte man auch von einem privat organisierten Solidaritätsfonds ausgehen, in den alle Kaffeeröster einzahlen.) Die Kaffeesteuer (s_2=4 DM je Mengeneinheit) wird mengenmäßig erhoben und anteilsmäßig über den Preis auf den Verbraucher überwälzt. Der Preis für Kaffee verteuert sich also im Vergleich zur Referenzperiode t auf $p_2^{t+1}=16$ DM/Pfund (zur besseren Übersichtlichkeit lasse ich den Index im folgenden weg). Im Vergleich zu der Referenzsituation, in der ich ohne Steuer oder Gewissenbisse dem Kaffee frönen konnte, ergibt sich:

(1^{t+1}) $Y=p_1x_1+p_2x_2$

(7^{t+1}) $p_1x_1+ap_1=p_2x_2+bp_2$

(8^{t+1}) $x_1=(Y+bp_2-ap_1)/(2p_1)$

(9^{t+1}) $x_2=(Y+ap_1-bp_2)/(2p_2)$, so daß

(10^{t+1}) $x_1=3{,}5;\ x_2=0{,}75$.

Die Regierung hat also mit der Einführung der Steuer ihr Ziel erreicht und den Kaffeekonsum zugunsten des Teekonsums reduziert.

Nehmen wir nun an, daß die weise Regierung leider abgewählt wurde und daß die neue Regierung die Kaffeesteuer gestrichen hat. Nachdem ich meinen Kaffeekonsum wieder gesteigert habe, beschließt mein Freund Pedro, zur Selbstjustiz zu greifen und meinen Kaffeekonsum zu sanktionieren. Dieser

Fall sozialer Sanktionen scheint besonders schwierig darstellbar, weil die monetären Kosten nicht mengenmäßig zuzuordnen sind. Pedro bricht den Kontakt zu mir ab, weil ich Kaffee trinke, der unter Ausbeutung von Plantagenarbeitern vermarktet wird. Ein alternatives Kaffeeprodukt ist nicht erhältlich.[65] Weil Pedro weiß, daß ich nur Tee-Kampagnen-Tee trinke, gilt diese Sanktion nur für Kaffee. Die Sanktion ist eine 0/1-Entscheidung und also unabhängig von der Menge des von mir getrunkenen Kaffees. Um die soziale Sanktion in das ökonomische Entscheidungskalkül aufnehmen zu können, muß der Marktwert der von Pedro insgesamt erbrachten Leistungen (die Opportunitätskosten) in die Budgetrestriktion aufgenommen werden. Um die Wirkung der Steuer auf das Kaufverhalten mit der Wirkung des Boykotts vergleichen zu könnnen, nehmen wir an, daß der Steuerbelastung Leistungen von Pedro (β) durch Hilfe bei der Gartenarbeit (im Durchschnitt des Jahres) im Wert von β=5,2 DM entsprechen. (Als Referenzsituation für die Berechnung muß die Ausgangssituation, in der 1,3 Pfund Kaffee konsumiert wurden, zugrundegelegt werden.) Es ergibt sich dann:

(1^{t+1})	$Y=p_1x_1+p_2x_2+b \begin{cases} \beta'=0,\ x_2=0 \\ \beta''=n,\ x_2>0 \end{cases}$
$(8^{t+1})'$	$x_1=Y/p_1$
$(8^{t+1})''$	$x_1=(Y+bp_2-ap_1-n)/(2p_1)$
$(9^{t+1})''$	$x_2=(Y+ap_1-bp_2-n)/(2p_2)$, so daß
$(10^{t+1})'$	$x_1=5$
$(10^{t+1})''$	$x_1=2{,}7;\ x_2=1{,}1.$

Wenn ich der Boykottdrohung Folge leiste, muß ich 500 g Tee trinken. Das will ich nicht, also trinke ich weiter Kaffee. Der Garten-Boykott durch Pedro verteuert allerdings meinen Kaffeekonsum (ich muß entweder einen Gärtner einstellen oder selbst den Garten pflügen), so daß ich im Vergleich zur Referenzsituation meinen Tee- und Kaffeekonsum einschränke – dies aber in geringerem Maße als bei Einführung einer Steuer.

65 Diesem bedauerlichen Zustand wurde erst durch die Einführung des Nicaragua-Kaffees und schließlich des Fairtrade-Kaffees ein Ende bereitet.

Der dritte Fall, in dem ich unabhängig von jeder Steuer oder Pedros Boykottdrohungen bei dem Genuß von Kaffee an die Zustände auf Kaffeeplantagen denke und Unbehagen verspüre, kann entweder in Analogie zur Steuer aufgefaßt werden, wenn mein Unbehagen eine Funktion der konsumierten Kaffeemenge ist, oder in Analogie zur sozialen Sanktion, wenn mein Unbehagen unabhängig von der konsumierten Menge bei jedem Kaffeekonsum auftritt.

Wenn man die Nutzenfunktion konstant beibehält, wirken sich die erhobene Kaffeesteuer und die soziale Sanktion unterschiedlich aus; das gilt auch dann, wenn Pedros Leistungen im Garten dem Wert der (über meinen Gesamt-Kaffeekonsum aggregierten) Steuer entspricht. Weil die gekaufte Menge eines Gutes abhängig von dem Preis dieses Gutes ist ($x_i=x_i(p_i)$), läßt sich eine Differenz nicht dadurch erklären, daß die Bezugsgröße in dem einen Fall der Preis in dem anderen die konsumierte Menge in der Referenzperiode ist. Die Differenz ergibt sich, weil im Fall der Sanktion die nicht zuzuordenbaren Kosten vollständig Einkommens-wirksam werden, also keine Substitution stattfindet. (Die geringere Teemenge erklärt sich aus den Einkommenseffekten, die Pedros Boykott hat.)

In beiden Fällen kann ich (bei einer identischer Nutzenfunktion) weniger Kaffee trinken und muß auch insgesamt auf einige Tassen der geliebten belebenden Getränke verzichten.[66] Genau dies galt es zu zeigen: Regeln können über die Restriktionen Wahlhandlungen beeinflussen.

66 Damit ist noch nichts über die Bewertung von Institutionen gesagt. Man könnte der Auffassung sein, daß die Resultate institutioneller Beschränkungen wohlfahrtsökonomisch optimal seien, weil nur solche Institutionen durchsetzbar seien, der eine Mehrzahl der Betroffenen zustimmen kann. Dieser Auffassung sind insbesondere Institutionen-Ökonomen in der Tradition der Gleichgewichtstheorie. Zur Diskussion siehe Rutherford (1994: 54 ff.). Zustimmung zu institutionellen Beschränkungen ist jedoch nicht Bestandteil der Allgemeinen Gleichgewichtstheorie. Institutionen werden vielmehr wie eine Einkommensverteilung (und also die Budgetrestriktion) vorausgesetzt. Zustimmung ließe sich hingegen in Verhandlungsspielen modellieren, die unten (Kap. 10) eingeführt werden. Rowe (1989: 1-34) vertritt in der Tradition des Regelutilitarismus die Auffassung, daß Regelfolgen in dem Sinne wohlfahrts-maximierend ist, daß über die Menge der Handlungen in der Zeit optimiert würde. Zu einer ganz kurzen Kritik am Regelutilitarismus im Zusammenhang mit der ökonomischen Theorie siehe Birnbacher (1990: 65-85).

Nachdem auch die Presse über die Arbeitsbedingungen der Plantagenarbeiter berichtet hat, beschließe ich, keinen (weniger) Kaffee zu trinken. Wie unterscheidet sich eine Entscheidung, aufgrund der gestiegenen Preise keinen (weniger) Kaffee zu trinken, von meiner Entscheidung zur Unterstützung der Plantagenarbeiter, morgens auf Kaffee zu verzichten? Wenn wir die Entscheidung als Regel verstehen, an die ich mich selbst binde, dann sollte meine Entscheidung unabhängig von dem Preis von Kaffee sein. Wie müßte meine Präferenzordnung unter diesen Umständen aussehen? Bisher hatten wir die beiden belebenden Getränke Kaffee und Tee als Substitute betrachtet. Mit der neu eingeführten Regel betrachte ich meinen Kaffee-Konsum unabhängig von meinem Tee-Konsum.[67] Eine solche Nutzenfunktion hat die Form:

(1^{t+1}) $$u = x_1{}^a * x_2{}^b$$

Die Exponenten *a* und *b* entsprechen der relativen Gewichtung der Präferenzen bei der Verteilung meines (für Kaffee und Tee vorgesehenen) Haushaltseinkommens. Der Kaffeekonsum ist also unabhängig von dem relativen Preis für Kaffee (im Vergleich mit Tee) und unabhängig von möglichen Kosten (oder Nutzen) eines Regelverstoßes, aber über das Haushaltseinkommen an den Teekonsum gekoppelt. Ich beschließe, unter den gegebenen oder ähnlichen Umständen zukünftig keinen (weniger) Kaffee zu trinken, behalte mir aber bei überproportional gestiegenen Teepreisen oder einem überproportional wachsendem Haushaltseinkommen vor, wieder etwas (mehr) Kaffee zu trinken.

Nehmen wir an, ich beschließe tatsächlich, (unter den gegebenen Umständen) gar keinen Kaffee mehr zu trinken, so daß ich die Gewichte z.B. wie folgt festlege: $a=0{,}7$ und $b=0{,}001$; dann:

(8^{t+1}) $$x_1 = aY/(a+b)p_1$$
(9^{t+1}) $$x_2 = bY/(a+b)p_2$$

---

67 Unabhängigkeit entspricht formal (!), d.h. bezüglich der Slutsky-Eigenschaften, der Komplementarität von Gütern (Phlips 1983: 66-86). Unabhängigkeit einiger Handlungsmöglichkeiten oder Güter wird – aus anderen Gründen – auch in der empirischen Ökonomik für bestimmte Gütergruppen angenommen; sie erfordert etwas mehr Aufwand bei der Modellierung der Nutzenfunktion.

Die Nachfragefunktionen, bei denen die Nachfrage nach jedem Gut nur von dem Eigenpreis abhängt, zeigen, daß die Nachfrage nach beiden Güter tatsächlich unabhängig voneinander ist[68], so daß:

$$(10^{t+1}) \qquad x_1 \approx 5;\ x_2 \approx 0$$

Durch die Wahl anderer Exponenten (einer anderen Verteilung des Haushaltseinkommens) hätte ich mich auch auf einen beschränkten Kaffeekonsum selbstverpflichten können. Eine Modellierung von Regeln scheint auch über die Präferenzen einer Person sinnvoll möglich, wenn man davon ausgeht, daß Menschen »sich selbst binden« können (Frey 1990: 12. Kap).

Die Modellierung über die Präferenzen entspricht besonders gut unserer Vorstellung davon, was es heißt, einer Regel zu folgen. Der Ansatz erlaubt, auch dann über Regeln zu sprechen, wenn keine monetären Sanktionen bestehen. Die Annahme, daß Regel-Folgen und die Höhe bzw. Wahrscheinlichkeit einer Sanktion notwendig miteinander einhergehen, widerspricht unserer Alltagserfahrung: Menschen halten (im allgemeinen) auch dann an einer roten Ampel an, wenn sie davon ausgehen könnten, daß im Fall eines Regelverstoßes weder ein Unfall geschieht (weil die Querstraße gut einsehbar ist), noch eine Sanktion droht. Man würde wohl nur dann sagen, daß ich der Kaffee-Regel folge, wenn ich auf den Genuß von Kaffee auch dann verzichte, wenn dieser mir in einem verschlossenen Päckchen an den wachsamen Augen des wackeren Pedro vorbei zugeschickt werden könnte oder wenn Pedro im Urlaub ist. Die Modellierung von Regeln in Präferenzen ist *prima facie* eine sinnvolle (unserem vortheoretischem Verständnis entsprechende) Erweiterung des Präferenzbegriffes. Wir reden davon, daß wir einer Regel folgen *wollen* – das gilt sogar für Straßenverkehrsregeln und (vielleicht) einige Höflichkeitsregeln, denen wir folgen, weil sie uns das Leben auf die eine oder andere Weise erleichtern.

68 Es muß die Anforderung der Additivität gelten; die Nachfrage nach beiden Gütern ist also über die Einkommenswirkung nicht »wirklich« unabhängig; es muß gelten, daß das Einkommen insgesamt auf beide Güter verteilt wird (Phlips 1983: 72-76).

5.3 Die indirekte Nutzenfunktion oder die ökonomische Theorie der Präferenzen

Das Problem der Modellierung des Einflusses von Regeln auf Wahlhandlungen scheint im Rahmen des ökonomischen Standardmodells lösbar. Die ganz einfache Form des Standardmodells scheint hinreichend differenziert, um auch solche Wahlhandlungen zu erklären, die über den ökonomischen Normalfall des strikt konsequentialistischen Nutzenkalküls hinausgehen, so daß man hier abbrechen könnte und es sich im Lehnstuhl bequem machen könnte.[69] Das wäre tatsächlich ein erstaunliches Resultat (der Erfolg unserer Bemühungen, nicht die verdiente Ruhepause), weil wir es scheinbar geschafft haben, mit den bestehenden Instrumenten *allgemeingültige* Regeln in ein *individuelles* Entscheidungskalkül einzubinden.

Diese Lösung setzt aber voraus, daß die Trennung von Restriktionen und der direkten Nutzenfunktion im Lagrange Ansatz funktioniert, wobei dann die direkte Nutzenfunktion die »normalen« Präferenzen einer Person repräsentiert, wie sie in der Bayesschen Theorie eingeführt werden. Das ist aber nicht der Fall: Die Präferenzen einer Person sind nicht unabhängig von den Restriktionen.[70] Um das zu zeigen, gehen wir wieder von der formalen ökonomischen Theorie rationaler Wahl aus. Normalsprachlich lassen sich vier Axiome wie folgt formulieren (Hausman 1984a: 345):

(1) Für jedes Individuum *A* und beliebige Alternativen *x* und *y* gilt genau einer der folgenden Sätze: *A* präferiert *x* vor *y*; *A* präferiert *y* vor *x*; *A* ist indifferent zwischen *x* und *y*.

(2) *A's* Präferenzen zwischen den Alternativen sind transitiv.

(3) Wir sagen, *A* maximiere ihren Nutzen, wobei der Nutzen eines gewählten *x* größer ist als der Nutzen der Alternative *y*, genau dann,

---

69 Für eine Kritik an dieser Art der »Armchair-Economics« siehe Brandes (1988), der analog zu der Kritik an der armchair-psychology der analytischen Philosophie des Geistes (Bieri 1981: 14) fordert, daß die Ökonomik um empirische Untersuchungen zur motivationalen Einstellung der Wirtschaftssubjekte erweitert wird. Vgl. Simon (1986: 219), der die »armchair-guessings« des Standardmodells kritisiert..

70 Das Interdependenzargument findet sich z.B. bei Hollis (1991: 2. Kap.). Das Interdependenzargument ist von der Nicht-Separierbarkeits-Annahme, wie sie z.B. Davidson (1990a: 329-335) vertritt, zu unterscheiden. Ich komme auf Davidson noch zurück.

wenn *A* *x* vor *y* präferiert. Der Nutzen der Alternativen ist gleich, wenn *A* zwischen den Alternativen indifferent ist.[71]

(4) Wenn die Alternative *x* das Güterbündel *x'* und die Alternative *y* das Güterbündel *y'* umfaßt, und *y'* enthält von jedem Gut mindestens so viel wie *x'*, von mindestens einem Gut jedoch mehr, dann präferieren alle Akteure *y* vor *x*.

(1), (2) und (4) formulieren Mindestbedingungen an eine Theorie rationaler Wahl, wie sie auch für die Bayessche Theorie gelten. Wir sagen, daß die Ordnung der Alternativen (1) vollständig, (2) transitiv und (4) monoton ist.[72] Eine Person entscheidet rational, wenn sie die Handlung wählt, die sie vor allen anderen präferiert. Wenn man den Präferenzen Nutzenwerte zuordnet und die Präferenzen als Nutzenfunktion abbildet, kann man (3) sagen, daß die rationale Entscheidung Nutzen-maximierend ist, wobei der Begriff »Nutzen« rein formal über den Begriff der Präferenz definiert ist.[73] Dies entspricht dem ökonomischen Nutzentheorem, das eine Metrisierungsfunktion übernimmt. Wenn die Bedingung (3) gilt, dann ist die ökonomische Nutzentheorie logisch äquivalent mit der durch die Bedingungen (1), (2) und (4) bezeichneten Bayesschen Theorie der rationalen Wahl (Nida-Rümelin 1993a: 36-40). Die Bedingung (3) gilt aber nur genau dann, wenn die Nutzenfunktion die Präferenzordnung repräsentiert, also alle enthaltenen Informationen – aber auch nicht mehr – abbildet. Die Nutzenfunktion und die Präferenzordnung müssen ko-extensional sein, d.h. sie müssen sich auf dieselbe Alternativenmenge beziehen. Dies ist aber für die ökonomische Standardinterpretation des Prinzips der Nutzenmaximierung unter Restriktionen nicht der Fall.

---

71 (1), (2) und (4) eigene Übersetzung. (3) lautet im Original: »A seeks to maximize his or her utility where the utility of an option x is greater than the utility of an option y, if and only if A prefers x to y. The utility of options are equal just in case the agent is indifferent between them.«

72 Es fehlt das formale Kriterium der Reflexivität. Vgl. zu den Mindestbedingungen einer Theorie rationaler Wahl z.B. Nida-Rümelin (1993a: 37) oder Sen (1971: 2-20). (4) entspricht auch dem »weak axiom of revealed preference«, wie es Samuelson eingeführt hat (Sugden 1994a: 31-33; Sen 1986: 63-66).

73 Thomas Schmidt (1996: 42-55) weist pointiert daraufhin, daß die Nutzenmaximiererin dann besser als eine »Axiomenerfüllende« anzusehen ist.

Eine Person ordnet die Menge alternativer Handlungen H so, daß die Bedingungen (1), (2) und (4) erfüllt sind. Handlungen sind formal definiert als Funktionen, die jedem Weltverlauf eine Konsequenz zuordnen (Nida-Rümelin 1993a: 16 ff.).[74] Wenn wir sagen, daß eine Person eine Ordnung über alternative Handlungsmöglichkeiten erstellen kann, dann setzt das die Existenz irgendeines Bewertungsmaßstabes voraus.[75] Weltverläufe sind vollständige Beschreibungen der Welt oder doch zumindest solche Beschreibungen der Welt, die keinen relevanten Umstand auslassen. Präferenzordnungen über alternative Handlungen enthalten also folgende Informationen: (a) Meinungen der Person über Weltverläufe[76] und (b) die Bewertungsfunktion der Person. Wenn wir sagen, eine Person maximiere ihren Nutzen, dann heißt das, sie wählt die Handlung, die sie – in Anbetracht aller Umstände – für die beste hält. Ich war oben (Kap. 3.3 und 4.3) von der indirekten Nutzenfunktion am Markt ausgegangen. Wir hatten gesehen, daß unklar ist, inwiefern man dann einer Person sinnvoll Wünsche zusprechen kann. In den beiden letzten Abschnitten wurde die indirekte Nutzenfunktion durch einen Ansatz ersetzt,

74 Beachte, daß Handlungen hier formal, d.h. unabhängig von der vollständigen Beschreibung weiterer Eigenschaften aufgefaßt werden. Handlungen können mit den Konsequenzen gleichgesetzt werden, so daß zwei Handlungen identisch sind, wenn ihre Konsequenzen für gleiche Umstände identisch sind. In einer Welt der Unsicherheit werden den mit der Wahrscheinlichkeit ihres Eintretens zu gewichtenden Weltzuständen Konsequenzen zugeordnet; für den folgenden Einwand ist unsere ganz einfache Welt hinreichend kompliziert.

75 Auch die Vorstellung einer angebbaren ordinalen Ordnung über Alternativen ist nicht trivial. Wenn man nicht die Separierbarkeit verschiedener Gütergruppen oder Gruppen von Handlungsalternativen voraussetzt, muß man verlangen, daß eine Person alle Handlungsalternativen miteinander vergleichen kann, also Weihnachtsgänse und Lebertran, Médoc-Rotwein und Essig, zur Kritik an der Forderung nach Ordinalität siehe Sen (1971: 34). Die Rede von »Zuständen« findet sich auch in den Arbeiten der frühen Utilitaristen wie z.B. Mill (1985: 11 ff.), vgl. Nida-Rümelin (1993a: 54-57) und Frankena (1994: 54 ff.).

76 Das gilt (wenn man keine naturalistische Position einnimmt) insbesondere in einer Welt der Unsicherheit, wenn die Person eine Wahrscheinlichkeitsverteilung über die möglichen Weltverläufe angeben können muß (wobei die Summe der Einzelwahrscheinlichkeiten 1 ergibt), aber auch in unserer einfachen ökonomischen Welt, in der eine Person Meinungen über die Welt hat. Siehe auch Lohmann (1995a: 175-189) und Goodman (1990: 114 ff.).

bei dem die direkte Nutzenfunktion unter Nebenbedingungen maximiert wird. Wir schreiben dann in der Lagrange Schreibweise $L=u+\lambda(Y)$, so daß wir neben den Informationen (a) und (b) zusätzlich Informationen über (c) das Realeinkommen (*Y*) der Person erhalten. Die (direkte) Nutzenfunktion ist in der ökonomischen Standardinterpretation keine Repräsentation der Präferenzordnung: Nutzenfunktion und Präferenzordnung sind nicht ko-extensional.

Die Trennung von Präferenzen und Realeinkommen (Restriktionen) setzt voraus, daß die Bewertung des Nutzens alternativer Handlungen unabhängig von der Höhe des Realeinkommens ist. Diese Vorstellung ist tatsächlich unplausibel. Handlungen sind Funktionen, die (den in allen relevanten Aspekten) *vollständigen* Beschreibungen der Welt Konsequenzen zuordnen. Es ist plausibel davon auszugehen, daß das Haushaltseinkommen einer Person Teil einer (in allen relevanten Aspekten) vollständigen Beschreibung der Welt ist und also in die Bewertung von Wünschen (des Nutzens von Handlungen) eingeht. Die ökonomische Nutzentheorie ist nicht äquivalent mit dem formalen Kern der Theorie rationaler Entscheidung. Das hat die für Ökonomen sehr unangenehme Konsequenz, daß die ökonomische Rationalitätsannahme Nutzen-maximierender Akteure nicht gerechtfertigt werden kann.

Nun ist die Ökonomik keine Formalwissenschaft wie die Mathematik, sondern eine angewandte Erfahrungswissenschaft. Die Aussage, daß die ökonomische Nutzentheorie und die formale Entscheidungstheorie nicht äquivalent sind, muß dann nicht als Bedrohung der Theorie aufgefaßt werden, wenn sich die Instrumente der empirischen Ökonomik als hinlänglich prognosefähig erweisen würden. Eine reine Extrapolation vergangener Daten auf die Zukunft, die unter stabilen Rahmenbedingungen hinlänglich genaue Vorhersagen erlaubt, reicht nicht hin, Handeln auf dynamischen Märkten zu prognostizieren.[77] Die empirischen Daten müssen auf der Grundlage theoretischer Annahmen über das Konsumentenverhalten interpretiert werden. In der ökonomischen Haushaltstheorie findet sich eine solche Annahme mit dem (schwachen) Axiom offenbarter Präferenzen (WARP).[78] WARP entspricht dem vierten Axiom der ökonomischen Theorie rationaler Wahl, wie es oben

77 Elster (1989: 36 ff.) diskutiert Zufallsauswahl als Alternative zu Modellen rationaler Wahl.

78 Zum sog. »Weak Axiom of revealed Preferences« (WARP), vgl. Fn. 72.

als Monotonie-Annahme eingeführt wurde. In einer Zwei-Güter-Welt impliziert dieses harmlose Axiom auch Transitivität.

Eine ökonomische Handlungstheorie, so die ökonomische Entgegnung auf den Einwand fehlender Äquivalenz, könne unabhängig von den weitergehenden Forderungen der formalen Entscheidungstheorie betrieben werden. Es könne insbesondere auf das Konstrukt einer Präferenzordnung zugunsten einer empirisch gehaltvollen indirekten Nutzenfunktion verzichtet werden. Will man die empirischen Ergebnisse aus Zeitreihenuntersuchungen in Form der linearen Regression übertragen, müssen lineare (Stone-Geary) Nachfragefunktionen (und entsprechende direkte Nutzenfunktion)[79] zugrundegelegt werden, an die insbesondere drei Forderungen gestellt werden, die den »harten Kern« der ökonomischen Haushaltstheorie bilden: Sie sollen so gestaltet sein, daß (a) das verfügbare Einkommen auf die alternativen Güter verteilt wird (Additivität), (b) Geldillusion der Verbraucher ausgeschlossen wird (Homogenität vom Grade Null in Preisen und Einkommen) und (c) die Kreuzpreiselastizitäten symmetrisch und die Eigenpreiselastizitäten negativ sind (Slutsky-Forderungen).[80] Eine so empirisch fundierte ökonomische Handlungstheorie, deren Vertreter meinen, mit Ockhams scharfem Rasier-

79 Die Stone-Geary-Nachfragefunktion hat die Form $x_i = Y_i + \beta / p_i (Y - (p_j Y_j))$, wobei $Y_{i/j}$ den entsprechenden Einkommensanteilen der Güter entsprechen. Diese Funktionion, deren Herleitung auf Arbeiten von Stone, Geary und Samuelson aus den 50iger Jahren zurückgeht, ist unter dem Namen »linear expenditure system« bekannt geworden (Phlips 1983: 119-131). Natürlich sind aus den Stone-Geary-Nutzenfunktionen entsprechende lineare Präferenzordnungen rekonstruierbar. Die Eigenschaft der Linearität hat die starke Implikation, daß alle Güter substitutiv sind. Bei der Betrachtung von Güteraggregaten erweist sich diese Eigenschaft, die z.B. die Betrachtung inferiorer Güter ausschließt, als nicht hinderlich. Neuere Entwicklungen bedienen sich der Dualitätsannahme von Kosten- und Nutzenfunktion (bekannter aus der Produktionstheorie) und leiten über eine indirekte Nutzenfunktion nicht lineare Präferenzen her; zu den formalen Grundlagen siehe Phlips (1983: 122-138). Diese Präferenzordnungen sind, folgt man meiner obigen Argumentation, natürlich nicht mit dem Präferenzbegriff der formalen Entscheidungstheorie äquivalent.

80 Vgl. Fn. 12, auch Phlips (1983: 27-56). Simon (1986: 213-215) diskutiert die empirischen Forschungen von Gary S. Becker (1981) und die Einkommensverteilung im Management (Simon 1986: 219-222; Eglau 1994; Blüthmann 1995). Für beide Beispiele zeigt Elster, daß die neoklassischen Prognosen auf den zusätzlichen Theorie-internen Annahmen beruhen, nicht auf dem Kern des Rationalitätsmodells.

messer auf Präferenzen (und auf die damit verbundenen Minimalforderungen) verzichten zu können, ist jedoch unterbestimmt. Zum einen ist der Erklärungsgehalt der Theorie unklar. Sie gilt im *Zwei-Güter-Fall* genau dann, wenn die Haushaltstheorie empirisch zutrifft. Der Verzicht auf theoretisch reichere Begriffe wird mit einem willkürlich verengten Anwendungsbereich erkauft, in dem die theoretischen Aussagen tautologisch sind (Broome 1991: 74-102). Wenn man auf der Grundlage einer empirischen (ökonomischen) Handlungstheorie Regel-Folgen untersuchen wollte, müßte man in Analogie zur Haushaltstheorie eine »dicke« Theorie darüber voraussetzen, unter welchen Bedingungen Menschen Regeln folgen – das wollte man aber eigentlich erst untersuchen.[81] Zum anderen ist das in der prognostischen Arbeit notwendige Auswahlkriterium der Nutzenmaximierung nicht Theorie-immanent unabhängig von dem Konzept der Präferenzordnung begründbar. Eine alternative Begründung des Auswahlkriteriums wird nicht vorgelegt.[82]

Die Trennung von Präferenzen und Restriktionen ist nicht mit sinnvollen Interpretationen der (Bayesschen) Theorie rationaler Entscheidung zu vereinbaren. Menschen haben nicht irgendwelche Präferenzen, die danach unter Nebenbedingungen maximiert werden. Sie haben Präferenzen (oder Präfe-

---

81 Man könnte auch sagen, daß solche Theorien über Regel-Folgen in dem Sinne deterministisch sein müssen, daß sie nicht die Freiheit von Regelverstößen zulassen, dazu siehe Frankenas Auseinandersetzung mit Determinismus und (Willens-) Freiheit in der Ethik (1994: 86-96). Homann und Pies, die einerseits modelltheoretisch die Wirkung von Institutionen in diesem Sinne deterministisch rekonstruieren, kritisieren in ihrer Auseinandersetzung mit Locke andererseits dessen metaphysische naturrechtliche Fundierung bestimmter Regeln, denen notwendig Folge zu leisten sei (Homann/Pies 1993: 302 f.und 311 ff.).

82 Malmnäs' (1994) formal ausgeführtes Argument stimmt *cum grano salis* mit der Kritik Lowes (1984: 228) an der Nutzentheorie überein. Lowe versucht zu zeigen, daß nur der Rückbezug auf den in der Präferenzordnung relevanten Gebrauchswert der Ökonomik den motivationalen Gehalt sichert oder (in seiner Sprache) »modale auf finale Ziele zurückführt«. Diese Kritik wird auch modern wieder aufgegriffen und gefragt, ob nicht eine Theorie zu wählender Ziele auch Bestandteil einer vollständigen ökonomischen Theorie sein müsse (Stewart 1995; Schmitz 1994; Hamlin1986). Die Vorstellung, daß das Auswahlkriterium nicht begründungs*bedürftig* sei, ist im Kontext einer entscheidungstheoretischen Rekonstruktion nicht wirklich verständlich, vgl. die sich an Simon anschließende Debatte um das Satisfaktions-Prinzip (Holler/Illing 1996: 161 ff.).

renzordnungen) – und sonst nichts. Das gilt auch für Akteure an ökonomischen Märkten.[83]

83 Die Argumente treffen auch die Variante empirischer Ökonomik, bei der die *Nachfragefunktion* nicht extrapoliert wird, sondern in Befragungen zur Zahlungsbereitschaft ermittelt wird, weil die Zahlungsbereitschaft von dem Einkommen abhängt. Diese Versuche sind zusätzlich mit dem technischen Problem strategischer Antworten belastet.

Kapitel 6

Von der Vielzahl guter Gründe und von Metapräferenzen

6.1 Verschiedene Arten guter Gründe

Das Marktmodell scheint geeignet, Koordinationsprobleme zu lösen. Im Gleichgewicht sind die Interessen (oder Wünsche) der Personen ausgeglichen. Allerdings haben wir einige Mühe zu verstehen, inwiefern man unseren ökonomischen Homunkuli sinnvoll individuelle Wünsche zusprechen kann. Die Pointe der Trennung von Präferenzen und Restriktionen scheint darin zu liegen, daß wir auf diese Weise verschiedene Typen von Handlungsgründen trennen können. Dieses Modell sollte erlauben, Regeln in die ökonomische Theorie rationaler Wahl zu integrieren. Allerdings geben wir damit die Möglichkeit auf, das ökonomische Rationalitätsprinzip mit Rückbezug auf eine ausgearbeitete formale Theorie der Präferenzen begründen zu können. Wenn man hingegen auf den Kunstgriff der Trennung von Präferenzen und Restriktionen verzichtet und an der Vorstellung einer Vielzahl möglicher Handlungsgründe festhält, muß man mehr über die (ggf. verschiedenen Typen von) Präferenzen einer Person sagen. In diesem Kapitel diskutiere ich zunächst die Frage, inwiefern sich verschiedene Arten von guten Gründen unterscheiden lassen. Anschließend zeige ich die Konsequenzen solcher Unterscheidungen für die Theorie der Präferenzen auf.

Betrachten wir folgende klassische Geschichte: Zwei Personen, Luke und Matthew, sind Nachbarn in einem hellhörigen Haus. Luke spielt gerne klassische Musik auf dem Klavier, und Matthew verbringt seine Freizeit damit, auf der Trompete Jazz zu spielen. Matthew mag keine klassische Musik, er hat aber nichts dagegen, wenn Luke Klavier spielt, während er Trompete spielt

(Trompeten sind im allgemeinen lauter als Klaviere). Luke hingegen kann unmöglich spielen, derweil aus dem Nachbarzimmer »April in Paris« tönt.[84]

Wie läßt sich unter dieser Bedingung ein Zustand erreichen, der die Interessen beider Hausbewohner berücksichtigt? Luke und Matthew können sich zwar unabhängig voneinander entscheiden, wann sie ihre jeweiligen Instrumente spielen, der Nutzen der individuell gewählten Handlung hängt aber (mindestens für Luke) von der Handlung der anderen Person ab – es macht Luke keinen Spaß, Klavier zu spielen, wenn Matthew Trompete spielt. Insofern entspricht die Geschichte der Situation an Konkurrenz-Märkten; es ist nicht recht klar, was wir über die Interessen der beiden Nachbarn genau sagen können: Spielt Luke gerne Klavier? Das hängt davon ab. Wenn Matthew gerade Jazztrompete spielt, geht Luke tatsächlich lieber spazieren, als Klavier zu spielen. Trotzdem scheint der Zustand, in dem Matthew Trompete spielt und Luke spazierengeht, nicht recht befriedigend: Die Nachbarn haben ein Koordinationsproblem. Auch wenn Matthew Trompete spielt, hat Luke den Wunsch, Klavier zu spielen. Ein guter Freund schlägt den beiden Musikern vor, ihre Disharmonien über die Einführung einer Hausordnung (mit ausgewiesenen Übungszeiten) zu lösen. Damit wir uns (als auch Luke und Matthew) eine utilitaristisch gesonnene Hausverwalterin ersparen, gehen wir davon aus, daß die Regeln der Hausordnung das Resultat einer Auktion sind. Die Frage, die im folgenden diskutiert wird, ist welche Regeln in der Auktion handelbar sein müssen, damit beide ihre Wünsche befriedigen können. Dazu müssen wir zunächst präzisieren, in welchem Sinn wir hier von Wünschen reden.

Jeder Bewohner einer Mietwohnung wird Luke einen eigenartigen Typ von Wünschen oder Präferenzen zubilligen. Obwohl Matthew Luke egal ist – die beiden sind wechselseitig aneinander desinteressiert – ist es legitim, daß Luke Wünsche darüber hat, wann und wie lange Matthew Trompete spielt. (Ich hatte oben (Kap. 3.1) gesagt, daß solche Wünsche, die sich auf andere beziehen, auch in der konsequentialistischen Standardinterpretation der ökonomischen Theorie rationaler Entscheidung zulässig sind.) Luke könnte sich z.B. wünschen, daß Matthew zwischen 14.00 und 17.00 Uhr nicht Trompete

---

84 Luke und Matthew sind die »Großväter« ganzer Generationen von Beispiels-*Homunkuli*, die die spieltheoretischen Beispiele bevölkern. Die ungleichen Nachbarn wurden von Braithwaite (1969: 8 ff.) eingeführt.

spielt. (Es ist ihm egal, was er in dieser Zeit macht, so lange er eben nicht Trompete spielt.) Berücksichtigt man diesen Wunsch, dann wird deutlich, warum ein Zustand, in dem Matthew Trompete spielt und Luke spazierengeht, auch dann nicht befriedigend ist, wenn Luke lieber spazierengeht, als Klavier zu spielen, während Matthew Trompete spielt. Wenn der Wunsch, ohne Trompetenuntermalung Klavier zu spielen, stärker ist als Matthews Wunsch, zu genau diesen Zeiten zu üben, dann müßte man Luke ein Recht über Matthews Handeln zwischen 14.00 und 17.00 Uhr zugestehen. Bevor wir uns mit diesem Ergebnis (»zwischen 14.00 und 17.00 Uhr wird nicht Trompete gespielt«) zufriedengeben, testen wir unsere Überlegung über die Zulässigkeit solcher einmischender Präferenzen anhand eines zweiten Beispieles.[85] Luke hat eine eigenwillige Theorie über die richtige Stellung beim Schlafen. Insbesondere lehnt er das Schlafen auf dem Bauch ab, weil er der Überzeugung ist, daß der Druck auf dem Magen einer Person schadet. Obwohl ihn mit Matthew nichts (außer einer überdies zu dünnen Wand) verbindet, hat er den starken Wunsch, daß auch Matthew auf dem Rücken schlafen soll. Um diesen eigentümlichen (sehr starken) Wunsch zu erfüllen, müßten wir Luke ein Recht über die Kontrolle von Matthews Schlafgewohnheiten zubilligen (zumindestens dann, wenn Matthew zwischen verschiedenen Schlafstellungen indifferent ist oder nur eine leichte Präferenz für das Schlafen auf dem Bauch hat). Was unterscheidet die beiden Beispiele?

In dem Fall des Trompete Spielens hat Matthews Handeln (externe) Effekte auf Luke. *Deshalb*, so könnte man sagen, ist es legitim, Luke das Recht über Übungszeiten zuzugestehen. Man könnte sagen, daß Präferenzen über Handlungen anderer Personen berücksichtigt werden sollen, wenn diese Handlungen mit externen Effekten verbunden sind.[86] Aber warum sollte das

85 Zu dem Problem einmischender Präferenzen oder »externer Vorlieben« Dworkin (1990: 380-389), vgl. Kelly (1988: 8. Kap. (»Power«) und 9. Kap. (»Rights«)).

86 Diese These findet sich z.B. bei Gauthier (1986: 93), vgl. Buchanan (1991: 209-211), der darauf hinweist, daß bei einer Reihe von »normalen« ökonomischen Handlungen externe Effekte auftreten. Wenn ich in einer Fußgängerzone, in der bereits zwei Imbißbuden sind, einen Würstchenstand eröffne, dann hat dies externe Effekte auf die Betreiber der anderen Imbißbuden. Trotzdem scheint daraus nicht – zumindestens nicht ohne zusätzliche empirische Annahmen über die Anreizstrukturen auf dem Markt für Bratwürste und normative Prämissen über die Wünschbarkeit des Verzehrs von Fleisch – zu folgen, daß mir mein Wunsch, eine Imbißbude zu betreiben, allein

so sein? Natürlich ist es für eine Person ärgerlich, wenn die Handlungen anderer Personen externe Effekte haben, so daß sie sich gestört fühlt. Wenn ich an einem Wochentag morgens noch schlafen möchte, mich dabei aber der Verkehr auf der Straße vor meinem Fenster stört, dann scheint es nicht plausibel, mir das Recht zuzugestehen, die Straße sperren zu lassen, bis ich ausgeschlafen habe. Für diese Frage ist die Zahl der Straßenbenutzer irrelevant. Es könnte sich auch um einen einzelnen PKW handeln, der meinen Morgenschlaf stört, und doch würde man mir nicht das Recht zugestehen (angenommen ich hätte genügend Geld, um dieses Recht auf einer Bürgerauktion

---

deshalb untersagt werden könnte, weil damit externe Effekte auf die Betreiber anderer Imbißbuden verbunden sind. Man muß, so Buchanan, verschiedene Arten externer Effekte unterscheiden: monetäre externe Effekte werden über den Markt internalisiert, in anderen Fällen, sog. technischen externen Effekten, hingegen liegt tatsächlich eine Art Ausbeutung vor, z. B. dann, wenn ich mit meiner Profit-orientierten Würstchenbraterei externe Effekte auf das Gesundheitswesen erzeuge, weil ich aus Kostengründen Hygienevorschriften nicht einhalte. In diesem Fall sprechen gute Gründe dafür, meine Präferenzen (aufgrund der Konsequenzen) nicht zuzulassen. Aber selbst wenn wir uns weitgehend einig wären, daß bestimmte Präferenzen ausgeschlossen werden sollen, so ist unklar, wie diese Vorstellung umgesetzt werden kann. Nehmen wir an in meiner Stadt werden die Würstchenbuden-Lizenzen vom Bürgermeister vergeben und ggf. auch entzogen. Um zu verhindern, daß ich mir meinen Jugendtraum verwirkliche und gebratene Würstchen verkaufe, reicht es aus, mir die Lizenz kurzzeitig zu entziehen, da ich aufgrund der hohen Einstiegsinvestitionen auf Auszahlungen aus der Würstchen-Braterei angewiesen bin. Der Bürgermeister ist nun der Meinung, es sei legitim, eine Lizenz zu entziehen, wenn der Anfangsverdacht eines Verstoßes gegen Hygienevorschriften vorliegt, nicht aber aufgrund von Wettbewerbsüberlegungen. Ein Anfangsverdacht eines Verstoßes gegen die Hygienevorschriften gilt bereits dann als erfüllt, wenn eine Person den Verdacht äußert, es würde gegen Hygienevorschriften verstoßen. Bei der Prüfung des Antrags auf Entzug meiner Lizenz, den meine Konkurrenten einreichen, begründen diese ihre Intervention mit dem (natürlich falschen, aber das weiß der Bürgermeister ja nicht) Verdacht auf Verstoß gegen die Hygienevorschriften. Der Bürgermeister hat keine Möglichkeit, zwischen der legitimen Sorge um die gesundheitliche Gefährdung der Allgemeinheit durch meine Bratwürstchen (die dann außerdem noch den guten Ruf der deutschen Bratwurst ruinieren würden) und den illegitimen Wettbewerbsinteressen meiner Konkurrenten zu unterscheiden. Die Beziehung zwischen Präferenzen und Handlungen sind nicht eindeutig. Dieses als Interpretationsproblem bezeichnete Problem wird auch gegen den Ansatz offenbarter Präferenzen (*revealed preferences*) in der Ökonomik angeführt (Broome 1994a: 139-144).

zu erstehen), die Straße zu sperren. Für die Beurteilung der Zulässigkeit einmischender Wünsche einer Person sind nicht die Konsequenzen von Handlungen, sondern die subjektive Bedeutung einer Handlung für die jeweilige Person entscheidend. Der Unterschied zwischen Lukes legitimem Wunsch, Klavier zu spielen, und meinem Wunsch nach Morgenschlaf liegt nicht darin, daß in dem einen Fall Matthews Trompete und im anderen Fall ein Auto das Hindernis darstellt, so daß Luke *unter diesen Bedingungen* lieber spazierengeht und ich die Lektüre der Morgenzeitung vorziehe. Die Beispiele unterscheiden sich in der Bedeutung, die wir verschiedenen Wünschen für das zusprechen, was es heißt, eine Person zu sein.

Wir können nicht sinnvoll zwischen festen Präferenzen einer Person und den von den Umweltumständen jeweils abhängigen Restriktionen unterscheiden. Zwar entscheiden die einzelnen Personen unabhängig voneinander, aber die (für uns relevanten) indirekten Nutzenfunktionen sind nicht unabhängig voneinander. Wenn wir trotzdem der Meinung sind, daß es Wünsche gibt, die nicht einfach aufgrund der spezifischen Umstände »verschwinden«, z.B. Lukes Wunsch, Klavier zu spielen, dann müssen wir das einfache Modell in irgendeiner Weise modifizieren. Wenn man der Meinung ist, Personen hätten unabhängig von den Marktbedingungen das Recht über die Kontrolle einiger oder mindestens einer Handlung, die für sie besonders wichtig ist, dann braucht man ein Gerechtigkeitskriterium, das über das oben (Kap. 1.2) eingeführte Pareto-Kriterium hinausgeht: Wir fordern eine Art Recht, die einer Person besonders wichtigen Wünsche auch umsetzen zu können. Dabei ist noch unklar, ob es sich bei diesem Recht um ein Abwehrrecht oder ein Anspruchsrecht handelt.

Dagegen könnte man einwenden, daß das Pareto-Kriterium hinreiche, auch diese Intuition individuell auszuzeichnender besonders wichtiger Wünsche abzudecken. Menschen, so das Argument, denen ein Wunsch besonders wichtig ist, haben auch eine hohe Zahlungsbereitschaft, so daß sie am kompetitiven Markt das Recht auf Kontrolle entsprechender Handlungen erwerben. Diese Auffassung ist selbst dann falsch, wenn man (kontrafaktisch) identische Ausgangsvoraussetzungen (Haushaltseinkommen) unterstellt. Der Marktpreis bildet sich – als Knappheitspreis – aus der Aggregation der Zahlungsbereitschaften relativ zum Angebot, so daß die Möglichkeit des Erwerbs von Rechten über die Kontrolle von Handlung nicht nur von der individuellen Zahlungsbereitschaft relativ zu alternativen Handlungen, sondern eben auch von der Verteilung der Präferenzen unter den Marktakteuren und deren Zahlungsbereitschaften abhängt. Steigt der Marktpreis über die individuelle Zahlungsbereitschaft[87], dann – zu diesem Preis – zieht ein Akteur eine alternative Handlung vor, so daß das Pareto-Kriterium formal erfüllt ist, nicht aber die stärkere Forderung nach individuellen Rechten einer Person (vgl. Kap. 4.2 und 4.3).

Diese stärkere Forderung, daß eine Person über (mindestens eine) Handlungsalternative unabhängig von anderen entscheiden kann, wurde von Amartya Sen als (starke) Liberalismus-Bedingung (für Kollektive Wohlfahrtsfunktionen) eingeführt (Sen 1974: 79-80).[88] Dabei geht Sen nicht von externen Effekten einer Handlung auf andere Personen, sondern von einmischenden Präferenzen aus.[89] Anders als die schwächere Pareto-Forderung, die sich *an Märkten* auf die indirekten und also über den Gleichgewichtspreis wechselseitig abhängigen Nutzenfunktionen bezieht, ist die Forderung nach individuellen Rechten nur verständlich, wenn unabhängig von dem Marktmechanismus mindestens einer bestimmten Art von Wünschen der Person besonderes Gewicht eingeräumt wird. Welche Art von Wünschen könnte das sein? Damit die Liberalismus-Bedingung sinnvoll interpretierbar ist, sollten es solche Wünsche sein, denen die Person selbst ein besonderes Gewicht zumißt. Zugleich müssen wir aber fordern, daß die besonders wichtigen Wün-

87 Damit das Argument formal funktioniert, muß man noch unterstellen, daß jeder der Akteure auch noch weitere Wünsche hat und daß nicht alle Akteure identisch bewertete Wünsche haben. Das scheint aber plausibel.

88 Sen (1971: 87) unterscheidet die starke Liberalismus-Bedingung L von der schwächeren Bedingung L^*. L besagt, daß »[f]or each person i there is at least one pair of distinct alternative (x, y) such that he is decisive in the social choice between them in either order, i. e., $xP_iy \rightarrow yPx$«; und L^* fordert, daß »[t]ere are at least two persons k and j and two pair of distinct alternatives (x,y) and (z,w) such that k and j are decisive over (x,y) and (z,w) respectively, each pair taken in either order«. Sen weist darauf hin, daß diese Liberalismus-Forderung nicht mit dem Pareto-Kriterium kompatibel ist (Liberales Paradoxon), vgl. z.B. Sugden (1994c: 31-51). Um das liberale Paradoxon gibt es eine breite Diskussion, zur Übersicht siehe Kern/Nida-Rümelin (1994b: 243-256) und die dort angegebene Literatur.

89 Das Problem der einmischenden Präferenz wird klassisch als Frage nach der Gewichtung von Präferenzen in der Diskussion über den Präferenzutilitarismus behandelt, siehe Kymlicka (1990: 25-30) und Dworkin (1990: 394 und 441 ff.).

sche verschiedener Personen, für die wir unabhängig von dem Marktmechanismus ein Recht auf Kontrolle der entsprechenden Handlungen zusprechen, miteinander vereinbar sind. Es gibt Fälle, in denen sich diese beiden Forderungen widersprechen können (Kern/Nida-Rümelin 1994b: 251). Die möglichen Wege aus diesem Dilemma scheinen wie die Wahl zwischen Skylla und Charybdis gleichermaßen unangenehm. Zum einen können wir fordern, daß Rechte auf bestimmte Arten von Wünschen oder Präferenzen nicht zugelassen werden sollen. Ein guter Kandidat für Präferenzen, die wir nicht zulassen wollen, sind einmischende Präferenzen, d.h. solche Wünsche, die sich auf Konsequenzen für andere Personen beziehen. Es gibt allerdings einige Fälle, für die wir vielleicht Ausnahmen machen wollen wie z.B. die Präferenzen von Eltern in bezug auf ihre Kinder oder – im politischen Bereich – die Präferenz weitsichtiger Politiker für eine von allen zu tragende Risikoversicherung (dem Modell der Gesetzlichen Krankenversicherung in der Bundesrepublik). Auch reicht der Ausschluß einmischender Präferenzen nicht aus, um die Erfüllung der Liberalismus-Bedingung sicherzustellen. Externe Effekte von Handlungen können Menschen an der Durchsetzung ihrer Wünsche hindern. Ein zweiter Kandidat sind also Wünsche, mit deren Realisierung (negative) externe Effekte auf andere einhergehen. Ich habe oben anhand des Nachbarschaftskonfliktes gezeigt, daß das Kriterium der externen Effekte problematisch sein kann, weil es viele und legitime Wünsche gibt, mit deren Realisierung externe Effekte verbunden sind.

Man könnte also zum anderen sagen, daß man nicht bestimmte Arten von Präferenzen ausschließt, sondern überhaupt nur solche Präferenzen in einer Gruppe zuläßt, die ohne Konflikt miteinander vereinbar sind. Idealerweise haben dann alle dieselbe Präferenz – wir leben also z.B. in einer Gemeinschaft überzeugter Rückenschläfer.

6.2 Metapräferenzen über Präferenzen oder Metapräferenzen über Eigenschaften

Es ist natürlich nicht einsichtig, warum alle Menschen einer Gruppe auf dem Rücken schlafen sollen, wenn mindestens einige von ihnen »eigentlich« lieber auf dem Bauch schlafen. Für andere Beispiele scheint die Vorstellung, sich mit Gründen den Wünschen anderer anzupassen, hingegen plausibel. Das gilt trivialerweise für echte Koordinationsregeln (z.B. wenn ich, obwohl ich ein überzeugter »Rechtsfahrer« bin, in England den Wunsch nach Linksverkehr beachte), aber (vielleicht) auch für weitere Wünsche (z.B. beim Fest meiner Schwägerin nicht über Philosophie zu reden, weil sie es nicht mag). Folgt man diesem zweiten Weg und läßt nur solche Präferenzen in einer Gruppe zu, die miteinander vereinbar sind, dann muß man in jedem einzelnen Fall die Präferenzordnungen der Akteure daraufhin prüfen, ob sie derart miteinander vereinbar sind, daß das Koordinationsergebnis der Liberalismus-Bedingung genügt. In Fällen, in denen das nicht der Fall ist, müßte man den Personen, deren Präferenzordnungen nicht mit jenen einer Mehrheit der Gruppe vereinbar sind, sagen, daß sie sich leider nicht (am Güteraustausch oder einer Runde von Freunden) beteiligen können. In dem Fall, daß man die Wahl zwischen einer Menge von Personen hat, von denen eine in dieser Weise abgewiesen werden muß, könnte man entweder einen echten Würfel werfen, »Hau ab, Du schielst«[90] spielen oder andere Zufallsverfahren darüber entscheiden lassen, wer abgewiesen werden soll. Wenn eine abgewiesene Person trotzdem mitmachen will (am Güteraustausch oder einer Runde von Freunden), dann müßte sie ihre Präferenzen dementsprechend so ändern, daß diese mit denen der anderen Gruppenmitglieder kompatibel werden.

Das scheint dann gegenüber dem Ausschluß vorteilhaft, wenn es gute Gründe für eine Person gibt, sich auch unter diesen Umständen an der Gruppe zu beteiligen. Diese Gründe, die Präferenzen zu ändern, müssen irgendwie von den Gründen, eine Handlung vor einer anderen Handlung vorzuziehen, unterschieden sein – ansonsten wären sie schon für die Bewertung der Handlungsalternativen relevant, und es hätte sich nicht das Problem der Vereinbarkeit ergeben. Oben (Kap. 3.1) hatte ich gesagt, daß auch die ökonomische Interpretation der Theorie rationaler Entscheidung eine Vielzahl von Handlungsgründen einschließt und zwar auch solche, die sich auf andere Personen beziehen – auch der *homo oeconomicus* kann ein guter Freund, treuer Sohn etc. sein. Die Bewertung der Konsequenzen einer Handlung (für den guten Freund oder die alten Eltern) erfolgt aber ausschließlich durch die handelnde Person – den *homo oeconomicus*. Auch wenn die indirekten Nutzen-

90 Niedersächsische Bezeichnung für das Kinderspiel »Ching, Chang, Chong«.

funktionen der Personen an Märkten über den Marktpreis wechselseitig abhängig sind, so kann man (eben in diesem Sinne einer ausschließlich subjektiven Bewertung der Konsequenzen) sagen, daß die Marktakteure ihre Entscheidungen unabhängig voneinander treffen.

Es kann aber jenseits der subjektiven Bewertung von Konsequenzen gute Gründe geben, etwas mit einer Gruppe anderer Menschen zusammen zu machen (Güter zu tauschen oder in einer Runde mit Freunden etwas zu unternehmen). Personen können einem Zustand oder einem Ereignis, z. B. Freundschaft, einen intrinsischen Wert zuschreiben, ohne daß sie in der Lage (oder willens) wären, diesen relativ zu anderen Bewertungen zu gewichten. Intrinsisch wertvoll in diesem Sinne kann z. B. Hilfe sein, die gewährt wird, ohne daß die Konsequenzen aus der Sicht des Helfenden beurteilt werden könnten – die Hilfe wird gewährt, allein um anderen zu helfen. Wenn es solche altruistischen oder in anderer Weise von den »normalen« Handlungsgründen unterschiedenen Gründe für Handlungen gibt, dann können diese auch eine Person motivieren, ihre Präferenzordnung zu verändern. Folgt man dieser Intuition, dann gibt man die Vorstellung auf, daß die Koordination zwischen Menschen unabhängig von der sozialen Beziehung der Beteiligten ist (Nagel 1978: 79-89).[91] Man muß immer noch keine weitgehende Übereinstimmung der Beteiligten in normativen Fragen unterstellen. Aber man gibt die Vorstellung der Unabhängigkeit individueller Wahlhandlungen zugunsten eines Modells auf, das individuelle Entscheidungen von Personen auf einer irgendwie übergeordneten Ebene voneinander abhängig macht.

Wiederum Amartya Sen hat mit seinem Modell der Metapräferenzen einen Vorschlag gemacht, diese Intuition zu modellieren (Sen 1974: 54-67).[92] Metapräferenzen dienen, so wie sie bei Sen eingeführt werden, der Auswahl aus der Menge logisch möglicher Präferenzordnungen. Wir haben eine Alternativenmenge, die auf verschiedene Weise geordnet werden kann. Bei nur zwei Handlungsalternativen h_1 und h_2 gibt es nur zwei mögliche Präferenzordnungen:

---

91 Man kann den Koordinationskonflikt allerdings auch so interpretieren, daß es sich um das persönliche Entscheidungsdilemma einer einzelnen Person handelt, siehe Roback Morse (1997: 180-182, 194-205).

92 Zur Kritik vgl. Hahn (1991) und wiederum die Replik von Sen (1991).

(1) $h_1 > h_2$ und

(2) $h_2 > h_1$

Wenn Ordnung (1) die Präferenzordnung einer Entscheiderin repräsentiert, dann will sie (die am höchsten angeordnete (bewertete) Handlung) h_1 ausführen. Nehmen wir an, die Entscheiderin habe eine Metapräferenz, die die alternative Präferenzordnung (2) auszeichnet. In (2) ist h_2 höher bewertet als h_1. Metapräferenzen wirken so, als ob die Handlungsalternativen neu bewertet würden. Folgt die Entscheiderin ihrer Metapräferenz, dann haben wir die verwirrende Situation, daß sie eigentlich eine Handlung h_1 ausführen will, aber die Handlung h_2 ausführt.[93] Das scheint tatsächlich merkwürdig. Warum sollte sie h_2 wählen, wenn sie doch eigentlich h_1 ausführen will? Folgt man den bisherigen Überlegungen, kann man sagen, daß unsere Entscheiderin h_2 wählt, weil es gute Gründe für die Wahl von h_2 gibt, die von den Gründen für h_1 verschieden sind.

Menschen verzichten auf die Wahl einer gewünschten Handlung, weil sie wissen, daß die Wahl dieser Handlung unter den gegebenen Bedingungen der Interaktion zu einem Ergebnis führt, das nicht der Liberalismus-Bedingung genügt. Sen argumentiert, daß die Metapräferenz normativ als altruistische Wahl aus der Menge der Präferenzordnungen zu interpretieren sei. Für nur zwei Handlungsalternativen läßt sich eine sinnvolle Metapräferenz angegeben: Altruismus wird höher bewertet als Eigennutz; Altruismus erlaubt, daß man mitmacht (in der Runde von Freunden oder beim Tausch von Gütern). Doch bereits für eine Alternativenmengen $H=\{h_1;h_2;h_3\}$ mit nur drei Elementen gibt es $3!=6$ Präferenzordnungen:

(1) $h_1 > h_2 > h_3$

(2) $h_1 > h_3 > h_2$

(3) $h_2 > h_1 > h_3$

93 Diese Lesart findet sich so nicht bei Sen. Sen argumentiert, daß die Metapräferenz in einem Gefangenendilemma (GD) normativ als Wahl einer altruistischen Präferenzordnung zu interpretieren sei. Die GD-Situation wird durch diese Präferenzordnung derart verändert, daß die dilemmatische Struktur vermieden wird - eine Lösung des GD wird nicht vorgelegt. Die Person, die sich aufgrund ihrer Metapräferenz für h_2 entscheidet, will tatsächlich h_2 und nur h_2.

(4) $h_2>h_3>h_1$
(5) $h_3>h_1>h_2$
(6) $h_3>h_2>h_1$

Die Metapräferenz über solche Alternativenmengen ist nicht mehr normalsprachlich interpretierbar.[94] Es ist nicht klar, was die normalsprachlichen Gründe für die Auszeichnung einer Metapräferenz 1>2>3>4>5>6 vor einer Metapräferenz 2>3>5>6>4>3 sein können. Das Modell der Metapräferenzen bietet, so wie es Sen einführt, nur eine formale Antwort auf die Frage, wie man die Änderung von Präferenzen sinnvoll modellieren kann.

Trotzdem mag es gute Gründe dafür geben, daß eine Person anders *handelt*, als wir es anhand ihrer Präferenzordnung (erster Stufe) vermuten. Von Pedro sei bekannt, daß er Rum lieber trinkt als Bier, Bier aber immer noch lieber als Wein. Wenn wir ihn zufällig in einem badischen Lokal treffen, wo er einen Schoppen Wein trinkt (statt des auf der Speisekarte ausgewiesenen cubanischen Rums), und fragen, warum er Wein statt Rum trinke, dann könnte er uns z.B. antworten, daß er seine (badischen) Gastgeber nicht habe verletzen wollen. Diese Antwort verstößt *prima facie* gegen das Konsistenzkriterium, wie wir es mit der Forderung nach Transitivität für Präferenzordnungen formuliert haben (vgl. Kap. 3.1, S. 72). Trotzdem ist diese Antwort natürlich verständlich.[95] Zwar mag Pedro Rum lieber als Wein, aber, wenn er

94 Die Zahl möglicher Präferenzordnungen entspricht der Fakultät der Anzahl echter Handlungsalternativen, also z.B. für $H=\{h_1...h_5\}$ gibt es 5!=120 mögliche Präferenzordnungen. Die Wahl zwischen diesen logisch möglichen Alternativen ist nur in einem engen Bereich sinnvoll begründbar (Nida-Rümelin 1994a: 3-29; 1991).

95 Pedro verstößt gegen eine weitere harmlos aussehende Forderung, das sog. *Sure-Thing-Principle* (STP), demgemäß Präferenzordnungen stabil bleiben, wenn sich die Umstände für alle Alternativen in gleicher Weise ändern. Wenn eine Person aus einer Menge alkoholischer Getränke an der Strandbar wählt, soll sich ihre Wahl nicht von der Entscheidung unterscheiden, die sie aus derselben Auswahl von Alkoholika bei einem festlichen Empfang trifft (das STP gilt aber nicht, wenn die Alternativen so verändert werden, daß ein Rum am Strand mit einem festlichen Begrüßungssekt verglichen wird). Das hat Pedro mit einer Reihe anderer Personen gemeinsam, mindestens mit denen, die an einem Experiment von Tversky und Kahneman teilgenommen haben (Tversky/Kahneman 1981: 123-141). Die (empirisch nachweisbare) Verletzung des STP wird auch als Allais-Paradoxon bezeichnet (Kreps 1988: 192 ff.).

in badischen Lokalen von Badenern eingeladen ist, wählt er aus Gründen der Höflichkeit Wein. Ob Pedro Rum oder Wein trinkt, hängt also davon ab, unter welchen Umständen er sich entscheiden muß. Was unterscheidet diesen Fall von Pedros Entscheidung zwischen Butter und Margarine, von der wir gesagt haben, sie sei unter anderem von dem Preis cubanischer Zigarren abhängig? In dem Butter-Margarine-Fall konnten wir nicht genau sagen, in welchem Sinne man Pedro Wünsche zusprechen kann, da die Bewertung der Güter von Preisveränderungen am Markt abhängig ist. In dem Rum-Wein-Fall hingegen konkurrieren zwei Wünsche Pedros: Für Pedros Entscheidung sind nicht nur seine Präferenzen über alkoholische Getränke relevant, sondern auch seine Vorstellungen von Höflichkeit.

Menschen können ihre Präferenzen (bei gleichbleibender Alternativenmenge) ändern, wenn sich die für die Beschreibung relevanten Eigenschaften der Handlungsalternativen ändern. Wie läßt sich diese Vorstellung mit der Standardinterpretation von Präferenzen (über Konsequenzen) vereinbaren? Versuchen wir wieder, ob man mit der Einführung von Metapräferenzen die Struktur des ökonomischen Grund-Modells weitgehend beibehalten kann. Metapräferenzen können nicht nur wie oben über Präferenzen (erster Ordnung), sondern auch über Eigenschaften von Handlungen definiert werden. Sie wirken sich nur dann auf eine Wahlhandlung aus, wenn die bewerteten Eigenschaften für die Beschreibung der in Frage stehenden Handlungsalternativen relevant sind (Pettit 1994: 147-175).[96] Immer wenn eine Eigenschaft *e* für die Beschreibung der Handlungsalternativen relevant ist, wird die Handlung gewählt, die unter der Beschreibung *e* nutzenmaximierend ist. Den logisch möglichen Präferenzordnungen entsprechen alternative Beschreibungen der Handlungen, wobei jeweils einige Eigenschaften der Handlungsalternativen besonders herausgestellt werden. Solche Metapräferenzen sind von Metapräferenzen, wie sie Amartya Sen eingeführt hat, zu unterscheiden. Die Metapräferenz über Eigenschaften ist eine Art Selektionsregel zwischen alternativen Beschreibungsmodi. Metapräferenzen über Eigenschaften sind auch für eine Vielzahl von Handlungsalternativen sinnvoll interpretierbar, weil sie die Überzeugungen einer Person hinsichtlich einer Vielzahl möglicher

---

96 Man sagt auch, daß eine Entscheidung nur in einem bestimmten Kontext oder Rahmen (*frame*) interpretierbar ist. siehe dazu Anderson (1993: 22-26), Tversky/Kahnemann (1990: 60-89) und Elster (1989: 33).

Eigenschaften von Handlungen widerspiegeln – z. B. Pedros Überzeugung, daß »Höflichkeit« unter bestimmten Umständen eine relevante Eigenschaft auch bei der Wahl von Alkoholika ist.[97]

Mit dieser Anreicherung des Modells gewinnt man einen unserer vortheoretischen Vorstellung von Präferenzen entsprechenden normativen Bezug zu den Überzeugungen handelnder Personen (Vossenkuhl 1992a: 167).[98] Menschen handeln mit guten Gründen. Feste Überzeugungen darüber, wie man – auch bei sich verändernden Preisen – handeln sollte, können gute Handlungsgründe sein. Regeln, wie wir sie eingefordert haben, um z. B. Rechte unabhängig von Marktumständen abzusichern, lassen sich mit der Metapräferenz über Eigenschaften modellieren: Immer dann, wenn Höflichkeit eine für die Handlungsbeschreibung relevante Eigenschaft ist, wählt Pedro die höfliche Handlung. Er gesteht anderen Personen (z. B. den Badenern) unter eindeutig bestimmbaren Umständen (in badischen Weinlokalen) ein »Recht« auf Kontrolle bestimmter Handlungen (dem Verzehr alkoholhaltiger Getränke) zu. (Diese Überlegung ist natürlich auf Luke und Matthew analog übertragbar. Matthew kann Luke für die Zeit zwischen 14.00 und 17.00 Uhr ein »Recht« über sein Trompetenspielen zuerkennen – aus welchen Gründen auch immer.) Es läßt sich plausibel und innerhalb eines Modells begründen, daß Regeln persistent sind, Wahlhandlungen aber in Abhängigkeit von den Umständen in der Zeit stark differieren können, ohne wie im ökonomischen Standardmodell die Wahlhandlungen unter Nebenbedingungen unabhängig von dem Präferenzmodell einzuführen. Die Mindestanforderungen an eine Theorie rationaler Wahl bleiben erhalten, so daß wir eindeutig zwischen rationalem und irrationalem Handeln unterscheiden können: Irrational ist eine Handlung genau dann, wenn die für eine Alternativenmenge entscheidende

---

97 Siehe Taylor (1992a: 9-51) und Frankfurt (1971). Die von beiden Autoren eingeführten Wünsche zweiter Ordnung sind über attributive Beschreibungen der eigenen Person definiert. Vgl. Pettit (1994: 165): »Clearly what is needed is a principle of equivalence for options and outcomes which is moderate in its effects; that is which makes sufficient distinctions to handle the sort of counterexamples mentioned without making so many distinctions that no choice bears on any other.«

98 Das um Metapräferenzen erweiterte Modell ist auch nicht der Kritik Rowes (1989: 20, 52) ausgesetzt, daß Präferenzen (erster Ordnung) nur je individuelle Vorlieben repräsentieren.

Metapräferenz verletzt wird. Dafür müssen wir allerdings die Vorstellung aufgeben, daß Präferenzen unmittelbar mit Wahlhandlungen zusammenhängen (Pettit 1994: 164-165).

6.3 Begründung und soziale Strukturen

Es scheint, daß wir mit der Einführung von Metapräferenzen über Eigenschaften in das Standardmodell eine gute Grundlage gewonnen haben, unsere einfache ökonomische Welt mit Informationen so anzureichern, daß auch die Einhaltung von Regeln erklärbar ist. Wir haben dafür allerdings einen Preis zahlen müssen: Der im Standardmodell unterstellte, direkte Bezug von gewählter Handlung und Präferenzordnung einer Person ist nicht aufrechtzuerhalten. Wenn die ökonomische Theorie ohne Rückbezug auf ein Modell der Präferenzordnung kein begründetes Auswahlkriterium enthält und also unvollständig ist (Kap. 5.3) und wenn man Metapräferenzen einführt, um Regeln in die ökonomische Theorie rationaler Entscheidung zu integrieren, dann muß man auf den Ansatz offenbarter Präferenzen (*revealed preferences*) in der Ökonomie verzichten (Thomas Schmidt 1995: 5.2.2. Kap.). Weil wir aus den gewählten Handlungen nicht direkt Aussagen über die Metapräferenzen von Personen ableiten können, ohne die Metapräferenzen das Modell aber keinen explanativen (und prognostischen) Gehalt hat, bedarf es der Erweiterung um zusätzliche Theorieelemente – das ökonomische Modell ist nicht autonom.[99]

Um sinnvoll Metapräferenzen (über Eigenschaften von Handlungen) diskutieren zu können, verlangen wir, daß Personen alternative Handlungen vollständig beschreiben können. Für hinlänglich einfache Handlungen ließen sich vielleicht vollständig beschriebene Metapräferenzen angeben. Für einen wohl definierten Bereich einfacher Wahlhandlungen, die Rum-Wein-Entscheidungen und die Butter-Margarine-Wahl der ökonomischen Theorie,

99 Dabei zeigen viele Ökonomen eine Affinität zur Psychologie (Frey 1990; Simon 1986). Ein Blick zu den Nachbardisziplinen der analytischen Philosophie des Geistes, der empirischen Entscheidungstheorie und der philosophischen Handlungstheorie erweist sich auch als fruchtbar, vgl. Davidson (1990b; 1990c) und Cottrell (1995).

könnten wir dann gute, empirisch testbare Prognosen erwarten.[100] Dies gilt, soweit *unsere* Sprache gute Handlungsbeschreibungen erlaubt. Leider ist aber genau diese Anahme nicht trivial. An eine Handlungsbeschreibung lassen sich zwei Anforderungen stellen. Erstens wird verlangt, daß eine Handlungsbeschreibung vollständig ist, sie also alle relevanten Eigenschaften der Handlung enthalten muß. Nehmen wir einmal an, wir hätten beliebig viel Zeit zur Verfügung, und unsere Sprecher verfügten über einen ausreichend großen aktiven Wortschatz, so daß sich keine technischen Pobleme auftun und sich die Forderung nach Vollständigkeit erfüllen ließe.[101] Zweitens fordern wir, daß eine Handlungsbeschreibung abgeschlossen ist, so daß sie eindeutig genau eine Handlung bezeichnet. Diese Forderung scheint zunächst harmlos. Handlungen, so mag man sagen, sind (abgeschlossene) Ereignisse, so daß Vollständigkeit die Forderung nach Abgeschlossenheit einschließt. Diese Ansicht ist problematisch.[102] Bei der Frage der Vollständigkeit von Handlungsbeschreibungen geht es um Eigenschaften einer Handlung. Bei dem Problem der Abgeschlossenheit geht es um die Frage, welche einzelnen Ereignisse zu einer vollständig zu beschreibenden Handlung gezählt werden.

Betrachten wir folgendes Beispiel: Maria kauft Klaus einen Kaktus, um ihm eine Freude zu machen.[103] Was ist in diesem Fall eine abgeschlossene Handlungsbeschreibung für »Maria macht Klaus eine Freude«? Beschränken wir die Handlungsbeschreibung auf das Ereignis »Maria kauft einen Kaktus«, so geraten wir in die oben diskutierten Probleme, daß wir keinen systematischen Zusammenhang mit Marias Präferenzen herstellen können. Auch eine Beschreibung von »Maria kauft einen Kaktus und schenkt ihn Klaus« ist

---

100 Stoecker (1993a: 274-276) weist darauf hin, daß Erklärungen den Bereich möglicher Handlungsursachen eingrenzen.

101 Vgl. zum Problem der Vollständigkeit Davidsons (1990b: Fn. 2) Auseinandersetzung mit Kenny. Eine vollständige Beschreibung muß alle nicht weiter reduzierbaren Angaben über die Handlung enthalten, nicht aber vollständig in bezug auf alle weiteren Umstände sein.

102 Daraus muß man nicht wie Stoecker (1993a: 276-286) entgegen aller Intuitionen folgern, daß Handlungen keine Ereignisse seien, vgl. Davidson (1993b: 287-290).

103 Das von Stoecker und Davidson (in Stoecker 1993b: 276-290) diskutierte Beispiel eines Mannes, der in einem Koffer eine Bombe aufgibt, um ein Flugzeug in die Luft zu sprengen, ist zwar pittoresque, aber auch sehr blutrünstig. (Das Beispiel wurde zuerst von Davidson in »Adverbs of Action« (1980) eingeführt.)

nicht äquivalent zu »Maria macht Klaus eine Freude«. Maria könnte Klaus ärgern wollen und ihm den Kaktus nur schenken, weil sie weiß, daß er keine Kakteen mag. Vollständige und abgeschlossene Handlungsbeschreibungen enthalten neben anderen relevanten Eigenschaften Wünsche und Meinungen der beteiligten Personen. Nehmen wir an, Maria möchte Klaus mit dem Kaktus eine Freude bereiten, weiß aber nicht, daß Klaus keine Kakteen mag. Auch in diesem Fall können wir nicht sagen »Maria macht Klaus eine Freude«, weil dies eben beinhaltet, daß Klaus sich freut. Vollständige und abgeschlossene Handlungsbeschreibungen enthalten neben anderen relevanten Eigenschaften, den Wünschen und Meinungen der beteiligten Personen auch die Erfüllungsbedingungen für diese Wünsche (Lanz 1993: 293; vgl. Nida-Rümelin 1993a: 29). Handlungsbeschreibungen sind nicht unabhängig von den Wünschen und Meinungen der handelnden Personen sowie kausalen Beziehungen in der Welt.

Eine vollständige Theorie rationaler Entscheidung muß auch Annahmen über die Wünsche und Meinungen der Personen enthalten.[104] Die Begründung für diese These ist zunächst formaler Art: Wünsche und Meinungen sind Teil einer vollständigen Beschreibung der Handlungsalternativen. In Abwesenheit eines »Cerebroskops«, das in Analogie zum Thermometer die Wünsche und Meinungen messen könnte, sind Wünsche und Meinungen interpretationsbedürftig.[105] Wir müssen also besser verstehen, welchen Status Wünsche und Meinungen in unserer Theorie haben und wie sie interpretiert

---

104 Damit gibt man die enge Verwendungsweise von »Rationalität«, die sich ausschließlich auf die effiziente Verwendung von Mitteln zum Erreichen vorausgesetzter Zwekke bezieht, zugunsten eines weiteren Rationalitätsbegriffes auf, vgl. Knudsen (1993: 294 f.).

105 Das ist natürlich metaphorisch gemeint, denn für Wünsche und Meinungen gilt in Analogie zu Bedeutungen, daß sie nicht in den Köpfen sind (Putnam 1985: 364-397; Davidson 1993a: 93). Davidson (1990a: 331) verweist auch auf sein trauriges Ende seiner Karriere als experimenteller Psychologe bei dem Versuch, die Ergebnisse der Ramsay-Experimente zu testen. Seine (in Zusammenarbeit mit M. Carlsmith durchgeführten) Experimente ergaben, daß sich intransitives Wahlhandeln mit der Zeit auflöst. Da dieses Ergebnis nicht interpretierbar ist, scheint es so, daß die den Probanden unterstellten »Präferenzen« nicht Teil der beobachtbaren Daten, sondern Teil der theoretischen Annahmen sind. Damit das Wahlhandeln für den Beobachter verstehbar ist, müssen bestimmte theoretische Annahmen vorausgesetzt werden.

werden *können*. Zur Vereinfachung fassen wir die Menge von Wünschen und Meinungen als intentionales System einer Person zusammen (Dennett 1991). Für eine solche Vereinfachung spricht ein pragmatischer Grund: Wir können davon ausgehen, daß Wünsche und Meinungen interdependent sind. Intentionale Systeme sind ein formales Konstrukt der Theorie, das eine Menge von Informationen codiert, die wir brauchen, um sinnvoll über (rationale) Handlungen zu sprechen. Betrachten wir wieder Maria und den Kaktus.

Wenn wir sagen, daß Maria Klaus eine Freude macht, dann schließen wir eine Reihe möglicher Gründe für »Maria kauft einen Kaktus« aus. Wir sind offensichtlich der Überzeugung, daß Maria Klaus nicht ärgern will und daß sie nicht einfach eine empfangene Gabe gemäß einer uralten Sitte vergilt. Wie können wir unsere Überzeugung rechtfertigen? Wir könnten andere Ereignisse anführen, die nicht sinnvoll interpretierbar wären, wenn Maria Klaus ärgern wollte oder Geschenke immer mit Gegengaben vergelten würde. Wenn wir Handlungen anderer Personen erklären wollen, müssen wir von unseren Überzeugungen über ihre möglichen intentionalen Systeme ausgehen. Unsere Überzeugungen sind mit Verweis auf die Menge von Handlungen einer Person begründungsfähig. Wir gehen davon aus, daß die Menge von Handlungen einer Person kohärent interpretierbar sein muß. Das Kohärenzkriterium ist offensichtlich stärker als das formale Konsistenzkriterium (vgl. Kap. 3.1, S. 72 und Kap. 6.2, S. 136), das wir an Präferenzordnungen stellen. Es fordert, daß eine Menge von Handlungen in bezug auf ein (mindestens weitgehend) stabiles und zusammenhängendes Set an Wünschen und Meinungen interpretierbar ist.[106] Das Kohärenzkriterium für Wünsche und Meinungen entspricht unserer Vorstellung von Personen, die in der Zeit mit sich selbst identisch und individuierbar sind, und ist als Rationalitätsanforderung gut begründet. »Zusammenhängend« ist natürlich nur die deutsche Übersetzung von »Kohärenz« und höchst vage. Trotzdem scheinen wir in unserer Alltagssprache ein hinreichend genaues Verständnis davon zu haben, was kohärent ist. Es ist nicht kohärent, oder – wie wir alltagssprachlich sagen – es kann doch nicht sein, daß Maria, die sonst nie ein empfangenes Geschenk vergilt,

---

106 Man könnte versuchen, diese Intuition über den schwachen Universalismus, wie ihn Mackie (1992: 107-111) diskutiert, zu begründen Das Kohärenzkriterium gilt gleichermaßen für die theoretische und praktische Rationalität (Gosepath 1992: 90 ff., 210 f., 259; 1994: 104-119).

sich gegenüber Klaus so verhält. Es lassen sich natürlich gute Gründe auch für Verhaltensänderungen angeben. Es könnte z.B. sein, daß Maria in eine neue Stadt gezogen ist, in der Geschenke wiedervergolten werden. Dann haben sich Marias Überzeugungen darüber, wie man handeln sollte, vielleicht geändert.

Das Kohärenzkriterium könnte sich vermutlich mit einigem Aufwand in das Präferenzmodell in seiner modifizierten Form integrieren lassen. Die theoretischen Kosten scheinen zumindest für einen Ökonom sehr hoch. Die Theorie rationaler Entscheidung wird mit zunehmender Komplexität der Modelle als Muster für Entscheidungskalküle ungeeignet. Das heißt nicht, daß sie keinen Wert mehr hätte, da sie einen Kanon von Rationalitätsanforderungen enthält, an denen sich Entscheidungskalküle zu messen haben.[107] Trotzdem würden wir gerne auch die praktische Funktion der Theorie rationaler Entscheidung beibehalten. Mit dieser praktischen Funktion geht aber leider eine weitere nicht triviale Forderung an das Modell einher: Es muß in besonderer Weise an Veränderungen anpassungsfähig sein.[108] Im Standardmodell ist diese Forderung trivialerweise erfüllt, weil Handlungen formal als Funktion der Weltverläufe auf die Konsequenzen eingeführt werden. Präferenzen über Handlungen sind nicht weiter begründungsfähig, so daß in der Zeit veränderte Wahlhandlungen durch veränderte Präferenzen erklärt werden können.[109] Dies gilt aufgrund der veränderten Universalisierbarkeitsbedingungen nicht in gleicher Weise für Präferenzen über Eigenschaften, die begründungsfähig sind.

Reale Personen haben eine Vielzahl von guten Gründen für Handlungen. Wenn wir uns nicht dem Vorwurf der Immunisierung aussetzen wollen, müssen auch Fragen der Begründung in dem (normativen) Modell rationaler Ent-

---

107 Diese Unterscheidung der zwei Betrachtungsweisen der Entscheidungstheorie als Kalkül und als Rationalitätstest findet sich bei Pettit (1994: 167), der sie zugleich der Anwendungs-orientierten Ökonomik und der Philosophie zuweist

108 Diese Forderung der angewandten Ökonomik wird mit der prinzipiellen Ergebnis-Offenheit von Märkten begründet (v. Lingen 1993: 275-287; Witt 1987: 9).

109 Diese Strategie ist nicht unproblematisch und dient auch der Immunisierung der Theorie gegen Einwände und Versuche der Falsifikation, siehe Fn 17.

scheidung behandelt werden.[110] Begründungen sind nicht unabhängig von den handelnden Personen und ihren Beziehungen zu anderen Personen. Personen und die Struktur der Beziehung zwischen Personen sind Teil einer adäquaten Beschreibung von Koordinationsproblemen. Genau diese Beschreibung kann die ökonomische Standardinterpretation der Theorie rationaler Entscheidung nicht leisten.

110 Dabei mag ein pragmatischer Begründungsbegriff zugrundegelegt werden, siehe dazu Nida-Rümelin (1994b: 306-320), Gosepath (1992: 11-17) und Hegselmann (1979: 174).

Teil III
Strategische Wahl und Koordination

Kapitel 7

Das Hobbessche Problem: Koordination in nicht-kooperativen Spielen

7.1 Koordination in Spielen

Im Schlaraffenland ist die individuelle Wahlhandlung einer Person bei der Entscheidung zwischen umherfliegender, gebratener Taube und Knabbern am Schokoladenberg unabhängig von der Wahl anderer Menschen. Die Schlaraffen sind friedliebende Menschen, die geruhsam ihrer Wege gehen.[1] Außerhalb des Schlaraffenlandes entstehen unter der Bedingung von Knappheit Koordinationskonflikte, die sich im Rahmen einer adäquaten Theorie praktischer Rationalität rekonstruieren lassen.

Anders als unsere Schlaraffen leben und arbeiten reale Personen unter recht komplexen sozialen Bedingungen. Diese Intuition findet sich auch in der ökonomischen Theorie. Ausgehend von einem Gleichgewichtszustand sind Nutzengewinne nur durch Wachstum realisierbar. Der Versuch einer normativen Auszeichnung des Marktmodells im ökonomischen Liberalismus setzt mögliche Gewinne, die sich aus dem Zusammenleben in einer arbeitsteiligen Gesellschaft ergeben können, voraus, ohne jedoch die strukturellen

1 Im Schlaraffenland gilt Fleiß als Laster und Faulheit als Tugend. Die slúr-affen oder faulen Toren sind zumindestens sehr friedfertige Wesen. Das entspricht ungefähr dem Bild des »guten Wilden«, das Rousseau unterstellt wird. Nur lebt der Wilde bei Rousseau (1989) nicht im Schlaraffenland, sondern unter Bären und Löwen. Eigentlich von Natur her furchtsam muß er sich schon einmal kräftig seiner Haut wehren.

Bedingungen der arbeitsteiligen Produktion in das Modell zu integrieren.[2] Arbeitsteilige Beziehungen werden im Gleichgewichtsmodell durch die Form der Produktions- (oder Angebots-) Funktion dargestellt, wobei die graphische Abbildung der Funktion erst steil steigt und dann im oberen Bereich eine abnehmende Grenzproduktivität aufweist. Bei einer solchen Beschreibung bleiben die sozialen Beziehungen der Akteure aber unberücksichtigt. In der entscheidungstheoretischen Rekonstruktion des Marktes werden die Beziehungen zwischen den individuellen Akteuren auf die Wirkung des Preismechanismus beschränkt. Das Koordinationsproblem wird ausschließlich als Konkurrenz unter wechselseitig desinteressierten Akteuren rekonstruiert und findet im Pareto-Optimum eine eindeutige Lösung. Fragen der Gerechtigkeit werden auf Fragen der effizienten Allokation reduziert.

Arbeitsteilung oder (allgemeiner) das Zusammenleben von Menschen unter kompetitiven Bedingungen geht *empirisch* mit Strukturen einher, in denen die möglichen Leistungen (und Auszahlungen) einer Person nicht unabhängig sind von denen anderer Personen. Diese empirische Beobachtung reicht jedoch nicht hin, meine These, wie ich sie oben (Kap. 1.2) in einer holzschnittartigen Fassung vorgestellt hatte, zu bestätigen. Auch wenn empirisch die Auszahlungen der Akteure nicht unabhängig sind, mag es sein, daß es für jeden einzelnen Akteur vorteilhaft ist, unabhängig von den anderen nur den je eigenen Nutzen zu verfolgen. Eine solche Situation läßt sich als strategisches Spiel rekonstruieren.

In diesem dritten Hauptteil diskutiere ich, wie sich die soziale Struktur von Koordinationskonflikten adäquat beschreiben läßt. Dabei reicht es nicht, die strategische Abhängigkeit individueller Entscheidungen in arbeitsteiligen Gesellschaften darzustellen. Das Problem rationaler Wahl in Koordinationssituationen läßt sich ganz unterschiedlich beschreiben. Die Art der Beschreibung hat Konsequenzen für die möglich erscheinenden Lösungen von Koor-

---

2 Das sind z. B. *economics of scale* Effekte aufgrund der technischen Produktionsbedingungen, aber auch (natürliche) komparative Kostenvorteile. Beispiele für komparative Kostenvorteile sind Ananas aus Mittelamerika oder Äpfel aus Neuseeland sowie die besonders nachgefragten Fertigkeiten von Personen wie Sportlern oder Filmstars, siehe dazu z. B. den Basketballspieler Chamberlaine (in der deutschen Übersetzung ein Fußballspieler) bei Nozick (o.J.: 152) oder den Hockeyspieler Getzky bei Gauthier (1986: 272-277).

dinationskonflikten. Zunächst wird in diesem Kapitel eine kompetitive Beschreibung des Koordinationsproblems vorgestellt, die in den folgenden Kapiteln sukzessive durch kooperative Elemente angereichert wird.

Die Möglichkeit, auch die Strukturen sozialer Beziehungen darzustellen, unterscheidet die (strategische) Spieltheorie von der (parametrischen) Entscheidungstheorie, wie sie dem ökonomischen Modell des idealen Marktes zugrundeliegt. Für zwei Spieler und zwei Handlungsalternativen läßt sich ein strategisches Spiel in einer 2x2-Matrix abbilden, bei der die Auszahlung jedes Akteurs eine Funktion der gespielten Strategiepaarung ist. Man könnte der Meinung sein, daß sich die Spieler in strategischen Spielen immer auf eine Pareto-effiziente Auszahlung einigen und die entsprechende Strategiepaarung spielen. Ein solches Spiel, in dem die Spieler ihre Wahl zwischen den Strategien treffen, weil sie eine verbindliche Übereinkunft über das Ergebnis getroffen haben, nennt man ein kooperatives Spiel. Im allgemeinen geht man in der Spieltheorie nicht davon aus, daß Spieler eine Strategie wählen, weil sie sich mit ihren Mitspielern auf ein anzustrebendes Ergebnis des Spieles geeinigt haben, sondern weil die gewählte Strategie den (individuell) erwarteten Nutzen maximiert. »Normale« Spiele unter individuell rationalen Akteuren bezeichnet man als nicht-kooperative Spiele. Abweichend von dieser Redeweise bezeichnet man die Lösung eines Spieles auch dann als kooperative Lösung, wenn von zwei Handlungen, die sinnvoll als »Kooperation« und »Defektion« interpretiert werden können, »Kooperation« die Nutzen-maximierende Strategie der Spieler ist und zu einer Pareto-effizienten Lösung führt. Man sagt dann auch, die Pareto-effiziente Lösung sei selbstverstärkend (*self-enforcing*). In diesem Fall führt nicht eine vertragliche Vereinbarung zu der kooperativen Strategiepaarung, sondern das Spieldesign.

Man kann sich diese Unterschiede zwischen kooperativen und nicht-kooperativen Spielen anhand zweier Beispiele verdeutlichen (Abb. 2). Wir gehen von einer 2x2-Matrix mit den Spielern *A* und *B* und den Handlungsoptionen Kooperation (*k*) und Defektion (*d*) aus. Die Auszahlungen in der Matrix entsprechen den Nutzenwerten der Spieler, wobei der erste Wert die Auszahlung für Spieler *A* und der zweite Wert die Auszahlung für Spieler *B* wiedergibt. Wir nehmen an, daß die Spieler die Strategiepaarungen gemäß der Höhe der erwarteten individuellen Auszahlungen ($1>u''>u'>0$) ordnen.

Battle of theSexes

		Spieler A	
		k	d
Spieler B	k	u";u'	0;0
	d	0;0	u';u"

Gefangenendilemma

		Spieler A	
		k	d
Spieler B	k	u";u"	1;0
	d	0;1	u';u'

Abb. 2

In dem ersten, als *battle of the sexes* bezeichneten Spiel, gibt es zwei Pareto-effiziente Gleichgewichte. Für beide Spieler ist es vorteilhaft, sich entweder auf die Strategiepaarung *k/k* oder auf *d/d* zu einigen. Es handelt sich zwar um ein nicht-kooperatives Spiel, aber die Pareto-effiziente Lösung ist selbstverstärkend, das heißt, keiner der Spieler hat einen Anreiz, von einer (egal welcher) einmal getroffenen Vereinbarung abzuweichen. Welche der beiden Lösungen gewählt wird, hängt von der Starrköpfigkeit oder dem Verhandlungsgeschick der beiden Spieler ab.

In dem zweiten Spiel, dem sogenannten Gefangenendilemma (GD), entspricht das Pareto-effiziente Ergebnis *u"/u"* der Strategiepaarung *k/k*. Jeder Spieler kann aber, gegeben die Strategie des Mitspielers, ein individuell besseres Ergebnis erreichen. Im nicht-kooperativen Spiel wählt jeder Spieler die individuell vorteilhafte Strategie. Eine Strategie, die für jede Strategiewahl des Mitspielers individuell vorteilhaft ist, nennt man eine dominante Strategie. *d* ist im GD für beide Spieler die dominante Strategie, so daß sich u'/u' als (Pareto-inferiore) Lösung des Spieles ergibt. Diese Lösung kennzeichnet das sog. *Nash-Gleichgewicht*, d.h. die Strategiekombination, von der ausgehend es für keinen Spieler rational ist, von seiner gewählten Strategie abzuweichen, da er sich mit keiner anderen Strategie besserstellen könnte.[3] Man

3 Jedes Gleichgewicht dominanter Strategien ist ein Nash-Gleichgewicht; es gibt aber auch Gleichgewichte nicht-dominanter Strategien, zu den Begriffen siehe Kern/Nida-Rümelin (1994b: 204). Eine schöne Diskussion des Nash-Gleichgewichtes findet sich bei Jacobsen (1996).

kann auch sagen, daß in Spielen wie dem *battle of the sexes* ein reines Koordinationsproblem modelliert wird, wohingegen das GD einen »echten« Kooperationskonflikt darstellt (Tilly 1994).[4] Diese Unterscheidung scheint jedoch auch für die Spieler eines *battle of the sexes* wenig tröstlich; ich spreche im folgenden weiter allgemein von Koordinationskonflikten.

Im GD stellen sich beide Spieler in u''/u'' besser. Beide Spieler haben also ein (affines) Interesse daran, daß *k*/*k* gespielt wird. Die Strategiekombination *k*/*k* setzt jedoch voraus, daß sich die Spieler auf diese Strategiepaarung einigen und daß diese Einigung bindend ist, das heißt, es wird vorausgesetzt, daß ein kooperatives Spiel gespielt wird. Weil jeder für sich aber ein (disjunktes) Interesse hat, die individuell höhere Auszahlung zu erreichen, ist *d* dominant. So wie das Koordinationsproblem im GD beschrieben ist, kann nicht zwischen den affinen Interessen und den disjunkten Interessen der Akteure unterschieden werden. Wenn meine These (T^*) zutrifft, ist eine solche Beschreibung inadäquat. Die These läßt sich in einer zweiten Formulierung präzisieren (T^{**}): Das Zusammenleben in arbeitsteiligen Gesellschaften konstituiert soziale Strukturen zwischen den Akteuren, so daß sich das Problem der Koordination adäquat wie ein kooperatives Spiel beschreiben läßt, in dem die Entscheidungen der Akteure nicht unabhängig voneinander sind.[5] Die These scheint in der Formulierung (T^{**}) ein *Oxymoron* darzustellen: Warum sollten individuell rationale Akteure ihre individuellen Entscheidungen von Vereinbarungen mit anderen abhängig machen, wenn die Einhaltung der Vereinbarungen ihren disjunkten Interessen zuwiderläuft? Die Antwort, für die ich im folgenden argumentiere, lautet, daß sich unter der Bedingung von Knappheit die sozialen Strukturen eben so beschreiben lassen, daß miteinander konkurrierende Akteure solidarisch eine gleichermaßen effiziente und gerechte Lösung des Koordinationsproblems finden müssen. In sozialen Strukturen lassen sich die Interessen der Akteure sowohl als affine als auch

---

4 Die Verwendungsweise von »Koordination« und »Kooperation in der formalen Spieltheorie ist vielleicht kontraintuitiv, da man Koordinationslösungen in der Regel als *first best options* betrachtet, Kooperation hingegen als Verfahren, das in Konfliktfällen den Akteuren erlaubt, eine *second best option* zu realisieren. Diesen Hinweis verdanke ich Martin Hollis.

5 Hollis spricht davon, daß »[T]he problem, in essence, is how and whether non-cooperative games can give rise to cooperative ones.« (Hollis 1994a: 134)

als disjunkte Interessen interpretieren. Oben (Kap. 6.3) hatte ich in Auseinandersetzung mit der ökonomischen Standardinterpretation der Entscheidungstheorie gefordert, die Theorie praktischer Rationalität um ein adäquates Kohärenzkriterium zu erweitern. Die These (T^{**}) stellt den Versuch einer Antwort auf dieses Defizit der ökonomischen Theorie dar.

Diese These ist schwächer als die These, die einige Theoretiker vertreten, daß jedes nicht-kooperative Spiel in ein kooperatives Spiel übersetzbar sei.[6] Aus (T^{**}) folgt weder, daß ein Spiel ausschließlich kooperativ ist, noch, daß es unter allen Beschreibungen kooperativ ist.

7.2 Hobbes' Problem: Über die Dysfunktionalität der Vernunft

Als *locus classicus* für eine kompetitive Beschreibung von Koordinationskonflikten zwischen Menschen gilt Thomas Hobbes. Ihm wird die These zugeschrieben, daß Menschen in einer als Naturzustand bezeichneten Ausgangssituation ausschließlich (oder primär) disjunkte Interessen haben und *deshalb* vor der Einführung einer Zentralgewalt in einem »Krieg aller gegen alle« leben (Myers 1994: 131 f.).[7]

Bei der Begründung dieser Konflikt-These macht Hobbes zwei Annahmen. Erstens wählen Menschen immer die Handlungen, die für sie vorteilhaft sind; es handelt sich also um rationale Akteure (Hobbes 1980: 69).[8] Zweitens

6 So läßt sich hingegen Gauthiers Versuch einer rationalen Rekonstruktion axiomatischer Verhandlungsmodelle, den ich unten (Kap. 11) diskutiere, verstehen.

7 Gegen diese paradigmatische Lesart des Naturzustandes spricht bei Hobbes die Diskussion des als erstes Natur*gesetz* eingeführten Grundsatzes der Vernunft: »suche Frieden, solange nur Hoffnung darauf besteht.« (Hobbes 1980: 119) Eine andere Hobbes-Interpretation findet sich z.B. bei Nida-Rümelin (1996: 109-130), der die Vielschichtigkeit des Werkes betont. Ich verwende hier »Hobbes« im Sinne der Standardinterpretation nur als Etikett für eine ausschließlich kompetitive Beschreibung des Koordinationkonfliktes und beziehe mich damit nur auf den *Leviathan*.

8 Diese Rationalitätsannahme wird durch ein natürliches Recht des Menschen auf Selbsterhaltung begründet. Strauss (1965: 152-154) weist darauf hin, daß diese Herleitung der Rationalitätsannahme die egalitäre Pointe beinhaltet, daß allen Menschen in gleicher Weise Vernunft zugeschrieben wird.

ist es für alle Menschen vorteilhaft, wenn sie gemeinsam in Frieden leben. Es gibt beim Zusammenleben *economics of scale* Effekte z.B. dadurch, daß sich in großen Gruppen die Verteidigungsausgaben minimieren lassen (Hobbes 1980: 130, 244 f.). Aus diesen beiden Annahmen folgt *prima facie* nun gerade kein allgemeiner Kriegszustand. Um die Konflikt-These zu begründen, bedarf es also weiterer Annahmen. Man könnte z.B. die Auffassung vertreten, der Mensch sei ein leidenschaftliches »Zufriedenheitsmonster«[9], dessen Bedürfnisse keine Grenzen kennen und das deshalb (unter der Bedingung der Knappheit) *de facto* mit seinen Mit-Monstern in Konflikt gerät.[10] Auch die zusätzliche »anthropologische« Annahme eines grenzenlosen Dranges nach Bedürfnisbefriedigung führt nicht unabwendbar in den Konflikt der Beteiligten. Dieser Konflikt ergibt sich erst, wenn man außerdem voraussetzt, daß die menschlichen Leidenschaften stärker sind als rationale Überlegungen. Beides sind empirische Behauptungen, über die man unterschiedlicher Meinung sein kann.[11]

Man kann die Konflikt-These auch unabhängig von empirischen Annahmen über die Natur der Akteure systematisch als Problem der strategischen Wahl rekonstruieren.[12] Systematisch ergibt sich der Konflikt in einer Koordinationssituation aus den beiden Annahmen über die individuelle Rationalität und die *economics of scale*, wenn man die weitere (pessimistische) Annahme

---

9 Den schönen Begriff führt Nida-Rümelin (1993a: 57) ein; das Zufriedenheitsmonster ist wohl ein naher Verwandter des von Nozick (o.J.: 50) eingeführten Nutzen-Ungeheuers. Vgl. zum Thema anthropologischer Annahmen und ihrer Relevanz für die Beschreibung von Koordinationskonflikten Lodewijks (1994).

10 Tatsächlich kann man Hobbes in dieser Weise verstehen, wenn Hobbes (1980: 17 Kap., 151, 154) die Unterbindung der Leidenschaften als eine Aufgabe des Staates bezeichnet. Diese unbegrenzte Leidenschaften entstehen – so Hobbes' These – durch Konkurrenz. Zu der Bedeutung der Leidenschaften siehe Strauss (1965: 127) und Macpherson (1990: 36 f.).

11 Die Frage der Beziehung von Leidenschaften und Rationalität läßt sich natürlich auch normativ als Frage nach guten Handlungsgründen verstehen. Diese Debatte wurde von Kant (1785: BA 44-49) gegen Hume (1990: Abschnitt 1) geführt.

12 Diese zweite Interpretation der Konflikt-These setzt die empirische Annahme über grenzenlose Leidenschaften nicht voraus – die Annahme macht einen Konflikt allerdings besonders besonders plausibel (Hobbes 1980: 15. Kap., 140). Zu der Bedeutung dieser beiden Interpretationen vgl. den Streit zwischen Bartuschat (1981) und Cramer (1981).

hinzufügt, daß Vereinbarungen zwischen den Personen im Naturzustand nicht bindend sind.[13] Für alle Menschen ist es vorteilhaft, wenn sie friedlich zusammenarbeiten. Jeder einzelne kann sich aber, weil eine Übereinkunft zur Zusammenarbeit nicht bindend ist, Vorteile sichern, wenn er eine *free-rider-position* einnimmt, das heißt, wenn er die Vorteile der Zusammenarbeit nutzt, ohne die Kosten anteilig zu tragen. Konkurrenzbeziehungen haben – unabhängig von der Höhe der Auszahlungen – eine spezifische symmetrische Struktur. Akteure können im Zusammenleben nicht nur beide gewinnen oder beide verlieren, sondern sie stehen notwendig, wenn sie rational sind, miteinander im Wettbewerb (Hobbes 1980: 17. Kap., 153 f.).[14] Die Konkurrenz verhindert eine vorteilhafte Zusammenarbeit. Die Vernunft (Rationalität) des Menschen ist dysfunktional, weil sie mit dem Krieg aller gegen alle zu einem sozialen Zustand führt, der nicht nur leidig, sondern auch kostspielig ist. Das Leben der rationalen Toren ist im Hobbesschen Naturzustand »einsam, kümmerlich, roh und kurz« (Hobbes 1980: 13. Kap., 115 f.).[15]

---

13 So kann man das zweite Naturgesetz bei Hobbes im 14. Kapitel (1980: 122) interpretieren, das widerspricht jedoch dem folgenden Kapitel (Hobbes 1980: 132). Die Rede von Naturgesetzen, die von dem natürlichen Recht auf Selbsterhaltung zu unterscheiden sind, ist irreführend. Die Naturgesetze sind vor der Einführung des positiven Rechts nicht durchsetzbar.

14 Hobbes unterscheidet diese Art des Wettbewerbs unter vernünftigen Wesen von dem Zusammenleben vernunftloser Tiere wie z.B. der Bienen. Auch vernunftlose Wesen können unter der Bedingung knapper Ressourcen *de facto* in Konkurrenz stehen. Man kann also zwei Aspekte der Konkurrenz unterscheiden: Die kompetitive Beziehung von Mitbewerbern (d.h. den Vergleich mit anderen) und den eigentlichen Wettbewerb, bei dem es darum geht irgendein *x* zu erlangen. In Markt-orientierten Ansätzen werden die Wohlfahrtsgewinne in kompetitiven Beziehungen untersucht, klassisch dazu Mandevilles *Die Bienenfabel*: »[...] Vast Numbers throng'd the fruitful Hive; Yet those vast Numbers made 'em thrive; Millions endeavouring to supply Each other's Lust and vanity; While other Millions were employ'd To see their Handy-works destroy'd; They furnish'd half the Universe; Yet had more Work than Labourers [...].« (1980: 68) Erst wenn man auch die kompetitive Situation betrachtet, wird der Sinn von Regeln verständlich. Regeln erlauben, die Leistungen der Konkurrenten zu gleichen Bedingungen zu vergleichen. Zu der Struktur von Konkurrenzbeziehungen vgl. Simmel (1903).

15 Damit ist bei Hobbes (anders als z.B. bei Rousseau) nicht gemeint, die Menschen lebten im Naturzustand unabhängig voneinander. Der Naturzustand beschreibt eine Situation vor der Einführung des positiven Rechts, nicht aber schlaraffige Unabhängig-

7.3 Rationale Toren im nicht-kooperativen Spielen

Rationale Akteure geraten im Hobbesschen Naturzustand in ein Dilemma, das man als GD-Situation rekonstruieren kann.[16] Menschen sind *rational fools*[17], die gefangen in den Strukturen ihrer Beziehung stets das Schlechte (Pareto-inferiore) schaffen – weil sie das für sich Beste wollen. Das GD ist ein strategisches Spiel, das wie der Hobbessche Naturzustand sowohl Lösungen erlaubt, von denen alle Beteiligten gleichermaßen profitieren (es ist also kein Konstant-Summen oder Null-Summen-Spiel wie z.B. Wetten), als auch solche Lösungen, die je einen der Akteure relativ besserstellen. Daraus ergibt sich die für das GD konstitutive symmetrische Auszahlungsmatrix (Präferenzstruktur). Ich hatte das GD oben bereits in seiner allgemeinen Form eingeführt. Die GD-Situation kann man z.B. wie folgt spezifizieren:

		Spieler A	
		k	d
Spieler B	k	3;3	4;1
	d	1;4	2;2

(Normalform)

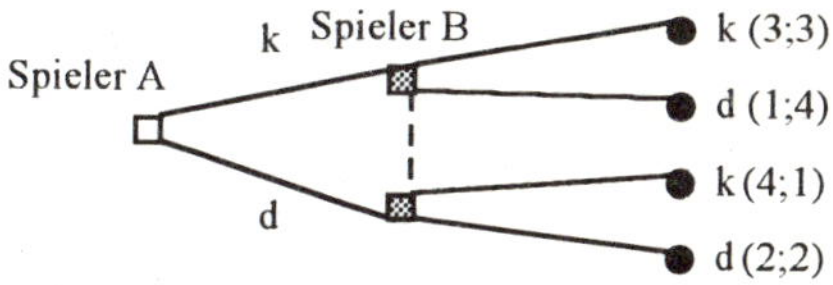

(Extensive Form bei imperfekter Information)

Abb. 3

Die beiden Spieler *A* und *B* können zwischen zwei Handlungen *k* und *d* wählen. Die Höhe der Auszahlungen ist eine Funktion der gespielten Strategiepaarung. Beide Spieler bevorzugen höhere vor niedrigeren Auszahlungen (4>3>2>1), so daß (wie im allgemeinen Fall) *A* die Präferenzordnung *d/k* >

---

keit. Zu der sozialen Struktur des Naturzustandes bei Hobbes siehe Strauss (1965: 28) und McPherson (1990: 35).

16 Zu anderen Rekonstruktionen des Hobbesschen Naturzustandes siehe Nida-Rümelin (1996), Ken Binmore (1994: 118) und Alexandra (1992). Hobbes' Naturzustand läßt sich mit Gründen als GD, als *battle of the sexes* oder als *chicken-game* interpretieren; entscheidungs- und spieltheoretische Rekonstruktionen werden mit der Reduktion auf eine dieser Interpretationen der normalsprachlichen Argumentation nicht (immer) adäquat gerecht.

17 Der *rational fool* (Sen 1977) ist der moderne Verwandte von Hobbes' Tor.

k/k > *d/d* > *k/d* und *B* entsprechend die Präferenzordnung *k/d* > *k/k* > *d/d* > *d/k* hat. In der Darstellung des Spieles in seiner extensiven Form zeigt die gestrichelte Linie zwischen den beiden Entscheidungspunkten von Spieler *B*, daß die beiden Situationen zu einer Entscheidungsmenge (oder Informationsmenge) gehören. Die Spieler handeln simultan, das heißt, Spieler *B* weiß nicht, welche Handlung Spieler *A* wählt. Das gilt natürlich auch für *A* und für die Darstellung in der Normalform.

Die Spieler wählen diejenige Handlung, mit der sie (gegeben die Handlung des je anderen) die höchste Auszahlung erreichen. Im GD ist *d* für beide Spieler die dominante Strategie, so daß das (Nash-) Gleichgewicht in *d/d* liegt. Zwar erweist sich die Gleichgewichtslösung im Ergebnis für beide Spieler als Pareto-inferior, aufgrund des Spieldesigns ist es aber im nicht-kooperativen Spiel trotzdem für beide Spieler rational, unabhängig voneinander den eigenen Vorteil zu verfolgen (und also *d* zu wählen).

Von dem GD sind solche Situationen zu unterscheiden, in denen die Entscheidungen der Akteure aufeinander folgen. Man könnte hinsichtlich des Kooperationsergebnisses in solchen sequentiellen Spielen optimistischer sein. *A*, so könnte man sagen, sollte kooperieren, um so *B* dazu zu bewegen, seinerseits zu kooperieren, so daß das Pareto-optimale Ergebnis *k/k* erreicht wird. Man kann sich auch vorstellen, daß *B* verspricht zu kooperieren, wenn *A* vorher kooperiert. Es zeigt sich jedoch, daß auch in Entscheidungssituationen, in denen die Handlungen der Akteure aufeinander folgen, Person *A* zum Zeitpunkt t_1 einem Versprechen von *B* über die Wahl zwischen Handlungsoptionen zum Zeitpunkt t_2 keine bindende Kraft beimessen kann. Das entspricht der Feststellung Hobbes', daß Verträge im Naturzustand nicht bindend sind.

Diese Entscheidungssituation läßt sich als eine einzelne *A*-*B*-Sequenz aus dem sogenannten *Centipede*-Spiel rekonstruieren. Als Beispiel für dieses ganz einfache sequentielle Spiel bieten sich die Humeschen Farmer an, für die sich die Frage stellt, ob sie gemeinsam ihre Heuernte einbringen sollen.[18] Aufgrund der Verfahrensdegression bei der Ernte ist es für die Farmer vor-

---

18 Zu dem Beispiel siehe oben Kap. 1.2. Farmer gibt es auch bei Hobbes (1980: 13. Kap., 114, vgl. 17. Kap., 152), der darauf hinweist, daß der Diebstahl von landwirtschaftlichen Geräten ein besonders schweres Vergehen darstellt – im Gegensatz z.B. zur Seeräuberei. Zu dem Beispiel der Erntehilfe vgl. modern Coleman (1990: 93, 180).

teilhaft, die Ernte gemeinsam einzubringen. Am besten ist es aber, die Hilfe des anderen in Anspruch zu nehmen, ohne diese Hilfe zu vergelten. Die Struktur dieser Entscheidung läßt sich (analog zum GD) wie in Abbildung 4 darstellen:

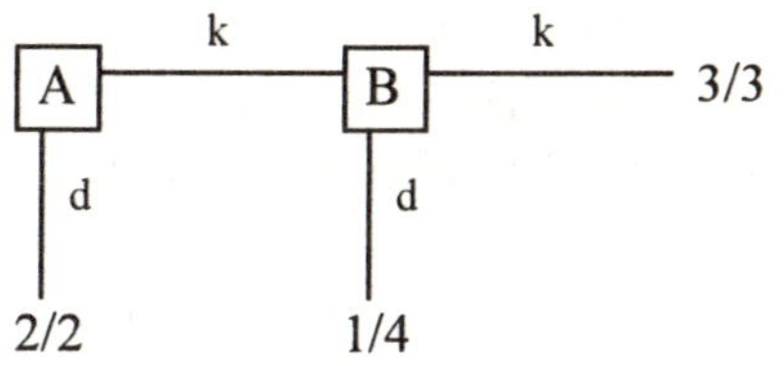

Abb. 4

Jeder Akteur hat zwei Optionen. Die Auszahlungen sind von der Strategiepaarung abhängig, die sich aus den aufeinanderfolgenden Entscheidungen ergibt. Die Auszahlung (2/2) kann man im Sinne der Option »Heu alleine ernten« interpretieren. Entscheidet sich Bauer *A* dafür, *B* bei der Ernte zu helfen, ist seine Auszahlung abhängig von *B*'s Entscheidung, diese Hilfe zu vergelten (3/3) oder nicht zu vergelten (1/4). Die Präferenzen entsprechen denen im GD und gehören wie im GD zum gemeinsamen Wissen (*Common Knowledge*) der Akteure.

Das Spiel ähnelt dem GD in der extensiven Form. Im GD wird aber anders als beim sequentiellen Spiel vorausgesetzt, daß die Spieler zeitgleich handeln. Anders als beim GD ist nicht sofort einsichtig, warum die Struktur dieses Spieles gegen die Möglichkeit von Kooperation (mindestens von *A*) spricht. Zwar wird für *A* die Option *k* schwach dominiert, aber berechnet man den Erwartungswert ($E(x)$) beider Optionen für *A*, so ergibt sich unter der Annahme, daß aus *A's* Sicht für *B* die Optionen *k* und *d* gleichverteilt sind (Laplace Argument des unzureichenden Grundes), daß $E(d)=E(k)=2$. Das Argument gegen *k* wird erst mit dem Argument der Rückwärts-Induktion, *backward-induction*, (i. F. RI-Argument) deutlich[19]: Für *B* fällt die Wahl eindeutig zugunsten von *d* aus. Das (dann erreichbare) Ergebnis (4/1)

19 Die Literatur zum Problem der Rückwärtsinduktion ist Legion, klassisch Selten (1978), eine schöne Zusammenfassung bietet Bicchieri (1993: 91-98), siehe auch die Kritik von Brams (1994: 27).

ist für *A* schlechter als das (erreichbare) Ergebnis (2/2), so daß es auf jeden Fall auch für ihn rational ist zu defektieren. Das mögliche Versprechen *B's*, er würde kooperieren, schließlich würden sich beide so besserstellen können, ist unter der Bedingung einer durch die Zugabfolge bedingten Asymmetrie der Information nicht glaubwürdig – es mag sein, daß *B* sein Versprechen einhalten wird, das kann aber *A* (anders als *B*, der sich vielleicht ganz fest vorgenommen hat, sein Versprechen einzuhalten) *vorher* nicht wissen.

Wie im GD gilt auch für das sequentielle Spiel, daß rationale Akteure notwendig defektieren. Wenn man das Koordinationsproblem als GD oder einfaches sequentielles Spiel rekonstruiert, dann gibt es keine Möglichkeit einer kooperativen und Pareto-effizienten Lösung.

Kapitel 8

Lockesche Hoffnung: Kooperative Lösungen

8.1 Das Recht auf Aneignung: Lockes Proviso

Wenn man die Situation der Spieler unter der Bedingung von Knappheit ausschließlich als kompetitiv beschreibt, dann gibt es keine effiziente Lösung des Koordinationsproblems. Ein Einwand gegen diesen Hobbesschen Pessimismus wurde von John Locke formuliert. Man kann Locke die These zuschreiben, daß Menschen auch im Naturzustand zum wechselseitigen Vorteil miteinander kooperieren können. Das Argument für diese These läßt sich sehr vereinfachend wie folgt zusammenfassen: Unabhängig von (oder vor) jeder Form der Gemeinschaft sind »natürliche« individuelle Rechte begründungsfähig. Menschen erkennen wechselseitig diese individuellen Rechte an, weil ihre bindende Anerkennung durch alle jedem einzelnen individuell mehr Nutzen bringt.[20] Die so erreichbare Lösung des Koordinationsproblems ist effizi-

---

20 Selbst wenn man bereit ist. Locke die These zuzuschreiben. ist nicht klar, ob man ihm das normative Argument zuschreiben kann. Gegen die normative Lesart spricht die Naturrechts-Argumentation Lockes (1983: Abschnitte 1-5). Zur Kritik der Naturrechtslehre bei Locke siehe Euchner (1979: 3-6, 45-51). Eine normative Interpretation bezieht sich insbesondere auf die Arbeitswertlehre (Locke 1983: Abschnitte 27-51). Hier ist tatsächlich von Rechten nicht von Gesetzen die Rede, vgl. die Bedeutung der Naturgesetze und des natürlichen Rechts bei Hobbes oben Fn. 13. Für diesen ganzen Abschnitt gilt in besonderer Weise, daß Locke als Ideen-Steinbruch und Namensgeber für eine theoretische Position herhält und nicht eigentlich philologische Kerner-Arbeit geleistet wird, bei der man nicht darum umhinkäme, sich ernsthaft (und lange) mit der

ent und kann, wenn man der normativen Auszeichnung individueller Rechte folgt, als gerecht bezeichnet werden. Ich werde zunächst dieses Argument normalsprachlich darstellen. Der anschließende Versuch einer spieltheoretischen Rekonstruktion macht deutlich, daß das Argument entweder starke Prämissen voraussetzt oder nicht wirklich verständlich ist.

Das Argument besteht aus zwei Teilen. Erstens wird behauptet, daß Rechte im Naturzustand begründungsfähig sind. Zweitens wird gesagt, daß diese Rechte »gelten«, weil sie nützlich sind. Der erste Teil des Argumentes markiert den Unterschied zu der Hobbesschen Rekonstruktion des Koordinationproblems. Die Vorstellung, daß Personen im Naturzustand Rechte zugesprochen werden können, wird als »Lockesches Proviso« bezeichnet. Der zweite Teil des Argumentes richtet sich gegen den Hobesschen Pessimismus. Bei der Darstellung des Argumentes bedient sich Locke eines Tricks, indem er das Begründungsproblem für Rechte von dem Problem der Durchsetzung entkoppelt. Zunächst wird untersucht, welche Rechte sich Personen in einer Gesellschaft ohne Konkurrenz wechselseitig zuerkennen würden.

In einer hypothetischen Ausgangssituation ist die weite Welt nur von wenigen kleinen Familien bevölkert, so daß die Menschen nicht miteinander um Güter konkurrieren (Locke 1983: 5. Kap. 27, 8. Kap. 83).[21] In welchem Sinn kann man in einem solchen Zustand davon sprechen, daß Menschen individuelle Rechte zukommen? Jeder soziale Zustand jenseits dieses hypothetischen Naturzustandes bedarf, so das Argument, der Zustimmung der Betroffenen. Menschen werden einem sozialen Zustand aber nur zustimmen, wenn sie mindestens so gut gestellt werden wie in dem Naturzustand (Locke 1983: 11. Kap., 107). Also kann man sinnvoll davon reden, daß im Naturzustand Rechte konstituiert werden. Das Argument setzt natürlich eine sehr eigene Verwendungsweise des Begriffes »Recht« voraus.

Nehmen wir einmal an, wir verstünden genau, was es heißt, daß im Naturzustand Rechte konstituiert werden, dann muß noch die Frage beantwortet werden, welche (für das Koordinationsproblem relevanten) Rechte im Natur-

---

Bedeutung der theologischen Position für die philosophischen Argumente (insbes. die Naturrechtslehre) auseinanderzusetzen, vgl. dazu Mayer-Tasch (1983: 192-200).

21 Damit die Fiktion der Konkurrenzlosigkeit gewahrt bleibt, muß es den Akteuren allerdings auch egal sein, ob sie in Bredstedt oder Seebüll siedeln, das heißt, die örtliche Verfügbarkeit von Gütern muß irrelevant sein.

zustand besonders ausgezeichnet werden können. Es gibt im Naturzustand zwei Möglichkeiten, Rechte auszuzeichnen: Über die Bedürfnisse oder über die Arbeit (Fähigkeiten) einer Person.[22] Zum einen könnte man sagen, daß im Naturzustand alle Personen ein Recht haben, sich soviel von einem Gut anzueignen, wie sie gerade brauchen und aufbewahren können. Durch die Verderblichkeit der Güter ist dabei eine natürliche Grenze der Aneignung gesetzt. Da auf diese Weise ein Maß für die natürlichen Bedürfnisse von Personen gefunden ist, kann man auch von einem Recht auf Bedürfnisbefriedigung auf dem Niveau des Naturzustandes sprechen. Zum anderen kann man sagen, daß die Personen auch im Naturzustand nicht nur das Recht haben, ihre natürlichen Bedürfnisse zu befriedigen, sondern darüber hinaus das Recht, sich soviel anzueignen, wie es ihnen durch ihre Arbeit (Fähigkeiten) möglich ist. Ein Beispiel macht deutlich, daß diese zweite Grenze der Aneignung weniger restriktiv ist.[23] Im Naturzustand – also weit vor Liebigs Entdeckung der Stickstoffdüngung und der Einführung des arbeitsteiligen Feldbaus – betrage die Pflückleistung einer Person während der zweiwöchigen Erdbeersaison 2 kg Erdbeeren/p. d., so daß sie insgesamt 28 kg Erdbeeren ernten könnte. Es scheint *prima facie* nicht sinnvoll in zwei Wochen 28 kg Erdbeeren zu pflücken, wenn man (auch als ausgesprochene Liebhaberin von Erdbeeren) nicht mehr als 500 g Erdbeeren/p. d. essen kann und wenn sich Erdbeeren max. 4 Tage halten (unter diesen Bedingungen liegt die Grenze der Aneignung nach dem Grundsatz der maximalen Bedürfnisbefriedigung für Erdbeeren bei 9 kg). Da es aber – auch in der Erdbeersaison – nicht nur Erdbeeren, sondern auch Frühkartoffeln, Fisch und Wild sowie einige andere Früchte von Wald und Flur gibt, bildet die eigene Arbeitskraft die restriktive natürliche Grenze der Aneignung.

Wenn man die Konstruktion der Begründung von Rechten im Naturzustand überhaupt sinnvoll findet, ist es tatsächlich relevant, wie man diese Rechte definiert. Das Recht auf Bedürfnisbefriedigung (auf dem Niveau des

---

22 Wenn man Locke so rekonstruiert, entgeht man dem Naturrechts-Vorwurf, vgl. Fn. 20, handelt sich aber den Vorwurf des naturalistischen Fehlschlusses ein, siehe Moore (1984: 10 f., 40 f.). Auch ist unklar, in welchem Sinne man von »Recht« spricht. Menschen eignen sich Güter an – das ist alles.

23 »Soviel Land ein Mensch bepflügt, bepflanzt, bebaut, kultiviert und soviel er verwerten kann durch die Nutzung seines Ertrages, soviel ist sein eigen.« (Locke 1983: 25)

Naturzustandes) kann nur die Versorgung mit Obst und Brot usw. umfassen, nicht aber die Befriedigung von Bedürfnissen an Gütern, die erst in entwickelten sozialen Gemeinschaften entstehen (Bücher, Theater usw.). Ein solches Recht entspricht wohl ungefähr einer restriktiven Auslegung sozialer Mindestsicherung, wie sie in der Sozialhilfe oder der Versorgung von Migranten zum Ausdruck kommt.[24] (Anders als Lockes Rechte ist der Anspruch auf Sozialhilfe allerdings ein justitiabler Rechtsanspruch.) Der Grundsatz des Rechts auf Aneignung in Höhe der eigenen Arbeitsleistung ist wohl weniger restriktiv, es ist aber nicht wirklich klar, was damit gemeint ist – wenn man ihn normativ interpretiert. Auf der einen Seite kann man den Grundsatz so verstehen, daß eine Person auf alles Anspruch hat, was sie sich aneignet. Im Naturzustand steht ihr dazu eben nur ihre eigene Arbeit zur Verfügung. Auf der anderen Seite kann man sagen, daß eine Person das Recht auf Güter erwirbt, indem sie arbeitet. Der ersten Interpretation folgen Anhänger des sog. *self-ownership-argument*. Ich folge hier der zweiten Interpretation.[25] Auch im Rahmen dieser Interpretation muß man natürlich erläutern, in welchem Sinne durch Arbeit »Rechte« erworben werden.

---

24 Die Frage, welche Bedürfnisse zu den »Grundbedürfnissen« gehören, beschäftigt Sozialpolitiker bei der Bemessung von Sozialhilfesätzen oder Lohnersatzleistungen. In der Bundesrepublik gehört ein Fernsehgerät zu den anerkannten Grundbedürfnissen, nicht hingegen die Werkausgabe der Gesammelten Schriften von Jean Paul. Für Menschen nicht-deutscher Abstammung, die sich begrenzt in Deutschland aufhalten (dürfen), wird diese Grenze aus nicht nachvollziehbaren Gründen noch niedriger angesetzt und umfaßt insbesondere Naturalleistungen, die über Lebensmittelbezugscheine eingelöst werden können. Anhand der Debatte um die Pauschalierung von Sozialleistungen läßt sich zeigen, daß das Studium der (philosophischen) Klassiker auch für Fragen der Politik lehrreich sein kann. Es wird behauptet, daß Pauschalierung gerecht sei, weil (a) alle Personen dasselbe bekommen, (b) die Möglichkeit der Mittel-Verfügung durch Auszahlung eines Pauschalbetrages individuell vorteilhaft ist. (b) folgt der Lockeschen Argumentation (oder bleibt unverständlich) und ist dann nicht mit (a) kompatibel.

25 Der prominenteste Vertreter des *self-ownership-argument* ist Nozick (o.J.: 163-167). Ich werde auf die Frage von Rechten, die aus der Verwendung von Eigentum abgeleitet werden, noch (in Kap. 12.1) zurückkommen. Zum *self-ownership-argument* siehe Kymlicka (1990: 112-118) und Cohen (1989: 113-126). Zur Kritik der Nozick-Interpretation des Lockeschen Provisos siehe Euchner (1993: 135-138) und Priddat (1993: 151-152).

8.2 Die Symmetrie-Annahme: Keine Macht für niemand

Nachdem wir mit mehr oder minder großem Erfolg Rechte in einem hypothetischen Naturzustand begründet haben, können wir jetzt dem zweiten Teil der Locke zugeschriebenen These folgen, daß diese Rechte auch unter der Bedingung von Konkurrenz gelten, weil sie sich als nützlich erweisen. Das Argument für die These kann man in vier Teile gliedern: Erstens wird auf die *economics of scale* Effekte verwiesen, die mit der Zusammenarbeit entstehen, daraus folgt zweitens, daß das Wirtschaften eine kooperative Unternehmung der Beteiligten darstellt. Aufgrund der notwendigen Zustimmungsfähigkeit zu sozialen Zuständen jenseits des Naturzustandes läßt sich drittens dafür argumentieren, daß wirtschaftende Akteure (auch vor Einführung jedes sanktionsfähigen Rechtes) eine Art bindenden Vertrag abschließen können. Schließlich wird viertens gezeigt, daß Marktökonomien mit der Erwartung von Reziprozität einhergehen. Wenn diese Argumente so durchgehen, würde gezeigt, daß in Koordinationskonflikten die Macht symmetrisch unter den Akteuren verteilt ist.

Das Recht auf Aneignung erlaubt den Akteuren zwei Strategien. Die Vertreter einer Konsum-Strategie verschieben die Grenze ihres Konsums. Entweder sie feiern ein großes Fest und erhöhen so (oder auf andere Art) ihren direkten Konsum. Oder aber sie versuchen, den Anteil des Erarbeiteten, den sie nicht zur Befriedigung ihrer direkten Bedürfnisse benötigen, gegen lagerbare Güter einzutauschen, und legen sich einen Vorrat (z.B. für den Winter) an und verteilen so ihren langfristigen Konsum. Die Vertreter einer Unternehmer-Strategie dagegen stellen ihren Konsum zurück und bringen mit den vom Munde abgesparten Nüssen andere Personen dazu, gemeinsam mit ihnen (»für sie«) zu arbeiten. Das scheint dann vorteilhaft, wenn die Zusammenarbeit einen höheren Nutzen verspricht, z.B. durch Verfahrens- oder Größendegression, als die individuelle Arbeitsanstrengung. Vertreter dieser zweiten Strategie können die Grenze der natürlichen Aneignung verschieben.

Die Vorstellung von abhängigen Arbeitsverhältnissen, bei dem ein Akteur »für eine gewisse Zeit Dienste, die zu leisten er sich verpflichtet, gegen einen Lohn, den er dafür erhält, verkauft« (Locke 1983: 7. Kap., 63), widerspricht *prima facie* dem individuellen Recht auf Aneignung durch Arbeit. Die Arbeit selbst wird scheinbar handelbar, so daß vollständig unklar ist, wie das Recht, sich bestimmte Güter anzueignen, das über die Arbeit an die natürliche Person gebunden ist, weiterhin relevant sein soll. Gegen die These der internen Inkonsistenz kann man erwidern, daß unverständlich ist, was es heißen soll, daß Arbeit handelbar wird. »Arbeit« wird hier, so die Erwiderung, als Platzhalter für wohlbestimmte Ergebnisse der Arbeit einer Person verwendet. Die Ergebnisse der Arbeit gehen als Vorprodukt in eine Unternehmung ein und werden gegen einen Lohn überlassen. Der Abschluß eines Arbeitsverhältnisses kennzeichnet eine kooperative Unternehmung der Beteiligten, in die Arbeit in verschiedenen Formen eingeht – indirekt als aufgesparter Konsum (Kapital) und direkt als Arbeitsleistung (Tully 1982: 140-148; Simmel 1900: 108). Wenn das zweite Argument in dieser Form durchgeht, dann hat das erste Argument der *economics of scale* eine schöne Pointe. Die Unternehmer-Strategie verschiebt die Grenze der Aneignung für alle Beteiligten – nicht nur für die Unternehmer. Es ist vorteilhaft, Arbeitsverhältnisse einzugehen, weil die gemeinsame Produktion zu Wachstum führt.

Das zweite Argument geht natürlich nur durch, wenn die Entlohnung von Kapital und Arbeit bestimmten Regeln folgt, über die sich die Parteien (in Form eines Arbeitsvertrages) einig sein müssen. Insgesamt kann durch Zusammenarbeit mehr erstellt werden, als es der Summe der einzelnen Arbeitsanstrengungen entspricht – es entsteht ein »Mehrwert«. Welche Regeln lassen sich dann für die Verteilung der Auszahlungen aus der gemeinsamen Unternehmung angeben? Auf der einen Seite muß der »Unternehmer« einen Anreiz haben, seinen Konsum zugunsten einer Unternehmung zurückzustellen. Wir hatten oben (Kap. 4.1) gesehen, daß es keine quasi-natürliche Entlohnung von Kapital gibt – auch Kapital wird zu Marktpreisen entlohnt. Ein »Unternehmer« wird zwar verlangen, daß er mindestens soviel erhält wie er durch eigene Arbeit im Naturzustand erhalten würde, aber es gibt keine Ansprüche auf einen bestimmten Anteil des erwirtschafteten Mehrwerts. Auf der anderen Seite werden auch Anhänger des direkten Konsums (Arbeitnehmer) einem Arbeitsverhältnis nur dann zustimmen, wenn sie mindestens soviel erhalten wie sie durch eigene Arbeit im Naturzustand erhalten würden. In Frage steht also nur die Verteilung des Mehrwertes.

Man könnte nun der Auffassung sein, daß die Machtverteilung zwischen Unternehmern und Arbeitnehmern bei der Verteilung des Mehrwertes systematisch ungleich ist. Diese Auffassung ist falsch. Zwar kann der Unternehmer darauf verweisen, daß ohne sein Kapital keine gemeinsame Arbeit zustandekommen könnte. Aber das gilt eben auch für Arbeitnehmer. Nun könnte man einwenden, daß diese These sehr idealisiere. Empirisch könne man feststellen, daß arbeitsteilige Gesellschaften Arbeitnehmer benachteiligen. Zwar ist es empirisch zutreffend, daß in unserer Gesellschaft die Macht in der Beziehung zwischen Arbeitnehmern und Arbeitgebern asymmetrisch verteilt ist. Diese Situation ist aber nicht das Resultat der Arbeitsteilung, sondern einer spezifischen Wirtschafts- und insbes. Steuerverfassung, die Arbeitnehmer benachteiligt.[26] Auch unabhängig von der spezifischen Wirtschaftsverfassung könnte man sagen, daß Menschen, die ihr Einkommen über abhängige Arbeit erwirtschaften, nicht mehr (oder nur unter Umstellungskosten) die Möglichkeit haben, ihre Arbeit wieder wie im Naturzustand ausschließlich für sich einzusetzen. Die Macht in Arbeitsverhältnissen sei systematisch ungleich verteilt, weil die Unternehmer anders als die Arbeitnehmer über ihr Kapital tatsächlich verfügen. Auch dieser Auffassung kann man widersprechen. Arbeitnehmer verfügen auch in Arbeitsverhältnissen über den Einsatz ihrer Arbeitskraft. Arbeitsverträge sind notwendig unvollständig, weil sie sich nicht auf die Art der Ausübung von Tätigkeiten beziehen, sondern entweder einen Zeitraum festlegen, in dem Arbeit zu verrichten ist, oder das zu erbringende Produkt der Arbeit möglichst genau bestimmen (Kreps 1990). Arbeitnehmer können also drohen, entweder »schlecht« oder »langsam« zu arbeiten. (Das gilt unter der Einschränkung, daß wir »normale« Arbeitsverträge betrachten und nicht »Werkverträge«, in denen tatsächlich »schlechte« Arbeit ausgeschlossen werden kann.) Unternehmer müssen einen Arbeitsvertrag unter asymmetrischer Verteilung der Information schließen. Die Arbeitnehmer werden nur dann »ihren« Anteil an der gemeinsamen Produktion erbringen, wenn sie auch der Verteilung des Mehrwertes zustimmen können. Ohne weitere Annahmen ist es zwar nicht möglich, einen genauen Verteilungsmodus anzugeben. Wir können aber sagen, daß dieser das Ergebnis einer Übereinstimmung unter Gleichen sein muß. »Gleich« ist natürlich ein unklarer Begriff. Hier bezeichnet »gleich« zwei Eigenschaften von Akteuren

---

26 Als empirischer Beleg für die Machtasymmetrien läßt sich die Entwicklung der (tariflichen) Reallöhne im Vergleich mit dem Wachstum der Netto-Unternehmensgewinne anführen (Eißel 1997). Es gibt Versuche (ökonomischer Liberaler), die steuerliche Bevorzugung mit dem Leistungsprinzip zu rechtfertigen (Westerwelle 1997). Dieses Argument geht aber nur unter der zusätzlichen Prämisse einer Angebots-orientierten Wirtschaftsentwicklung durch, vgl. dazu oben Kap. 3.3, Fn. 27.

in Koordinationskonflikten. Erstens kann man sagen, daß – wenn man die Überlegungen bisher teilt – den Akteuren in Koordinationskonflikten das gleiche »Drohpotential« zugeschrieben werden kann. Eine Zusammenarbeit ist nur dann vorteilhaft, wenn beide ihren Anteil leisten – also z. B. einen Teil des Gewinns als Lohn ausschütten oder »gute« Arbeit erbringen. Daraus kann man zweitens schließen, daß Personen in einem Koordinationskonflikt in der Weise »gleich« sind, daß sie entweder beide Übereinkünfte (über ihre Zusammenarbeit) einhalten – oder eben beide diese Übereinkünfte verletzen. Für die im nächsten Abschnitt folgende spieltheoretische Rekonstruktion ist insbesondere »Gleichheit« in diesem zweiten Sinne von »Symmetrie« interessant.[27]

Diese Überlegungen sind schließlich auf große Gruppen übertragbar. Lagerbare Güter erlauben einen Tausch. Es wird historisch vor der Einrichtung des Staates ein materialer *Numéraire* (z. B. Silberlinge oder Nüsse) eingeführt. Anders als Nominalgeld (Papiergeld, Kupfermünzen) bedarf dieses materiale Geld zur Anerkennung der Tauschfunktion keiner staatlichen Absicherung des Wertes.[28] Wie Nominalgeld dient materiales Geld als Tauschmittel sowie Verrechnungseinheit und besitzt eine Aufbewahrungsfunktion. Zwar erlaubt die Aufbewahrungsfunktion sogar die Spekulation mit materialem Geld, wenn z. B. Nüsse künstlich verknappt werden und Felle als Tauschmedium auf den »Markt« gebracht werden, verändert sich der »Preis«

---

27 Den Hinweis, daß die Vorstellung, von »Übereinkünften unter Gleichen« erläuterungsbedürftig ist, verdanke ich ebenso wie den Hinweis auf die »Werkverträge« Erich Fries.

28 Die Einführung des Geldes und die Lösung des Koordinationsproblems ist nicht an staatliche Institutionen gebunden. Macpherson (1990: 237 f.) spricht von zwei Stadien des Naturzustandes. Auch nach Einführung des Geldes bleiben Übereinkünfte an die Zustimmung der »freien, gleichen und vernünftigen Menschen« gebunden, vgl. dazu Brocker (1992, 196 f.). Auch für den Wert von Nominalgeld war lange Zeit nicht der Nennwert, sondern der Realwert entscheidend, weil man den staatlichen Versicherungen nicht recht Glauben schenken mochte. Der englische Finanzwissenschaftler (und Finanzpolitiker) Lord Thomas Gresham (1519-1579) beobachtete im 16. Jhd., daß mit Kupfer versetzte Silberlinge echte Silberlinge aus dem Markt drängten und die nominalen Preise stiegen. Die Regel, dergemäß »bad money drives out good money« wird nach ihm als Gresham's Law bezeichnet, siehe für eine moderne Auseinandersetzung Akerlof (1970).

von Nüssen relativ zu dem »Preis« für Felle. Das gilt aber nur dann, wenn die Nüsse unabhängig von staatlicher Absicherung einen stabilen materialen Wert behalten. Ein *Futuremarket* (also der Handel mit Wechseln) auf Nußwerte dürfte ohne staatliche Sicherung unterentwickelt bleiben. Die Einführung des materialen *Numéraires* vor der Einrichtung des Staates zeigt erstens, daß lagerfähige Güter den Akteuren erlauben, Erwartungen über zukünftige Tausch-Handlungen auszubilden, und zeigt zweitens, daß diese Erwartungen unabhängig von dem Tausch mit *bestimmten* Personen oder dem Erwerb *bestimmter* Güter sind.[29] Menschen erwarten in Geldgesellschaften, auch zukünftig Nutzen-bringend Handel treiben zu können – mit was und mit wem auch immer. In großen Gruppen sind Menschen nicht direkt, sondern mittelbar über den Tausch von arbeitsteilig erstellten Gütern im Güterkreislauf und über den Geldkreislauf miteinander verbunden sind. Über den mehrmaligen Wechsel von Gütern und insbesondere das gemeinsame Tauschmedium gewinnen alle Personen, die an einer Stelle der arbeitsteiligen Produktions- und Tauschprozesse beteiligt sind, ein Anrecht auf die Verteilung des Mehrwertes.[30] In Tauschgesellschaften kann sich eine Erwartung an die Reziprozität der Leistungsvergeltung herausbilden, die ähnlich wie in »Kraul-Ringen«, in denen sich Affen gegenseitig kraulen, ohne daß die jeweilig erbrachte Leistung vom Leistungsempfänger direkt dem Leistungsgeber vergolten wird, unabhängig von der *face-to-face* Beziehung der Beteiligten ist.[31] Damit wird die Durchsetzung von Macht in direkten (persönlichen) Beziehungen ausgeschlossen.

---

29 Die Austauschfunktion des Geldes erlaubt eine Vielzahl beliebiger Nutzungen, dazu klassisch Simmel (1896: 84), zu Simmel siehe von Flotow (1995: 41-46).

30 Über den sog. zweiten Geldkreislauf sind alle Tauschakte miteinander verbunden. Jeder Ausgabe müssen – über alle Personen – Einsparungen an anderer Stelle entsprechen, so daß sich die relativen Preise der einzelnen Güter anpassen und die Möglichkeit der individuellen Verfügung über diese Güter beschränkt oder ausweitet. Vgl. dazu den »Hobbesianer« Buchanan (1991: 159-178).

31 In »Kraul-Ringen« muß die Homogenität des Gutes »Gekrault-werden« sichergestellt werden. Wem das Beispiel des Kraulringes zu »affig« ist, der kann sich auch einen privat organisierten Kinderbetreuungs-Ring vorstellen. Die schönen Beispiele stammen von Martin Hollis, Vortrag an der Universität München 10.07.1996, vgl. das Beispiel der Kula-Tauschringe in Kappelhoff (1995: 6) und mit weiteren empirischen Beispielen reziproker Tauschsysteme Kappelhoff (1993: 59-65).

Wenn diese Argumente durchgehen, dann kann man sagen, daß jede mögliche Lösung des Koordinationsproblems einer Symmetriebedingung genügen muß – Übereinkünfte werden zwischen Gleichen geschlossen. (Man kann natürlich auch weniger prätentiös sagen, daß Übereinkünfte, wenn sie abgeschlossen werden, für beide vorteilhaft sein müssen und – auch ohne, daß ein sanktionsfähiges Recht vorausgesetzt werden muß – eingehalten werden.)

8.3 Das Symmetrieargument: Kein Ausweg aus dem Dilemma

Locke behauptet, mit dem Argument der Anerkennung gleicher Rechte die pessimistische These Hobbes', daß Koordinationslösungen zwischen Menschen ohne extern sanktionierbare Regeln nicht möglich sind, zu entkräften.[32] Wenn man das GD *for the sake of the argument* einstweilen als gute Darstellung des Hobbesschen Argumentes ansieht, wie läßt sich dann (in diesem formalen Rahmen) das Locke zugeschriebene Argument der Anerkennung gleicher Rechte rekonstruieren?

So wie das Argument oben eingeführt wurde, liegt die Pointe in der Gleichverteilung der Machtpositionen zwischen den Akteuren. Menschen werden entweder zusammenarbeiten oder sie werden nicht zusammenarbeiten: *Free-rider*-Positionen werden ausgeschlossen. Aus diesem Argument der Machtsymmetrie folgt nicht die Gleichverteilung der Auszahlungen, die von den empirischen Umständen einer Zusammenarbeit abhängen können. Es sind also ungleiche, aber keine ungerechten Auszahlungen möglich. Das Kriterium für Gerechtigkeit ist dabei die Machtsymmetrie zwischen den Beteiligten.[33] Man kann sich diese Überlegung verdeutlichen, indem man die

32 Das behauptet natürlich nicht eigentlich Locke, der sich gegen Robert Filmers *Patriarcha, or the Natural Power of Kings* (1680) wendet. Der Hobbessche Leviathan findet nur als fehlerhafte Hypostasierung des Staates Erwähnung (Locke 1983: Abschnitt 97 und 98).

33 Die »soziale« Auslegung des Gerechtigkeitskriteriums unterscheidet diese Interpretation des Lockeschen Provisos von einer, die sich auf das *self-ownership-argument* bezieht. Aus dem *self-ownership-argument* werden individuelle Ansprüche auf konkrete Auszahlungen abgeleitet. Beide Interpretation lassen (numerisch) ungleiche Auszahlungen zu. Vgl. zum *self-ownership-argument* Fn. 25.

Nutzenfunktion eines der Akteure im GD linear transformiert. (Eine solche lineare Transformation ist auch dann zulässig, wenn man von ordinal skalierten Nutzenfunktionen ausgeht.) Für *A* schreiben wir statt $u=u(x)$ in einem modifizierten GD (Abb. 5) $u=u(x+4)$, so daß sich die Werte in der Auszahlungsmatrix entsprechend ändern. Die Präferenzordnungen bleiben für beide Akteure gleich.

		Spieler A k	Spieler A d
Spieler B	k	7;3	8;1
	d	5;4	6;2

Abb. 5

Die Pareto-optimale Lösung *k/k* geht (in diesem Fall) nicht mit gleichen Auszahlungen einher, beide Akteure werden aber relativ zu ihren Möglichkeiten im Spiel »gleich« behandelt.

Die Lockesche Lösung des GD besteht im Ausschluß solcher Zustände, in denen die Personen unterschiedliche Handlungen ausführen. Dieses Symmetrie-Argument läßt sich analog auf beide oben eingeführten Spiele, das GD und das auf eine Sequenz gekürzte *Centipede*, anwenden. Die Akteure, so das Symmetrie-Argument, müssen sich bei relativ gleichbewerteten[34] Auszahlungen, die im GD und dem *Centipede* vorausgesetzt werden, identisch verhalten. Diese Symmetrieannahme verkleinert den Möglichkeitenraum auf die beiden Ereignisse *k/k* und *d/d*, von denen aufgrund der (im relevanten Bereich für beide Akteure identischen) Präferenzen *k/k* vor *d/d* von beiden Spielern präferiert wird. Es wird vorausgesetzt, daß ein Akteur jeweils nur für die Alternative optieren *kann*, die auch von der anderen Person gewählt wird.

34 Dieses unschöne Epitheton stellt die Verbindung zu den Präferenzen der Personen her. Warum schreibt man dann nicht Präferenzen? Weil die Präferenzen weder spiegelbildlich (revers), noch identisch sind - *A*'s Präferenz: *d/k>k/k>d/d>k/d*. *B*'s Präferenz: *k/d>k/k>d/d>d/k*.

Aber was soll es heißen, daß die Spieler jeweils nur dieselben Handlungsoptionen wählen *können*? Man könnte zum einen sagen[35], daß ein Spieler, z.B. *A*, nicht bereit sein wird, sich an einem Spiel zu beteiligen, in dem er möglicherweise ausgenutzt wird (*B* versucht, zuungunsten von *A* die Strategiepaarung (*k*/*d*) durchzusetzen und so eine höhere Auszahlung (1/4) zu erzielen). *A* wird also verlangen, daß *B* sich *ex ante* verpflichtet, nur *k* zu spielen. Wenn *B* entgegen der Abmachung *d* spielt, wählt auch *A* die Option *d*. Für einfache, nicht wiederholte Spiele, sog. *one-shot-games*, bleibt unklar, wie die Entscheidung von *A* die Entscheidung von *B* für eine der beiden Handlungsoptionen beeinflussen können soll. Zum anderen könnte man der Auffassung folgen, daß eine Verpflichtung zu kooperieren unabhängig von jeder externen Sanktion eingehalten wird, weil eine Person, die sich verpflichtet hat, sich eben an die Verpflichtung gebunden fühlt (Gauthier 1994).[36] Das mag sein – oder eben nicht. Wenn man den Hobbesschen Pessimismus teilt, wird man nicht geneigt sein, ohne weitere Argumente an die bindende Wirkung von Selbstverpflichtungen zu glauben. Das gilt auch, wenn die Entscheidungen der Akteure wie beim *Centipede* aufeinander folgen, weil unklar ist, warum *B*, nachdem *A* bereits kooperiert hat, in irgendeiner Weise an eine Entscheidung für die Kooperation gebunden sein sollte. Für das *Centipede* könnte man allerdings annehmen, *A*'s Kooperation würde bei *B* die Neigung erhöhen, nun gleichfalls zu kooperieren.[37] Diese Annahme entspricht einem (»starken«) psychologischen Kooperationsgesetz und ist begründungsbedürftig.

In *Centipede*-Situationen müssen wir außerdem annehmen, daß eine Person *A* kooperiert, weil sie annimmt, *B* werde (mit großer Wahrscheinlichkeit) zukünftig kooperieren, wenn sie (*A*) vorher kooperiert hat. Analog müßten wir für GD-Situationen behaupten, die Wahrscheinlichkeit, ob sich ein Akteur für *d* oder *k* entscheidet, sei von der simultanen Entscheidung des anderen Akteurs zwischen den Handlungsalternativen abhängig. Das entspricht

35 Und David Gauthier sagt dies tatsächlich (1986: 197).

36 Man könnte auch mit Apel (1984: 22-25) annehmen, daß ein nicht eingehaltenes Versprechen eine Art performativen Selbstwiderspruch darstellt, den rationale Personen vermeiden sollten.

37 So interpretieren Bohnet und Frey (1997: 1995) die Ergebnisse von empirischen Untersuchungen zum Diktatorspiel an der Universität Zürich.

grosso modo der Annahme, daß Übereinkünfte entweder eingehalten werden oder eben nicht eingehalten werden. (Keinesfalls aber werden Übereinkünfte nach Locke von nur einem der Beteiligten eingehalten.)

Es scheint nur dann vernünftig, die eigenen Entscheidungen von Handlungen oder Vorhersagen des anderen abhängig zu machen, wenn man seinem Mitspieler die besondere Fähigkeit zuschreibt, zukünftige (oder sogar gleichzeitig stattfindende) Ereignisse vorherzusagen.[38] Es mag solche Wesen geben oder eben auch nicht.[39] Wenn wir annehmen, daß es solche (fast) allwissenden Wesen gibt, sprechen wir ihnen im allgemeinen auch die Macht zu, unser Schicksal zu beeinflussen. Sie sagen ein Ereignis voraus, das eintreten wird, weil sie es vorausgesagt haben.[40]

---

38 Diese Annahme liegt dem sog. Newcomb's Paradoxon zugrunde, das intransitives Wahlhandeln beschreibt. Klassisch zum Newcomb's Paradoxon Nozick (1969; vgl. ders. 1995: 41-50).

39 Wenn man sich unsicher ist, ob solche Wesen existieren, könnte man mit Pascal sagen, daß es rational sei, an Götter zu glauben, weil es ja immmerhin sein könne, daß eines Tages ein himmlicher Gerichtshof die Ungläubigen bestraft. Der Agnostiker stellt ungefähr folgende Überlegung an: »Mal angenommen, es gibt einen jüngsten Tag. Dann ist das beste für mich, wenn Gott sich in meinem Fall irrt und ich komme trotz meines vorhergehenden Lotterlebens in den Himmel. Nun ist das ewige Höllenfeuer kein echter Spaß, so daß es besser ist, auf das Lotterleben zu verzichten, fest zu glauben und so in den Himmel zu kommen als mein ungläubiges Leben mit der Hölle zu bezahlen. Am schlimmsten jedoch wäre es, wenn ich fest an Gott glaube, und dann aufgrund eines himmlichen Verwaltungsfehlers in der Hölle lande.« Pascals Agnostiker unterstellt eine geringe gegen Null laufende Wahrscheinlichkeit für himmliche Verwaltungsfehler. Man kann die Geschichte aber auch anders modellieren, indem man Himmel und Hölle als alternative Umweltzustände formuliert. Da Gott den Lebensweg der Menschen bestimmt, liegt die Strafe im Wissen um die Entscheidung schon fest – so gerät man in das Problem der Theodizee. Für solche Rekonstruktionen der Beziehungen zwischen Göttern und Menschen (aber auch Menschen und anderen Menschen) als Abfolge einzelner wohlüberlegter Spielzüge siehe Brams (1994: 57 ff., 130 ff).

40 In der christlichen (und jüdischen) Tradition entspricht dieser Vorstellung, daß Gott die Menschen mit ihrem Namen anspricht und ihnen ihr Geschick verheißt, siehe die Verheißung an Abraham in 1. Mose 13, 14-21, Hiob 3-28. Bei der christlichen Taufe nimmt der Mensch mit dem Namen vor der Gemeinde das ihm von Gott zugedachte Geschick an, vgl. Markus 1, 4-13. Diese Vorstellung scheint in der jüdisch-christlichen Tradition ganz plausibel, weil man annimmt, daß zu Gottes Allmacht nicht nur die Vorhersage zukünftiger Ereignisse, sondern auch deren Verursachung und Vermei-

Für natürliche Personen sind solche Fähigkeiten ausgeschlossen. Die Vorstellung scheint unsinnig, daß eine rationale Person *B* eine Handlung *k* ausführt, *weil* vorher eine andere Person *A* die gleiche Handlung ausgeführt hat. Sie entscheidet sich im *Centipede* für *d*, weil sie (mit der Erwartung höherer Auszahlungen) einen guten Grund hat, *d* zu wählen. (Es mag auch sein, daß sich die Akteure in einem Spiel für *k* entscheiden, weil es für alle Akteure einen guten (welchen auch immer) Grund gibt, *k* zu wählen. Diese These ist von der Locke zugeschriebenen These zu unterscheiden, daß *B* kooperiert, weil *A* kooperiert – und ist begründungsbedürftig.) Die Tatsache, daß *A* vorher eine bestimmte Handlung ausgeführt hat, konstituiert *allein* keinen guten Grund für *B*. Das gilt zumindestens im Rahmen der bisherigen Beschreibung von Koordinationskonflikten und ist für reale Personen und »normale« Situationen – also nicht Liebende oder andere pathologische Fälle – plausibel.

Es ist unklar, warum Personen in GD-Situationen nur entweder kooperieren oder defektieren sollen. Es mag Situationen geben, in denen es tatsächlich nur die Wahl zwischen gemeinsamer Kooperation und gemeinsamer Defektion gibt. Solche Situationen sind aber keine GD-Situationen. Entweder man schließt mit dem Argument der kooperativen Struktur gemeinsamer (Wirtschafts-) Unternehmungen Interessenskonflikte *ex ante* aus. In diesem Fall ist die kooperative Lösung *k*/*k* tatsächlich selbstverstärkend. Oder man muß erklären, warum aus der Anerkennung gleicher Rechte folgt, daß die Akteure gute Gründe haben, trotz ihrer individuellen Interessen eine kooperative Lösung zu suchen. Wenn das Symmetrie-Argument eine sinnvolle Rekonstruktion der im letzten Abschnitt dargestellten (und Locke zugeschrie-

---

dung gehört. Unter weniger starken Voraussetzungen und für reale Personen scheint eine solche Meinung zumindestens zweifelhaft. Amüsant zur Bedeutung der Taufe Sternes *Tristram Shandy* (1994: Bnd. 1, 114): »Eher noch wollt ich mich dran wagen, das vertrackteste Problem der Geometrie zu lösen, als mich der Erklärung zu unterfangen, wie ein Gentleman mit dem gesunden Menschenverstand meines Vaters [...] eine so abwegige Idee in seinem Kopf zu hegen vermochte [...] sie betraf nämlich die Wahl und Erteilung der Taufnamen, wovon nach seiner Meinung weit mehr abhänge als oberflächliche Geister zu begreifen imstande seien. [...] Wie viele CEASARS und POMPEJUSSE pflegt' er zu sagen, haben sich nicht durch die bloße Inspiration dieser Namen jener für würdig erzeigt? Und wie viele, fügte er dann hinzu, gibt es, die in der Welt Außerordentliches geleistet hätten, wäre nicht ihr Charakter und Lebensmut gänzlich niedergedrückt und zu einem Nichts geNIKODEMUS't geworden.«

benen) Überlegungen ist, dann ist einfach unklar, was es heißen soll, daß Übereinkünfte »unter Gleichen« abgeschlossen werden – es sei denn man setzt sanktionsfähiges Recht voraus (dann ist die Feststellung allerdings trivial).

In dem Symmetrie-Argument wurde vorausgesetzt, daß sich die Akteure eines Spieles unter gleichen Umständen notwendig identisch verhalten. Diese Vorstellung ist unklar, wenn damit gemeint ist, daß Personen sich tatsächlich nicht anders verhalten *können*, als die Handlung auszuführen, die auch die jeweils anderen Personen ausführen. Es mag hingegen gute Gründe geben, davon zu reden, daß Handlungen verschiedener Personen nicht unabhängig voneinander sind, wenn Personen Handlungen wählen *wollen*, weil andere Personen in bestimmter Weise gehandelt haben oder voraussichtlich handeln werden. Solche Situationen sind aber nicht im Rahmen des *one-shot* GD (oder »Zweifüßer«-Spieles) beschreibbar.

Kapitel 9

Koordination als iteriertes oder dynamisches Spiel

9.1 Pläne in wiederholten Spielen

Nach den beiden letzten Kapiteln mag man sich wundern, warum die Koordination zwischen Menschen in der Regel ganz gut klappt. Die Hobbes zugeschriebene Beschreibung des Koordinationsproblems als Situation reiner Konkurrenz erlaubt keine effiziente Lösung. Man würde gerne Lockes Optimismus folgen. Die Voraussetzung, daß Akteure sich wechselseitig Rechte (auch unabhängig von sanktionierten Rechtsvorschriften) zuerkennen, scheint *prima facie* plausibel. Dieses Lockesche Proviso erfordert (in der hier vertretenen Interpretation), daß die Akteure ihre Handlungen miteinander abstimmen. Der Versuch einer spieltheoretischen Rekonstruktion zeigt, daß nicht verständlich ist, warum rationale Akteure in nicht-kooperativen Spielen ihre Entscheidungen voneinander abhängig machen sollten. Die Lockesche Annahme setzt entweder eine »dicke« anthropologische (oder psychologische) Theorie voraus (»Menschen kooperieren miteinander«) oder verlangt ein spezielles (vielleicht aus der Götter Weisheit prästabiliertes) Spieldesign, in dem die kooperative Lösung ein (idealerweise das einzige) Nash-Gleichgewicht darstellt. Das gilt zumindestens dann, wenn man die einmalige Interaktion, ein einmal gespieltes Spiel, betrachtet. Man könnte der Meinung sein, daß sich das Ergebnis eines Koordinationskonfliktes ändert, wenn man das Koordinationsproblem als Abfolge vieler einzelner Spiele beschreibt. Das scheint auch der Intuition Lockes gerecht zu werden, wenn er zeigt, wie die Einführung des Geldes (im Naturzustand) den Erwartungshorizont der Akteure systematisch verschiebt. In Erwartung zukünftiger Ereignisse, so dann die These, kann es vernünftig sein zu kooperieren. In diesem Kapitel wird untersucht, unter welchen Bedingungen diese Kooperationsthese in wiederholten Spielen zutrifft. Dabei interessiert uns »Kooperation« in Koordinationskonflikten zunächst nur, weil sie (in Spielen des GD-Typus) die Voraussetzung effizienter Lösungen darstellt.

Es gehört zu den Alltagserfahrungen vieler Menschen, daß sie – auch dann wenn sie nicht verliebt sind oder in anderer Weise zu den pathologischen Fällen zu rechnen sind – ihre Entscheidungen im sicheren Vertrauen (oder zumindestens der frohen Hoffnung[41]) auf zukünftige Entscheidungen anderer fällen, die der eigenen Handlung »entsprechen« – und zwar auch dann wenn sie diese Entscheidungen nicht Götter-gleich direkt beeinflussen oder sicher vorhersagen können. Solche »Vertrauens«-Beziehungen (vgl. Kap. 2.3) können für alle Beteiligten besonders vorteilhaft sein.

Prima facie plausibel scheint ein solches Verhalten in solchen Fällen, in denen man Handlungen einer anderen Person in der Vergangenheit beobachtet hat – man sagt dann auch, daß man die andere Person kennt oder daß man sich auf sie verlassen kann. Im trivialen Fall weiß man aus Erfahrung, daß die andere immer in der gleichen Weise handelt. Eine solche Sicherheit über Wahlentscheidungen (anderer Personen) mag es in einer sehr langweiligen Welt oder bei sehr tumben Zeitgenossen geben. Aber schon in einer Welt mit mehr als zwei Weinsorten und Menschen, die die Möglichkeit hatten, ihre Sinne auszubilden, spricht einiges gegen die (vorherrschende) Verbreitung des trivialen Falles. Ein zweiter Fall ist jener, bei dem wir aus der Beobachtung (oder dem Studium der Psychologie oder Neurobiologie) Annahmen gebildet haben, wie eine Person auf bestimmte Reize reagieren wird. Im Produkt-Marketing geht man davon aus, daß die Welt analog zu diesem zweiten Fall funktioniert. Wenn man mir, im verregneten mitteleuropäischen Sommer, einige Male eine Situation vor Augen führt, in der fröhliche, schöne Menschen in warmen Ländern Palmenhütten bauen und dabei Rum trinken, dann werde auch ich (so des Werbers Hoffnung) anfangen, Rum zu trinken. Erstens trinke ich ohnehin gerne (und unabhängig von der Werbung) Rum, und zweitens weckt die Werbung bei mir manchmal Fernweh und manchmal Lust

41 Wenn jemand froh hofft, dann – so die Intuition – ist die subjektive Wahrscheinlichkeit für das Eintreten des gewünschten Ereignisses $\varpi > 0,5$.

auf Vanilleeis. Annahmen, denen gemäß Menschen wie der Pawlowsche Hund oder die unintelligenteren unter den Laborratten einem gleichförmigen und konstanten Reiz-Stimulus-Schema folgen, mögen sich bestätigen – oder eben nicht. Aus vergangenen Handlungen einer Person läßt sich nicht oder zumindestens nicht ohne zusätzliche Annahmen darüber, was es heißt, eine Entscheidung zu treffen, auf zukünftige Handlungen dieser Person schließen. Es reicht – wenn man nicht über Pawlowsche Hunde oder Laborratten redet – nicht aus zu sagen, A werde auch in Zukunft Handlung h_1 ausführen, weil sie in der Vergangenheit h_1 gemacht habe.[42]

Aber es gibt eine dritte Art von Fällen, in denen wir tatsächlich sagen, es gäbe für A aufgrund ihrer vergangenen Handlungen (mögen diese von der Art h_1 oder andere Handlungen gewesen sein) gute Gründe, in der Zukunft (nicht immer, aber eben zum fraglichen Zeitpunkt) h_1 auszuführen.

In der Regel können wir nicht wissen, welche Gründe im einzelnen zukünftig für andere Person relevant werden. Wenn wir trotzdem Erwartungen über das zukünftige Verhalten von Personen ausbilden, müssen wir uns auf eine besondere Klasse guter Gründe beziehen – wir schreiben Personen Pläne zu. Die Zuschreibung von Plänen ist eine merkwürdige Sache. Auf der einen Seite sagen wir, daß A, wenn sie dem ihr zugeschriebenen Plan folgt (und rational ist), in der Zukunft eine Handlung h_1 ausführen wird. Auf der anderen Seite beziehen wir uns zur Rechtfertigung dieser Annahme auf vergangene Handlungen von A. Das mögen auch ganz andere Handlungen (z.B. Handlungen des h_2-Typus) gewesen sein. Diese Rechtfertigungsstrategie unterscheidet sich von Verweisen der Art »A wird h_1 tun, weil sie immmer unter vergleichbaren Umständen h_1 tut oder getan hat«, wie sie unsere Marketing-Experten formulieren. Die Beschreibung einer Entscheidungssituation, von der wir sagen, Pläne seien in irgendeiner Art relevant, unterscheidet sich von der »normalen« Standard-Beschreibung einer Entscheidung, wie wir sie bisher kennengelernt hatten. Die Standard-Beschreibung ist ahistorisch; vergangene Ereignisse sind für eine Entscheidung irrelevant: Das konsequentialistische Kalkül ist Zeitpunkt-bezogen (vgl. Kap. 3.1). Das entspricht unseren Beobachtungen für ökonomische Märkte (vgl. Kap. 4.3). Wenn wir anneh-

42 Vgl. dazu die Diskussion des Konsistenz- und Kohärenzkriteriums in den Kap. 3.1, 6.2 und 6.3.

men, daß ökonomische Akteure mit Gründen handeln, und wenn in der ökonomischen Welt Epikurions die *ceteris paribus* Annahme gilt, dann können wir erwarten, daß ökonomische Akteure auf den verschiedenen Märkten über ihre Wahlhandlungen wiedererkennbar bleiben. Wir haben gesehen, daß diese Erwartung auf Epikurions Märkten nicht bestätigt wurde. Die Bewohner Epikurions verhalten sich wie Pawlowsche Hunde oder nicht besonders intelligente Laborratten und folgen ausschließlich Preis-Stimuli (vgl. Kap. 5.1). Wenn wir ihnen sinnvoll Wünsche zuschreiben wollen, dann müssen wir ihnen Pläne zuschreiben und sie so beschreiben, als ob sie mit Gründen Regeln folgen. Eine Beschreibung der Vielzahl guter Gründe erweist sich im Marktmodell jedoch als unmöglich – wenn man an der ökonomischen Standardinterpretation der Theorie rationaler Entscheidung festhält (Kap. 6.3).

Es ist für die Bewertung einer Koordinationssituation relevant, wie wir Handlungen beschreiben. Die schon bekannten Humeschen Farmer[43] erweisen sich als unfähig, eine kooperative Lösung ihres Koordinationsproblems zu wählen, weil zu jedem Zeitpunkt ausschließlich die direkten Konsequenzen einer Entscheidung betrachtet werden. Für Farmer *B* ist es nicht wichtig, ob *A* ihm vorher bei der Heuernte geholfen hat. Für *B* ist es auf jeden Fall besser, *A* nicht zu helfen. Dieses Ergebnis widerspricht sowohl unseren Intuitionen über das, was es heißt, eine rationale Entscheidung zu fällen, als auch unseren Erfahrungen mit Bauern. Ein Argument, das unsere Intuitionen stützen könnte, würde ungefähr lauten: Wenn *A* dem *B* geholfen hat und wenn *B* dem *A* nicht hilft, dann muß *B* wissen, daß *A* ihm zukünftig nicht mehr helfen wird. Das ist aber für Bauern und andere Menschen, die nicht nur einmalig, sondern wiederholt in ähnliche Situationen geraten, sehr ärgerlich. Wenn Farmer ihr Leben auf dem Lande verbringen wollen, dann werden sie sich mit Gründen Nachbarschaftshilfe leisten, weil sie wissen, daß sie bei der langfristigen Durchführung ihrer Pläne immer wieder (jährlich im Mai) aufeinander angewiesen sind (bei der Silage-Zubereitung oder wenn die Drillmaschine defekt ist).

So wie das Beispiel der Humeschen Farmer eingeführt wurde, handelt es sich um einen besonders einfachen Fall. Wenn die Bauern die Koordinationssituation ähnlich bewerten und sich diese Situation in identischer Weise

43 Siehe oben S. 156, vgl. Kap. 1.2.

immer wieder ergibt und wenn beide auf ewig dem Landleben verbunden bleiben wollen, dann – so die Intuition – werden die Bauern immer kooperieren. Das tun sie nicht, weil der jeweils andere kooperiert, sondern weil jeder einzelne die Abfolge einer Vielzahl von Entscheidungen (über die Jahre hinweg) betrachtet. Wir werden zunächst im zweiten Abschnitt sehen, daß es gute Gründe gibt, auch unter diesen Umständen hinsichtlich der Möglichkeit der Erntehilfe nicht zu optimistisch zu sein. In normalen wiederholten (iterierten) Spielen sind die einzelnen Entscheidungen voneinander separierbar, so daß das Ergebnis nicht vom *one-shot* GD abweicht. Nun zeichnen sich Pläne gerade dadurch aus, daß die einzelnen Entscheidungen eines Planes nicht unabhängig voneinander sind. Wenn man die Darstellung wiederholter Spiele ändert und die Koordinationssituation so beschreibt, als würden die Spieler mit ihren Entscheidungen Pläne verfolgen, ergibt sich eine merkwürdige Situation. In zwei zeitlich aufeinanderfolgenden, aber ansonsten identischen Situationen entscheiden sich die Akteure für verschiedene Handlungen. Dies widerspricht der Konsistenzforderung an rationale Entscheidungen. Es gehört zu unserem Verständnis davon, was es heißt, rational zu entscheiden, daß eine rationale Person unter vollkommen identischen Umständen dieselbe Wahl trifft. (Dieses vortheoretische Verständnis findet sich mit der Transitivitäts-Annahme auch im formalen Kern der Theorie rationaler Wahl (vgl. Kap. 3.1).)

Man kann der Meinung sein – und es entspricht vielleicht besonders gut unseren Intuitionen –, daß es in zeitlich aufeinanderfolgenden, aber ansonsten identischen Situationen gute Gründe für eine Person geben mag, zunächst auf eine und dann auf eine andere Weise zu handeln, wenn (weil) die Situationen »zusammengehören«.[44] Wenn wir an dem Konsistenzkriterium und an dem formalen Kern der Theorie rationaler Wahl festhalten wollen (weil wir ansonsten nicht recht verstehen, was es heißt, rational zu entscheiden), dann müssen wir entweder eine Möglichkeit finden, die Gründe, die für voneinander abweichende Wahlhandlungen sprechen, adäquat zu beschreiben, oder wir müssen einen Teil unserer Intuitionen mitsamt dem entsprechenden Teil unserer lebensweltlichen Erfahrungen als abwegig zurückweisen. In den fol-

44 Nisan (1986) versucht diese Intuition für moralische Entscheidungen fruchtbar zu machen, indem er solche Situationen beschreibt, als seien sie Teil einer »Moralbilanz«, die es auszugleichen gelte.

genden Abschnitten zeige ich, wie wir dieser unangenehmen Konsequenz entgehen können, und beschreibe die formale Struktur von Spielen, die geeignet sind, unsere Intuition über die Vielzahl guter Gründe für Entscheidungen wiederzugeben.

9.2 Kooperation in iterierten Spielen

Die Rede von Plänen setzt voraus, daß wir nicht nur einzelne Handlungen einer Person oder ein einzelnes Spiel betrachten. Werden mehrere einfache GD-Spiele nacheinander gespielt, dann spricht man von einem iterierten GD.[45] Ein Spiel, das unendlich oft wiederholt wird, nennt man ein Superspiel. Das *Centipede*, das oben in einer reduzierten Zweifüßer-Form eingeführt wurde, ist ein Beispiel für ein iteriertes sequentielles Spiel. Dabei ist das *Centipede* ein ganz spezielles iteriertes Spiel, da es durch die Defektion eines Spielers abgebrochen wird.

Im iterierten GD sind die Auszahlungen wie im *one-shot* GD abhängig von den Strategien der Akteure. Die Strategie eines Spielers besteht im iterierten Spiel nicht aus der einmaligen Entscheidung für *k* oder *d*, sondern aus einer Folge solcher Entscheidungen. Eine mögliche Art, eine solche Strategie zu formulieren, ist die Entscheidung über die Wahl einer Handlungsoption an die letzte Entscheidung des Mitspielers zu binden. Eine solche Strategie, bei der die eigene Entscheidung von der Wahl des Mitspielers abhängig gemacht wird, nennt man eine konditionale Strategie. Damit ist natürlich noch nicht gesagt, wie genau eine konditionale Strategie aussieht.[46] Die Strategiewahl in iterierten Spielen ist unter anderem deshalb kompliziert, weil solche Spiele

45 Der gebräuchliche Begriff »iteriertes GD« bezeichnet eigentlich eine *contradictio in adjecto*, also eine Art schwarzen Schimmel. Mit der Iteration wird die für das GD typische Struktur so aufgelöst, daß eben kein GD mehr vorliegt.

46 Man kann sich vorstellen, daß eine Person defektiert, wenn die andere Person defektiert hat (*tit for tat*). Es ist aber auch möglich, seine eigene Strategie auf die zwei letzten Entscheidungen des Mitspielers zu beziehen und erst nach zwei »gegnerischen« Defektionen ebenfalls zu defektieren (*tit for two tat*). Zu dem Problem der Strategiewahl in iterierten Spielen siehe Axelrod (1995: 25-29).

mehrere Pareto-effiziente Lösungen haben. Es läßt sich zeigen, daß es in einem unendlich iterierten Spiel (oder einem Spiel, bei dem die Akteure nicht wissen, wann es abbricht), in dem Defektion mit Defektion beantwortet wird, für die Akteure rational ist zu kooperieren. Es ist, so dieser als *Folk Theorem* (Holler/Illing 1996: 139-147) bezeichnete Grundsatz der Spieltheorie, nicht rational, zugunsten eines einmaligen Defektionsgewinnes auf den zu erwartenden Netto-Gewinn der zukünftigen Zusammenarbeit (d.h. der Auszahlungen bei Kooperation abzüglich der Auszahlungen bei beidseitiger Defektion) zu verzichten – das gilt zumindestens dann, wenn die zukünftigen Auszahlungen nicht (stark) diskontiert werden.

Dieses Ergebnis gilt *mutatis mutandis* auch für das *Centipede*; betrachtet man einen unbegrenzten Planungshorizont der Individuen, dann kann man das RI-Argument (siehe S. 157) erfolgreich kontern: Ein Spiel, das nie abbricht (oder von dem die Spieler nicht wissen, wann es abbricht), bietet auch für die Rückwärts-Induktion keinen Ansatzpunkt. Diese Situation scheint dem Koordinationsproblem unserer Humeschen Farmer zu entsprechen, die auf ewig der Väter Land bebauen. Für Bauern, die in dieser Weise der Familientradition verhaftet sind, ist es rational, sich wechselseitig bei der Heuernte zu helfen.

Nun sind nicht alle Bauern Traditionalisten und unter den Bedingungen der sich stets verändernden Agrarmarktordnungen der Europäischen Union (EU) haben auch Bauern einen Erwartungshorizont, der nicht ganze Generationen, sondern vielleicht nur wenige Jahre umfaßt. Das Koordinationsproblem unter modernen Bauern entspricht einem Spiel mit einer endlichen Zahl von Iterationen. Man könnte der Meinung sein, Kooperation sei auch in endlich iterierten Spielen rational geboten, wenn der Defektionsgewinn kleiner ist als der erwartete Netto-Gewinn der zukünftigen Zusammenarbeit und wenn zukünftige Auszahlungen nicht diskontiert werden. Bei einer endlichen Zahl von Iterationen (oder einem wohldefinierten Erwartungshorizont der Akteure) hingegen ist weder für das *Centipede* noch für das GD klar, wie das RI-Argument zurückgewiesen werden kann.

Gegen das Argument der Rückwärts-Induktion lassen sich ein logischer und ein pragmatischer Einwand formulieren. Der logische Einwand lautet, daß bei der Rückwärts-Induktion eine kontrafaktische Ausgangssituation unterstellt werden müßte. Es ist nur dann möglich, so das Argument, den letzten Entscheidungsknoten zu erreichen, wenn die Akteure nicht auf eine

Defektionsstrategie festgelegt sind. Weil das RI-Argument Defektion immer als die rationale Strategie auszeichnet, führt die Rückwärts-Induktion zu einem Selbstwiderspruch. Dieses Argument setzt allerdings einen unklaren Begriff der Möglichkeit voraus und verkennt den Status des RI-Argumentes. Mit der Rückwärts-Induktion wird ein hypothetischer Rationalitätstest in bezug auf die beiden logisch möglichen Handlungsoptionen *k* und *d* eingeführt. Es ist natürlich (logisch) möglich, daß Akteure jede der beiden Strategien wählen; rationale Akteure aber sollten, so das RI-Argument, *d* wählen.

Man kann die logische Struktur des RI-Argumentes akzeptieren und untersuchen, welche Voraussetzungen, die in Spielen gemacht werden und die für die Rückwärts-Induktion konstitutiv sind, man unter plausiblen Annahmen über »echte« Entscheidungssituationen fallenlassen kann (oder fallenlassen muß), um das Pareto-inferiore Ergebnis zu vermeiden. Das RI-Argument kommt mit wenigen Voraussetzungen aus. Zum einen gilt die Rationalitäts-Annahme; man geht davon aus, daß erstens alle Spieler rationale Akteure sind und daß zweitens rationale Akteure die Handlung wählen, die für sie am besten ist. Zum anderen gilt die Rationalitäts-Annahme (wie auch die Präferenzen der Beteiligten) als Teil des gemeinsames Wissen – *Common Knowledge* (CK)[47] – aller Spieler. Dabei gewinnt das RI-Argument seine »Kraft« aus einem einfachen Trick. Der letzte Entscheidungsknoten einer Kette einzelner Entscheidungen ist in besonderer Weise gegenüber den anderen Entscheidungsknoten ausgezeichnet, weil dem sicheren Defektionsgewinn kein möglicher Kooperationsgewinn entgegensteht. Am letzten Entscheidungsknoten bricht das Spiel ab. Indem man nun von diesem letzten Entscheidungsknoten »zurückgeht«, erscheinen auch die vorhergehenden Entscheidungen so, als ob sie am Ende der Entscheidungsfolge stehen würden und also kein Kooperationsgewinn mehr zu erwarten wäre. Der Spielverlauf ist für Entscheidungen in endlich iterierten Spielen irrelevant.

---

47 Gemeinsames Wissen oder *Common Knowledge* (CK) werden hier als *termini technici* verwendet; wenn vom gemeinsamen Wissen der Akteure die Rede ist, dann ist damit, wenn nicht aus dem Kontext anderweitig eindeutig ersichtlich, die Menge der geteilten Überzeugungen der Akteure über die Welt gemeint. Das schließt auch die Analysetiefe der Akteure ein, es wird angenommen, daß *A* weiß, daß *B* weiß, daß *A* weiß usw. Die »Annahme gemeinsamen Wissens« wird mit »CK-Annahme« abgekürzt.

Mit der Rückwärts-Induktion wird *k* als Handlungsoption vollständig ausgeschlossen. Das aber scheint unplausibel. Man kann versuchen, dem RI-Argument zu entgehen, indem man die Rationalitätsannahme beibehält, aber die CK-Annahme einschränkt. Dieser Strategie folgt der pragmatische Einwand gegen das Verfahren der Rückwärts-Induktion. Wenn, so der Einwand, auch nur eine kleine Wahrscheinlichkeit besteht, daß ein Akteur mit »zitternder Hand« einen Fehler macht, dann kann Kooperation lohnend sein. Das gilt zumindestens dann, wenn die Wahrscheinlichkeit eines solchen Fehlers groß genug ist und wenn der Diskontparameter δ, wobei $0 \leq \delta \leq 1$, relativ zu den zukünftigen Auszahlungen hinreichend groß ist. Dieses *trembling hand* Argument[48] kommt allerdings zu dem kontraintuitiven Schluß, daß es für Akteure rational sein kann, *systematisch* mit Fehlern zu rechnen, weil Fehler höhere Auszahlungen erlauben als ein Spiel unter vollständig rationalen Akteuren.

Das Erstaunliche an dem Argument der *trembling hand* ist nicht seine logische Struktur, d.h. nicht die formale Lösung des RI-Problems durch die Annahme einer hinreichend großen Wahrscheinlichkeit für die Wahl von *k*. Erstaunlich ist, daß die Fehlerhypothese als Teil des gemeinsamen Wissens der Akteure eingeführt wird. Die Akteure rechnen systematisch mit einem Fehler bei Wahlhandlungen nicht nur anderer Personen, sondern müssen aufgrund der Symmetrie der CK-Annahme auch für sich selbst eine solche Irrtums-Wahrscheinlichkeit annehmen, obwohl sie wissen, um welchen Fehler es sich handelt – die Wahl von *k* statt *d* – und wie dieser zu vermeiden wäre.[49] Eine solche Annahme ist trotz der schönen Metapher der »trembling hand« schwer normalsprachlich zu interpretieren. Entweder es handelt sich um die zitternde Hand eines Trunkenen (man unterstellt eine merkwürdige Art der systematischen Willensschwäche), oder man muß eine begründungs-

48 Formal führt Selten (1975) mit dem Konzept der *trembling hand* eine Stabilitäts-Anforderung an Gleichgewichte ein, siehe zur Diskussion Osborne (1985: 195-199).

49 Dieser Schluß vom »Wissen um den Fehler« auf das »Wissen um die Vermeidung des Fehlers« ist nicht trivial, aber für *trembling-hand*-Fehler mindestens für Leser der Odysee plausibel, man lasse sich von einigen Gefährten an einen nicht zu schwachen Mastbaum binden oder wähle andere Wege der Selbstbindung, die einen auf die Wahl von *d* festlegen – wenn man *all things considered* davon überzeugt ist, *d* wählen zu wollen, siehe zur Selbstbindung statt Homer Elster (1979).

bedürftige Asymmetrie zwischen den Akteuren einführen (»es könnte sein, daß *der andere* einen Fehler macht«).

Beide Interpretationen sind nicht mit der starken Rationalitätsannahme (als Entscheidungsregel) vereinbar. Es wird verlangt, daß vollständig rationale Akteure sich (an jedem einzelnen Entscheidungsknoten) für die unter Abwägung aller Informationen Nutzen-maximierende Handlung entscheiden, dieselben Akteure zugleich aber annehmen, daß alle Mitspieler des Spieles, d.h. auch sie selbst, entweder stets leicht angetrunken sind oder aus anderen Gründen systematisch (nicht vernachlässigbare) Fehler machen. Die starke Rationalitätsannahme wird für die Entscheidungsregel der Akteure beibehalten, aber in der Menge gemeinsamen Wissens durch die Annahme schwacher Irrationalität ersetzt. Diese Annahme ist sogar dann unplausibel und als Lösung für das RI-Problem im Spiel unserer EU-Bauern unbefriedigend[50], wenn man, einem Vorurteil folgend, annimmt, daß Bauern besonders trinkfreudig sind.

Dabei erscheint der Ansatz des *trembling-hand*-Argumentes sinnvoll: Es ist nicht plausibel, eine Handlungsoption (k) über die Folge des Spieles hinweg *ex ante* auszuschließen. Ein Spieler mag aus mehr oder weniger guten Gründen im Spielverlauf kooperieren. Ausgehend vom *trembling-hand*-Argument, gibt es zwei mögliche Wege fortzufahren. Entweder kann man andere Annahmen über das gemeinsame Wissen der Akteure testen, die mit der Regel rationalen Entscheidens vereinbar sind, aber das RI-Argument auf die eine oder andere Weise entkräften. Oder man verändert die Entscheidungsregel (und verändert dann die CK-Annahmen entsprechend). Wir folgen zunächst dem ersten Weg und schauen, ob wir durch eine plausible Veränderung der CK-Annahmen das RI-Argument zurückweisen können.

Die Annahme gemeinsamen Wissens der Akteure beinhaltet zum einen die Annahme, daß die Akteure über dieselben Informationen verfügen, zum anderen aber auch die Annahme, daß sie in derselben Weise über diese Informationen verfügen und wissen, daß auch die anderen über sie verfügen: *A*

---

50 Das hat sie mit anderen prominenten Lösungen von Rationalitäts-Paradoxa, wie z.B. dem von Sen vorgeschlagenen und oben (Kap. 6.2) als Lösung des GD diskutierten Modell der Metapräferenzen, gemeinsam. Es war gesagt worden, daß Metapräferenzen über Präferenzen nicht sinnvoll interpretiert werden können. Sen bietet eine nur »formale« Lösung des GD.

weiß, daß *B* weiß, daß *A* weiß usw. Man spricht auch von der (symmetrischen) Analysetiefe der Akteure.[51] Für das RI-Argument wird eine unbegrenzte Analysetiefe vorausgesetzt. Betrachten wir einmal die Überlegungen hinsichtlich der Kooperationserwartung für einen Bayes-rationalen Akteur *A*: »Wenn *B* defektiert, ist es für mich besser zu defektieren als zu kooperieren. Das Ergebnis der Defektion ist Pareto-inferior, beide könnten wir uns besserstellen, wenn wir kooperierten. Also sollten wir kooperieren. Wenn *B* kooperiert, ist es für mich besser zu defektieren. Wenn ich defektiere, dann defektiert auch *B* usw.« Beschneidet man die Analysetiefe dieser Überlegungen, so daß beide Akteure nach reiflicher, aber nicht unendlicher Überlegung zu dem Schluß kommen, daß im iterierten Spiel immer der Satz gilt »Defektion wird mit Defektion durch den anderen beantwortet«, dann scheint es für beide Akteure rational zu kooperieren. Eine solche Beschränkung der Analysetiefe kann auf zweierlei Weise interpretiert werden. Man kann zum einen annehmen, daß reale Akteure empirisch nur wenige Züge in einem Spiel antizipieren können. Das, so die Annahme, sei beim *Centipede* und iterierten GD nicht anders als beim Schachspiel unter mittelmäßigen Spielern.

In diesem Fall spricht man von »beschränkter Rationalität«[52] (*bounded rationality*) der Akteure. »Beschränkte Rationalität« kennzeichnet keine spezifische Annahme über das Entscheidungsverhalten der Spieler, sondern über die Menge gemeinsamen Wissens. Allein aus der Annahme beschränkter Rationalität folgt noch nicht Kooperation. Wenn die Akteure die Struktur des Spieles kennen, wissen sie unabhängig von ihrer Meinung über die Entscheidung des anderen Akteurs, daß es immer besser ist zu defektieren. Das Dominanzargument in der Theorie nicht-kooperativer Spiele ist unabhängig von Annahmen über die Analysetiefe. (Man kann natürlich die Annahme beschränkter Rationalität durch die Symmetrie-Annahme ergänzen. Dann gerät man aber in die oben (Kap. 8.3) diskutierten Schwierigkeiten.)

Kooperation folgt nicht (direkt) aus der Annahme beschränkter Rationalität, sondern aus einer besonderen Entscheidungsregel, die für beschränkt rationale Spieler im allgemeinen unterstellt wird. Diese als »Satisfaktions-

---

51 Zur Bedeutung der Analysetiefe im iterierten GD siehe French (1996: 219).

52 Das Konzept der *bounded rationality* wurde ursprünglich von Simon (1957) eingeführt, zur Diskussion siehe March (1986).

Regel« eingeführte (von der Regel für Bayes-rationale Entscheidungen zu unterscheidende) Entscheidungsregel kann als vereinfachtes Entscheidungsverfahren angesehen werden, bei dem die Akteure ein Anspruchsniveau festlegen, das sie mindestens erreichen wollen – anstatt ihren Nutzen zu *maximieren*. Die Wahl einer solchen Regel scheint unter der Annahme einer beschränkten Analysetiefe vielleicht besonders plausibel. Die Annahme über die Analysetiefe und die Entscheidungsregel sind aber logisch voneinander unabhängig.[53]

Mit der Einführung der Satisfaktions-Regel wird die Annahme über das Entscheidungsverhalten rationaler Spieler verändert. Diesem Weg, dem RI-Argument zu entgehen, entspricht auch die folgende (zweite) Interpretation der beschränkten Analysetiefe. Wenn man keine beschränkte Rationalität der Akteure voraussetzen will, kann man vorschlagen, die beschränkte Analysetiefe als Wahl der Akteure zu interpretieren: Akteure wollen der Meinung sein, daß der Satz »Defektion wird immer mit Defektion beantwortet« wahr ist und also Kooperation die rationale Strategie ist. Diese Interpretation beinhaltet, daß wir nicht nur die CK-Annahmen, sondern auch unsere Vorstellung davon ändern, was es heißt, in einem strategischen Spiel eine rationale Wahl zu treffen. Rationale Akteure wählen eine Meinung über das, was sie unter den gegebenen Umständen in einem iterierten Spiel wissen wollen; die Spieler nehmen mit Gründen eine Meinung an – »Defektion wird immer mit Defektion beantwortet«. Anders als den Trunkenen bezeichnen wir eine Person, die mit Gründen eine Meinung wählt, nicht als irrational[54], sondern als epistemisch rational (Bicchieri 1993: 85-126; 1989: 69-85).[55] Man kann natürlich bestreiten, daß Personen epistemisch rational in dem Sinne sein können, solche Meinungen zu wählen, die ihnen besonders nützlich erscheinen.

---

53 Eine Diskussion der Satisfaktions-Regel für Bauern und landwirtschaftliche Betriebe findet sich bei Brandes (1978). Vgl. zu diesem Absatz Lohmann (1997a: 131 ff.; 1996b: 180-182).

54 Wobei wir genauer sagen, daß es irrational ist zu trinken, der Trinker aber arational handelt, klassisch dazu Aristoteles (1986: 1147 a10-27).

55 Bicchieri verwendet den Begriff der epistemischen Rationalität mit Bezug auf die Wahl von CK-Annahmen in einem engeren Sinne, als dieser im allgemeinen verwendet wird, wenn man sich fragt, inwiefern bestimmte Meinungen rational sind, vgl. Gosepath (1992: 23-33).

In bezug auf Meinungen, d.h. im Bereich der theoretischen oder epistemischen Rationalität, sprechen wir im allgemeinen in anderer Weise von »guten Gründen« als in bezug auf Handlungen, d.h. im Bereich praktischer Rationalität. Die These einer systematischen Verschiedenheit theoretischer und praktischer Rationalität beinhaltet die (skeptische) Behauptung, daß man sich zwar über Sachverhalte in der Welt, wenn man nur lange genug forscht, auf eine allen wohldenkenden Menschen gemeinsame Meinung einigen könne. Dies sei aber in bezug auf die Bewertung von Handlungen nicht der Fall, weil die individuell verschiedenen Bewertungsfunktionen anders als die Kategorien der Wahrnehmung nicht intersubjektiv gleich (oder doch zumindestens ähnlich und vergleichbar) seien.[56]

Hier können wir einstweilen von diesen »dicken« Fragen absehen. Die Vorstellung epistemischer Rationalität wird hier in einem engeren Sinne verwendet, um einen Unterschied zu dem bei der Rückwärts-Induktion gewählten Vorgehen zu kennzeichnen. Bei der Rückwärts-Induktion gehen die Spieler vom letzten Entscheidungsknoten aus; epistemisch rationale Akteure, so die These, gehen bei ihrer Betrachtung eines Spieles vom ersten Entscheidungsknoten aus und überlegen, unter welchen Bedingungen und bis zu welchem Stadium es im Spiel rational ist zu kooperieren – nicht andersherum. Warum sollten sie das tun? Das Argument für diese These erfordert nicht nur andere Annahmen darüber, was es heißt, daß die Akteure etwas wissen, sondern ein verändertes Verständnis davon, was es heißt, in strategischen Spielen rational zu sein.

Menschen wählen die Handlung, die für sie am besten ist. Bisher haben wir diese Vorstellung in der Weise interpretiert, daß Menschen jeweils die Handlung wählen, die für sie die besten Konsequenzen hat. Damit sind wir der ökonomischen Standardinterpretation der Theorie rationaler Wahl gefolgt, wie sie oben (Kap. 3.1) eingeführt wurde. Wir hatten allerdings (Kap. 6.1) mit Pedro und den Badenern bereits eine Situation kennengelernt, die dieser Interpretation entgegensteht. Pedro trinkt in Badischen Weinlokalen, wenn er von Badenern eingeladen wird, Wein, obwohl er Rum lieber mag als

56 Gosepath (1992: 23-33) macht deutlich, daß es sich bei dieser voraussetzungsreichen Position nicht nur um einen (im Verlauf der Philosophiegeschichte ausgestorbenen) »Strohmann« handelt.

Wein, weil er höflich sein will. Wir können jetzt diese Situation genauer rekonstruieren.

Der konsequentialistischen Theorie steht eine Intuition über das entgegen, was die gute Entscheidung einer Person ausmacht: Menschen fällen nicht je einzelne Entscheidungen, die unabhängig voneinander sind, und maximieren zu jedem Zeitpunkt ihren Nutzen, sondern haben Pläne, die sie über eine längere Abfolge von Handlungen hinweg verfolgen. Das setzt voraus, daß ein Spiel in der gesamten Länge (»von vorne«) betrachtet wird. Strategische Entscheidungen beziehen sich dann nicht auf einen einzelnen Zug, sondern auf die Abfolge mehrerer Züge. Normalsprachlich sagen wir, daß die spezifischen Umstände einer Entscheidung im Spielverlauf bedeutsam sein können – man kann auch von der Kontext-Abhängigkeit oder Historizität einer Entscheidung sprechen. Das entspricht wiederum den oben mit Verweis auf Locke (Kap. 8.1) formulierten Intuitionen über den möglichen Zusammenhang der Strategiewahl von Akteuren. Ein solches Spiel, bei dem die einzelnen Entscheidungen einer Folge von Entscheidungen nicht unabhängig voneinander beschrieben werden können, nennt man ein dynamisches Spiel.

9.3 Die Konsistenzannahme in dynamischen Spielen

In iterierten Spielen werden Entscheidungsfolgen modelliert. Das entspricht zunächst einmal unseren Intuitionen, wenn wir Menschen dauerhafte Wünsche über eine Folge von Handlungen hinweg zuschreiben (vgl. Kap. 4). Es hat sich aber gezeigt, daß in iterierten Spielen Kooperation ausgeschlossen wird und das Ergebnis nicht Pareto-effizient ist. Um Kooperation in iterierten Spielen nicht *ex ante* auszuschließen, muß man entweder von einem Superspiel ausgehen (oder doch zumindest davon, daß die Akteure nicht wissen, wann ein Spiel abbricht) oder den Spielern unterstellen, daß sie mit »zitternder Hand« entscheiden. Beide Annahmen beschränken die Anwendung des Modells iterierter Spiele auf einige wenig plausible Fälle. Weder haben wir es nur mit Traditionalisten noch stets mit Trinkern zu tun. Trotzdem kooperieren Menschen.

Mit dem *trembling-hand*-Argument wird eine systematische Irrtumswahrscheinlichkeit eingeführt. Es ist aber nicht klar, wieso nüchterne und rationale

Akteure in nicht vernachlässigbarer Weise über die Spieldauer hinweg dazu neigen sollten, Fehler zu machen. Betrachtet man hingegen die Abfolge von einzelnen Entscheidungen nicht isoliert, sondern als Folge, über die hinweg Personen Pläne verfolgen, dann läßt sich ein systematisches Abweichen von der zum jeweiligen Zeitpunkt Nutzen-maximierenden Handlung erklären: Die Person macht keinen Fehler, sondern sie handelt gemäß eines Planes. Weil für die Beurteilung eines Planes alle Entscheidungen (über den Planungszeitraum hinweg) relevant sind, setzt eine solche Beschreibung voraus, daß ein Spiel in »ganzer Länge« betrachtet wird. Bei der Rückwärts-Induktion wird jede einzelne Entscheidung so betrachtet, als sei sie unabhängig von allen anderen Entscheidungen eines Spieles. Wenn die einzelnen Entscheidungen dagegen wie in dynamischen Spielen nicht unabhängig voneinander beschrieben werden, gehen rationale Akteure bei der Beurteilung von Entscheidungsfolgen von der ersten Entscheidung aus, nicht von der letzten. Die Methode der Rückwärtsinduktion als Rationalitätstest wird durch die Vorwärts-Induktion, *forward-induction*, ersetzt (Coleman 1990: 911-930; Hollis 1994a: 187-190; Bicchieri 1993: 98-103). Mit diesem Argument wird nicht bestritten, daß es eine Reihe von Entscheidungsfolgen geben kann, für die der RI-Einwand zutrifft. Das ist aber eben nicht der Fall, wenn die einzelnen Entscheidungen einer Folge wie bei Plänen nicht unabhängig voneinander beschrieben werden.[57]

Wir gehen wieder von unseren Humeschen Bauern aus, deren Koordinationsproblem als *Centipede* beschrieben werden kann. Dabei ändern wir jetzt die Beschreibung hinsichtlich zweier Elemente. Zum einen lassen wir auch solche Strategiepaarungen zu, bei denen ein Spieler auf Defektion mit Defektion antwortet, ohne daß dadurch das Spiel abgebrochen wird. Ein solches Spiel bildet man in einem Entscheidungsbaum ab (Abb. 6). Zur Vereinfachung wird hier nur ein einfach iteriertes Spiel betrachtet, das aus zwei identisch beschriebenen Teilspielen besteht. Die Auszahlungen entsprechen denen, die oben (Kap. 7.3) für das *Centipede* und das GD eingeführt wurden. Die zweite Veränderung betrifft die Frage, was es heißt, einem Plan zu folgen. Wenn wir annehmen, daß Entscheidungen nicht unabhängig voneinander sind, dann muß eine Bewertungsfunktion der numerischen Auszahlungen zu-

57 Zu dem folgenden Abschnitt siehe Machina (1994) und Levi (1994: 93-95).

grundegelegt werden, die diese Intuition (für mindestens einen Spieler) wiedergibt. Einer unserer Bauern (*A*) bewertet nicht die absolute Höhe, sondern die relative Höhe der Auszahlungen im Vergleich beider Akteure. Statt der orthodoxen Nutzenfunktion $u=u(x)$, wobei x die Auszahlungen bezeichnet, gilt für *A* die Nutzenfunktion $u=u(\mathrm{GK})$, wobei sich der Gleichheitskoeffizient (GK) aus der Division der größeren Auszahlung durch die kleinere Auszahlung ergibt. Diese Nutzenfunktion setzt weder interpersonelle Vergleichbarkeit, noch einen ausgesprochenen Gerechtigkeitssinn voraus. *A* berechnet GK auf der Basis seiner subjektiven Bewertung der Auszahlungen. Es geht ihm nicht um Fragen der Gerechtigkeit, sondern seines subjektiven Wohlergehens. Es ärgert ihn einfach ungemein, wenn die Kosten und der Nutzen von Leistungen in der Nachbarschaftshilfe ungleich verteilt sind. Dieser Ärger ist so stark, daß es ihm auch egal ist, ob er sein Heu mit mehr oder weniger Aufwand erntet. Für ihn ist nur wichtig, daß er nicht das Gefühl hat, andere machten sich auf seine Kosten einen schönen Tag. (Allerdings setzen wir auch voraus, daß er es nicht positiv bewertet, wenn er selbst einige faule Stunden verbringen kann.) Wenn man für *B* weiterhin von einer orthodoxen Bewertung ausgeht, führt das Spiel zwischen dem Choleriker *A* und dem Nutzen-Maximierer *B* in dem einfachen »zweifüßigen« sequentiellen Spiel (und im *Centipede*) weiterhin zu dem oben diskutierten Ergebnis, daß die Bauern defektieren. Das folgende Spiel zeigt, daß sich das Ergebnis verändert, wenn wir den vollständigen Entscheidungsbaum betrachten (Abb. 6).

Für den relevanten Beobachtungszeitraum von zwei Perioden ergeben sich (unter der Voraussetzung der Nutzenfunktionen für Choleriker und Nutzen-Maximierer folgende Präferenzordnungen:

A: I=IV=VII=X=XIII=XVI>II=III=V=IX>VIII=XII=XIV=XV>VI=XI
B: VI>II=V>I=VIII=XIV>IV=VII=X=XIII>III=IX=XVI>XII=XV>XI

Die Präferenzordnungen (und die Nutzenfunktionen) sowie die Rationalitätsannahme gehören zum gemeinsamen Wissen der Akteure.

Das Ergebnis dieses Spieles liegt nach zwei Perioden in X. Man kann sich das leicht klarmachen, indem man die Überlegungen der Akteure (jetzt ausgehend vom ersten Entscheidungsknoten) nachvollzieht. *A* überlegt, was *B* tun wird, wenn er kooperiert. *B*, so seine Überlegung, wird zunächst schauen, welche Handlung er (*A*) in seinem zweiten Entscheidungsknoten wählen wird. Da es für *B* am zweiten Entscheidungsknoten immer besser ist zu defektieren, wird er (*A*) seinerseits im zweiten Entscheidungsknoten auf jeden Fall defektieren. Da für *B* das Ereignis VIII besser ist als IV wird *B* im ersten Entscheidungsknoten defektieren. Wenn *A* kooperiert, kann er einen Gleichheitskoeffizienten von 2 erreichen. Jetzt vollzieht *A* die Überlegungen in gleicher Weise für den Fall nach, daß er am ersten Entscheidungsknoten defektiert. Für *B* ist am letzten Entscheidungsknoten wieder Defektion die beste Strategie. *A* weiß dann, daß *B* weiß, daß er ausgehend von der Situation iii kooperieren wird und ausgehend von iv defektieren wird. Da *B* das Ergebnis X dem Ergebnis XVI vorzieht, wird er an seinem ersten Entscheidungsknoten kooperieren, so daß X erreicht wird. Da für *A* das Ergebnis X mit einem Gleichheitskoeffizienten von 1 besser ist als VIII, wird er am ersten Entscheidungsknoten defektieren.

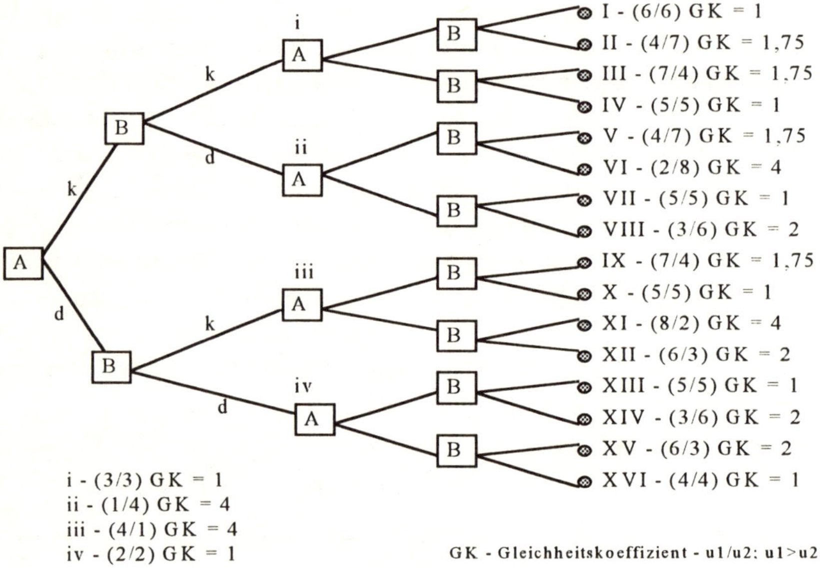

Dynamisches Spiel unter Bauern

Abb. 6

Wir stellen zweierlei fest. Zum einen sehen wir, daß auch *B* in unserem Spiel ein besseres Ergebnis erzielt als bei reiner Defektion. Dieses Resultat ist natürlich nur die Konsequenz aus der für *A* angenommen Nutzenfunktion und ist also uninteressant. Das zweite Resultat unseres Spieles ist dagegen tatsächlich erstaunlich. Es gibt Spiele, in denen die Spieler sich unter identischen Beschreibungen der Teilspiele eines zusammengesetzten Spieles in den Teilspielen für unterschiedliche Handlungsalternativen entscheiden. Die Spieler entscheiden scheinbar inkonsistent.[58]

Dieses Ergebnis widerspricht nicht nur der konsequentialistischen Standardinterpretation der Theorie rationaler Entscheidung, wie wir sie bisher diskutiert hatten, sondern scheinbar jeder sinnvollen Interpretation der Transitivitätsforderung der Theorie rationaler Wahl. Es ist nicht verständlich, warum ein Spieler bei konstanten Präferenzen (*ceteris paribus*) in einem iterierten Spiel, das aus zwei identischen Teilspielen zusammengesetzt ist, sich das eine Mal für Defektion und das andere Mal für Kooperation entscheidet – es sei denn, wir beschreiben die einzelnen Handlungen anders als bloß über ihre Konsequenzen. Eine solche Beschreibung ist zwar nicht mit der konsequentialistischen Standardinterpretation, wohl aber mit dem formalen Kern der Theorie rationaler Wahl (hier der Transitivitätsforderung) kompatibel. Eine sinnvolle Beschreibung der Einzelentscheidungen setzt voraus, daß wir sie als Teil einer nicht separierbaren Menge einzelner Wahlhandlungen interpretieren.[59] Genau in diesem Sinne schreiben wir realen Akteuren Pläne zu. Die Zuschreibung von Plänen erlaubt uns (analog zu der Zuschreibung von Wünschen) adäquate Beschreibungen von Entscheidungssituationen, wenn Menschen – wie bei der Mehrzahl realer Koordinationsprobleme – wiederholt unter ähnlichen Umständen aufeinandertreffen.

---

58 Das Konsistenzproblem wird ausführlich bei McClennen (1990: 148-161) diskutiert. McClennen schlägt unter Verweis auf das »Money-Pump-Argument« (1990: 200-218) vor, die Konsistenz-Forderung, wie sie mit der Transitivitätsforderung an Präferenzen eingeführt wird, aufzugeben. Für Pläne sei eine dynamische Konsistenz (Kohärenz) anzunehmen (McClennen 1990: 12-13, 89-91), bei der sich ein Akteur für besonders wichtige Entscheidungen an feste Handlungsweisen binde – weil es sich um wichtige Entscheidungen handle. Vgl. dazu Levi (1986: 5-10), der die Vorstellung einer Ordnung über alle Handlungen zugunsten der orientierenden Funktion »dicker Entscheidungen« (*hard choices*) aufgibt. Ich hatte oben (Kap. 6.2 und 6.3) Inkonsistenz im Zusammenhang mit dem *Sure-Thing-Principle* diskutiert, als ich mich wunderte, warum mein alter Freund Pedro in Baden zum Weintrinker wird.

59 Dieses Argument der Non-Separierbarkeit diskutiert wiederum McClennen (1990: 120 ff.).

Dann, so könnte meine bereits hinlänglich bekannte, nörgelnde Opponentin einwenden, wird mit der Einführung von Plänen nichts anderes geleistet, als die Referenz über mehrere Perioden auszudehnen. Das sei aber mit weniger terminologischem Aufwand zu leisten. Wenn die einzelnen Entscheidungen im dynamischen Spiel nicht separierbar sind, dann sollte man *A*'s Entscheidung doch auch anders beschreiben. Er hätte tatsächlich nicht zweimal die Wahl zwischen je zwei Handlungsoptionen, so daß sich (weil auch *B* zweimal entscheiden kann) insgesamt sechszehn mögliche Ergebnisse ergeben würden, sondern er hat die Wahl zwischen zwei Handlungsoptionen, aus denen sich dann – wenn er und *B* rational sind – zwei mögliche Ergebnisse (VIII für Kooperation und X für Defektion) ergeben. Man könne die von mir eingeführte merkwürdige Nutzenfunktion beibehalten und sagen, daß sich *A* in einem einmal wiederholten Spiel entscheiden müsse zwischen der Möglichkeit, daß beide Spieler je einmal defektieren und je einmal kooperieren, und der Möglichkeit, daß er selbst einmal kooperiert und einmal defektiert, *B* hingegen immer defektiert. Da *A* das Ergebnis X der einzigen (unter rationalen Akteuren) möglichen Alternative VIII vorzieht, wird er die erste Option wählen. Das genau sei aber erstens auch das Resultat des *Centipede* und zweitens vollständig konsistent mit allen Annahmen über das rationale Wahlhandeln von Personen.[60] Leider würde dies eben zeigen, daß es nicht sinnvoll ist, seinem Mitspieler (oder Nachbarn und Kollegen) zu vertrauen, aber so sei eben die Welt – auch unter Bauern. Es sei weiterhin völlig unklar, wozu hier Pläne eingeführt werden müßten.

Tatsächlich vereinfacht der Vorschlag meiner neoklassischen Opponentin unsere Welt. Die von ihr vorgeschlagene Beschreibung von Handlungsfolgen wie eine einzige Handlung erspart uns nicht nur die etwas komplizierte Beschreibung dynamischer Spiele, sondern hat außerdem den Vorteil, daß sie nicht mit der Konsistenzannahme konfligiert. Allerdings wiederholt sie leider ihren Fehler, den wir oben (Kap. 6.3) bereits diskutiert hatten. Sie liefert eine Handlungsbeschreibung, in der für Handlungsgründe der Personen kein Platz ist.[61] Sie hat die Möglichkeit einer konsistenten Beschreibung der Entschei-

60 Die merkwürdige Nutzenfunktion führt allerdings dazu, daß sich das Ergebnis X und nicht XVI ergibt wie im iterierten GD.

61 Ich hatte oben (Kap. 6.3) mit Verweis auf Davidson diskutiert, daß wir tatsächlich Schwierigkeiten haben anzugeben, was eine abgeschlossene Handlung auszeichnet.

dung mit dem Verzicht auf die Angabe von Handlungsgründen »bezahlt«. Ihr Vorschlag, *A*'s Handlungen in dem einmal wiederholten Spiel als »*A* defektiert am ersten Entscheidungsknoten und kooperiert am zweiten Entscheidungsknoten, wenn *B* auch einmal defektiert und einmal kooperiert« zu beschreiben, enthält keine adäquate vollständige Beschreibung des Koordinationskonfliktes. Das dynamische Spiel und die Zuschreibung von Plänen sollten genau das leisten: Menschen können aus einer Vielzahl guter Gründe handeln; die Struktur des Koordinationskonfliktes, hier die zeitliche Abfolge, kann einen guten Handlungsgrund darstellen.

9.4 Abhängigkeit der Entscheidungen und die Möglichkeit von Drohungen

Menschen handeln mit Gründen. Das kann eben auch dazu führen, daß sie in zwei scheinbar identischen Entscheidungssituationen zu unterschiedlichen Entscheidungen über die Wahl einer Handlungsalternative kommen. Bisher habe ich behauptet, solche auf den ersten Blick inkonsistenten Entscheidungen seien verständlich, wenn wir Personen Pläne zuschreiben. In Plänen seien die einzelnen Handlungen einer Person nicht separierbar. Was heißt das hinsichtlich der Handlungsgründe einer Person? Weil die Rede von »guten Gründen« mindestens in einem schwachen Sinne Universalisierbarkeit beinhaltet[62], erfordert der Verweis auf gute (Handlungs-) Gründe einer Person die Angabe eines Konsistenzkriteriums. Es ist einfach nicht verständlich, einer Person gute Gründe zuzuschreiben und zugleich das Konsistenzkriterium aufzugeben. Wie läßt sich dieser Widerspruch vermeiden?

Man könnte sagen, daß für die Beschreibung und Individuierung von Handlungen nicht ausschließlich die Konsequenzen relevant sind, sondern auch Eigenschaften wie »Teil eines Planes sein« o.ä. Es ist zwischen Präferenzen über Konsequenzen und Präferenzen über Handlungen zu unterscheiden, nur für erstere ergibt sich das Problem der fehlenden Konsistenz, denn

---

62 Vgl. die Überlegungen zu normativem Konsum in Kap. 2.3 und die Anmerkungen zum Kohärenzkriterium in Kap. 6.3.

zweitere lassen sich durch die Kontext-spezifischen Eigenschaften hinlänglich spezifizieren, um abweichendes Handeln zu erklären. Das gilt nicht nur in dynamischen Spielen, sondern entsprechend für das GD oder das *Centipede*, in denen Eigenschaften wie »kooperativ sein« oder »Folge eines Versprechens sein« relevant sind.[63] Anders als meine neoklassische Opponentin, die die Welt vereinfacht, indem sie verschiedene Ereignisse zu einer Handlung zusammenzieht, wird hier vorgeschlagen, zusätzliche Elemente in die Beschreibung von Ereignissen aufzunehmen. Dies hat eine unangenehme Konsequenz. Eine so beschriebene Entscheidungssituation wird ungemein kompliziert. Es ist gar nicht klar, welche Kandidaten wir als relevant für die Beschreibung von Handlungen zulassen wollen. Wenn wir sagen, daß eine Handlung Teil eines Planes ist, dann mag es weitere für eine Person relevante Pläne geben. Nicht immer und nicht für alle Beschreibungen von Handlungen sind dieselben Pläne (oder dieselben Eigenschaften) relevant (vgl. Kap. 6.2).[64] Wir benötigen zusätzliche Kriterien, um die für eine Beschreibung relevanten Eigenschaften besonders auszuzeichnen. Solche Kriterien können natürlich im Rahmen einer sinnvoll verstandenen Theorie der (subjektiven) Präferenzen nicht in dem Sinne objektiv sein, daß wir die Entscheidungen einer Person gegen einen festen Katalog allgemein als relevant anerkannter Pläne testen (vgl. Kap. 6.1). Wenn wir aber die Theorie der (subjektiven) Präferenzen in einem weiten Sinne interpretieren, so daß wir auch Pläne als

---

63 Folgt man diesem Argument läßt sich die dilemmatische Struktur des GD vermeiden, indem man nicht die Präferenzen über die Konsequenzen einer Handlung, sondern über vollständig beschriebene Handlungen betrachtet, wobei »kooperativ sein« einen guten Handlungsgrund, d.h. einen Grund für die Wahl der entsprechenden Handlung, darstellt, vgl. Nida-Rümelin (1991: 133-162).

64 Man kann natürlich die Vorstellung besonders wichtiger und dadurch vorgeordneter Pläne vertreten, siehe zur Diskussion Lohmann (1996: 176-180). Im allgemeinen sprechen wir eine solche Haltung aber nur religiösen und seltener politischen Fanatikern zu und finden solche Zeitgenossen selten sympathisch. Die Vorstellung, daß einige wenige *hard choices* für alle Entscheidungen relevant sind, wird bei Levi (1986: 14 ff.) pragmatisch abgeschwächt, wenn er feststellt, für Entscheidungen müßte ein toleranter Wertepluralismus gelten, so daß es eben zulässig sei – je nach Situation – *x* oder *z* gut zu finden. Eine Entscheidung beendet nicht den Konflikt zwischen Personen oder für eine (»innerhalb« einer) Person. Gosepath (1992: 193) weist darauf hin, daß eine solche Form des Relativismus auf jeden Fall intern konsistent ist.

Gegenstand von Präferenzen zulassen, dann führt das zu einer Immunisierung der Theorie gegen mögliche Einwände. Wir müßten alle Eigenschaften, die konsistente Handlungsbeschreibungen einer Person erlauben, als relevante Kandidaten für Pläne zulassen. Die Erfüllungsbedingungen solcher Beschreibungen sind nicht eindeutig definierbar; man behält »nur« den formalen Kern einer Theorie bei, die für alle möglichen Interpretationen offen ist – sofern sie nur (intern) konsistent sind. (Immerhin bewahrt man so ein Verständnis davon, was es heißt, eine rationale Wahl zu treffen.) Auch wenn man bereit ist, diesen Preis in bezug auf den Status der Theorie rationaler Entscheidung zu zahlen, mag einem der Preis in bezug auf eine adäquate normative Theorie guter Handlungsgründe zu hoch erscheinen. Selbst wenn wir nicht annehmen, daß es einen festen Katalog anerkannter guter Pläne u.ä. gibt (d.h. selbst wenn wir in bezug auf normative Fragen keine realistische Position einnehmen wollen), sind wir (vielleicht) der Meinung, daß es für Menschen, die in sozialen Strukturen gemeinsam Probleme lösen müssen, besonders ausgewiesene Gründe gibt, in der einen und nicht in der anderen Weise zu handeln (das heißt, wir wollen einen so verstandenen Objektivismus vielleicht nicht aufgeben). Dann muß man genauer angeben können, unter welchen Bedingungen »dicke« (moralische) Eigenschaften einer Handlung wie »Teil eines Plans sein«, »kooperativ sein« oder »Folge eines Versprechens sein« relevant sind.

Die Pointe des endlich iterierten (für die Akteure überschaubaren) GD und des *Centipede* besteht gerade darin zu zeigen, daß Kooperation für rationale Akteure unter bestimmten Bedingungen auch dann keinen Handlungsgrund darstellt, wenn sich kooperative Akteure besserstellen könnten. Was unterscheidet die Beschreibung des dynamischen Spiels von der GD-Struktur? Der Trick besteht offensichtlich darin, daß wir mit der Annahme der Non-Separierbarkeit das RI-Argument geblockt haben. (In dem obigen Spiel besteht der Trick in der für *A* eingeführten Nutzenfunktion, da die Relation der summierten Auszahlungen (GK) vom Spielverlauf abhängt.) Dadurch wird der Spielverlauf relevant, das Spiel wird »von vorne betrachtet« (*forward-induction*). *A* muß für seine Entscheidung *B*'s Entscheidung an jedem Entscheidungsknoten antizipieren. Man könnte sagen, daß wir einen hermeneutischen Trick anwenden (Harsaae 1994; Benton 1990).

Man kann sich das natürlich auch so vorstellen, daß die beiden Spieler gemeinsam ihr Spiel hypothetisch durchspielen. Bei einem solchen Spiel könnte dann der *A* zum *B* sagen, daß er auf keinen Fall bereit sei, im Zustand iv zu kooperieren, so daß *B* an seinem ersten Entscheidungsknoten besser nicht defektiere, sonst würde er sich schlechterstellen (*A* kennt *B*'s Präferenzen). Weil Pläne aus der Folge von Einzelentscheidungen *beider Akteure* bestehen, kann *A* dem *B* drohen. Natürlich sind nicht alle Drohungen glaubwürdig. Wenn *B* dem *A* sagt, er werde an seinem ersten Entscheidungsknoten defektieren, wenn *A* mit Defektion beginnt, dann ist diese Drohung nicht glaubwürdig (*cheap talk*), weil *B* sich in dem dann erreichbaren Zustand XVI schlechterstellen würde als in X. Die Glaubwürdigkeit von Drohungen kann unter realen Spielern auch vom Spielverlauf abhängen. Die Spieler können eine Reputation für bestimmte Verhaltensweisen ausbilden, indem sie in der Vergangenheit Drohungen auch dann durchgesetzt haben, wenn damit Kosten für sie verbunden waren (oder eben ausgesprochene Drohungen nicht durchgesetzt haben). Die Reputation der Spieler (oder das Drohpotential) ist Bestandteil des gemeinsamen Wissens der Akteure (Wilson 1985: 45-52). In *one-shot*-Spielen oder unter der Annahme der Separierbarkeit sind Drohungen nur unter sehr restriktiven Annahmen über die Bewertung alternativer Auszahlungen, die Risikoaversion der Akteure und die Wahrscheinlichkeitsverteilung über alternative Handlungsoptionen glaubwürdig. In dynamischen Spielen dagegen entscheidet ein Spieler, weil er die Entscheidungen des Mitspielers antizipieren kann, so, als würde dieser drohen. Das heißt, nicht nur die Entscheidungen eines einzelnen Spielers sind in dynamischen Spielen nicht separierbar, sondern auch die Entscheidungsfolgen beider Beteiligter sind nicht unabhängig voneinander beschreibbar. In diesem Fall kann man sagen, daß die Entscheidungen mit Bezug auf die soziale Struktur des Spieles konsistent sind.

Die Abhängigkeit der Entscheidungen von Akteuren entspricht meiner Ausgangsthese. Man könnte also hier abbrechen und als Resultat festhalten, daß die Hobbesschen Toren (im Naturzustand) bei dem Versuch scheitern, ihre Koordinationskonflikte zu lösen, weil sie geschichtslose Wesen sind, die je nur Zeitpunkt-bezogen ihren Vorteil suchen. Locke behielte gegen Hobbes recht: Menschen, die einen Erwartungshorizont ausbilden, der sich über mehrere Handlungen erstreckt, können ihre Koordinationskonflikte in dem Wissen lösen, daß ihre Entscheidungen nicht unabhängig voneinander sind. Dabei erreichen sie dann allerdings leider nur das (zweit-beste) Ergebnis.

Warum erreichen unsere Akteure in dem Spiel kein besseres Ergebnis? Man könnte sich doch eine Situation vorstellen, in der *B* etwa folgenden Vorschlag macht: »Ich werde an meinem zweiten Entscheidungsknoten kooperieren. Das (der Zustand IX) stellt uns zwar zunächst beide schlechter, aber wenn Du, *A*, mir danach einige Nutzenpunkte (z.B. Heuballen) überläßt (so daß die Auszahlung (5,5/5,5) erreicht wird), dann stelle ich mich besser, und Du kannst immer noch Dein bestes Ergebnis (GK=1) erreichen.« Um sein Angebot auch für *A* attraktiv zu machen, könnte *B* zusätzlich anbieten, *A*'s Entgegenkommen in einem späteren Spiel zu vergelten. Dynamische Spiele gehen wie das GD oder das Centipede von einer wohldefinierten Menge von Strategien und diskreten Auszahlungen aus. Transferzahlungen und Kompensationen, wie sie in dem Beispiel *B* vorschlägt, sind nicht vorgesehen. Warum sollte aber *B* dem *A* nicht vorschlagen können, die Auszahlungen auch anders aufzuteilen, um so ein besseres Ergebnis zu erreichen? In dem nächsten Kapitel wird mit einer anderen Form von Spielen ein Vorschlag diskutiert, der beliebige Aufteilungen eines Auszahlungsraumes ermöglicht. Dieser Vorschlag erlaubt dann auch, die Vorstellung der wechselseitigen Abhängigkeit der Entscheidungen und das Konsistenzkriterium im Rahmen sozialer Strukturen formal zu präzisieren.

Teil IV
Rationalität und Koordination

Kapitel 10

Verhandlungsspiele

10.1 Verhandlungen zwischen realen Personen

In dem letzten Hauptteil haben wir strategische Spiele diskutiert, bei denen (in der Regel zwei) Akteure mit gegebenen Präferenzen unabhängig voneinander versuchen, ihren erwarteten Nutzen zu maximieren. Für das GD und das *Centipde* gibt es je eine eindeutige Lösung (im Nash-Gleichgewicht). Allerdings scheitern die Akteure bei dem Versuch, ihr Koordinationsproblem effizient zu lösen – das Gleichgewicht als Lösung des Spieles ist Pareto-inferior. Das gilt *mutatis mutandis* auch für iterierte Spiele. Dieser unglückliche Ausgang folgt aus dem symmetrischen Spieldesign, d.h. aus der Präferenzstruktur der Akteure. Die Wahl der (dominanten) Strategie d ist für beide Akteure rational und ist konsistent mit ihren Präferenzen. Das gilt mindestens, wenn wir anders als im richtigen Leben im Spiel von wohldefinierten Strategiepaarungen und entsprechenden (relativen) Auszahlungen ausgehen.[1]

Wenn wir in wiederholten Spielen Menschen Pläne zuschreiben, dann sind weder die einzelnen Entscheidungen einer Person separierbar noch sind die

---

1 Man kann auch für das GD die Beschränkung auf diskrete Auszahlungen aufgeben, indem man gemischte Strategien zuläßt, d.h. solche Strategien, bei denen die Akteure eine Wahrscheinlichkeitsverteilung über die Wahl zwischen d und k legen $((\varpi)k/(1-\varpi)d)$. Dann ergeben sich unendlich viele Strategiekombinationen einer Person (und entsprechend ein stetiger Auszahlungsraum). Allerdings sind gemischte Strategien schwer normalsprachlich zu interpretieren. Es ist – selbst für Verliebte und andere pathologische Fälle – einfach unklar, warum eine Person mit einem gelenkten Zufallsverfahren (gezinkten Würfeln u.ä.) über die Wahl ihrer Handlungsoptionen entscheiden sollte.

Entscheidungen der Beteiligten eines Spieles unabhängig voneinander beschreibbar (mindestens dann nicht, wenn sie konditionalen Strategien folgen oder lange genug nachdenken). Das hat zu der merkwürdigen Situation geführt, daß eine rationale Person in zwei zeitlich aufeinanderfolgenden, aber ansonsten identischen Situationen unter Umständen unterschiedliche Handlungsoptionen wählt. Dieses Ergebnis verstößt gegen das Konsistenzkriterium der Theorie rationaler Wahl. Das ist insbesondere unangenehm, weil Pläne als eine besondere Art guter Gründe (für die Wahl einer Handlung) eingeführt wurden. Die Rede von »guten Gründen« ist nicht mit der Aufgabe der Forderung nach Konsistenz vereinbar. Wir hatten uns mit einem kleinen Trick beholfen und gesagt, man müsse Handlungen anders beschreiben als nur über die Konsequenzen. »Teil eines Plans sein« oder »kooperativ sein« können Teil vollständiger Beschreibungen der Handlungsalternativen sein. Allerdings sind die Erfüllungsbedingungen dieser Beschreibungen von Handlungen unklar. Anders als bei Computersimulationen iterierter Spiele, bei denen man feststehende Strategien gegeneinander spielen läßt[2], entscheiden die Akteure in Koordinationskonflikten nicht nach festen Mustern, sondern nach einiger Überlegung und unter Berücksichtigung aller verfügbaren Informationen. Sie können auch versuchen, durch gezielte Drohungen, den Aufbau von Reputation oder durch das Angebot von Transferzahlungen die Entscheidungssituation zu verändern.

Die so angereicherte Beschreibung der Koordinationssituation hat keine Entsprechung im Modell dynamischer Spiele, das von wohldefinierten Strategien und einem diskretem Auszahlungsraum ausgeht. Jenseits unserer vortheoretischen Intuitionen ist bisher unklar, wann Drohungen glaubwürdig sind und Forderungen also zustimmungsfähig sind (Bicchieri 1993: 87-91). Auch ist der Status von Drohungen zur Durchsetzung von Transferzahlungen

---

2 Axelrod (1995: 25-56) beschreibt solche Computersimulationen und zeigt, welche Eigenschaften die in den Computersimulationen erfolgreiche Strategie hat: Sie muß am Anfang kooperieren und muß reizbar sein, wenn eine andere Strategie defektiert (Theoreme III und IV). Dieses Ergebnis gilt nur unter den spezifischen Versuchsbedingungen: »Gewinner«-Eigenschaften hängen davon ab, gegen welche anderen Strategien eine Strategie konkurrieren muß (Theorem I), und in welcher Höhe zukünftige Auszahlungen diskontiert werden (Theorem II). Zur Diskussion vgl. Frank (1989; 1987) und Harrington (1989).

unklar. Unter welchen Bedingungen können wir sagen, daß Transferzahlungen »gerecht« sind? Auf der einen Seite entsprechen Transferzahlungen zwischen ungleichen Akteuren einem vortheoretischen Verständnis von Gerechtigkeit. Wir reden im allgemeinen so, daß wir sagen, ein als ungerecht bezeichneter sozialer Zustand sei zu verbessern, indem eine Person einer anderen etwas abgibt. Deshalb interessieren uns Vergleiche, wie z.B. die Lohnquote in Relation zur Eigenkapitalrendite eines Unternehmens. Am Beispiel des Marktmodells, bei dem die Koordination über den Preismechanismus geregelt wird, haben wir gesehen, daß sich Fragen der Gerechtigkeit nicht einfach auf Allokationsprobleme reduzieren lassen. Transferzahlungen, so die Intuition, können dazu beitragen, daß auch Personen, die bei der Allokation von Gütern benachteiligt wurden, einer Koordinationslösung zustimmen. In diesem Sinne scheinen Transfers Bestandteil einer solidarischen Gesellschaft. Auf der anderen Seite ist im Rahmen der bisherigen Beschreibung der Koordinationssituation unklar, wieso rationale Akteure ihren Mitspielern Transfers zahlen sollten. Es kann natürlich sein, daß sie aufgrund ihrer eigenen Präferenzen Transfers zahlen wollen. Eine solche Situation, in der Transferleistungen ausschließlich in das Gutdünken der Privilegierten gestellt werden, scheint für die Bezieher von Transfereinkommen nicht sehr erstrebenswert, weil sie so auf die willkürliche Wohltätigkeit anderer angewiesen sind. Die Vorstellung eines Rechtes auf Transferzahlungen hingegen ist nicht mit der konsequentialistischen Standardinterpretation der Theorie rationaler Wahl vereinbar (siehe Kap. 2.1). Auch wenn wir annehmen, daß unsere Akteure entweder ausgesprochene Philanthrophen sind oder nicht dem konsequentialistischen Rationalkalkül folgen, bleibt das Problem bestehen, wie Transferzahlungen bewertet werden sollen. Gerechte Transfers erfordern irgendeine Art der interpersonellen Vergleichbarkeit.[3]

Man kann versuchen, diesen Problemen zu entgehen und trotzdem an den Intuitionen über die Struktur der Koordinationssituation festzuhalten, indem man die Annahme eines diskreten Auszahlungsraumes und wohldefinierter Strategien aufgibt und von einem gemeinsamen und stetigen Auszahlungs-

---

3 Wir sind uns vielleicht trotzdem sicher, daß mindestens einige Transferzahlungen gerecht sind und also die Möglichkeit solcher Transfers ethische Theorien von reinen Allokationstheorien unterscheidet, siehe dazu Binmore (1994: 296-300; 1993: 144-145).

raum der Akteure ausgeht. Eine solche Beschreibung des Koordinationsproblems setzt voraus, daß *ex ante* keine Rechte der Akteure an einzelnen Gütern (oder einer relativen Verteilung von Gütern) festgelegt sind. (»Recht« wird hier in einer nicht juristischen Verwendungsweise gebraucht und bezeichnet zuordenbare Auszahlungen, wie sie einem diskreten Auszahlungsraum zugrundegelegt werden müssen.) Wir beschreiben einen Koordinationskonflikt als Verhandlung von Akteuren um Anteile an einem gemeinsamen Auszahlungsraum. Das scheint für eine Vielzahl von Beispielen plausiblel. In diesem Hauptteil werden verschiedene Möglichkeiten diskutiert, solche Verhandlungen zu modellieren. Verhandlungen, so das Ergebnis, scheinen besonders gut geeignet, die soziale Struktur von Koordinationssituationen zu beschreiben. Weil die individuellen Entscheidungen in den Grenzen sozialer Strukturen wechselseitig voneinander abhängig sind, ist es (unter angebbaren Umständen) rational zu kooperieren. Dabei muß noch erklärt werden, wie im Rahmen von Verhandlungsmodellen die Begriffe »wechselseitige Abhängigkeit«, »Kooperation« und »rationale Entscheidung« verwendet werden. Zunächst wird in diesem Kapitel ein klassisches Verhandlungsmodell vorgestellt.

Manche Verhandlungen können merkwürdige Formen annehmen. So sollen einige Gemeinden der bolivianischen Aymara alle Koordinationskonflikte in Dorfverhandlungen lösen. Dabei bilden sie einen Kreis, und die Person, die etwas sagen will, tritt einen Schritt vor. Sie diskutieren nun so lange, bis ein Konsens erreicht ist. Die Pointe dieser Konsensregel für Verhandlungen ist, daß die Verhandlungen im Stehen abgehalten werden. Die Regel verpflichtet diejenigen, denen eine Position besonders wichtig ist, zu besonderer Standhaftigkeit (Müller 1996).[4]

Wenn wir in unserem Alltag von Verhandlungen zwischen Personen sprechen, dann verbinden wir damit die Vorstellung, daß die Beteiligten sich unter Verweis auf gute Gründe auf die eine oder andere Lösung werden einigen können. Verhandlungsergebnisse sind (trivialerweise) zustimmungsbedürftig und scheinen deshalb in besonderer Weise normativ ausgezeichnet. Klassi-

4 Eine ähnliche Regel wurde bei der Papstwahl angewendet, bei der die Kardinäle bis zur einstimmigen Entscheidung eingemauert wurden. Die Modifikation der Regel durch Johannes Paul II, der für die Unterbringung und Verpflegung die bis dahin geltenden spartanischen Sitten abgeschafft hat, verlängert tendenziell die Verhandlungen.

sche Beispiele für Verhandlungsspiele sind Kuchenteilungsprobleme (Hargreaves Heap 1994: 130; Rasmussen 1989: 227 ff.) und Tarifverhandlungen oder Arbeitsverträge (Holler 1992: 33 f.; Gärtner 1992); in beiden Fällen können wir keine *ex ante* definierten Rechte auf Teile eines Kuchens oder Anteile am gemeinsam produzierten Mehrwert voraussetzen.

Tarifverhandlungen eignen sich besonders gut, den allgemeinen Verlauf von Verhandlungen nachzuzeichnen, der sich dann auf andere Beispiele übertragen läßt. Tarifverhandlungen nehmen *cum grano salis* einen ähnlichen Verlauf, der sich sehr stilisiert wie folgt wiedergeben läßt. Am Anfang des Verhandlungsprozesses verlautbaren die Vertreter der Unternehmer, daß die Lohnkosten und Lohnnebenkosten zu hoch seien und daß sie leider, wenn sich daran nicht etwas ändere, ihre Fabriken nehmen müßten und fortan im Ausland produzieren würden. Die Antwort der Gewerkschaften lautet ähnlich monoton, daß der neue Tarifabschluß neben einem Inflationsausgleich auch die wieder einmal gestiegene Arbeitsproduktivität berücksichtigen müsse. Im übrigen betonen beide Seiten, daß sie natürlich das Gemeinwohl im Auge hätten, aber auch einen Arbeitskampf nicht scheuen würden. Der nächste Schritt besteht darin, daß die nominalen Angebote der Arbeitgeber und die nominalen Forderungen der Arbeitnehmer in verschiedenen Modellen auf reale Zahlen (insbes. den realen Lohnzuwachs im Vergleich mit der realen Produktivitätssteigerung) berechnet werden. Spätestens an diesem Punkt werden die Differenzen ersichtlich, und mindestens einer der Tarifpartner läßt durchblicken, daß man, bevor man einem solchen Angebot bzw. einer solchen Forderung zustimme, besser gleich einige Zeit die Arbeit niederlege (und in Höhe der Differenz zwischen Streikgeld und Durchschnittslohn auf Einnahmen verzichte) bzw. seine Betriebe schließe und die Auswanderung vorbereite. An dieser Stelle kommen von besonnener Seite einige mahnende Worte, daß »Zeit Geld ist« und die Tarifpartner sich doch einigen sollten, bevor der Volkswirtschaft, und also beiden Parteien, Schaden entstünde. Nach einigem hin und her darf dann ein Tarifbezirk unter gewaltiger Unterstützung der örtlichen Gastronomie und der Presse verkünden, daß man sich habe einigen können. Wobei das Ergebnis zumeist nicht weit entfernt von der Mitte zwischen dem anfänglichen Angebot und der ersten Forderung liegt. Zu guter Letzt verkünden beide Tarifparteien, daß man noch dies und jenes berücksichtigen müsse und also die eigene Seite zwar immer noch daran denken müsse, in Billiglohnländer auszuwandern oder ob der Hungerlöhne Gemüse auf dem Balkon zu ziehen, aber eigentlich gewonnen habe.

Eine solche Darstellung von Tarifverhandlungen ist natürlich defätistisch, sie erleichtert aber erstens das Verständnis des Entscheidungsprozesses in realen Verhandlungen und zweitens den Übergang zu formalen Verhandlungsspielen, die die Struktur solcher Verhandlungen modellieren sollen. Auch dann, wenn es sich nicht um individuelle Entscheidungen zwischen wohldefinierten Strategien, sondern wie bei Verhandlungen um Entscheidungen handelt, die nicht unabhängig voneinander beschrieben werden können, lassen sich verallgemeinerbare Elemente feststellen. In dem Beispiel der Tarifverhandlungen können sich beide Akteure relativ zu einem Ausgangspunkt besserstellen, wenn sie die Grundlagen ihres Arbeitsvertrages an veränderte Rahmenbedingungen anpassen. (Das ist realistisch, wenn es sich nicht nur um Verhandlungen über die Entlohnung, sondern wie im Fall des Manteltarifvertrages auch um Verhandlungen über die Arbeitsbedingungen handelt.) In diesem Fall sind maximale Forderungen einer Tarifpartei nicht durchsetzbar (nicht glaubwürdig), weil der Tarifpartner im Konfliktfall die Verhandlungen abbrechen kann. Der Ausgangs- oder Konfliktpunkt stellt in den Verhandlungen zugleich einen Drohpunkt dar, der beiden Seiten als Maßstab zur Bewertung der Forderungen dient: Es werden Lohn*zuwachs* und Produktivitäts*steigerung* verglichen; direkte interpersonelle Nutzenvergleiche sind weder möglich noch notwendig. Das Verhandlungsergebnis zwischen den Akteuren ist abhängig von ihrem Drohpotential, wobei sich jede Seite besserstellt als im (Ausgangs- oder) Drohpunkt. Diese Struktur von Verhandlungen gilt nicht nur für Tarifauseinandersetzungen, sondern auch für Konflikte unter Bauern oder Hausgemeinschaften.

10.2 Das Nash-Zeuthen-Verhandlungsmodell

Die formale Darstellung des Problems der Verteilung von Anteilen an einem gemeinsamen Auszahlungsraum nennt man ein Verhandlungsspiel. Damit unterscheiden sich Verhandlungsspiele *prima facie* von strategischen Spielen, in denen es um die optimale Lösung eines Allokationsproblems geht, die unter Umständen mit dem Pareto-Kriterium in einem schwachen Sinne als

»gerecht« ausgezeichnet werden kann. Bei Verhandlungsspielen kehrt sich die Beziehung zwischen Fragen der effizienten Allokation und der gerechten oder fairen Verteilung scheinbar um. Nicht die Lösung von Optimierungsproblemen, sondern die Frage einer fairen Verteilung von Kooperationsgewinnen scheint im Vordergrund zu stehen. Die Beschreibung des Koordinationsproblems als Verteilungsproblem legt die Anwendung von Gerechtigkeitskriterien wie der »Goldenen Regel« o. ä. nahe. Diese Beschreibung von Verhandlungen ist falsch. So wie sich Gerechtigkeitsfragen nicht auf Fragen der effizienten Allokation reduzieren lassen, gilt auch für Verhandlungsspiele unter Personen mit disjunkten Interessen, daß sie nicht auf das Problem der gerechten Verteilung reduzierbar sind.

Verhandlungsspiele sind vollständig durch das Tripel $<N;Q;c>$ beschreibbar, wobei $N=\{i, j...n\}$ für die Zahl der Personen, Q für den Verhandlungsraum oder Auszahlungsraum und c für den Ausgangspunkt oder Konfliktpunkt stehen (Holler 1992: 25). Das Verhandlungsergebnis muß in Q liegen. Auch Verhandlungsspiele sind (wie die bisher diskutierten Spiele) keine Null- oder Konstantsummen-Spiele. Die Bewertung der Zustände im Auszahlungsraum durch die Akteure ist individuell verschieden, die möglichen Gewinne und Verluste der Akteure, die beim Übergang zwischen zwei Zuständen auftreten, müssen sich nicht entsprechen. Für Verhandlungsspiele wurde zunächst (von Nash auf der Grundlage von Arbeiten Zeuthens) eine axiomatische Lösung vorgelegt. Das sog. Nash-Zeuthen-Modell beruht auf vier Axiomen.[5] Für die Verhandlungslösung gilt:

(a) Pareto-Optimalität, das heißt, es darf keinen Punkt im Auszahlungsraum geben, der für alle Akteure besser ist als das Verhandlungsergebnis,
(b) Symmetrie, das heißt, wenn der Auszahlungsraum symmetrisch ist und alle Akteure die gleichen Ausgangsvoraussetzungen haben, dann ent-

5 Der Urvater von Verhandlungsspielen Frederik Zeuthen stellte eine erste Verhandlungslösung vor. Für eine kurze Darstellung der Zeuthen-Lösung siehe Trapp (1994: 317-319). Die formale Präzisierung des Zeuthen-Modells geht auf Nash zurück: man spricht deshalb vom Nash-Zeuthen-Modell. Zu den Axiomen siehe Binmore. (1993: 145) und David Gauthier (1985a: 189).

spricht das Verhandlungsergebnis der Gleichverteilung (gemäß der subjektiven Bewertungen),

(c) Lineare Transformation, das heißt, wenn die Nutzenfunktionen der Akteure linear transformiert werden, verändert sich das Verhandlungsergebnis entsprechend (wir setzen intrapersonelle Vergleichbarkeit und ordinal skalierte Nutzenfunktionen der Akteure voraus) und

(d) die Unabhängigkeit von irrelevanten Alternativen[6], das heißt, wenn ein Zustand das Ergebnis von Verhandlungen über einen Auszahlungsraum Q ist, dann ist dieser Zustand auch das Verhandlungsergebnis über einen Auszahlungsraum P, sofern er Element des neuen Auszahlungsraumes P ist und P eine Teilmenge von Q ist ($P \subset Q$ und $f(Q,c)=u^*$ und $u^* \in P$, dann auch $f(P,c)=u^*$).

Axiomatische Lösungen setzen voraus, daß sich für Verhandlungen klare Verteilungskriterien angeben lassen, denen alle rationalen Spieler zustimmen (z.B. die »Goldene Regel« oder eben die vier Nash-Zeuthen-Axiome). Diese Voraussetzung ist unter rationalen Akteuren, die miteinander konkurrieren, begründungsbedürftig. Anders als die einfache Nutzenmaximierungs-Regel der Standardtheorie rationaler Entscheidung stellen Verhandlungsregeln eine Folge von Forderungen und Konzessionen oder, allgemeiner, eine Folge einzelner Überlegungen dar. Man könnte von einer Art prozeduraler Rationalität sprechen.[7] Folgen die Spieler einer einfachen Verhandlungsregel, dem Zeuthen-Prinzip, erfüllt das Verhandlungsergebnis die vier Axiome. Ausgangspunkt ist eine Forderung (*claim*) $u^{\#}$, der ein Angebot u des Mitspielers entgegensteht. Die Differenz zwischen der Forderung und dem Angebot wird mit dem erwarteten Nettonutzen der Person (der Differenz zwischen Forderung und Konfliktpunkt) verglichen. Den relativen Verzicht, der im Vergleich mit dem Nettonutzen entsteht, wenn ein Angebot akzeptiert würde, bezeich-

---

6 Diese Bedingung ist von der Arrow-Bedingung gleichen Namens zu unterscheiden, die sich auf Probleme kollektiver Entscheidung bezieht.

7 Holler/Illing (1996: 230 ff.) führen die Nash-Zeuthen-Lösung als »behavioristisches Verhandlungsmodell« ein. Diese Bezeichnung scheint mindestens unglücklich, da der in der Nash-Zeuthen-Lösung unterstellte strategische Charakter der Folge von Forderung und Konzession in einem Verhandlungsprozeß mit dieser Benennung nicht beachtet wird, vgl. Roth (1985a: 2).

net man als Konzession (k), so daß $k=(u^{\#}-u)/(u^{\#}-c)$. Der Spieler mit der kleineren Konzession muß das nächste Angebot machen. Wenn sich die (relativen) Konzessionen der Spieler entsprechen ($k_i=k_j$), dann erfüllt das Verhandlungsergebnis die Axiome.

Wenn sich die Spieler auf diese Verhandlungsregel einigen und also der Abfolge von Forderung und Konzession folgen, können sie eine eindeutige Verhandlungslösung erreichen. Es muß aber gezeigt werden, daß rationale Akteure dieser Verhandlungsregel folgen. Wenn man das Nash-Zeuthen-Spiel leicht modifiziert und voraussetzt, daß die Spieler Risiko-avers sind und daß später erfolgende Auszahlungen diskontiert werden, läßt sich zeigen, daß das Zeuthen-Prinzip (die Konzessionsbereitschaft) auch individuell rational ist. Risiko-averse Spieler, die zukünftige Auszahlungen diskontieren, sind in einer Verhandlung bereit, Konzessionen zu machen, damit möglichst schnell ein Ergebnis zustandekommt. Dieses leicht modifizierte Spiel wird als Rubinstein-Spiel bezeichnet und läßt sich sehr stilisiert wie in Abbildung 7 darstellen (Sugden 1994b: 303-305; Binmore 1992: 203-209).[8]

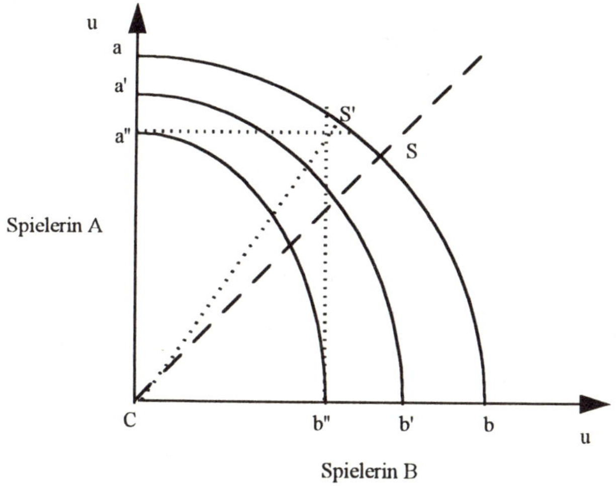

Verhandlungsstärke im stilisierten Rubinstein-Spiel

Abb. 7

8 Die Unterscheidung zwischen axiomatischen und strategischen Verhandlungsspielen diskutiert Roth (1985a: 1-7).

Wir gehen von einem Zwei-Personen-Verhandlungsspiel aus, in dem die Fläche a-b-C den Verhandlungsraum markiert. Die Diskontierung wirkt sich wie eine Verkleinerung dieses Auszahlungsraums aus, so daß die relative Differenz von b zu b' bzw. zu b'' (und entsprechend für a) dem Diskontsatz entspricht. Weil die Spielerinnen Diskontierungsverluste fürchten, sind beide bereit, ihrer jeweiligen Mitspielerin Konzessionen bei der Aufteilung des Auszahlungsraums zu machen. In der Abbildung 7 diskontiert Spielerin *B* stärker als *A*, so daß sich nicht die Gleichverteilung in S, sondern die Aufteilung zugunsten von *A* in S' ergibt.

Wir können jetzt unsere Überlegungen (aus Kap. 9.4) präzisieren, daß sich Spieler unter Umständen drohen können. In einem Verhandlungsspiel können die Spieler eine Lösung ablehnen. Weil beide Spieler ein Interesse an einer Lösung ihres Koordinationskonfliktes haben, kann die Verweigerung der Zustimmung zu einem Ergebnis als Drohung interpretiert werden. Das Drohpotential oder die Konzessionsbereitschaft entspricht dann der Diskontrate der Spieler und kann unterschiedlich stark sein. Die Lösung von Verhandlungsspielen hängt also von den Annahmen über die Konzessionsbereitschaft ab. Das entspricht nicht nur dem Zeuthen-Prinzip, sondern auch unseren Intuitionen über Verhandlungen. Annahmen über die Konzessionsbreitschaft (also Risikoaversion und Diskontsatz) müssen natürlich Teil des gemeinsamen Wissens der Akteure sein. Formal spricht man davon, daß unter diesen Bedingungen Verhandlungsspiele aus einer axiomatischen in eine strategische Form übersetzbar sind. Auch in Verhandlungsspielen folgen die Akteure individuell Nutzen-maximierenden Regeln. Das Erstaunliche an diesem Ergebnis ist, daß ein Spiel (unter nicht sehr restriktiven Voraussetzungen) aus einer kooperativen Form, bei der die bindende Wirkung einer Übereinkunft (über Axiome, die ein Ergebnis erfüllen muß) vorausgesetzt wird, in die nicht-kooperative Form überführt wurde.

Wodurch unterscheiden sich dann Verhandlungsspiele von anderen Spielen oder dem Marktmodell? In den bisher diskutierten Spielen waren die möglichen Strategien der Spieler und ein diskreter Auszahlungsraum festgelegt. In Verhandlungsspielen sind die relativen Auszahlungen das Ergebnis von Verhandlungen, in denen die subjektiven Bewertungen möglicher Lösungen verglichen werden. Diese Beschreibung von Koordinationskonflikten ist für unser Verständnis davon, was es heißt, daß Personen rational entscheiden, relevant: In Verhandlungsspielen sind die Entscheidungen der Akteure nicht unabhängig voneinander beschreibbar. Formal entspricht dieser These die Formulierung des Konsistenzkriteriums im Unabhängigkeits-Axiom (d). Man kann die Bedeutung des Unabhängigkeits-Axioms an einem Beispiel veranschaulichen (Abb. 8). Wir gehen wieder von unseren Humeschen Bauern aus, beschreiben ihr Koordinationsproblem jetzt aber als Verhandlungsspiel. Der Auszahlungsraum entspricht der zusätzlichen Produktion, die möglich ist, wenn die beiden zusammenarbeiten. Die Form des Auszahlungsraumes hängt von der individuellen Bewertung (in Nutzen-Einheiten) der Produktion durch die Akteure ab. Sie verhandeln um die Anteile (Heuballen), die jeder bekommen soll.

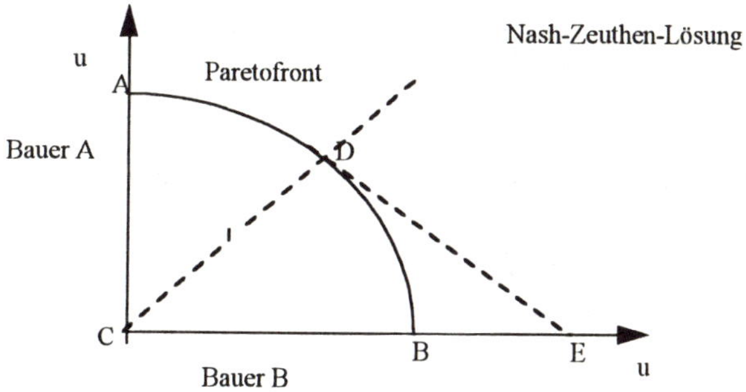

Verhandlungsspiel unter Bauern
Abb. 8

Wenn beide Bauern den Nutzen ihrer Zusammenarbeit identisch einschätzen (sie verfügen über gleichviel Grünfläche und Kühe), ist der Auszahlungsraum ABC symmetrisch. Alle Punkte auf der Linie AB stellen Pareto-effiziente Zustände dar – man nennt die Grenze eines konvexen Auszahlungsraumes auch die Paretofront. Die Verhandlungslösung D liegt auf der Paretofront und stellt (unter der Bedingung gleicher Verhandlungsmacht) eine Gleichverteilung dar. Dieses Ergebnis entspricht sowohl unseren Intuitionen über Gerechtigkeit als auch der individuell rationalen Wahl der Akteure und ist Pareto-effizient.

Bisher wurde nur gezeigt, daß es für unsere Bauern vorteilhaft ist, ihr Koordinationsproblem nicht als *Centipede*, sondern als Verhandlungsspiel aufzufassen. Die Abhängigkeit der individuellen Entscheidungen wird deutlich, wenn man die Ausgangssituation leicht modifiziert. Nach dem Kauf einer neuen Kuh verändert sich die Bewertung des Auszahlungsraumes durch *B*. Bauer *B* könnte sich besserstellen, wenn er mehr Heu hätte: Der Auszahlungsraum wird um die Fläche BDE vergrößert und wird asymmetrisch. Es scheint für *B* individuell rational, mehr Heuballen zu fordern. Man könnte also erwarten, daß eine neue Verhandlungslösung auf der Paretofront zwischen D und E liegt. Das Nash-Zeuthen-Verhandlungsspiel zeigt, daß eine solche Neuverteilung keine rationale Lösung des Koordinationsproblems darstellt. Die Zustände auf der Linie DE stellen für die Entscheidung der Spieler in einem Verhandlungsspiel irrelevante Alternativen dar. Auch wenn *B* sich nach dem Kauf der Kuh individuell besserstellen könnte, wenn er nur mehr Heu hätte, wird er in einem Nash-Zeuthen-Verhandlungsspiel zustimmen, die alte Verteilung in D beizubehalten – wenn er rational ist. Für rationale Entscheidungen in Verhandlungen läßt sich mit dem Unabhängigkeits-Axiom ein »soziales« Konsistenzkriterium angeben.[9]

Man kann sagen, daß Spieler, die in einem Verhandlungsspiel Konzessionen machen, sich kooperativ verhalten – eine zustimmungsfähige Lösung des Koordinationsproblems ist möglich. Das entspricht meiner These und stimmt, wenn man meine Skepsis gegen die Reglementierung des privaten Verkehrs aus den oben (Kap. 2.1) dargestellten (oder anderen) Gründen teilt, freudig. Diese Konzessionen gehen aber eben nur soweit, wie es jeweils individuell notwendig erscheint – sie bemessen sich am individuellen Drohpotential. Das mag individuell rational und auch effizient sein, nicht aber gerecht, wenn man mehr fordert als das schwache Pareto-Kriterium. Auch dieses Ergebnis ist zwar mit meiner These vereinbar, stimmt aber eher mißmutig.

Im Nash-Zeuthen-Verhandlungsspiel wird die Höhe der Konzessionen, die ein rationaler Spieler in Verhandlungen macht, bei gegebenem Verhandlungsraum durch den Ausgangs- oder Konfliktpunkt bestimmt. Das Verhandlungsergebnis ist eine Funktion der Ausgangsverteilung, d.h. dem individuellen Drohpotential der Akteure (*endowment-sensitiveness*).[10] Zwar behält Locke

---

9 Zu dieser Uminterpretation der Konsistenzbedingung in Abhängigkeit von der Beschreibung der Entscheidungssituation siehe Sugden (1985: 169, 176-181).

10 Formal ist das Drohpotential unabhängig vom Konfliktpunkt, aber diese Interpretation des Drohpotentials ist sinnvoll und ist mit der formalen Definition kompatibel, siehe

gegen Hobbes hinsichtlich der Abhängigkeit der individuellen Entscheidungen recht. Doch dies erweist sich als Pyrrhussieg, wenn man das Ergebnis der Koordination betrachtet. Wir haben uns auch mit dem Verhandlungsmodell nicht sehr weit von dem Hobbesschen Naturzustand entfernt, in dem die individuelle Kraft über die Zahl der Büschel Getreide, Tauben etc. entscheidet, die ein Spieler am Tag sammeln oder jagen kann. Der Konfliktpunkt stellt in Verhandlungsspielen die Beziehung der Akteure untereinander dar. Zwar erfüllen Verhandlungsergebnisse das Pareto-Kriterium, so daß keiner schlechter gestellt wird als im Ausgangspunkt. Die Verteilung ist aber davon abhängig, wie das Drohpotential im Ausgangspunkt verteilt ist. Ist das Drohpotential (wie in unserem Beispiel) gleichverteilt, so werden auch die Gewinne gleichverteilt – ansonsten eben nicht. Wir sind vielleicht doch unsicher, ob wir ein solches Verhandlungsergebnis gerecht nennen wollen.

Nicht jedes Verhandlungsergebnis ist, so unsere Intuition, gerecht – auch dann nicht, wenn es unter den gegebenen Ausgangsbedingungen zustimmungsfähig ist. Betrachten wir folgende archaische Situation: In einer Sklavenhalter-Gesellschaft bieten die Sklavenhalter an, die Sklaven von ihren Fesseln zu befreien, wenn diese danach mehr arbeiten. Die Sklaven, so argumentieren die Sklavenhalter, würden sich schon durch den Verzicht auf Ketten besserstellen, so daß der Produktivitätsfortschritt ganz ihnen (den Herren) zukommen soll. Folgt man dem Nash-Zeuthen-Modell ist es unter den herrschenden Bedingung für die Sklaven rational, der vorgeschlagenen Verteilung zuzustimmen.[11] Sie kann mit dem Pareto-Kriterium auch in einem schwachen Sinne als gerecht ausgewiesen werden. Das widerspricht aber unseren Intuitionen.

Nun könnte eine Verteidigerin des Pareto-Kriteriums sagen, daß es müßig sei, unsere Intuitionen an historischen Beispielen zu testen. Historisch stellen die Versklavung gegenüber der Tötung von Gefangenen und auch härteste

---

Binmore (1992: 203-209). Man bezeichnet den Konfliktpunkt deshalb auch als Drohpunkt.

11 Das Sklavenhalter-Argument wird breit diskutiert, so Gauthier (1986: 190 ff.), Buchanan (1991: 204; 1984: 13 f.), Nozick (o.J.: 176-186, 197ff.), Sowell (1983: 13) und natürlich Rawls (1993: 183-185, 193). Zu Rawls vgl. Hare (1989: 173). Eine moderne Fassung am Beispiel der Beziehung von Industrienationen zu sog. Entwicklungsländern diskutieren Hausman/McPherson (1993: 9-16).

Formen der Lohnarbeit gegenüber der Versklavung gerechte Lösungen von Koordinationsproblemen dar, die aber nicht an unserem modernen Gerechtigkeits-Kriterium zu messen seien. Starke Asymmetrien, wie sie mit dem Sklavenhalter-Argument konstruiert würden, gehörten in unserer Gesellschaft der Vergangenheit an. Für uns biete das Pareto-Kriterium tatsächlich ein schwaches, aber sinnvolles (und das einzige begründungsfähige) Gerechtigkeitskriterium. Diese Meinung muß man nicht teilen. Es ist nicht einsichtig, warum das Drohpotential in Verhandlungen für die Lösung von Koordinationskonflikten relevant sein soll – unabhängig davon, ob es um die Abschaffung archaischer Arbeitsverhältnisse oder »nur« um moderne Tarifverhandlungen geht. Es ist auch in modernen Gesellschaften wünschenswert zu versuchen, ein stärkeres Gerechtigkeitskriterium auszuweisen. Allerdings sind solche Versuche wie auch die Verteidigung des Pareto-Kriteriums begründungsbedürftig.

Kapitel 11

David Gauthiers Reformulierung des Lockeschen Programms

11.1 Das Gauthier-Programm

Mit Verhandlungsspielen wurde gezeigt, daß es rational ist, die sozialen Strukturen einer Entscheidungssituation bei der individuellen Wahl zu berücksichtigen. Allerdings können die Machtpositionen in sozialen Beziehungen asymmetrisch sein. Dies wirkt sich auf die Verhandlungslösung aus. Dieses Ergebnis widerspricht unseren Intuitionen über zustimmungsfähige Lösungen von Koordinationskonflikten. Eine Zustimmung, die unter Bedingungen zustandekommt, in denen individuelle Rechte verletzt werden, kann, so die Intuition, nicht gerecht genannt werden. Es mag sein, daß Sklaven einem Angebot zustimmen werden, sie im Gegenzug für höhere Arbeitsproduktivität von ihren Ketten zu befreien, aber sie werden – wenn sie rational sind – der Fesseln ledig erst einmal mit der Unterdrückung aufräumen. Diese Lockesche Intuition macht David Gauthier gegen das Hobbessche Ergebnis des Nash-Zeuthen-Verhandlungsspieles geltend (Gauthier 1993a): »Gute« Koordination setzt voraus, daß Menschen unabhängig von der Machtverteilung zwischen ihnen mindestens einige Rechte wechselseitig anerkennen. Dabei muß natürlich noch erklärt werden, welche Rechte dies sein sollen und wie diese Rechte begründet werden können.

Gauthier versucht zu zeigen, daß es für Personen in Koordinationskonflikten rational sein kann, bestimmte Selbstbindungen einzugehen (oder *constraints* einzuhalten). Einen Entscheidungstypus, der in diesem Sinne kooperativ ist, nennt Gauthier in Abgrenzung von der (Standard-) Entscheidungs-Regel, die zu Strategien der *straight-forward-maximization* (SM-Strategien) führt, *constraint-maximization* oder kurz eine CM-Strategie. Akteure, die der CM-Strategie folgen, nennt man dann kooperative Spieler oder CM-Spieler. Mit der Selbstbindung wird ein im Vergleich mit dem Pareto-Kriterium stärkeres Gerechtigkeitskriterium eingeführt, dem kooperative Spieler folgen: In Verhandlungen berücksichtigen CM-Spieler individuelle Ansprüche (Rechte) *aller* Beteiligter. Das Gauthier-Programm, das ich im folgenden etwas ausführlicher darstelle, besteht aus zwei Schritten.[12] Zum einen muß er nachweisen, daß es unter angebbaren Bedingungen rational ist, eine CM-Strategie zu wählen. Zum anderen muß er zeigen, wie sich CM-Strategien in Verhandlungsspielen (oder anderen Koordinationsmodellen) auswirken, das heißt, wie individuelle Rechte in Verhandlungsspiele integriert werden können. (Das entspricht ungefähr dem zweistufigen Argument Lockes, wie es oben (Kap. 8) rekonstruiert wurde.)

Mit der Sklavenhalter-Gesellschaft haben wir ein Beispiel kennengelernt, in dem es für einen der Akteure nicht rational erscheint, eine kooperative Strategie zu wählen und einen geschlossenen Vertrag (über die Aufteilung des Auszahlungsraumes) einzuhalten. Unter welchen Bedingungen ist es nun rational, eine kooperative Strategie zu wählen? Gauthiers Referenzpunkt ist eine Situation, in der Tauschhandlungen zwischen Akteuren ohne externe Effekte ablaufen. Diese Situation nennt er einen idealen Markt (Gauthier 1986: 96-98).[13] Er benutzt den Begriff des idealen Marktes anders als im allgemeinen üblich. Gauthiers idealer Markt ähnelt mehr der Beziehung zwischen abgeschlossenen Volkswirtschaften als dem ökonomischen (idealen) Markt, an dem einzelne Personen unter kompetitiven Bedingungen Güter handeln. Gauthier unterscheidet nicht zwischen pekuniären und technischen

12 Vallentyne (1991a: 1-11) macht drei Projekte aus, wobei er Gauthiers Auseinandersetzung mit dem idealen Markt als eigenständiges Projekt zählt. Auch bei meiner Rekonstruktion (sic!) des Gauthier-Programms verzichte ich auf die Darstellung Gauthier-interner Debatten. Neben den im folgenden zitierten Sammelbänden von Vallentyne (1991b) und Gauthier/Sugden (1993) gibt es eine Vielzahl von Aufsätzen und Aufsatzsammlungen zu Gauthier, siehe z.B. *Ethics* 97.4 (1987), *Social Philosophy and Policy* 5.2 (1988) und *Canadian Journal of Philosophy* 18.2 (1988) sowie die ausführliche Bibliographie in Vallentyne (1991b: 331-336).

13 Siehe zur Kritik Binmore (1993: 136), der argumentiert, der moralfreie Markt werde bei Gauthier bloß rhetorisch eingeführt.

externen Effekten. Diese Unterscheidung ist aber im privaten Verkehr in Konkurrenzgesellschaften relevant (vgl. Kap. 3.3 und 4.1).[14]

In Gauthiers Verwendungsweise ähnelt der Begriff »idealer Markt« dem Begriff des Naturzustandes bei John Locke.[15] Im Lockeschen Naturzustand sind vor Einführung des Geldes (vgl. Kap. 8.1 und 8.2) die natürlichen Erwerbsmöglichkeiten einer Person nicht durch die Konkurrenz mit anderen Akteuren eingeschränkt. Vor Einführung des Geldes gibt es keine pekuniären externen Effekte, aber auch keine sich immer wieder und in der gleichen Weise wiederholenden Tauschhandlungen. Jeder Tausch stellt bei Fehlen eines einheitlichen *Numéraires* eine spezifische, nicht wiederholbare Handlung dar. Gauthier muß zeigen, daß es unter diesen Bedingungen rational ist zu kooperieren. Gelingt dieser Nachweis, dann können ähnlich wie bei Locke individuelle Ansprüche ausgezeichnet werden, die in einem zweiten Schritt auf die sozialen Beziehungen übertragen werden müssen (vgl. Kap. 8.1).

---

14 Vgl. die Kritik an Gauthier von Buchanan (1991: 210). Der ökonomische ideale Markt setzt pekuniäre externe Effekte, die durch Wettbewerbsbeziehungen entstehen, voraus. Technische externe Effekte hingegen sind nicht monetär bewertbar und führen dazu, daß einzelne Bedürfnisse verzerrt oder gar nicht in Verhandlungen eingehen, so daß das Marktergebnis ineffizient wird: Einzelne Güter werden nicht ausreichend oder aber zu stark zur Verfügung gestellt. Man spricht dann auch von Marktversagen (vgl. Kap. 2.2). Wenn ein Schuster die Säure, die er zum Gerben seines Leders benötigt, im Fluß verklappt, aus dem ein Bauer sein Feld beregnet, entstehen dem Bauern negative (technische) externe Effekte. Die Produktion von Nahrungsmitteln wird teurer, so daß andere Personen ihre Nachfrage nach Nahrungsmitteln nicht mehr in der gleichen Weise befriedigen können. Zwar kann der Schuster kurzfristig einen zusätzlichen Gewinn verbuchen, indem er die Kosten der Verklappung der Säure auf die Allgemeinheit überwälzt. Langfristig jedoch stellen sich alle, also auch der Schuster, schlechter, wenn aus den Verzerrungen der Marktsignale ineffiziente Ergebnisse resultieren. So die These im Modell idealer Märkte.

15 Dies entspricht einer Beobachtung von Locke, den Gauthier als seinen klassischen Bezug anführt. Locke (1983: 2. Kap., 12) vergleicht die Beziehung zwischen abgeschlossenen Volkswirtschaften mit dem Naturzustand.

11.2 Das *Translucency*-Argument

Die These, daß Akteure im Naturzustand kooperieren, ist stärker als die These, daß Akteure in stabilen, sich wiederholenden Beziehungen kooperieren. Um diese starke These zu verteidigen, muß Gauthier zeigen, daß es auch im *one-shot* GD rational ist zu kooperieren. Mit einem als *Translucency*-Argument bezeichneten Argument versucht Gauthier nachzuweisen, daß rationale Personen kooperieren, wenn sie davon ausgehen können, daß auch die anderen kooperieren (Gauthier 1986: 170-177).[16] Abbildung 9 zeigt wieder das GD in seiner allgemeinen Form.

		Spieler A	
		k	d
Spieler B	k	$u'';u''$	1;0
	d	0;1	$u';u'$

Abb. 9

Dabei gehen wir von einer identischen Bewertung der Auszahlungen $1>u''>u'>0$ aus. Die Auszahlungsmatrix, die Rationalitäts-Annahme und die Präferenzen sind *Common Knowledge*.

Das *Translucency*-Argument läuft analog zu dem oben für Locke diskutierten Symmetrie-Argument (Kap. 8.3). Ausgehend von symmetrischen Präferenzen und der Rationalitätsannahme, die für beide Spieler in gleicher Weise gilt, werden beide, so das Symmetrie-Argument, die gleiche Strategie wählen. Damit wird der Bereich möglicher Ergebnisse auf die zwei Ereignisse Defektion/Defektion (*d/d*) und Kooperation/Kooperation (*k/k*) eingeschränkt. Aus den Präferenzordnungen, $u''>u'$, folgt, daß *k/k* gewählt wird.

16 Nida-Rümelin (1993b) weist darauf hin, daß Gauthier mit diesem Versuch, kooperative Strategien als rational auszuweisen, (wider der eigenen Intention) im Rahmen der konsequentialistischen Standardinterpretation der Theorie rationaler Entscheidung bleibt. In neueren Aufsätzen geht Gauthier (1996) nicht mehr vom *one-shot* GD, sondern von dynamischen Spielen aus.

Dieses Ergebnis widerspricht dem Dominanzargument, das *d/d* als einzige Lösung des Spieles ausweist. Der Fehler des Symmetrie-Argumentes liegt nach Gauthier in der zu starken Annahme der Transparenz der Strategiewahl durch die Spieler. Diese starke Annahme schwächt er probabilistisch ab.[17] Das Wahlverhalten der je anderen Spieler sei zwar nicht transparent, aber einsichtig, eben *translucent*. Gegeben eine Kooperations-Wahrscheinlichkeit p, daß sich zwei kooperative Spieler, CM-Spieler in Gauthiers Terminologie, treffen und erkennen, die Irrtums-Wahrscheinlichkeit q, daß ein CM-Spieler auf einen SM-Spieler trifft, diesen jedoch nicht erkennt, selbst aber erkannt wird, und die Treff-Wahrscheinlichkeit r, auf einen CM-Spieler zu treffen, also die relative Verteilung von CM- und SM-Spielern in der Population (Gauthier 1986: 170-182)[18], ist der Erwartungswert für CM-Spieler $E(u)^{CM} = u'+rp(u''-u')-(1-r)qu'$ und für SM-Spieler $E(u)^{SM} = u'+rq(1-u')$. In einer etwas umfangreicheren Rechnung[19] zeigt Gauthier, daß es plausible Werte für die Wahrscheinlichkeiten p, q und r gibt, für die eine kooperative CM-Strategie höhere Auszahlungen erwarten läßt als die SM-Strategie – $E(u)^{CM} \geq E(u)^{SM}$. Dabei ist das Verhältnis der Kooperations-Wahrscheinlichkeit p und der Irrtums-Wahrscheinlichkeit q natürlich abhängig von der Population, d.h. von der Treff-Wahrscheinlichkeit r. Die Symmetrie-Annahme setzt voraus, daß die Akteure in einem Spiel notwendig dieselbe Strategie wählen. Das *Translucency*-Argument soll zeigen, daß Menschen unter bestimmten (nicht vollständig unplausiblen) Annahmen besser eine kooperative Strategie wählen, als zu defektieren. Das soll für alle Menschen gelten, so daß man *prima facie* und unter einigen Einschränkungen ein dem Symmetrie-Argument analoges Argument konstruieren kann.

17 In einer ursprünglichen Version hat Gauthier (1974) das Symmetrie-Argument auch noch in seiner nicht probabilistischen Form verteidigt. Vgl. zum Wandel des Argumentes Gauthier (1982: 41-54).

18 Die verwendeten Kürzel zur Bezeichnung der Wahrscheinlichkeiten habe ich (zur besseren Vergleichbarkeit) von Gauthier übernommen, das p der Kooperations-Wahrscheinlichkeit ist nicht mit dem oben bei der Diskussion ökonomischer Standardmodelle verwendeten Preis p zu verwechseln – Preise kommen im weiteren nicht mehr vor. Vgl. zur Bedeutung der Population für Koordinationslösungen Kap. 4.2.

19 Zu der Rechnung siehe den Anhang »Gauthiers *Translucency*-Argument«.

Es lassen sich auch gegen das *Translucency*-Argument mehrere Einwände formulieren. Es läßt sich zeigen – so der erste Einwand –, daß das *Translucency*-Argument nicht gegenüber Erweiterungen eines Spieles auf mehrere Spieler stabil ist (Buchanan 1991: 200). Zwar habe ich bisher nur Zwei-Personen-Spiele betrachtet, dabei konnte aber unterstellt werden, daß sie *mutatis mutandis* auf Mehr-Personen-Spiele übertragbar sind. Das ist in der Regel unproblematisch, wenn man keine Voraussetzungen macht, die sich nicht auf Mehr-Personen-Spiele übertragen lassen. Diese Voraussetzung ist für das *Translucency*-Argument nicht erfüllt. Die formale Struktur des *Translucency*-Argumentes läßt sich abbilden, indem man die Auszahlungsmatrix eines einfachen Spiel des GD-Typus um die Wahrscheinlichkeiten p und q ergänzt (Abb. 10). Da p und q oben als Handlungs-abhängige Wahrscheinlichkeiten eingeführt wurden, ist klar, daß p nicht die Gegenwahrscheinlichkeit von q ist.

		Spieler *A* k	Spieler *A* d
Spieler *B*	k	$p(u'';u'')$	$q(1;0)$
	d	$q(0;1)$	$u';u'$

Abb. 10

Für ein dem GD analoges Drei-Personen-Spiel, wobei wir C als dritten Spieler einführen, stellt sich die Situation dann wie in Abbildung 11 dar.

		Spieler *B* und *C*: kk	kd	dk	dd
Spieler *A*	k	$p^3(u''/u''/u'')$	$2q(0/0/1)$	$2q(0/1/0)$	$q(0/1{*}m/1{*}n)$
	d	$2q(1/0/0)$	$q(1{*}n/0/1{*}m)$	$q(1{*}n/1{*}m/0)$	$u'/u'/u'$

Abb. 11

Die Darstellung mag zunächst verwirren. Es handelt sich um ein einfaches Drei-Personen-GD, in dem aber wie oben (Gauthier folgend) die Auszahlungen mit Handlungs-abhängigen Wahrscheinlichkeiten belegt sind. Im Drei-Personen-GD wird (aus Plausibilitätserwägungen) ein Verteilungsparameter n bzw. m ($m=1-n$) für die Fälle eingeführt, in denen zwei Akteure defektieren und ein Akteur kooperiert. Der Verteilungsparameter läßt sich als Verhandlungsmacht zwischen den defektierenden Akteuren interpretieren – z.B. für *d/k/d* und die Auszahlung ($1*n/0/1*m$) als Verhandlungsmacht von *A* gegenüber *C*.

Uns interessiert hier nur die erste Spalte der Auszahlungsmatrix. Die kooperative Lösung ist nur möglich, wenn *A* seine beiden Mitspieler als CM-Spieler erkennt (p^2) und sich die Mitspieler auch untereinander als CM-Spieler erkennen (p). Wiedererkennen ist eine symmetrische Beziehung; die Wahrscheinlichkeiten werden multipliziert. Die Irrtums-Wahrscheinlichkeit q jedes Spielers ist dagegen unabhängig von der Möglichkeit eines Irrtums seiner Mitspieler. In großen Gruppen verringert sich die Wahrscheinlichkeit einer kooperativen Lösung, während gleichzeitig die Wahrscheinlichkeit, ausgebeutet zu werden, steigt. Gauthier mißachtet die Bedeutung der Interaktionsstruktur. Wir werden noch sehen, daß diese Mißachtung der sozialen Struktur eines Spieles bei Gauthier systematische Gründe hat.

Nun könnte man, um die Sache nicht bereits am Anfang zu komplizieren, zunächst bei dem Zwei-Personen-Fall bleiben. Auch für den Zwei-Personen-Fall läßt sich bestreiten – so der zweite Einwand –, daß Gauthiers Rekonstruktion der Wahl einer CM-Strategie sinnvoll interpretierbar ist (Franssen 1994). Es ist Gauthiers Ziel zu zeigen, daß rationale Personen sich entscheiden, eine CM-Strategie zu wählen. Die Entscheidung ist abhängig von der Kooperations-Wahrscheinlichkeit p, der Irrtums-Wahrscheinlichkeit q und der Treffer-Wahrscheinlichkeit r. Für die strategische Wahl von Personen sind, so der Einwand, p und q nicht plausibel interpretierbar. Gauthier rekonstruiert die Wahl der CM-Strategie im Rahmen des *one-shot* GD wie eine strategische Wahl. Dann ist unverständlich, was es heißen soll, daß man den Mitspieler als einen erkennt, der einer bestimmten Regel folgt. Eine strategische Entscheidung besteht gerade darin, die Handlung zu wählen, die (gegeben die Handlung des Mitspielers) die individuellen Auszahlungen maximiert. Diese Wahl ist im GD unabhängig von der Entscheidung der anderen Person – genau das zeigt das Dominanzargument.

Gegen diesen Einwand würde Gauthier wahrscheinlich geltend machen, daß die Pointe seines Argumentes darin liege, daß die Spieler keine Strategien, sondern Dispositionen wählen. Die Entscheidungssituation müsse anders beschrieben werden, ein CM-Spieler »reasons in a different way« (Gauthier 1986: 170)[20]. Bei der Wahl von Dispositionen ist die Beurteilung der erwarteten Konsequenzen eben nicht unabhängig davon, wie die andere Person entscheidet. Diese Vorstellung findet sich auch in der formalen Struktur des Spieles, in das *p* und *q* von Gauthier als Handlungs-abhängige Wahrscheinlichkeiten eingeführt werden.

Was aber kann Gauthier damit meinen, daß Personen, die Dispositionen wählen, die Konsequenzen eines Ereignisses nicht unabhängig von der Entscheidung der anderen Person bewerten? (Man kann sich auch schlicht fragen, was genau eigentlich »Dispositionen« sind; aber setzen wir einmal voraus, wie hätten eine vor-theoretische Ahnung, was gemeint sein könnte.) Man kann erstens wieder eine Form der kausalen Abhängigkeit voraussetzen. Das entspricht dem erfolglosen Versuch einer Rekonstruktion der wechselseitigen Anerkennung von Rechten bei Locke (vgl. Kap. 8.3).

Man kann zweitens versuchen, die Wahrscheinlichkeiten *q* und *p* im Sinne einer psychologischen Abhängigkeit zu interpretieren.[21] Wir setzen irgendein psychologisches »Gesetz« voraus, aus dem folgt, daß Personen mit einer gewissen Wahrscheinlichkeit *p* kooperieren, wenn ihre Mitspieler auch kooperieren. Findet man diese Annahme sinnvoll, muß man das Spieldesign im GD geringfügig ändern und eine Entscheidungsphase einführen, in der die Spieler ihre Entscheidung gemäß der Entscheidung des Mitspielers anpassen können. (Man kann sich z.B. vorstellen, daß die Spieler in Kabinen sitzen, die miteinander verbunden sind. In dem Fall, daß nur einer der Spieler kooperiert, leuchtet in der Kabine des anderen eine Lampe auf, und dieser hat die Möglichkeit, seine ursprüngliche Entscheidung zu revidieren und gleichfalls zu kooperieren.) Folgt man der vorgeschlagenen psychologischen Lesart bleibt allerdings die Bedeutung von *r* opak.

Eine sinnvolle Interpretation von *r* setzt voraus, daß die Proposition »der CM-Regel folgen« eine Eigenschaft von Personen, nicht eine soziale Situa-

---

20 Dieser kognitivistische Ansatz unterscheidet Gauthiers Programm von solchen Ansätzen, die Handlungen mit Einstellungen (*attitudes*) gleichsetzen (Gauthier 1986: 48-50).

21 Das schlägt zum Beispiel Franssen (1994: 258) vor. Ich hatte auch für Locke (Kap. 8.3) diesen Vorschlag kurz diskutiert, vgl. S. 170, Fn. 37.

tion bezeichnet. Dabei kann es sich auf der einen Seite nicht um eine natürliche Eigenschaft (wie »mandelbraune Augen haben«) handeln, weil natürliche Eigenschaften nicht wählbar sind. (Man kann sich natürlich entscheiden, mit Menschen, die bestimmte natürliche Eigenschaften aufweisen besonders gerne zusammenzuarbeiten oder in anderer Weise zu kooperieren.) Die Eigenschaft muß aber auf der anderen Seite (dauerhaft) zu stabilen Merkmalsausprägungen führen. Gauthier schlägt anhand des schon bekannten Beispieles der beiden Humeschen Bauern folgendes Verständnis vor (Gauthier 1994). Wenn, so Gauthier, der Bauer *B* versprochen hat, *A* bei der Ernte zu helfen, dann ist die Frage, ob er das Versprechen einhält, keine Frage der strategischen Entscheidung. Der Bauer wird sein Versprechen einhalten, weil er ehrlich ist. »Ehrlich sein« ist Teil der Disposition oder Lebensform, die *B* gewählt hat. Es ist dann unabhängig von den Handlungen der anderen Person rational, das Versprechen einzuhalten, weil diese Handlung der eigenen, selbstgewählten Lebensform entspricht (Gauthier 1993b).[22] Man kann auch sagen, daß es sich um eine Frage der expressiven Rationalität handelt.[23] CM-Akteure kalkulieren in einer anderen Art und Weise. Weil die Entscheidung über eine Lebensform nicht auf eine strategische Entscheidung reduziert werden kann, ist die Interaktionsstruktur für diese Entscheidung nachrangig. Dieses Verständnis von rationalen Wahlhandlungen ist allerdings im Rahmen der formalen Darstellung nicht nachvollziehbar. Mit dem Dispositions-Argument verläßt Gauthier den Rahmen der orthodoxen Entscheidungstheorie – dabei bleibt unklar (oder mindestens erläuterungsbedürftig), was genau es heißt, mit Gründen eine Disposition zu wählen. Gauthiers Versuch zu zeigen, daß es individuell rational ist, eine CM-Strategie zu wählen, ist entweder (im

---

22 Die Wahl der Disposition kann dann als parametrische Entscheidung beschrieben werden (Gauthier 1986: 21). Diese Interpretation von »Ehrlichkeit« ist stärker als die Auffassung, daß »Ehrlichkeit« Teil des performativen Sprechaktes »ein Versprechen geben« ist, vgl. S. 170 Fn. 36; der »Ehrliche« ist auch dann an ein Versprechen gebunden, wenn die Bedeutung des Wortes eine merkwürdige Wandlung durchgemacht hat und keine Verbindlichkeit beinhaltet (Taylor 1992b: 64-67).

23 Taylor (1992a: 19) dagegen verbindet die Frage der Wahl einer Lebensform mit dem Problem der Beschreibung von Handlungen. Das setzt eine expressive Theorie der Bedeutung voraus.

Rahmen der orthodoxen Entscheidungstheorie) gescheitert oder unverständlich (Binmore 1993: 135).

11.3 Die Gauthier Verhandlungslösung

Bisher wurde gezeigt, daß es für Akteure unter bestimmten Voraussetzungen rational sein kann, sich für eine kooperative Strategie zu entscheiden. (Eigentlich wurde gezeigt, daß wir nicht wirklich verstehen, wie diese Voraussetzungen zu interpretieren sind. Aber nehmen wir an, Spieler würden – aus welchen Gründen auch immer – einem kooperativen Entscheidungstyp folgen.) Wenn man Verhandlungsspiele für adäquate Beschreibungen des Koordinationsproblems hält, muß man sagen, was genau es heißen soll, daß eine Person in einem Verhandlungsspiel einer kooperativen Strategie, also einer CM-Strategie, folgt. Der zweite Schritt des Gauthier-Programms besteht darin, eine kooperative Verhandlungsregel anzugeben. (Eigentlich besteht er darin, eine Verhandlungsregel für CM-Akteure anzugeben. Wir müssen mit Gauthier voraussetzen, daß sich unsere Akteure für ein CM-Leben entschieden haben.) Die Gauthier-Verhandlungsregel legt den Verhandlungspartnern zwei Einschränkungen (*constraints*) auf. Die erste Einschränkung, die er als Lockesches Proviso bezeichnet, betrifft die Ausgangsvoraussetzungen der an einer Verhandlung Beteiligten. Die zweite betrifft ihre Gewinnchancen im Spiel. CM-Spieler, so die Annahme, finden beide Einschränkungen plausibel.

Das Lockesche Proviso betrifft den Ausgangs- oder Konfliktpunkt eines Verhandlungsspieles. Die Ausgangsverteilung im Konfliktpunkt kennzeichnet im Nash-Zeuthen-Verhandlungsspiel die Machtverteilung zwischen den Akteuren. Mit dem Lockeschen Proviso wird als Ausgangspunkt des Spieles ein kontrafaktischer (Natur-) Zustand gewählt, in dem die Akteure unabhängig voneinander wirtschaften. In diesem Zustand ohne externe Effekte (und also ohne Drohpotential) entsprechen die Auszahlungen jeder Person ausschließlich ihren individuellen Fähigkeiten in Abwesenheit anderer Personen. Das Lockesche Proviso schreibt in diesem Sinne natürliche Abwehrrechte der

Individuen fest. Zur Unterscheidung bezeichnen wir den über das Lockesche Proviso ausgezeichneten Ausgangspunkt mit (*c*').[24] Anders als der Konfliktpunkt im Nash-Zeuthen-Spiel ist der Ausgangspunkt bei Gauthier unabhängig von der sozialen Struktur des Spieles definiert. Dabei muß man voraussetzen, daß CM-Spieler (anders als wir) genau verstehen, was »natürliche« Rechte sind, und sie entsprechend anerkennen.

Außerdem, so die Intuition Gauthiers, müssen in einer Verhandlungslösung die individuellen Fähigkeiten, wie sie in die Zusammenarbeit eingehen, berücksichtigt werden. Wie läßt sich diese Intuition in einem Verhandlungsspiel modellieren? Für das Nash-Zeuthen-Verhandlungsspiel wurden folgende Axiomen vorausgesetzt: (a) Die Pareto-Optimalität, (b) die Symmetrie, (c) die lineare Transformation und (d) die Unabhängigkeit von irrelevanten Alternativen. Im Rahmen der sozialen Struktur von Verhandlungen sind die individuellen Entscheidungen der Akteure nicht unabhängig voneinander beschreibbar. Das Unabhängigkeits-Axiom bildet diese Intuition auch formal ab. Gauthier folgt allerdings einer anderen Intuition. Zwar sind die Entscheidungen der Akteure nicht unabhängig voneinander beschreibbar. Dies folgt, so Gauthier, aber nicht aus der sozialen Struktur, sondern aus der Wahl von CM-Dispositionen. CM-Spieler erkennen Ansprüche aus individuellen Fähigkeiten an. Gauthier folgt mit seiner Lösung von Verhandlungsspielen der Kalai-Smorodinsky-Modellierung und ersetzt das Unabhängigkeits-Axiom zugunsten eines Axioms

(d') individueller Monotie, das heißt, wenn das Ergebnis eines Verhandlungsspieles (*Q*,*c*') von den maximalen Auszahlungen eines Spielers abhängt, dann muß auch das Ergebnis eines Verhandlungsspieles (*P*,*c*') von den maximalen Auszahlungen eines Spielers abhängen.[25]

---

24 Zur Bedeutung dieser Uminterpretation siehe Goodin (1993).

25 Dieses Axiom individueller Monotonie ist von dem Monotonie-Axiom in der formalen (Bayesschen) Entscheidungstheorie zu unterscheiden, vgl. Kap. 3.1, siehe zum Monotonie-Axiom in der Entscheidungstheorie Nida-Rümelin (1993a: 38-40). Zu der Kalai-Smorodinsky-Lösung siehe Holler/Illing (1996: 206-209). Bei Darstellungen der Kalai-Smorodinsky-Lösung wird auch auf das Axiom beschränkter Monotonie Bezug genommen. Wenn man das Axiom individueller Monotonie für alle Beteiligten einer Verhandlung anwendet, folgt daraus das Axiom beschränkter Monotonie.

Mit dem Monotonie-Axiom werden die maximalen Auszahlungen eines Akteurs als Referenzpunkt in das Verhandlungsspiel eingeführt. Aus den maximalen Auszahlungen der Akteure läßt sich der sog. »Idealpunkt« (I) eines Verhandlungsspieles konstruieren (vgl. Abbildung 12 »Gauthier-Lösung«). Anders als in der Nash-Zeuthen-Lösung werden mit dem Idealpunkt bei Gauthier analog zu Locke unabhängig von der sozialen Struktur des Spieles individuelle Ansprüche (Anspruchsrechte) auf einen Anteil des Auszahlungsraumes in Verhandlungsspiele eingeführt.

Kooperative Akteure erkennen die mit dem Ausgangspunkt und dem Idealpunkt formulierten Rechtspositionen (aus Gründen, die wir nicht verstehen) an. Ein faires Verhandlungsergebnis ist nach Gauthier genau dann erreicht, wenn die relativen Gewinne der Akteure ihren individuellen Gewinnchancen, der Differenz von Idealpunkt und Ausgangssituation, entsprechen (Gauthier 1986: 146-150):[26] $(u_i-c')/(I-c')=(u_j-c')/(I-c')$. Kooperative Akteure werden nicht ihr (möglicherweise vorhandenes) Drohpotential ausnutzen, um ein anderes Ergebnis zu erreichen.

Ein solches Verhandlungsergebnis berücksichtigt sowohl natürliche Abwehrrechte, wie sie im Lockeschen Proviso festgeschrieben sind (eine Art *endowment*), als auch Ansprüche der Personen, die sich aus asymmetrischen Gewinnmöglichkeiten (*ambitions*) in der Zusammenarbeit (dem gemeinsamen Auszahlungsraum) ergeben.[27] Den Unterschied zu der Nash-Zeuthen-Lösung verdeutlicht die Abbildung 12.

Die Nash-Zeuthen-Lösung und die Gauthier-Lösung müssen sich trivialerweise entsprechen, wenn man von symmetrischen Ausgangsvoraussetzungen der Spieler ausgeht – in diesem Fall ergibt sich eine Gleichverteilung in D. Der Unterschied zwischen den beiden Lösungen für Verhandlungsspiele zeigt sich deutlich, wenn man den Auszahlungsraum um die Fläche BDE erweitert. Dadurch verschiebt sich der Idealpunkt nach I", so daß die Gauthier-Ver-

---

26 Das entspricht für Zwei-Personen-Spiele der Kalai-Smorodinsky-Lösung (Binmore 1993: 133 f.). Gauthier (1993b: 177 f.) gibt die Monotonie-Annahme in späteren Arbeiten nach der Kritik von Binmore auf, hält aber an dem Kern seines Argumentes fest. Zur Kritik vgl. Hampton (1991).

27 Auf diese merkwürdige Kombination von Abwehr- und Anspruchsrechten komme ich in Kap. 12.2 noch zurück.

handlungslösung auf der Paretofront in F liegt. Spieler 2 erzielt im Vergleich mit der Nash-Zeuthen-Lösung den Verhandlungsgewinn u_2-u_1. Dieser Verhandlungsgewinn wird als legitimes Ergebnis der relativen Anteile der Akteure an der Zusammenarbeit interpretiert.

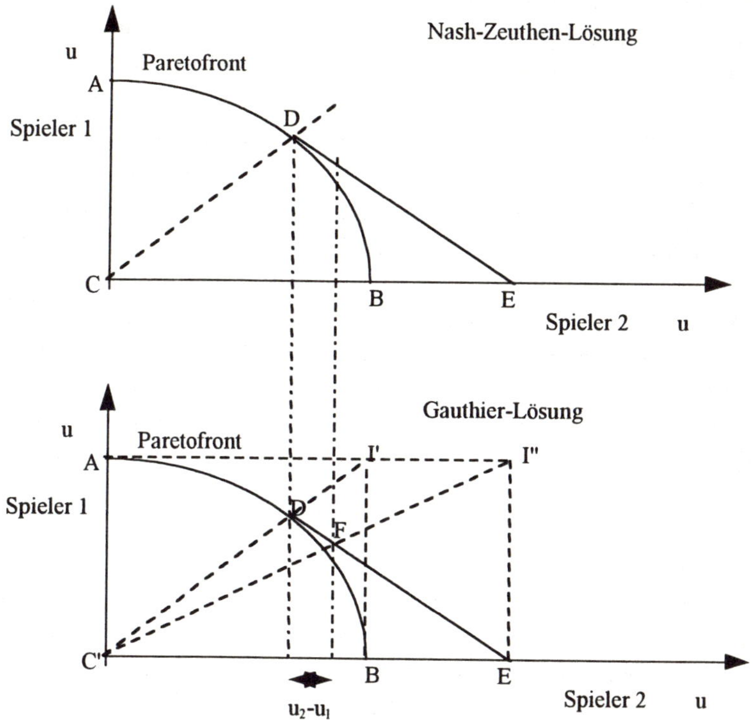

Nash-Zeuthen und Gauthier im Vergleich

Abb. 12

Die Gauthier Verhandlungslösung ergibt sich aus der Wahl kooperativer Strategien. Wie die Nash-Zeuthen-Lösung erfüllt sie das Pareto-Kriterium. Es kann außerdem gezeigt werden, wie individuelle Rechte in Verhandlungslösungen integriert werden können. CM-Spieler erkennen individuelle Abwehr- und Anspruchsrechte an und berücksichtigen entsprechend den über das Lockesche Proviso ausgewiesenen Ausgangspunkt und den Idealpunkt bei ihrer Bewertung. Menschen, die wechselseitig Rechte anerkennen, entscheiden sich auch in Verhandlungen nicht unabhängig voneinander. Wenn man (mit Gauthier) die Wahl einer CM-Strategie für rational hält, dann kann man sagen, daß das Ergebnis solcher Verhandlungen individuell rational ist. Dabei muß »rationale Wahl« bei Gauthier anders als in der orthodoxen Standardinterpretation, also auch anders als im Nash-Zeuthen-Modell aufgefaßt werden. Der Versuch einer Begründung der CM-Strategie im Rahmen der orthodoxen Standardinterpretation der Theorie rationaler Wahl scheitert. Die Wahl von Dispositionen muß von der Wahl individuell vorteilhafter Handlungen (auf eine uns nicht ganz klare Weise) verschieden sein. Anders als im Nash-Zeuthen-Modell, in dem die Abhängigkeit der individuellen Wahlhandlungen über die soziale Struktur eines Spieles (und das Unabhängigkeits-Axiom) begründet wird, werden bei Gauthier unabhängig von der sozialen Interaktionsstruktur Individualrechte einer Person ausgezeichnet. Mit dem Ausgangspunkt und dem Idealpunkt (dem Monotonie-Axiom) werden bei Gauthier Kriterien rationaler Wahl in Verhandlungen formuliert. Eine Entscheidung ist rational, wenn sie die individuellen Rechte der Beteiligten berücksichtigt. Das Monotonie-Axiom ist dann als Konsistenzkriterium für rationale Wahlhandlungen interpretierbar. Dabei haben nicht alle Personen dieselben Rechte. Aber alle Personen haben, wie bei Locke, »natürliche« Rechte, die aus ihren Begabungen und individuellen Fähigkeiten abgeleitet werden.[28]

Man könnte an dieser Stelle abbrechen. Es kann gezeigt werden, daß wechselseitig desinteressierte Personen sich auch in kompetitiven Situationen mit Gründen auf andere beziehen und auf Regeln einigen können. Verhandlungsspiele erlauben eine sinnvolle kooperative Modellierung des Koordinationsproblems, das mit dem Nash-Zeuthen-Resultat eine eindeutige Lösung hat. Allerdings ist dieser Begriff von Kooperation sehr schwach. Das Ver-

---

28 Diese Theorie der Rechte wird bei Gauthier unter Verweis auf einen archimedischen Standpunkt plausibel gemacht. Aus einem archimedischen Standpunkt heraus erkennen sich Personen gegenseitig an. Die kantische Vorstellung der wechselseitigen Anerkennung der Akteure interpretiert Gauthier (1986: Kap. 8; 1985b) in einer Lockeschen Wendung als Anerkennung »natürlicher« Rechte. Vgl. zur Kritik speziell an Gauthier Lehning (1993) und allgemeiner Chwaszcza (1994). Diese Lockesche Perspektive auf Kant untergräbt tatsächlich das kantische Argument der Anerkennung anderer Personen unabhängig von allen empirischen Ausgangsvoraussetzungen.

handlungsergebnis ist eine Funktion der Ausgangsverteilung. Statt des biblischen Leviathan herrscht nun ein anarchistischer Liberalismus (vgl. Kap. 2.1), in dem die Stärke des einzelnen für die Verteilung von Anteilen am Auszahlungsraum ausschlaggebend ist. Der Versuch Gauthiers, ein über das Pareto-Kriterium hinausgehendes Gerechtigkeitsprinzip begründet einzuführen, scheitert oder setzt mindestens einen nicht verständlichen Begriff rationaler Wahl (von Dispositionen) voraus.

Damit die Geschichte hier nicht gar so pessimistisch endet, werde ich zum Abschluß diskutieren, wie das Gauthier-Programm in anderer Form weiterverfolgt werden kann. Dabei zeigt sich, daß die konsequentialistische Standardinterpretation der Theorie rationaler Wahl aufgegeben werden muß. Eine adäquate Theorie individueller Entscheidung muß die sozialen Strukturen einer Wahlhandlung berücksichtigen. Für kooperative Personen gilt tatsächlich, daß sie »reason in a different way« – nur spielen andere Personen dabei eben eine bedeutende Rolle.

Kapitel 12

Kuchenteilungsregeln oder Philosophie mit Kindern

12.1 Macht im Spiel durch ungleiche Ausgangspositionen

In diesem Kapitel wird das Gauthier-Programm mit einem anderen Typus von Verhandlungsspielen, *Negotiation Games* oder Kuchenteilungsspielen, wieder aufgegriffen. Anhand möglicher Koordinationslösungen in Kuchenteilungsspielen wird gezeigt, daß es in Verhandlungen für die Akteure sinnvoll sein kann, sich wechselseitig Rechte zuzuerkennen. Allerdings handelt es sich dabei um »soziale« Rechte. Auch dieser Begriff ist natürlich erläuterungsbedürftig. Die Abhängigkeit der individuellen Entscheidungen der Akteure wird anders als bei Gauthier im Sinne sozialer Strukturen interpretiert. Anders als im Nash-Zeuthen-Spiel sind auch die Ausgangsbedingungen Gegenstand der Entscheidung aller Mitspieler – in diesem Sinne kann man von einem solidarischen Spiel sprechen. »Echte« Verhandlungen setzen die Gleichberechtigung der Akteure voraus. Gleichberechtigung beinhaltet unter Personen mit unterschiedlichen und konkurrierenden Interessen nicht notwendig die Gleichverteilung aller Güter. Sowohl die Begründung als auch die Überlegungen zur Durchsetzung von Rechten in Kuchenteilungsspielen sind nicht mit der konsequentialistischen Standardinterpretation der Theorie rationaler Entscheidung vereinbar (Nida-Rümelin 1993a: 99-110; Anderson 1993: 38-43). Sie entsprechen aber (vielleicht deswegen) besonders gut der Weise, wie wir im allgemeinen Koordinationsprobleme zwischen Menschen beschreiben. Menschen entscheiden unter der Bedingung von Knappheit in den Grenzen sozialer Strukturen.

Im Rahmen der konsequentialistischen Standardinterpretation der Theorie rationaler Wahl kann kein Gerechtigkeitskriterium ausgewiesen werden, das »stärker« ist als das Pareto-Kriterium. Mit dem Pareto-Prinzip werden Zustände relativ zu den Ausgangsbedingungen (*endowments*) der Akteure bewertet. Diese Interpretation von Verfahrensgerechtigkeit in einem Spiel folgt der Intuition, daß Lösungen, denen die Akteure zustimmen, auch normativ ausgezeichnet sind. Eine einfache Geschichte zeigt, daß nicht nur in Sklavenhaltergesellschaften, sondern auch unter »Alltagsbedingungen« zustimmungsfähige Lösungen unplausibel sein können:

Bei einem Besuch bringt ein gehässiger Onkel seinen zwei Nichten Tara und Inken einen in acht Stücke aufgeschnittenen Hefekuchen mit, den sie unter sich aufteilen müssen. Der Onkel bittet Tara, einen ersten Vorschlag zu machen, wie sie den Kuchen unter sich aufteilen sollen. Es ist allgemein bekannt, daß Hefekuchen nur frisch wirklich gut schmeckt. Wir wollen annehmen, daß Tara und Inken vorher schon einmal Hefekuchen gegessen haben und wissen, daß Hefekuchen je Tag die Hälfte seines Geschmacks einbüßt. Wir führen also einen Diskontparameter $\delta=0{,}5$ ein. Tara und Inken wohnen zwar in einer Stadt, sehen sich aber aufgrund der großen Entfernungen nur einmal täglich, so daß sie je Tag nur einen Vorschlag diskutieren können, wie der Kuchen aufgeteilt werden soll. Einigen die beiden sich nicht, ist der Kuchen am jeweils folgenden Tag nurmehr die Hälfte wert. Tara denkt einige Zeit nach und bietet Inken drei Stücke des Kuchens an. Nachdem auch Inken ihre Situation überdacht hat, stimmt sie diesem Vorschlag zu: Drei Stücke entsprechen genau dem Teil des Kuchens, den sie am zweiten Tag maximal für sich beanspruchen könnte. Trotzdem zerstreiten sich die beiden fürchterlich.

Die Abbildung 13 zeigt das Entscheidungsproblem der Nichten. Die abnehmende Zahl an Kuchenstücken steht für die »Abwertung« des Kuchens. Wie das Argument der Sklavenhaltergesellschaft (Kap. 10.1) zeigt auch dieses Beispiel, daß asymmetrische Ausgangsvoraussetzungen, hier die Macht des ersten Zuges, die Struktur einer Verhandlung so beeinflussen können, daß es für eine der Beteiligten, in unserem Fall Inken, rational ist, einer Ungleichverteilung des Kuchens (eines Verhandlungsraumes) zu ihren Ungunsten zuzustimmen. Die Verteilung des Kuchens im Verhältnis 5:3 ist Pareto-effizient und in diesem Sinne als gerecht ausgezeichnet. Dem steht unsere (moralische) Intuition entgegen[29], daß in diesem Fall die Rechte einer Spielerin verletzt werden, so daß das Ergebnis nicht gerecht genannt werden kann. Gegen unsere Intuitionen könnte meine nörgelnde Opponentin einwenden, daß (wenn man auf die Annahme »natürlicher« Rechte mit Gründen verzichtet) unverständlich ist, in welchem Sinne man hier von der Verletzung irgendwelcher Rechte sprechen kann, da Rechte (am Kuchen) erst mit der Verhandlungslösung definiert werden.

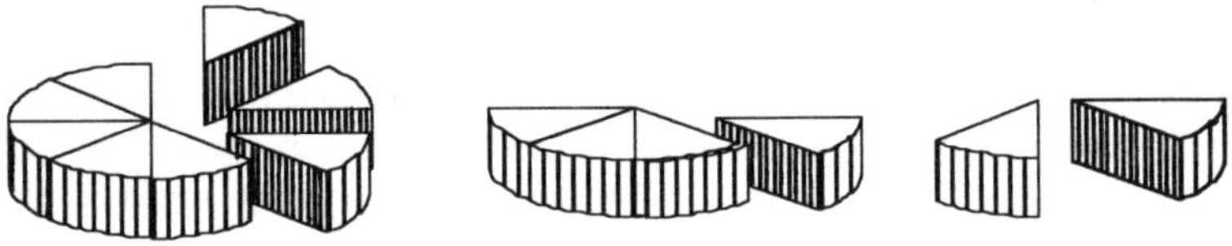

Taras Wahl 5:3 Inkens Wahl 3:1 TarasWahl1:1

Abb. 13

Unter den gegebenen *empirischen* Bedingungen, so verteidigt sie das Ergebnis, sei eine Verteilung von 5:3 für beide Nichten die »beste« Lösung. »Beste« kann nicht nur in der pragmatischen Lesart als »beste *de facto* erreichbare Auszahlung«, sondern auch normativ interpretiert werden. Man sagt dann, daß die Anteile am Kuchen unter den gegebenen Ausgangsvoraussetzungen gerecht verteilt sind – weil (wenn) die Ausgangsbedingungen gerecht sind.[30] Das normative Argument setzt voraus, daß es sinnvoll ist, ein Verhandlungsergebnis wie im Nash-Zeuthen-Spiel (und mit Einschränkungen bei Gauthier) von den gegebenen Ausgangsbedingungen abhängig zu machen.[31]

---

29 Zumindestens meine; und ich finde mich in sympathischer Gesellschaft mit Dworkin, (1990: 296-297, 439).

30 Das entspricht etwa dem Anspruchsgrundsatz bei Nozick (o.J.: 144). Vgl. die Anmerkungen zum *self-ownership-argument*, oben S. 162. Man kann natürlich der Auffassung sein, daß faktisch jede ungleiche Ausgangsverteilung das Resultat von Raubritter-Kriegen und archaischer Ausbeutung ist, so Marx (1957: 24. Kapitel).

31 Verhandlungslösungen müssen also *endowment-sensitive* sein (Dworkin 1981b: 311).

Aber warum sollte die gegebene Ausgangsverteilung für die normative Beurteilung der Verteilung von Gewinnen in einer Gruppe relevant sein? Meine nörgelnde Opponentin könnte auf diese Frage z. B. mit einem Verweis auf Besitz- und Eigentumsrechte antworten, die nicht verletzt werden dürften.[32] »Besitz« und »Eigentum« werden dabei nicht in einem juristischen Sinne gebraucht, sondern kennzeichnen die Ausgangsverteilung in einem Verhandlungsspiel. Der Verweis auf Besitzrechte kann dann sinnvoll so verstanden werden, daß meine Opponentin die These vertritt, aus Besitz in der Ausgangsverteilung ließen sich individuelle Ansprüche auf Anteile am Auszahlungsraum ableiten.[33] Diese im folgenden als Besitzrecht-Argument bezeichnete These geht von zwei Prämissen aus. Zum einen wird vorausgesetzt, daß Besitzrechte in der Ausgangsverteilung analog zu Freiheits- oder Persönlichkeitsrechten behandelt werden können. Nun ist einigermaßen unklar, was genau Persönlichkeitsrechte sind. Hier reicht es zu sagen, daß es sich um Individualrechte und (zumeist) um Abwehrrechte handelt. Zum anderen muß man annehmen, daß es sich nicht bloß um wohldefinierte beschränkte Nutzungsrechte an Gütern und Fähigkeiten, sondern um unbeschränkte Ansprüche handelt, die sich auch auf jede Verwendung dieser Güter und Fähigkeiten erstrecken. Man kann sich den Unterschied zwischen beschränkten Nutzungsrechten und unbeschränkten Ansprüchen am Streit um Wasserrechte

32 Dieser Hinweis ist sogar ganz vernünftig, wenn man sich nicht mit Philosophie, sondern mit Fragen des positiven Rechts beschäftigt; die Frage nach der Bedeutung der Ausgangssituation für die Verteilung zukünftiger Gewinne zielt tatsächlich auf die insbes. in den §§ 994, 996, 999-1002 BGB formulierten Ansprüche auf die Verwendung aus Eigentum und Besitz. Der Besitzer eines Gutes hat das Recht, dieses Gut im Rahmen der durch den Eigentümer gemachten Einschränkungen zu nutzen. Der Eigentümer hingegen hat auch nach der Überlassung ein (bestimmbares) Anrecht auf weitere mit der Verwendung eines Gutes entstehende Auszahlungen. (Das gilt auch für den Besitzer eines Gutes nach einem Besitzerwechsel.) Allerdings ist Justicia eine wankelmütige Dame, deren Waage von Mal zu Mal geeicht werden kann. Schon älter, aber amüsant zu lesen die rechtshistorische Darstellung des Eigentumsbegriffs im Wandel der Zeit bei Negro (1963).

33 Buchanan (1991: 204-208) und Nozick (o.J.: 157 ff.) verteidigen die normative Auszeichnung der Ausgangsverteilung und also die Zustimmungsfähigkeit als hinreichendes Gerechtigkeitskriterium – auch für den Sklavenfall, vgl. S. 213. Unter realen Bedingungen führt diese Position zu einer wachsenden Ungleichverteilung.

deutlich machen. Eine Person mag das beschränkte Nutzungsrecht (»zum Eigenbedarf«) an einem Fluß besitzen, ohne jedoch das Recht beanspruchen zu können, den Fluß zur Erzeugung von Strom zu stauen oder Wasser für den Verkauf abzufüllen.[34] Nun stehen im privaten Verkehr zwischen Menschen selten Wasserrechte oder ähnliches zur Diskussion. In »normalen« Verhandlungen über Tarifverträge usw. sind Güter (z.B. das Eigentum an einer Fabrik) oder Fähigkeiten (z.B. individuelle Arbeitsleistungen) relevant, für die ganz plausibel ist, daß eine Person nicht nur beschränkte Nutzungsrechte, sondern auch unbeschränkte Ansprüche aus der Verwendung (dieser Güter und Fähigkeiten) innehat.

12.2 Positionale Rechte und soziale Strukturen

Das Besitzrecht-Argument scheint plausibel zu begründen, daß die Ausgangsverteilung für das Ergebnis von Verhandlungen relevant ist – wenn man die Prämissen akzeptiert, daß Besitzrechte analog zu Persönlichkeitsrechten behandelt werden können und nicht auf bestimmte Nutzungsrechte be-

---

34 Die starke Prämisse unbeschränkter Ansprüche ist nicht einmal in unserer Rechtssprechung akzeptiert, in der das Eigentums- und Besitzrecht, vgl. Fn. 32, durch den Sozialvorbehalt des Grundgesetzes eingeschränkt wird, insbes. Art. 14.I Grundgesetz, wo die Sozialbindung des Eigentums festgeschrieben ist. Anderen Gruppen scheint die Auffassung unbeschränkter Besitzrechte ohnehin höchst unsinnig. Damit sind nicht nur Nozicks pathologisch irrationalen Gewerkschaftler gemeint, sondern z.B. Kleinbauern in Lateinamerika, siehe Lohmann (1995b: 23-29, insbes. Fn. 6) und die dort angegebene Literatur über den Gemeinbesitz in der Tradition des »ejido« und die Unterscheidung zwischen eingeschränkten Nutzungsrechten (*dominio útil*) und uneingeschränkten Eigentumsrechten (*dominio plenum*). Ideengeschichtlich war man sich eben gar nicht immer sicher, ob uneingeschränktes Privateigentum zu verteidigen sei, siehe Schlatter (1951). Vgl. zur Kritik des Eigentumsrechtes Tugendhat (1992b). Die Beispiele aus dem Wasserrecht sind real. Die Frage des Staudammbaues beschäftigt u.a. Palästinenser und Israelis bei ihren Friedensverhandlungen; die Frage, ob Baden-Würtemberg das Recht habe, Wasser aus dem Bodensee für den Verkauf als Mineralwasser aufzubereiten, hat Anfang 1997 zu einem Konflikt zwischen der Schweiz und der Bundesrepublik geführt.

schränkt sind.[35] Mindestens die erste Prämisse ist umstritten. Anders als Persönlichkeitsrechte, von denen man sagt, daß sie an eine Person »gebunden« sind, können Besitzrechte veräußert werden. Wenn wir von »Besitz« nicht nur in bezug auf materielle Güter, sondern auch in bezug auf Fähigkeiten einer Person sprechen (und das müssen wir, wenn wir uns auf die Ausgangsverteilung beziehen), ist dieses Kriterium allerdings nicht trennscharf. Man kann auf der einen Seite auch das Recht an der Nutzung individueller Fähigkeiten veräußern, indem man es anderen z.B. mit einem Arbeitsvertrag anderen überläßt. Das gilt aber nur unter Einschränkungen (vgl. Kap. 8.2). Auf der anderen Seite zeigt der Streit um die Menschenrechts-Charta der Vereinten Nationen, daß auch Persönlichkeitsrechte mindestens in einigen Nationen so aufgefaßt werden, als ob sie zugunsten anderer Rechte aufgegeben werden können (*right waving*). Akzeptieren wir also einstweilen die erste Prämisse – und sei es unter dem Vorbehalt, daß die Begriffe schlicht unklar sind.

Daraus scheinen sich zwei Konsequenzen zu ergeben. Zum einen gibt man dann auch die Trennung zwischen Abwehr- und Anspruchsrechten auf. Das scheint unproblematisch hinsichtlich des Gehaltes von solchen Rechten, wenn man zumindest eine schwache Form des Autonomie-Argumentes akzeptiert (vgl. Kap. 2.1). Abwehrrechte sind über Persönlichkeitsrechte definiert und gehen in modernen Gesellschaften (unter der Bedingung der Knappheit) mit mindestens minimalen Ansprüchen auf Grundversorgung einher (Tugendhat 1994: 357 f.).[36] Zum anderen scheint man damit aber zugleich die zweite Prämisse (und also das Besitzrecht-Argument) akzeptieren zu müssen. Wenn nicht sinnvoll zwischen Abwehrrechten und Anspruchsrechten unterschieden werden kann, dann scheint auch die Unterscheidung zwischen beschränkten Nutzungsrechten und unbeschränkten Ansprüchen sinnlos. Das scheint insbe-

---

35 Daraus muß man nicht die unplausibel starke Forderung ableiten, daß eine Person bei der Mehrung ihres Besitzes nach Kräften zu unterstützen sei, Arbeitnehmer also z.B. Lohnverzicht üben sollten. Wenn man zwischen Unterlassen und Handeln (Befördern) unterscheidet, dann folgt aus dem Besitzrecht-Argument die negative Pflicht, Handlungen zu unterlassen, die eine andere Person schlechterstellen, nicht aber die positive Pflicht, das Wohl des anderen zu fördern. Aus dieser Interpretation leitet Gauthier (1986: 200-205) den Anspruchsgrundsatz für Verhandlungsspiele ab.

36 Ähnlich kann man auch Berlin (1969: 131-134) interpretieren. Vgl. Dworkins (1990: 158-164) Klassifizierung von Rechten.

sondere für individuelle Fähigkeiten und »normale« Verhandlungssituationen im privaten Verkehr plausibel. Jede Einschränkung von Ansprüchen, die eine Person auf die Verwendung ihrer Fähigkeiten als Sänger, Hockeyspieler usw. erhebt, scheint ihre Persönlichkeitskeitsrechte zu verletzen.[37] Diese starke These ist falsch. Aus der Anerkennung der ersten Prämisse folgt nicht die Anerkennung der zweiten Prämisse, daß Besitzrechte an Gütern und Fähigkeiten auch unbeschränkte Ansprüche auf jede ihrer Verwendungen beinhalten.

Ansprüche aus Persönlichkeitsrechten unterliegen zwei Einschränkungen. Erstens sind Persönlichkeitsrechte nur dann für die Beurteilung einer Verhandlungslösung relevant, wenn das Ergebnis von Verhandlungen die Rechte einer Person verletzt. Das ist natürlich nicht immer und nicht bei allen Verhandlungen der Fall. Diese Einschränkung ist nicht besonders stark und mit einer sinnvollen Interpretation des Besitzrecht-Argumentes kompatibel: Besitzrechte müssen nur dann beachtet werden, wenn der Besitz für die Höhe der zu verteilenden Auszahlungen relevant ist. Zweitens folgen aus Persönlichkeitsrechten keine wohldefinierten Ansprüche. Zwar kann man sagen, daß Persönlichkeitsrechte (in liberalen Gesellschaften) Ansprüche beinhalten, die Art (oder die Höhe) der Ansprüche ergibt sich aber aus einer »Rechtsabwägung« zwischen den individuellen Ansprüchen aller Personen. Das gilt mindestens für die Fälle, in denen verschiedene (gleichwertige) Persönlichkeitsrechte konfligieren – die Durchsetzung einzelner individueller Rechte ist nicht neutral hinsichtlich der Vielzahl möglicher Ansprüche. Nach diesen Überlegungen ist es sinnvoll die zweite Prämisse zu reformulieren. Zwar läßt sich nicht zwischen Nutzungsrechten und Rechten aus der Verwendung von Gütern oder Fähigkeiten unterscheiden, aber die Ansprüche aus der Verwendung von Gütern oder Fähigkeiten sind nicht unbeschränkt – zumindestens unterliegen diese Ansprüche dann Einschränkungen, wenn sie mit anderen Ansprüchen konfligieren. Daraus folgt für das Besitzrecht-Argument, daß es nur auf solche Fälle Anwendung findet, in denen Anteile am Auszahlungsraum eindeutig (und ausschließlich) dem »Einsatz« einzelner Güter oder Fähigkeiten zuordenbar sind.

---

37 Mit diesem Argument wendet sich Nozick (o.J.: 159) gegen die Besteuerung von Einkünften.

Das ist aber für nicht linear steigende Produktionsfunktionen, wie sie für die arbeitsteilige Produktion unterstellt werden, nicht der Fall. Die Auszahlungen sind von dem Aufwand aller Beteiligten abhängig; kein einzelner Beteiligter kann sagen: »Schaut her, wenn ich meinen Aufwand vermindere, sinkt auch die Auszahlung um einen entsprechenden Betrag.« (Natürlich läßt sich für jeden einzelnen Punkt einer gemeinsamen Produktionsfunktion die Grenzproduktivität der individuellen Anstrengungen ermitteln; daraus lassen sich aber nicht *ex ante* wohldefinierte Ansprüche ableiten.) Wenn keine linear steigenden Produktionsfunktionen vorausgesetzt werden können, dann sind eine Vielzahl plausibler Ansprüche begründbar, denen nicht direkt wohldefinierte Auszahlungen zuordenbar sind.

Für ein konkretes Verhandlungsspiel mögen sich aus der Familiennähe der Beteiligten[38], spezifischen Fähigkeiten oder Talenten sowie aus Bedürfnissen der einzelnen Personen Ansprüche ergeben, die sich alle (mehr oder minder) gut begründen lassen. (Angehörige der Müllerfamilie könnten sagen, daß Müllers zusammen besonders gut arbeiten, Sänger weisen auf die (unbestrittene) Erkenntnis hin, daß Singen am Arbeitsplatz die Produktivität erhöht, und Raucher rechtfertigen ihren Anspruch auf eine »Tabak-Zulage« mit dem Hinweis, daß Rauchen bekanntlich das Gedächtnis fördert.[39]) Wenn man diese unterschiedlichen Ansprüche nicht ganz unsinnig findet, dann läßt sich nicht mehr genau sagen, was es heißt, daß eine bestimmte Ausgangsverteilung für dieses Verhandlungsspiel als gegeben vorausgesetzt werden kann. Man muß zwischen der Ausgangssituation und der für das Verhandlungsergebnis relevanten Ausgangsverteilung unterscheiden. Die Definition der Aus-

---

38 Die Vorstellung, daß aus verwandtschaftlicher Bindung besondere Verpflichtungen abzuleiten seien, erscheint mir allerdings eine so unsinnige Vorstellung wie das *ius sanguinis* im Staatsbürgerrecht. Tatsächlich ist aber mindestens der deutsche Gesetzgeber dieser Meinung, wenn es z.B. um die Bewertung von Sozialhilfeansprüchen geht.

39 Jede Gruppe könnte ihre individuellen Ansprüche mit entsprechenden wissenschaftlichen Gutachten belegen, selbst den Rauchern ist eine Forschergruppe aus Houston mit dem »Beweis« entgegengekommen, daß Nikotin die Kommunikation zwischen einzelnen Nervenzellen verbessert und so die Konzentrations- und Gedächtnisfähigkeit erhöht, Meldung der *Deutschen Presseagentur* vom 23.10.1996.

gangsverteilung setzt die Bewertung verschiedener möglicher Ansprüche auf Anteile am Auszahlungsraum voraus.[40]

Man kann also die Bedeutung der Ausgangsverteilung für die Verhandlungslösung mit normativen Gründen verteidigen und zugleich das Besitzrecht-Argument zurückweisen. Dann ist der Koordinationskonflikt zwischen den Nichten (wie auch das Nash-Zeuthen-Verhandlungsspiel) unvollständig beschrieben. Es reicht nicht hin zu zeigen, daß die Akteure auf der Grundlage einer als gegeben vorausgesetzten Ausgangsverteilung einer Aufteilung des Auszahlungsraumes zustimmen, sondern es muß zusätzlich gezeigt werden, daß die Akteure der Ausgangsverteilung zustimmen können.[41] Wir können jetzt unsere unklare Intuition, daß mit der Kuchenteilung zwischen den Nichten (oder in Sklavenhaltergesellschaften) Rechte verletzt werden, begründen: Eine Verhandlungsregel, die eine feste Ausgangsverteilung als gegeben voraussetzt, verletzt das Recht der Spieler, den Ausgangspunkt »ihres« Spieles erst zu bestimmen. Die Verhandlungslösung ist ungerecht, weil sie nach einem ungerechten Verfahren zustandekommt.

Welche Kriterien lassen sich unter diesen Bedingungen für die Wahl einer Ausgangsverteilung unter rationalen Spielern angeben? Man könnte der Meinung sein, daß eine asymmetrische Ausgangsverteilung gerechtfertigt ist, wenn sich ungleiche Anteile am Auszahlungsraum rechtfertigen lassen. Das mag unter einer Vielzahl von Umständen der Fall sein. Zur Illustration modifizieren wir die ursprünglichen Kuchenteilungsgeschichte und stellen uns vor, daß die Nichten nicht einen Kuchen, sondern nur die Zutaten geschenkt bekommen. Wenn Inken, die etwas älter ist und schon mehr Erfahrung mit dem Backen von Kuchen hat, sich viel Mühe gibt, dann kann sie das Vergnügen am Kuchen (die Auszahlungen) für beide erhöhen. Also, so könnte man sa-

40 Diese Überlegungen schließen an den Versuch Bicchieris an, die CK-Annahmen in einem Spiel besonders auszuzeichnen, vgl. Kap. 9.2, S. 185.

41 Das Gauthier-Programm läßt sich in diesem Sinn als Versuch rekonstruieren, eine Ausgangsverteilung als zustimmungsfähigen Zustand auszuzeichnen. Das wäre zwar plausibel, aber nicht mehr Gauthier und setzt die interpersonelle Vergleichbarkeit der Wünsche der Beteiligten voraus. Für Gauthier wie für Nash-Zeuthen gilt, daß die Verhandlungslösung eine Funktion der gegebenen Ausgangsverteilung (und weiterer fester Parameter) ist. Es ist unklar, in welchem Sinne man dann von einem Verhandlungsprozeß reden kann; dieser Einwand, den Gauthier (1986: 150, 200; 1985a: 190) gegen Nash-Zeuthen vorbringt, trifft auch seine eigene Lösung des Verhandlungsspieles.

gen, läßt sich ein besonderer Anspruch Inkens am Kuchen (dem Auszahlungsraum) rechtfertigen, dem ein Recht z. B. auf die Wahl des ersten Stükkes o. ä. (eine entprechende Ausgangsverteilung) entsprechen sollte.

Das Argument, mit dem man Inken mehr Anteile am zu backenden Kuchen zugesteht, entspricht Gauthiers normativer Auszeichnung von Ausgangs- und Idealpunkt:[42] Der Gewinn soll den Fähigkeiten (oder Gewinnchancen) entsprechen. Da Inkens Fähigkeiten keine zuordenbaren Anteile am Kuchen entsprechen, muß man sich für die Bewertung möglicher Ansprüche (wie bei Gauthier) auf eine hypothetische Referenzsituation beziehen. Inken hätte, wenn sie alleine einen Kuchen gebacken hätte, einen »besseren« Kuchen gebacken als Tara. Wenn Tara rational ist (in Gauthiers Verständnis von »eine CM-Strategie spielt«), dann wird sie, so das Argument, Inken einen größeren Anteil am Kuchen zugestehen. Ein notwendiges (nicht hinreichendes) Kriterium für die Anerkennung solcher Ansprüche ist, daß Tara den gemeinsam gebackenen Kuchen tatsächlich gut findet und zwar besser als einen Kuchen, den sie alleine gebacken hätte.

Man muß zwischen Rechten, die mit der Ausgangsverteilung definiert werden, und Rechten über konkrete Anteile am Auszahlungsraum, die als Ergebnis der Verhandlung anerkannt werden, unterscheiden. In Verhandlungsspielen – das war oben die Pointe zur Abgrenzung von Spielen mit diskret beschriebenen Auszahlungsräumen – sind *ex ante* keine Rechte am Auszahlungsraum definiert. Rechte, die mit der Ausgangsverteilung festgeschrieben werden, stellen eine Machtposition dar, die unabhängig von der Bewertung des Auszahlungsraumes durch die Mitspieler ist. Solche Rechte, die sich aus der Position einer Person in einem Spiel herleiten, nenne ich im folgenden »positionale Rechte«.[43] Dieser Begriff ist zunächst nur formal für Verhand-

---

42 Dieses Argument zur Rechtfertigung ungleicher Auszahlungen unterscheidet sich von dem Argument Rawls' (1993: 81) im zweiten Gerechtigkeitsgrundsatz. Rawls verteidigt Ungleichheit der Ausgangsvoraussetzungen, wenn sie (nach dem Differenzprinzip) allen nützen. Eine ähnliche Rechtfertigung von Ungleichheit findet sich bei Pichler (1978: 23-26), wobei Pichler pragmatisch auf die Funktion der Ungleichverteilung zur Sicherung der sozialen Stabilität verweist.

43 Vgl. dagegen die Definition positionaler Rechte im Rahmen einer Diskussion des *Liberalen Paradoxon*, die sich auf bestimmte Güter beziehen bei Kern/Nida-Rümelin (1994a; 1994b: 250 ff.) und Gärtner (1992a: 63-73) sowie Gärtner/Krüger (1982)

lungsspiele zur Kennzeichnung der Ausgangsverteilung eines Spieles definiert. Er ist aber offen für sinnvolle normative Interpretationen. Es ist für einen rationalen Spieler in Verhandlungen unvernünftig, den Mitspielern *ex ante* eine Machtposition einzuräumen. Das gilt natürlich für alle Akteure, so daß ein Spiel unter rationalen Akteuren symmetrische positionale Rechte voraussetzt.[44] (In einem Spiel sind die positionalen Rechte für die Spieler symmetrisch, wenn im Verhandlungsergebnis die (subjektiv bewerteten) Anteile am Auszahlungsraum gleichverteilt sind. Dies entspricht der Nash-Zeuthen und der Gauthier-Lösung bei gleicher Ausgangsverteilung.) Symmetrische positionale Rechte können als Grundsatz der Gleichberechtigung (*equitability*) interpretiert werden (Brams/Taylor 1996: 18-22, 241). Rationale Personen gehen nur gleichberechtigte Verhandlungen ein, weil nur solche Verhandlungen den Akteuren erlauben, ihre individuellen Interessen zu verfolgen.[45] Man kann der Meinung sein, daß es sich bei dieser Rationalitätsforderung um eine Tautologie handelt: Verhandlungen unter nicht gleichberechtigten Personen sind keine Verhandlungen – das Verhandlungsergebnis ist eine Funktion der Ausgangsverteilung.[46]

»Symmetrische positionale Rechte« können wie das Unabhängigkeits-Axiom der Nash-Zeuthen-Lösung und das Monotonie-Axiom der Gauthier-Lösung für Verhandlungsspiele als Rationalitätsforderung an zulässige Lösungen eines Spieles interpretiert werden. Das Unabhängigkeits-Axiom bezieht sich auf den gemeinsamen Auszahlungsraum der Akteure und wurde als »soziales« Konsistenzkriterium interpretiert. Das Monotonie-Axiom kennzeichnet Rechtspositionen der an einem Spiel beteiligten Akteure, die in einem Spiel vorausgesetzt werden. »Symmetrische positionale Rechte« be-

---

44 Vgl. den Übergang vom Axiom individueller Monotonie zum Axiom beschränkter Monotonie bei Kalai-Smorodinsky, siehe Fn. 25. Diese Begründung einer symmetrischer Ausgangsverteilung im privaten Verkehr setzt weder wie bei Rawls (1993: § 24) einen *veil of ignorance* noch wie bei Buchanan (1991: 48) einen *veil of uncertainty* voraus. Private Übereinkünfte sind zustimmungsbedürftig – das reicht.

45 Die Begründung positionaler Rechte folgt weitgehend Höffes (1992: 125; 1991) Begründung von Freiheitsrechten beim (politischen) Tausch. Zu der Vorstellung, daß man Gleichberechtigkeit als Teil rationaler Rechtfertigung ansehen kann, vgl. Höffe, (1994: 152-168). Allerdings weist Höffe (1996a: 34-43; 202-210) Freiheitsrechten einen merkwürdigen anthropologischen Status zu.

46 Vgl. Fn. 41.

zeichnen die soziale Struktur, die für Entscheidungen innerhalb eines Spieles relevant ist. Zur Unterscheidung kann man von einem »kohärentistischen Rationalitätskriterium« sprechen (vgl. Kap. 6.3). Ein solches Verständnis davon, was es heißt, daß Personen in Koordinationskonflikten rational entscheiden, entspricht zwar unserem Verständnis rationaler Wahl, nicht aber der Standardinterpretation dieser Theorie, bei der ausschließlich die möglichen Konsequenzen einer Entscheidung berücksichtigt werden.

Der Begriff »symmetrische positionale Rechte« oder »Gleichberechtigung« erlaubt anders als die Rede von einer »gleichen Ausgangsverteilung« vielfältige Beschreibungen der sozialen Struktur eines Spieles. Macht kann auf vielerlei Weise ausgeübt werden. Zwischen Cousinen, die gemeinsam einen Kuchen backen, sind andere Eigenschaften für die Beschreibung einer Situation relevant als zwischen Tarifparteien oder Bauern. Macht kann in »echten« Verhandlungen ebensogut in Besitzasymmetrien wie in sozialen Rollen oder ungleichen institutionellen Bedingungen bestehen.[47]

Selbst wenn man der Forderung nach symmetrischen positionalen Rechten oder nach Gleichberechtigung der Akteure zustimmt, ist noch vollkommen unklar, was aus dieser Forderung folgt. Positionale Rechte sind weder nur Abwehrrechte, noch beinhalten sie einen wohldefinierten Anspruch auf einzelne Güter. Sie sind Teil der sozialen Struktur eines Spieles und können in diesem Sinne als »soziale Rechte« bezeichnet werden.[48] Damit gleichen sie scheinbar eher Regeln als »echten« Rechten, die Personen zugeschrieben werden. Trotzdem scheint es aus zwei Gründen sinnvoll von »Rechten« zu sprechen. Zum einen entspricht es einem sinnvollen Verständnis von »Recht«, das es in der einen oder anderen Weise zustimmungsbedürftig ist. Das trifft auch für positionale Rechte zu. Zum anderen sind »positionale

---

47 In der Beziehung zwischen den Tarifparteien können das Streikrecht und das Recht auf Aussperrung als positionale Rechte in meinem Sinne interpretiert werden. Oben hatte ich bereits das Steuerrecht und seine asymmetrische Wirkung erwähnt, vgl. S. 165. Zu der Analogie zwischen positionalen Rechten und sozialen Rollen siehe Hollis (1994a: 164-166). Neben klassischen Drohmöglichkeiten können auch Informationsasymmetrien ungleiche positionale Rechte definieren (vgl. Fn. 40), siehe dazu van Damme (1992) und Fudenberg et al. (1985).

48 Zu dem Begriff und der Reichweite »sozialer Rechte« siehe Tugendhat (1994: 343-345, 361 f.) und Höffe (1988: 98-102).

Rechte« im Sinne von Gleichberechtigung normativ interpretierbar und entsprechen so unserer Verwendungsweise von »Recht« in einem nicht technischen, nicht juristischen Sinne, wenn wir z.B. in einer politischen oder »moralischen« Verwendungsweise dieser Begriffe sagen, daß »Menschenrechte« oder »Minderheitenrechte« verletzt sind. Solche Rechte sind auch für die Beschreibung von Koordinationskonflikten im privaten Verkehr relevant.

12.3 Gleichberechtigung und ungleiche Auszahlungen

Es ist auch in einem kompetitiven Spiel recht und billig (eben *equitable*), daß jede Person die gleichen Chancen hat, ihre individuellen Interessen zu verfolgen – rationale Akteure spielen ein Spiel unter symmetrischen Ausgangsbedingungen. Dieses Prinzip der Gleichberechtigung, das sich auf die Möglichkeiten in einem Spiel bezieht, ist von der Forderung nach Gleichheit, die sich auf Auszahlungen bezieht, zu unterscheiden. Man kann natürlich trotzdem der Auffassung sein, daß aus Gleichberechtigung sinnvollerweise Gleichheit folgt.

Vertreter des Gleichheitsprinzips sagen, daß es, hat man einmal die Vorstellung »natürlicher« Rechte als unhaltbar aufgegeben, keinen Grund gibt, vom Prinzip der Gleichverteilung abzuweichen.[49] Dies entspricht den moralischen Intuitionen der meisten Menschen in bezug auf die Teilung von Hefekuchen wie in unserem Beispiel. Allerdings ist dieses Beispiel auch besonders einfach konstruiert. Zwei Mädchen, über die wir nur wissen, daß sie Tara und Inken heißen, daß sie einen gemeinsamen Onkel haben und daß sie gerne (möglichst viel) Hefekuchen haben möchten, müssen acht Stücke eines einfachen Hefekuchens, die sich in nichts unterscheiden, zwischen sich aufteilen. Hefekuchen entsprechen homogenen Güterbündeln und sind vielleicht nicht besonders gut geeignet, Koordinationsprobleme in arbeitsteiligen Gesellschaften zu modellieren. Die meisten Menschen haben nicht nur ein Interesse

49 Zur Diskussion siehe Dworkin (1990: 254; 1981a) und zur Kritik Narveson (1983) sowie Dworkins (1983) Replik auf Narveson. Eine allgemeine Übersicht zu Gleichheit als Problem ökonomischer Verteilungskonflikte bieten Hausman/McPherson (1993: 696).

an möglichst viel Hefekuchen, sondern in Koordinationskonflikten um inhomogene Güterbündel ganz unterschiedliche Wünsche. Selbst wenn die strikte Gleichheitsregel (bei der Aufteilung homogener Kuchen etc.) für z.B. Kindergeburtstage eine sinnvolle Regel ist, die unter Androhung andauernder Kindertränen sanktioniert wird, scheint das nicht in gleicher Weise für inhomogene Güterbündel und Menschen mit differenzierten Interessen zu gelten. Gleichberechtigung setzt symmetrische positionale Rechte (oder eine entsprechende Machtverteilung) voraus, beinhaltet aber nicht notwendig das Gleichheitsprinzip (für Auszahlungen). Betrachten wir folgende etwas modifizierte Kuchenteilungsgeschichte:

Nachdem sich Inken und Tara wieder halbwegs verstehen und wieder miteinander spielen können, ohne sich an die leidige Kuchengeschichte zu erinnern, halten auch die jeweiligen Eltern die Zeit für gekommen, eine Versöhnung mit dem Bruder und Onkel zu suchen. Bei seinem Besuch bringt der Onkel den Nichten Zutaten für einen Obstkuchen mit: Äpfel, Mandarinen, Feigen, Apfelsinen, Pflaumen, Himbeeren, Erdbeeren und Schokoraspeln. Die Nichten verbringen den ganzen Nachmittag beim Backen. Dabei unterhalten sie sich auch darüber, wer welche Zutaten mag. Inken findet Äpfel und Pflaumen besser als Mandarinen, Apfelsinen und Feigen, diese aber besser als Himbeeren und Erdbeeren. Am wenigsten mag sie Schokoraspeln. Apfelkuchen ist auch Taras Lieblingskuchen, dann mag sie aber Mandarinen lieber als Pflaumen, die sie genausogut findet wie Erdbeeren und Himbeeren. Feigen mag sie nicht so gerne, aber lieber als Schokoraspeln, die immer noch besser sind als Apfelsinen. Als der Kuchen fertig ist, müssen sie nach Hause gehen. Jede will nun ihren Anteil mit nach Hause nehmen.

In diesem Fall würden wir den Nichten nicht raten, das Gleichheitsprinzip anzuwenden. Wenn sie den Kuchen geordnet belegt haben, ergeben sich wieder acht, aber unterschiedliche Kuchenstücke. Folgten sie der Gleichverteilungsregel, müßten sie jedes einzelne Kuchenstück in gleich große (numerisch identische) Anteile zwischen sich aufteilen. Mit dieser Verteilung wären beide Mädchen nicht zufrieden. Tara mag keinen Apfelsinenkuchen, den Inken lieber mag als den Himbeer-, Erdbeer- oder Schokokuchen, von dem sie je ein halbes Stück hat. Jede Verteilung, bei der Tara ihren Apfelsinenkuchen gegen einen dieser Kuchen tauscht, würde beide Mädchen besserstellen als die Gleichverteilung.

Dieser Konflikt entspricht einem Koordinationsproblem für inhomogene Güterbündel. Für inhomogene Güterbündel und unterschiedliche Interessen der Akteure ist Gleichverteilung nicht nur ineffizient, sondern auch ungerecht

(Schmidtz 1997: 120). Mindestens ist unklar, ob wir die numerische Gleichverteilung als gerecht bezeichnen wollen: Zwar erhalten die beiden Nichten je ein halbes Stück von jeder Kuchensorte, aber sie bewerten die Stücke unterschiedlich. Inken erhält je ein halbes Stück ihrer beiden am höchsten bewerteten Kuchensorten und drei halbe Stücke ihrer am zweithöchsten bewerteten Kuchensorten. Tara hingegen erhält nur ein halbes Stück ihres Lieblingskuchens und ein halbes Stück des am zweitbesten bewerteten Kuchens. Vertreter des Gleichheits-Prinzips könnten gegen diesen skeptischen Einwand erwidern, daß die Forderung nach Gleichheit der Auszahlungen selbstverständlich nur so zu verstehen sei, daß Personen, die sich in allen relevanten Eigenschaften der Beschreibung ähneln, die gleichen Anteile eines homogenen Güterbündels erhalten sollten. Dieses Prinzip ist zwar plausibel, aber leider vollkommen ungeeignet, »normale« Koordinationskonflikte zu lösen, bei denen Menschen mit unterschiedlichen Interessen um inhomogene Güterbündel konkurrieren. Das modifizierte Gleichheitsprinzip gibt uns keinerlei Regel an die Hand, wie solche »normalen« Konflikte zu lösen sind.

Wir suchen ein Gerechtigkeitskriterium, das anders als das Gleichheitsprinzips unterschiedliche Wünsche auch verschieden gewichtet, zugleich aber anders als das Pareto-Kriterium Wünsche nicht relativ zu der Ausgangsverteilung bewertet (vgl. S. 231). Das scheint tatsächlich eine schwierige Lage; testen wir zunächst einmal mehr unsere Intuitionen und fragen, was auf der einen Seite das Gleichheitsprinzip für das Kuchenteilungsspiel um einen homogenen Hefekuchen plausibel macht, es aber auf der anderen Seite für das Beispiel des Obstkuchens und unterschiedlicher Wünsche der Nichten gerade ausschließt. Einige Erfahrung mit Nichten vorausgesetzt, kommt man vielleicht zu der Feststellung, daß Nichten, die in allen relevanten Eigenschaften gleich sind und gleichviele Stücke eines homogenen Kuchens erhalten, keinen Grund haben, sich einander Besitz an Kuchenstücken zu neiden. Das gilt, obwohl jede der beiden (vielleicht) gerne mehr Hefekuchen hätte. In dem Streit um den unterschiedlich belegten Obstkuchen dagegen sind die Nichten aufeinander neidisch, weil beide finden, die jeweils andere würde sich mit der Verteilung besserstellen. Das gilt, obwohl beide identische Anteile bekommen haben. Unser »normales« (vortheoretisches) Verständnis von »Neid«, bei dem wir sagen »*A* neide *B* ein *x*« (wobei *x* irgendein Gut ist, das *A*, aber nicht *B* besitzt)[50], hilft uns beim Verständnis der Geschichte nicht weiter. Tara und Inken bekommen im Obstkuchen-Fall dieselben Kuchenstücke und trotzdem neiden sie einander. Eine sinnvolle Verwendungsweise von »Neid« muß auf die Wünsche oder Präferenzen der Nichten Bezug nehmen. Wir können unsere Verwendungsweise des Begriffes leicht verändern und sagen »*A* neide *B* die Verteilung einer Menge *X* relativ zu den Präferenzordnungen beider Akteure über *X*« (wobei die Präferenzen zum gemeinsamen Wissen gehören). Mit dieser Modifikation der Verwendung von »Neid« können wir das Koordinationsproblem der Nichten adäquat beschreiben. In dem Hefekuchen-Fall können Tara und Inken anders als im Obstkuchen-Fall ihre Präferenzen in der gleichen Weise (»gleich gut«) erfüllen.

Diese Verwendungsweise von »Neid« gestattet uns, ein konkretes Gerechtigkeitskriterium zu formulieren, das mit dem Prinzip der Gleichberechtigung (oder symmetrischen positionalen Rechten) kompatibel ist und erlaubt, Verteilungen in einem Spiel zu beurteilen. Eine Verteilung ist Neid-frei (*envy-free*), wenn in einem gleichberechtigten Spiel mit symmetrischen positionalen Rechten durch Tausch kein Zustand erreicht werden kann, so daß sich alle Akteure besserstellen können.[51] Dieses Kriterium der Neid-Freiheit (*envy-freeness*) unterscheidet sich von dem Pareto-Kriterium, das in dem Nash-Zeuthen-Verhandlungsspiel als notwendiges und hinreichendes Kriterium für Zustimmungsfähigkeit eingeführt wurde. Das Pareto-Kriterium beurteilt die Verteilung relativ zu der Ausgangsverteilung; das Kriterium der Neid-Freiheit dagegen berücksichtigt bei der Bewertung einer Verteilung ausschließlich die Präferenzen der Akteure. Anders als die Bewertung am Markt (vgl. Kap. 4.1) bezieht es sich auf die individuellen (direkten) Präferenzen der Personen. Neid-Freiheit, so könnte man in einer kantischen Wendung sagen, beinhaltet, daß sich Akteure in einem Spiel gegenseitig als Personen mit individuellen Wünschen oder Präferenzen anerkennen.[52]

---

50 Nozick (o.J.: 219-221), führt »Neid« in diesem Sinne ein.

51 Zu dieser Verwendungsweise von *envy-freeness* siehe Brams/Taylor (1996: 3 f., 23 f.); anders dagegen Dworkin (1981b: 284).

52 Auf den moralisch relevanten Unterschied zu der Marktlösung hat mich Wilhelm Vossenkuhl hingewiesen. Zu der unorthodoxen Kant-Interpretation siehe Vossenkuhl (1989), vgl. Kymlicka (1990: 103-107). Siehe auch die Anmerkungen zur Reziprozität in Tauschsystemen, oben S. 167, insbes. Fn. 31.

Die Nichten sollten den Obstkuchen so aufteilen, daß ihre Wünsche gleich gut berücksichtigt werden. Man kann dann auch sagen, daß beide das gleiche subjektiv bemessene Wohlstandsniveau erreichen. Da man einen Kuchen bliebig teilen kann, sind natürlich eine ganze Reihe unterschiedlicher Verteilungen des Obstkuchens denkbar, die dieses Kriterium erfüllen. Da die Nichten gemäß Annahme rational sind, werden sie eine Verteilung des Kuchens anstreben, die ihren subjektiv bemessenen Wohlstand maximiert.[53] Dem normativen Kriterium der Neid-Freiheit scheint eine einfache Maximierungs-Regel unter der Nebenbedingung eines egalitären Wohlstandsniveaus zu entsprechen. Diese im folgenden als Egalitarismus bezeichnete Nebenbedingung bezieht sich anders als das strenge (objektive) Gleichheitsprinzip auf das subjektiv bemessene Wohlstandsniveau.

Anders als das Pareto-Kriterium scheint Neid-Freiheit dann die kardinale interpersonelle Vergleichbarkeit der Präferenzen vorauszusetzen. Diese starke Prämisse wollten wir gerne vermeiden. Selbst wenn wir bereit wären, für eine Vielzahl von Fällen die Möglichkeit der kardinalen interpersonellen Vergleichbarkeit zuzugestehen (Hahn 1982: 187-198), geht mit diesem Zugeständnis an das formale Design eines Spieles eine unangenehme Eigenschaft der Lösung einher, die wir ausschließen sollten. Wenn man die Präferenzen der Beteiligten eines Spieles verrechnet und unter der Egalitarismus-Nebenbedingung maximiert, dann kann es sein, daß ein Akteur zwar ein hohes Wohlstandsniveau erreicht, aber keinen seiner »wichtigen« Wünsche realisieren kann. Das entspricht einer Situation, in der Tara zwar unendlich viel Apfelsinenkuchen, aber keinen Apfelkuchen bekommt. Dieses Ergebnis widerspricht einer sinnvollen Interpretation davon, was es heißt, daß Personen wechselseitig ihre Wünsche anerkennen.[54]

Bevor wir jetzt entnervt aufgeben und die Nichten mit ihrem leidigen Problem alleine lassen oder nur noch (langweilige) Hefekuchen backen, hilft ein Blick auf »normale« Verhandlungsspiele. In Verhandlungsspielen wird

---

53 Man kann Neid-Freiheit auch als Möglichkeit rekonstruieren, aus der Menge der Pareto-effizienten Zustände einen (einige) auszuwählen. Neid-Freiheit ist in diesem formalen Sinne Pareto-inklusiv (vgl. die Diskussion des Pareto-Kriteriums in Kap. 1.2).

54 Es entspricht auch der Forderung nach einer schwachen Reziprozität beim Tausch, die unabhängig von der Gruppe der Beteiligten sein soll, siehe oben S. 167, vgl. Vossenkuhl (1992b: 207 f.)

das Problem der interpersonellen Vergleichbarkeit geschickt formal umgangen. Bei der Bewertung einer Person (intrapersonell) wird kardinale Vergleichbarkeit vorausgesetzt, zwischen den Spielern (interpersonell) werden nur die relativen Konzessionen verglichen, die die Spieler machen. Da man davon ausgehen kann, daß ein Spieler lieber weniger als mehr Konzessionen macht, muß nur die ordinale Vergleichbarkeit der relativen Konzessionen vorausgesetzt werden.[55] Dieses Verfahren können wir auf unsere Kuchenteilungsprobleme übertragen, indem wir für jede Person einen Nullpunkt und ein Maximum der Bewertung definieren. Interpersonelle Vergleiche beziehen sich auf die relative Bewertung auf der individuellen Skala einer Person. Eine solche interpersonelle Vergleichbarkeit relativer Bewertungen ist schwächer als eine kardinale interpersonelle Vergleichbarkeit (Hardin 1988: § 33).

Dieser technische Trick erlaubt uns auch, das Problem »wichtiger« Wünsche zu klären. Wir führen eine Art Vorrang-Regel ein, dergemäß bei der Verteilung von Kuchenstücken (inhomogenen Güterbündeln) zuerst die Person zu berücksichtigen ist, die ein Kuchenstück (oder ein anderes Gut) relativ am stärksten wünscht. Wir können jetzt das Gerechtigkeitskriterium der Neid-Freiheit soweit präzisieren, daß sich eine allgemeine Regel angeben läßt, die diesem Kriterium entspricht: Nichten oder andere rationale Akteure maximimieren in einem Verteilungsspiel um inhomogene Güterbündel ihren individuellen Nutzen unter den Nebenbedingungen eines egalitären Wohlstandniveaus und des Vorrangs der relativ stärksten Präferenz. Die beiden Nebenbedingungen rationaler Entscheidungen lassen sich sinnvoll mit der sozialen Struktur der Koordinationssituation unter der Bedingung der Knappheit begründen – die Entscheidung ist strukturell rational. In dem nächsten Abschnitt zeige ich, wie diese Regel in einem konkreten Spiel umsetzbar ist.

---

55 Allerdings kann man der Meinung sein, daß die von Gauthier eingeführte normative Beurteilung der Ausgangssituation eine schwache interpersonelle Vergleichbarkeit vorausgesetzt. Um die beiden Referenzpunkte der Gauthier-Lösung, den Ausgangspunkt und den Idealpunkt, sinnvoll normativ interpretieren zu können, muß ein Vergleich des relativen Arbeitseinsatzes beider Akteure, d. h. des Anteils geleisteter Arbeit relativ zu dem (natürlichen) Nullpunkt und dem maximalen Arbeitseinsatz, möglich sein.

12.4 Strukturelle Restriktionen rationaler Entscheidungen in Kuchenteilungsspielen

Bei Koordinationskonflikten um inhomogene Güterbündel sprechen wir den Personen wohldefinierte individuelle Wünsche oder Interessen an einzelnen Gütern zu. Um diese individuellen Interessen abbilden zu können, müssen wir den Verhandlungsraum eines Spieles etwas detaillierter beschreiben als bisher. Wie bei einer Obsttorte, die nicht einheitlich belegt, aber beliebig teilbar ist, gehen wir von einem stetigen Verhandlungsraum aus, unterscheiden aber einzelne Stücke oder Sorten. Solche Spiele kann man (zur Unterscheidung von *bargaining-games* oder Verhandlungsspielen) als *negotiation-games* bezeichnen.[56] Weil dieser Begriff im Deutschen keine unterscheidbare Entsprechung hat, spreche ich hier von Kuchenteilungsspielen. Kuchenteilungsspiele eignen sich vielleicht besonders gut zur Beschreibung realer Koordinationskonflikte um inhomogene Güterbündel.

Wir gehen wieder von dem oben beschriebenen Koordinationskonflikt der Nichten um die Aufteilung eines Obstkuchens aus. Für Nichten und Kindergeburtstage kann man die schwache interpersonelle Vergleichbarkeit herstellen, indem man an jede Akteurin 100 Muscheln (oder Kakaobohnen o.ä.) ausgibt und sie bittet, die Bewertung der Kuchenstücke in Muschelpunkten (MP) anzugeben. Stellen wir uns vor, wir hätten eine solche Bewertung durch die Nichten vornehmen lassen und würden folgendes Resultat erhalten. Inken vergibt ihre Muscheln, indem sie Äpfel und Pflaumen mit je 17 MP vor Mandarinen, Apfelsinen und Feigen mit je 14 MP bewertet. Auf Himbeere und Erdbeere entfallen je 10 MP, so daß für die Schokoraspeln 4 MP verbleiben. Tara vergibt 21 Muscheln auf Äpfel, 17 MP auf Mandarinen, je 14 MP auf Erdbeere, Himbeere und Pflaume, 10 MP auf Feige, 6 MP auf die Schokoraspeln und die verbleibenden 4 MP auf die Apfelsinen. Dabei nehmen wir an, daß den Nichten die Bewertungen bekannt sind, sie also Teil des

---

56 Myers (1994) verwendet die Begriffe *Negotiation-Games* im Kontext Kooperativer Beziehungen und *Bargaining-Games* für reine Koordinations-Probleme, ohne diese Unterscheidung explizit einzuführen. Brams/Taylor (1996) verwenden den Begriff *Negotiation* zur Abgrenzung von der *Bargaining-Theory*. Den ersten Hinweis, daß man zwischen den beiden Begriffen sinnvoll unterscheiden kann, und Anmerkungen zu einem ersten Versuch der Unterscheidung verdanke ich Martin Hollis.

gemeinsamen Wissens sind. Zur besseren Übersichtlichkeit ist die Bewertung noch einmal in der Tabelle zusammengefaßt (Abb. 14); der ausgewiesene Nutzenquotient (NQ) entspricht der Division der Bewertungen der Kuchenstücke (wobei immer die höhere Bewertung durch die niedrigere dividiert wird).

Inken	Kuchenstücke	Tara	NQ
17	Apfel	21	1,24
14	Mandarine	17	1,21
14	Feige	10	1,4
14	Apfelsine	4	3,5
17	Pflaume	14	1,21
10	Himbeere	14	1,4
10	Erdbeere	14	1,4
4	Schoko	6	1,5
MP 100		MP 100	

Abb. 14

Nun scheint es müßig, eine Lösung für Koordinationsprobleme zu entwickeln, deren Anwendung voraussetzt, daß man jeweils gleich viele Muscheln (Kakaobohnen etc.) an die Beteiligten verteilt. Die Einführung der Muschelwährung erfüllt drei Funktionen. Erstens wird ein *Numéraire* eingeführt, der eine kardinale intrapersonelle Bewertung erlaubt. Zweitens wird die Bewertung durch die Ausgabe einer einheitlichen Muschelmenge normiert, so daß interpersonell Vergleiche möglich sind. Drittens schließlich werden für eine ganz einfache Situation symmetrische positionale Rechte abgebildet.[57] »Reale« Koordinationssituationen in Geldgesellschaften erfordern kompliziertere Beschreibungen. Einige Probleme, die mit solchen Beschreibungen verbunden sein können, werden im letzten Kapitel diskutiert. Hier geht es mir

57 Bei Dworkin (1981b: 287) wird Muschelgeld für Auktionen eingeführt, um einen Markt mit gleichen Ausgangsvoraussetzung darzustellen. Dworkins Muscheln behalten anders als meine Muschelpunkte die eigentümliche Preisfunktion des Geldes bei. ich komme auf Dworkin in Kap. 13.2 noch zurück.

nur um die Darstellung des Grundmodells von Kuchenteilungsspielen; und dafür ist unsere ganz einfache Muschelwährung gut geeignet.

Wie sieht unter diesen Bedingungen eine Kuchenteilungsregel aus, die zu Neid-freien Lösungen des Koordinationsproblems führt? Die folgende als *Adjusted Winner*-Regel (AW-Regel) bezeichnete Verteilungsregel ist eine Modifikation der einfachen Kuchenteilungsregel, wie sie von Kindergeburtstagen bekannt ist, und verbindet die Frage der effizienten Allokation mit der Frage gerechter Verteilung.[58] Sie enthält sowohl Elemente einer verdeckten Auktion, wie sie bei öffentlichen Ausschreibungen angewendet wird, als auch eine Kompensationsregel auf der Grundlage subjektiver Bewertungen.

Die Nichten haben die einzelnen Kuchenstücke in Muschelpunkten bewertet. In einem ersten Schritt bekommt jede (der Vorrang-Regel folgend) die Kuchenstücke, die sie höher bewertet hat: also Tara den Apfelkuchen, Inken den Pflaumenkuchen usw. Würde ein Kuchenstück identisch bewertet, kann man entweder eine echte Münze werfen lassen oder »Hau ab, Du schielst« spielen. Wem solche probabilistischen Entscheidungsmechanismen zu profan erscheinen, der kann auch eine zusätzliche Regel einführen, z.B. daß die Aufteilung in der Abfolge der Bewertungen erfolgt und bei Gleichbewertung diejenige Person das Kuchenstück bekommt, die bis dahin weniger Muschelpunkte angesammelt hat. Die AW-Regel ist stabil gegen solche Erweiterungen. Nach der Anwendung der Vorrang-Regel ergibt sich eine Ausgangsverteilung für den folgenden Schritt, in dem über Transferzahlungen zwischen den Nichten das Egalitarismus-Prinzip durchgesetzt wird (Abb. 15).

Ausgangsverteilung		
Inken	Feige, Apfelsine, Pflaume	45 MP
Tara	Apfel, Mandarine, Himbeere, Erdbeere, Schoko	72 MP
		Σ 117 MP

Abb. 15

58 Die *Adjusted-Winner*-Regel diskutieren Brams/Taylor (1996: 66 ff.). Brams und Taylor diskutieren die »einfache« sowie weitere Kuchenteilungsregeln und werden vor der Organisation von Kindergeburtstagen zur Lektüre empfohlen.

Zunächst werden die subjektiven Punktbewertungen der Kuchenstücke in der Ausgangsverteilung summiert. Die Spielerin mit der höheren Punktzahl muß nun so lange Transfers an die Mitspielerin leisten, bis beide gemäß ihrer subjektiven Bewertung gleichgestellt sind. Die Kompensation beginnt mit dem Kuchenstück, das von beiden Spielerinnen ähnlich bewertet wurde (für das NQ besonders klein ist) und das sich nach dem ersten Schritt tatsächlich im Besitz der Spielerin mit der höheren Punktzahl befindet. (Diese Regel gleicht der Zeuthen-Regel, folgt aber ohne weitere Annahmen aus der Maximierungs-Annahme.) Kann über den Transfer vollständiger Kuchenstücke keine Gleichheit der subjektiven Bewertungen hergestellt werden, muß das zur Zuteilung in Frage stehende Stück geteilt werden. Das ist bei Kuchenstücken einfach, bei anderen Güter nicht oder nur schwer realisierbar.[59]

Folgt man dieser Regel für unser Beispiel ergibt sich folgende Situation. Tara hat zunächst mehr Muschelpunkte als Inken bekommen (72 gegen 45). Nun wird im zweiten Schritt umverteilt. Die Umverteilung beginnt mit dem Mandarinenstück. Wir müssen jetzt von den beiden Nichten verlangen, daß sie ein wenig einfache Schul-Mathematik beherrschen, um die Höhe der Transferzahlungen zu berechnen, so daß nach dem Transfer Inken und Tara beide (nach ihrer eigenen Einschätzung) gleichgestellt sind. Ausgehend von der Verteilung nach dem ersten Schritt und den subjektiven Bewertungen für Mandarine ergibt sich folgende Gleichung (in der x für den Anteil des Mandarinenstücks steht, das Tara an Inken abgeben muß):

$$\begin{aligned} \text{Inken+Transfer (Bewertung Inken)} &= \text{Tara}-\text{Transfer (Bewertung Tara)} \\ 45+x(14) &= 72-x(17) \\ x &\approx 0{,}87 \end{aligned}$$

Inken bekommt von Tara fast 90 % des Mandarinenstückes, so daß beide Nichten ihren Nutzen mit etwas über 57 Muschelpunkten bewerten würden. (Das ist der unter den zwei Nebenbedingungen höchste erreichbare Muschelwohlstand der Spielerinnen. Sie können aufgrund der unterschiedlichen individuellen Bewertungen nicht einfach das maximale Nettomuschelprodukt

59 Man kann sich dann andere Regeln vorstellen. Brams/Taylor, die diese Regel für Scheidungsfälle anwenden, schlagen vor, das unteilbare Gut, z.B. ein Motorrad oder Ferienhaus, zu verkaufen oder in der zeitlichen Nutzung aufzuteilen (1996: 103).

bilden – das entspricht dem Zustand vor Transferzahlungen – und unter sich aufteilen.)

Verteilung nach Umverteilung		
Inken	0,87 Mandarine, Feige, Apfelsine, Pflaume	57,2 MP
Tara	Apfel, 0,13 Mandarine, Himbeere, Erdbeere, Schoko	57,2 MP
		∑ 114,4 MP

Abb. 16

Die Nichten erhalten zwar unterschiedliche und ungleich viele Kuchenstücke; aber sie bewerten das Ergebnis der Verteilung identisch (Abb. 16). Es gibt unter der Bedingung eines subjektiv bemessenen egalitären Wohlstandsniveaus keinen Zustand, der die beiden Nichten besserstellen könnte; die Kuchenteilungsregel führt zu einem Neid-freien Ergebnis.

In unserem einfachen Beispiel führt die Kuchenteilungsregel zu einer eindeutigen Lösung. Man kan sich leicht klarmachen, daß dies nicht immer so sein muß. Wenn man die Bewertungen der Kuchenstücke durch die Nichten leicht abändert, so daß Inken Himbeere mit 14 MP (statt mit 10), Erdbeere mit 8 MP (statt mit 10) sowie Schokoraspeln mit 2 MP (statt mit 4) bewertet, und Tara nach reiflicher Überlegung Himbeere mit 17 MP (statt mit 14) und Schokoraspeln mit 3 MP (statt mit 6) beurteilt, dann ergeben sich bei gleichbleibender Ausgangsverteilung (45 zu 72 zugunsten Taras) eine (unendliche) Vielzahl von Möglichkeiten für die Neid-freie Aufteilung des Kuchens. Unter der veränderten Bewertung werden Mandarine und Himbeere durch die Nichten im selben Verhältnis bewertet; sie weisen denselben Nutzenquotienten (1,21) auf. Beide Güter sind nach dem ersten Schritt im Besitz Taras. Der Transfer kann jetzt sowohl in Mandarinen als auch in Himbeeren oder jeder (egalitären) Kombination der beiden Kuchensorten bestehen. Dieses Ergebnis entspricht sowohl unseren Erfahrungen mit »realen« Koordinationskonflikten in liberalen Gesellschaften als auch einer gewissen Skepsis gegenüber eindeutigen Lösungen von Koordinationskonflikten. Außerdem kommt dieses Ergebnis unserer Verwendungsweise des Begriffes der

Verhandlung entgegen: Das Ergebnis von Verhandlungen ist nicht *ex ante* eindeutig bestimmbar.[60]

12.5 Strukturell-rationale Wahl? Einwände und Erwiderungen

Koordinationskonflikte entstehen unter Knappheit, d.h. im Rahmen sozialer Beziehungen (vgl. Kap. 1.1). Hat man einmal das Faustrecht abgeschafft, muß jede Lösung von Koordinationskonflikten für alle Beteiligten – sofern sie nur rational sind und lange genug ernsthaft nachdenken – zustimmungsfähig sein. Dabei war uns nicht wirklich klar, ob wohldefinierte Zustände oder Regeln plausible Kandidaten für Zustimmung sind (vgl. Kap. 1.2). Wenn man auf der einen Seite die Vorstellung aufgibt, daß sich aus besonders auszuzeichnenden »natürlichen« Rechten oder der gegebenen Ausgangsverteilung spezifische Ansprüche ergeben, kann sich die Zustimmung nur auf Regeln beziehen. Auf der anderen Seite werden Regeln nicht gänzlich unabhängig von den möglichen Ergebnissen beurteilt. Auch wenn wir Personen keine spezifischen Rechte zuerkennen, sprechen wir ihnen doch in irgendeinem Sinne (gleiche) soziale Rechte zu, die sich auf die möglichen Auszahlungen in einem Spiel beziehen. Symmetrische positionale Rechte bilden diese Überlegung formal in nicht-kooperativen (Verhandlungs-) Spielen ab. Kooperation ist dann sinnvoll auch im nicht-kooperativen Spiel interpretierbar: Die Akteure erkennen sich gleichberechtigt die Chance zu, ihre Interessen zu verfolgen.

Um die individuellen Interessen abbilden zu können, hatten wir den Verhandlungsraum wie bei einem Kuchen beschrieben, bei dem sich einzelne Stücke oder Sorten unterscheiden lassen, der aber zugleich beliebig (stetig) teilbar ist. Die eingeführte Kuchenteilungsregel berücksichtigt sowohl die konkurrierenden (disjunkten) Interessen der Akteure an einer individuell vorteilhaften Verteilung des inhomogenen Güterbündels als auch ihr gemeinsames (affines) Interesse an einer Lösung des Koordinationsproblems. Auch im Rahmen sozialer Strukturen suchen Menschen ihren eigenen Vorteil, sie

---

60 Vgl. S.240 und Fn. 41, das Beispiel ist im Anhang noch einmal ausführlich dargestellt »Von der Vielzahl guter Verhandlungslösungen«.

beachten bei ihren Entscheidungen aber strukturelle Nebenbedingungen: Ihre Entscheidungen sind strukturell rational und deshalb nicht unabhängig voneinander beschreibbar.[61] Diese Rekonstruktion von Koordinationskonflikten entspricht vielleicht besonders gut unseren Intuitionen über vernünftige Lösungen in solchen Situationen – mindestens entspricht sie meiner These.

Bevor ich die Kuchenteilungsregel im nächsten Kapitel gegen andere Lösungen abgrenze, diskutiere ich in diesem Abschnitt einige Einwände, die meine nörgelnde Opponentin gegen diese Regel vorbringen könnte. Ihr erster Einwand betrifft den Grundsatz der Gleichberechtigung in nicht-kooperativen Spielen. Wenn man, so ihr Einwand, meiner Begründung symmetrischer positionaler Rechte folgt und sie als Rationalitätskriterium in ein Spiel einführt, dann würde damit nicht gezeigt, daß es rational ist, in nicht-kooperativen Spielen zu kooperieren. Unter der Voraussetzung symmetrischer positionaler Rechte spielen die Akteure ein kooperatives Spiel. In Kuchtenteilungsspielen konkurrieren die Spieler also nicht miteinander. Dieser Einwand ist falsch. Kuchenteilungsspiele beschreiben eine kompetitive Situation, in der die beteiligten Personen miteinander um die Teile des Kuchen konkurrieren, die sie besonders mögen. Der Unterschied zu (»echten«) kooperativen Spielen wird deutlich, wenn man sich die Struktur eines kooperativen Spieles am Beispiel des *Metaphor-Games* (Margalit/Goldblum 1995) betrachtet.[62] In diesem Spiel wird den Spielern eine Liste mit Begriffen vorgelegt, die sie zu ordnen haben. Jeder Spieler muß eine Liste zusammenhängender Begriffe anfertigen. Die Spieler (*alle* Spieler) gewinnen, wenn alle Begriffe auf die Listen der Spieler verteilt sind und kein Begriff doppelt vorkommt. Das ist natürlich nur

---

61 Eindeutig dazu die Stellungnahme Hollis' (1994a: 185): »The upshot is to combine *homo oeconomicus* with *homo sociologicus* by analysing social action as instrumentally rational choice within social enablements and constraints.« Vgl. unsere Zielsetzung S. 151, Fn. 5. Die Beschreibung der Wahlhandlung als »instrumentell rational« scheint dann aber mindestens verwirrend. Entscheidungen in den Grenzen sozialer Strukturen lassen sich sinnvoll als strukturell rational beschreiben (Nida-Rümelin 1997a: 106-108). Das entspricht auch eher Hollis' eigener Beschreibung von Koordinationsproblemen, wenn er sagt, daß »self, roles and reason cannot be disentangeled« (Hollis 1994a: 195). Die rationale Wahl gleiche einer Art »agriculture of the mind« (1994a: 218; 1993: 40-52).

62 Zu der für dieses Spiel relevanten (auf Schelling zurückgehenden) Fokalpunkt-Analyse siehe Sugden (1996: 251-254), Roth (1985b: 259-268) und McMillan (1992: 45-53).

möglich, wenn sich die Begriffe sinnvoll ordnen lassen und eine bestimmte Lösung des Spieles den Akteuren aufgrund ihres gemeinsamen Wissens über die Begriffe naheliegend erscheint. Dies wurde z.B. experimentell für US-amerikanische Studierende gezeigt, die gebeten wurden, eine Liste einiger großer Städte der USA zu ordnen. Die Studierenden wurden nach Herkunft in zwei Gruppen geteilt. Es wurden tatsächlich zwei komplementäre Listen erstellt, wobei die eine alle Städte östlich, die andere die Städte westlich des Mississippi enthielt. Eine solche (in diesem Fall für US-amerikanische Studierende offensichtlich) naheliegende Lösung wird als Fokalpunkt des Spieles bezeichnet. In einem kooperativen Spiel können die Spieler anders als im Kuchenteilungsspiel nur gemeinsam und miteinander gewinnen – das *Metaphor-Game* ist tatsächlich nicht sinnvoll als nicht-kooperatives Spiel beschreibbar. Wir können dann auch sagen, daß die Spieler im *Metaphor-Game* ausschließlich affine Interessen haben. In Kuchenteilungsspielen dagegen können wir sinnvoll über die individuellen (disjunkten) Interessen der Spieler sprechen. Die Spieler maximieren mit der Kuchenteilungsregel nicht die aggregierten Muschelpunkte, sondern die individuelle Auszahlung unter den zwei genannten Nebenbedingungen. Das wurde bisher allerdings nur für Zwei-Personen-Spiele gezeigt. Mehr-Personen-Kuchenteilungsspiele erfordern etwas kompliziertere Regeln (Brams/Taylor 1996: 80-83, 129-155; Kappelhoff 1993: 85-92).

Meine Opponentin ist zwar nicht ganz überzeugt und droht, auf diesen Punkt noch einmal zurückzukommen, stellt aber ihre Kritik einstweilen (bis Kap. 13.1) zurück. Wenn Kuchenteilungsspiele keine kooperativen Spiele darstellen, dann, so ihr zweiter Einwand, sei völlig unverständlich, warum die Akteure nicht versuchen sollten, ihre individuellen Auszahlungen zu erhöhen. Das könnten sie im Rahmen des Modells, indem sie bei der Angabe ihrer individuellen Bewertung leicht schummelten (*cheating*). Wenn eine Spielerin ihre Verteilung der Muschelpunkte auf die Kuchenstücke so ändert, daß ihre Bewertung die Beurteilung durch die Mitspielerin möglichst gering unter- oder überschreitet, dann kann sie sich individuell (bemessen in der »echten« Bewertung) besserstellen.[63] Das ist tatsächlich möglich. Allerdings sind die Möglichkeiten, die individuellen Auszahlungen durch Unehrlichkeit zu erhö-

63 Für ein Beispiel siehe den Anhang »*Cheating* im Kuchenteilungsspiel«.

hen, sehr beschränkt.[64] Da wir symmetrische positionale Rechte voraussetzen, sind Informationsasymmetrien ausgeschlossen. Es ist also nicht möglich, daß nur eine Spielerin ihre Bewertung an eine ihr bekannte Präferenzordnung der anderen Person anpaßt. Eine unehrliche Spielerin müßte unter Unsicherheit eine Art »idealer« Bewertung des Kuchens vornehmen, die ihre erwarteten Auszahlungen (gemessenen an der »echten« oder »ehrlichen« Bewertung) maximiert. Wenn sie davon ausgeht, daß alle Bewertungen der Kuchenstücke durch die Mitspielerin gleichwahrscheinlich sind, erfordert das schon bei 100 zu verteilenden Muschelpunkten und nur acht Kuchenstücken einigen Ehrgeiz (und bei $1{,}3 * 10^{14}$ möglichen Bewertungen durch ihre Mitspielerin einiges mathematisches Geschick). Auch wenn eine unserer Mitspielerinnen diesen Ehrgeiz aufbringt, sind die möglichen Nettogewinne im Vergleich mit der Gefahr, bei diesem Verfahren zu verlieren, klein, so daß mindestens leicht Risiko-averse Spielerinnen in Kuchenteilungsspielen ehrlich bleiben. Es ist (für leicht Risiko-averse) Akteurinnen in Kuchenteilungsspielen rational, ein inhomogenes Güterbündel gemäß der eigenen Wünsche zu bewerten.

Während meine Opponentin nun bis zum nächsten Kapitel nachdenkt, wie sie den ersten Einwand reformulieren kann, fasse ich die Ergebnisse der Diskussion des Kuchenteilungsproblems zwischen den Nichten noch einmal zusammen. Tara und Inken müssen einen Obstkuchen mit verschiedenem Belag teilen, wobei sie die verschiedenen Kuchenstücke unterschiedlich bewerten. Das entspricht *cum grano salis* (also mit der Prise Salz, die auch in einen Kuchenteig kommt) realen Koordinationskonflikten um inhomogene Güterbündel außerhalb Schlaraffias. Nach den schlechten Erfahrungen beim Teilen eines Hefekuchens ist keine Spielerin bereit, der anderen *ex ante* eine Machtposition einzuräumen, so daß sie sich symmetrische positionale Rechte zu-

---

64 Zu dieser Diskussion der Möglichkeit des *cheating* in Kuchenteilungsspielen siehe Brams/Taylor (1996: 106 ff.). Brams und Taylor zeigen, daß die möglichen Gewinne durch *cheating* gering sind. Sie führen aber zudem die Möglichkeit ein, daß ein Spieler, wenn er glaubt, der andere würde strategisch bewerten, die Regel der *equitability* durch eine Regel der Gleichverteilung ersetzen kann. Da Gleichverteilung beide Spieler schlechterstellt (in unserem Beispiel bekäme jede 50 MP statt der 57 MP unter dem Egalitarismus-Prinzip), wirkt sich die Einführung dieser Regel wie eine Drohung aus, die zur Ehrlichkeit zwingt. Vgl. zu *cheating* Dworkin (1981a: 230).

gestehen – in unserem Fall heißt das, mögliche Vorschläge von Onkeln oder Eltern werden nicht beachtet, und es wird an jede Mitspielerin die gleiche Anzahl an Muscheln ausgegeben. Das tun sie nicht, weil sie sich besonders lieben oder weil sie aus einer Familie kommen oder weil sie aus anderen Gründen tiefes Vertrauen zueinander empfinden, sondern weil jede andere Ausgangssituation eine der beiden benachteiligen würde. Mit der Forderung nach symmetrischen positionalen Rechten wird ein Rationalitätskriterium formuliert, dem Kuchenteilungsspiele genügen müssen und das normativ im Sinne einer Forderung nach Gleichberechtigung interpretiert werden kann. Ein solches Kontext-abhängiges (oder kohärentistisches) Rationalitätskriterium stimmt zwar mit unseren Vorstellungen davon überein, was es heißt, in Koordinationskonflikten rational zu entscheiden, nicht aber mit der konsequentialitischen Standardinterpretation der Theorie rationaler Wahl.

Unter dieser Bedingung stellt das Pareto-Kriterium kein sinnvolles Gerechtigkeitsprinzip dar. Jede vollständige Verteilung des Kuchens ist Pareto-effizient. (Das entspricht der Situation in »normalen« Verhandlungsspielen, in denen jeder Zustand auf der Grenze des konvexen Auszahlungsraumes dem Pareto-Kriterium genügt.) Es läßt sich ein Verteilungskriterium formulieren, das normativ interpretierbar ist und mit dem Rationalitätskriterium kompatibel ist. Zustimmungsfähige Koordinationslösungen müssen Neid-frei sein. In den sozialen Grenzen von Kuchenteilungsspielen maximieren die Akteure ihre individuellen Auszahlungen unter zwei strukturellen Nebenbedingungen. Die Interpretation der Nebenbedingungen zeigt, daß Gerechtigkeit und Effizienz nicht aufeinander reduzierbar sind. Zum einen muß das Ergebnis ein (subjektiv bemessenes) egalitäres Wohlstandsniveau sicherstellen. Diese erste Nebenbedingung unterscheidet sich von dem strengen (objektiven) Gleichheitsprinzip. Die damit scheinbar verbundenen Probleme der interpersonellen Vergleichbarkeit lassen sich umgehen, wenn man zum anderen als zweite Nebenbedingung eine Vorrang-Regel für individuell hoch bewertete Wünsche formuliert. Diese Vorrang-Regel ist in Kuchenteilungsspielen, bei denen ein wohlbeschriebener (aber stetiger) Auszahlungsraum vorausgesetzt wird, sinnvoll interpretierbar: Personen haben konkrete Wünsche an einzelnen Gütern, die es in einer effizienten Verteilung zu berücksichtigen gilt. Das unterscheidet die Koordinationslösung in Kuchenteilungsspielen von der Marktlösung. Am Markt waren wir unsicher, inwiefern man einer Person sinnvoll Wünsche zuschreiben kann, wenn die Bewertung einzelner Güter von der Preisentwicklung abhängt (vgl. Kap. 4.1). In Kuchenteilungsspielen gehen wir nicht nur von der subjektiven Bewertung der Akteure aus, sondern fordern auch, daß die so formulierten Wünsche in besonderer Weise berücksichtigt werden. Wenn Tara Apfelkuchen besonders gerne mag, dann ist das eben ein guter Grund dafür, daß sie bei der Verteilung des Kuchens das mit Äpfeln belegte Stück bekommt – mindestens dann, wenn Inken Pflaumenkuchen genausogut findet wie Apfelkuchen. Unter diesen Nebenbedingungen lassen sich individuelle Entscheidungen nicht unabhängig voneinander beschreiben.

Für Zwei-Personen-Spiele wurde eine konkrete Kuchenteilungsregel angegeben, die zu einer zustimmungsfähigen, aber nicht notwendig zu genau einer Koordinationslösung führt. Dies entspricht (vielleicht) besonders gut unserer Vorstellung von Verhandlungen in liberalen Gesellschaften, bei denen das Ergebnis nicht *ex ante* eindeutig bestimmbar ist. Menschen leisten sich unter Umständen Kompensationen und Transferzahlungen, um ein für alle Beteiligten zustimmungsfähiges Ergebnis zu erreichen. Selbst wenn wir nicht sagen können, welche Transferzahlungen in einem Spiel geleistet werden, lassen sich Kriterien angeben, denen jedes Ergebnis genügen sollte – wenn die Akteure (strukturell) rational entscheiden.

Kapitel 13

Schlußbemerkungen und Anwendungsbeispiele oder: Wer kann einen Kuchen teilen?

13.1 Abgrenzungsprobleme I: »Dicke« Theorien expressiver Rationalität

Menschen außerhalb des Schlaraffenlandes leben unter der Bedingung von Knappheit und müssen (also) Koordinationskonflikte lösen. Weil Knappheit eine Eigenschaft sozialer Beziehungen ist, so die These, lassen sich die Entscheidungen von Akteuren in solchen Konflikten nicht unabhängig voneinander beschreiben. Auch Menschen die miteinander konkurrieren, müssen gemeinsam Lösungen ihrer Koordinationskonflikte finden, die sowohl effizient sind als auch einem ausweisbaren Gerechtigkeitskriterium genügen.

Wir hatten zu Beginn anhand realer Beispiele gesehen, daß es Situationen gibt, die wir mit dem ökonomischen Standardmodell der Theorie rationaler Wahl nicht erklären können. Im folgenden haben wir dann allerlei merkwürdige Situationen untersucht. Was haben die Mitglieder einer Nicht-Regierungs-Organisation, eine politisch korrekte Konsumentin von »fair«-gehandeltem Kaffee sowie die Genossen der Ökobank mit den *Homunkuli* unserer Beispiele also Pedro und Maria auf Epikurion, den Humeschen Farmern, Luke und Matthew und schließlich dem Onkel und seinen Nichten gemeinsam? Das hängt eben davon ab, wie Koordinationskonflikte beschrieben werden.

Zuerst haben wir einen Vorschlag betrachtet, mit dem das Koordinationsproblem innerhalb der ökonomischen Theorie als Problem der individuellen Entscheidung am Markt beschrieben wird (Kap. 3 und 4). Fragen der Gerechtigkeit lassen sich so scheinbar elegant auf Fragen der effizienten Allokation reduzieren. Wir haben gesehen (Kap. 5), daß das Standardmodell der ökonomischen Theorie keinen Begriff des regelgeleiteten Handelns enthält und deshalb nicht sinnvoll erklärt werden kann, warum sich Menschen mit konkreten Wünschen Zugeständnisse machen sollen (es ist nicht einmal verständlich, was wir meinen, wenn wir ökonomischen Akteuren Wünsche zuschreiben). Versuche, das ökonomische Modell entsprechend anzureichern, scheitern (Kap. 6). Anschließend haben wir Spiele diskutiert, die erlauben, auch die strategische Interaktion von Personen abzubilden. Anhand dieser strategischen Spiele läßt sich zeigen, daß die merkwürdige symmetrische Struktur in Konkurrenzbeziehungen zu Pareto-inferioren Ergebnissen führen kann (Kap. 7). Das gilt mindestens für nicht-kooperative Spiele, d.h. solche Spiele, in denen die Akteure keine bindenden Übereinkünfte abschließen können. Versuche, innerhalb dieses Spieldesigns zu anderen Ergebnissen zu gelangen, scheitern (Kap. 8). Es ist aber möglich, und insbesondere für wiederholte Spiel (Kap. 9) plausibel, die Umstände der Entscheidungen in Koordinationskonflikten anders zu beschreiben. Allerdings sind solche Beschreibungen entweder nicht mit unserem Verständnis von rationaler Wahl (der Konsistenzforderung) vereinbar oder sie sind in dem Sinne unterbestimmt, daß ihre Erfüllungsbedingungen im Rahmen einfacher strategischer Spiele nicht eindeutig bestimmbar sind. Verhandlungsspiele (und Kuchenteilungsspiele), bei denen der Strategieraum nicht *ex ante* definiert ist, erlauben vielfältigere Beschreibungen von Koordinationskonflikten. Zwar erreichen rationale Spieler unter diesen Bedingungen eine Pareto-effiziente Lösung, diese kann aber unseren Intuitionen über Gerechtigkeit widersprechen (Kap. 10). Der Versuch Gauthiers, für Verhandlungsspiele im Rahmen der konsequentialistischen Standardinterpretation der Theorie rationaler Wahl mit Rekurs auf »natürliche« Rechte ein plausibles Gerechtigkeitskriterium zu begründen, scheitert (Kap. 11). Kuchenteilungsspiele (Kap. 12), deren Auszahlungsraum zwar stetig ist, aber über einzelne Güter auch wohlbeschrieben werden kann, erlauben, sowohl die Konkurrenzbeziehungen als auch die gemeinsamen Interessen von Akteuren in Koordinationskonflikten abzubilden. Es können Koordinationslösungen ausgewiesen werden, die sowohl effizient sind auch als einem begründbaren Gerechtigkeitskriterium genügen. Das setzt aber voraus, daß rationale Entscheidungen in den Grenzen der sozialen Strukturen beschrieben werden.

In diesem abschließenden Kapitel werde ich zunächst die vorgeschlagene Kuchenteilungsregel kurz anhand der Positionen von Elisabeth Anderson, Martin Hollis und John Rawls gegen drei alternative Ansätze abgrenzen, um dann etwas länger die Unterschiede zu der *prima facie* sehr ähnlichen Lösung von Ronald Dworkin aufzuzeigen. Man kann Kuchenteilungsspiele interessant oder mindestens amüsant finden und trotzdem der Meinung sein, daß sie nicht oder nur sehr beschränkt geeignet sind, reale Personen jenseits von pathologischen Familienstreitereien zu beschreiben. Mit Bezug auf die zu Beginn (Kap. 2.3) diskutierten Beispiele werde ich zeigen, daß es für Kuchenteilungsregeln reale Anwendungsbeispiele gibt. Am Anfang der Arbeit stand die Vertreibung aus dem paradiesischen Schlaraffenland. Ich schließe mit einem ganz irdischen Epilog sowie einem Ausblick auf offene theoretische Fragen.

Kuchenteilungsspiele unterscheiden sich sowohl von kooperativen als auch von »normalen« nicht-kooperativen Spielen. Die Abgrenzung zu »normalen« nicht-kooperativen Spielen scheint nach der Diskussion des Marktmodells und des Gefangenendilemmas einigermaßen klar. Anders als im Marktmodell und in strategischen Spielen sind die Entscheidungen der Akteure im Kuchenteilungsspiel nicht unabhängig voneinander beschreibbar. Ich hatte vorgeschlagen, Koordinationssituationen anders zu beschreiben, so daß auch die gemeinsamen (affinen) Interessen der Akteure deutlich werden und kooperative Lösungen möglich sind. Mit Verweis auf das *Metaphor-Game* hatte ich behauptet, daß sich Kuchenteilungsspiele von »echten« oder ausschließlich kooperativen Spielen dadurch unterscheiden, daß die Akteure in Kuchenteilungsspielen die Güter des Verhandlungsraums gemäß ihrer individuellen Präferenzen bewerten und um diese Güter konkurrieren. »Echte« kooperative Spiele dagegen beschreiben eine Koordinationssituation so, als ob die Akteure ausschließlich affine Interessen hätten; diese Annahme scheint unplausibel voraussetzungsreich.

Meine nörgelnde Opponentin könnte nun ihren Einwand des letzten Abschnittes aufnehmen und sagen, daß diese Abgrenzung weniger klar sei, als die Abgrenzung von nicht-kooperativen Spielen. Es mag ja sein, so ihr Einwand, daß in die Kuchenteilungsregel individuelle Bewertungen der Akteure eingehen. Aber die Konstruktion der symmetrischen Rechtsposition, mit der die Transfer-Regel begründet wird, sei eben doch in dem Sinne kooperativ, daß ein gemeinsamer Standpunkt (im Sinne geteilter Überzeugungen oder

Einstellungen) der Akteure vorausgesetzt würde. Wenn das *Metaphor-Game* ein Beispiel für ein kooperatives Spiel sei, dann gelte dies auch für Kuchenteilungsspiele. Die Pointe des *Metaphor-Game* besteht darin, daß die Spieler im (gemeinsamen) Wissen über (mindestens einige) geteilte Einstellungen (*attitudes*) und einige relevante (z.B. geographische) Daten handeln. Das entspreche, so ihr Einwand, der Art, wie in Kuchenteilungsspielen symmetrische positionale Rechte begründet und durchgesetzt werden. Die Begründung der Forderung nach Gleichberechtigung setzt nicht nur das gemeinsame Wissen der Akteure um die sozialen Strukturen arbeitsteiliger Gesellschaften voraus. Der Übergang von individuellen Chancen im Spiel zu der Forderung nach Gleichberechtigung sei ein *non-sequitur* und setze entgegen meiner Beteuerungen eine »dicke« Theorie geteilter Werte voraus. Das könne man zwar machen, sollte es aber dann ehrlicherweise so ausweisen und erläutern, wie (und ob) diese Werte begründet werden können. So etwas versucht z.B. Elisabeth Anderson mit ihrer Theorie expressiver Werte (Anderson 1993: Kap. 2, 4 und 5).[65]

Normative Urteile (Wertaussagen) haben zwei charakteristische Eigenschaften, die begründungsbedürftig sind. Zum einen drücken sie individuelle Bewertungen aus, zum anderen dienen sie der Rechtfertigung. Wenn man der Kritik am Konsequentialismus folgt[66], dann können sich die Bewertungen nicht (ausschließlich) auf Zustände beziehen, sondern müssen eine Vielzahl der Eigenschaften von Situationen und Personen berücksichtigen.[67] In einer etwas romantischen Wendung kann man sagen, daß der Mensch sich (oder seine Einstellungen) im Werturteil ausdrücke – deshalb der Begriff »expressive Werttheorie«. Einstellung können dann als rational bezeichnet werden,

65 Es geht mir hier und bei den folgenden drei Abgrenzungsversuchen nicht darum, die entsprechenden Ansätze vollständig wiederzugeben und zu diskutieren, sondern nur um einige zentrale Theorieelemente, durch die sich die vorgeschlagenen Lösungen von der AW-Regel in Kuchenteilungsspielen unterscheiden. Dabei gehe ich, um die Differenzen zu betonen, vielleicht etwas »grob« mit den alternativen Ansätzen um; ich beanspruche hier keine philologisch genaue Auseinandersetzung. Eine schöne Zusammenfassung von Andersons Buch bietet Arneson (1996).

66 Siehe dazu Anderson (1993: 22 f.,30-38, 40 f.), vgl. die Kritik durch Sturgeon (1996), der versucht, Andersons Theorie konsequentialistisch zu reinterpretieren, und die Antwort von Anderson (1996: 541-546).

67 Anderson (1993: 5-11) nennt das einen mit Brentano erweiterten kantischen Ansatz.

wenn sie für andere (in der Gemeinschaft) verständlich (*comprehensive*) sind (Anderson 1993: 59-64).[68] Der Unterschied der Kuchenteilungsregel zu Andersons »dicker« Werttheorie scheint nur darin zu liegen, daß in Kuchenteilungsspielen die individuelle Bewertung von Zuständen (des Verhandlungsraumes) unabhängig von der Bewertung sozialer Strukturen eingeführt wird. Statt ausführlich rationale Koordinationsmechanismen zu diskutieren, so meine Opponentin, hätte ich besser daran getan zu zeigen, daß die individuellen Bewertungen von Zuständen sinnvollerweise als unabhängig von der sozialen Struktur eines Spieles aufgefaßt werden können.[69]

Der Einwand, Kuchenteilungsspiele müßten eine »dicke« Werttheorie voraussetzen, ist falsch und beruht auf einem Mißverständnis des Status von Rechten in solchen Spielen.[70] Der Anspruch, den ich mit der Kuchenteilungsregel erhoben hatte, ist viel bescheidener als der von Anderson: In Kuchenteilungsspielen geht es um gelungene Koordination zwischen Menschen, nicht um Fragen des irgendwie auszuzeichnenden wahrhaftig »guten«

---

68 Vgl. Anderson (1996: 546-554), wo sie explizit auf Hegel Bezug nimmt. In dem Buch findet sich Hegel nur unter Verweis auf Taylor (1979: 73) wieder (Anderson 1993: 17). Taylors Hegel allerdings ist semantisch gewendet (Taylor 1979: 83-87; 1992b: 64-67) – also ein »Hegel zum herabgesetzten Preis«.

69 Dieser Einwand ist nicht mit der oben (Kap. 5.3) gegen die Trennung von Präferenzen und Restriktionen angeführten Interdependenzthese zu verwechseln.

70 Vgl. die Kritik an Anderson durch Piper (1996). Piper kritisiert die Apologetik des Bestehenden bei Anderson. Die Begründung von Werten unter Bezug auf die Regeln bestehender Gemeinschaften benachteiligt die Menschen, die unter den Regeln eben dieser Gemeinschaften leiden. Anderson gibt außer einem dunklen Verweis, daß in der Gemeinschaft »different travelers arrive at a common point of view in the space of reason« (1993: 93), keine Rationalitätskriterien an, unter denen ein normatives Urteil in der Gruppe begründungsfähig ist. Allerdings entwickelt sie einen lustigen Theorienmix. Mit Kant wendet sie sich gegen den Konsequentialismus. Mit Moore verteidigt sie den *Common Sense* in der Ethik. Mit Hegel geht sie gegen Kant und Moore und verlegt die Möglichkeit objektiver Erkenntnis von Werten in die Gemeinschaft. Anders als Habermas (und man sollte hinzufügen: anders als Taylors Hegel) verteidigt sie die Möglichkeit der Selbstkritik des *Common Sense* im Konflikt lebensweltlicher Einstellungen in der Gemeinschaft, nicht im idealen Diskurs (Anderson 1993: 95, 104-112). Werte haben bei Anderson (1993: 67 f., 75) denselben Status wie Regeln der Etiquette. Zu dem Problem der Rationalitätsstandards von Wertsätzen als Rechtfertigungen siehe Thomas Schmidt (1996b: 65-75) und Lohmann (1996b: 149 f., 154-190).

Lebens. Die Trennung der beiden Fragen setzt allerdings ein liberales Verständnis von »Koordination« voraus. Die Begründung symmetrischer positionaler Rechte erfolgt in Kuchenteilungsspielen zwar in der Gemeinschaft, aber nicht in bezug auf gemeinschaftliche Einstellungen. Die Beschreibung von Koordinationskonflikten wird (wie bei Anderson) um die soziale Struktur dieser Konflikte angereichert. Weil Koordinationslösungen im Rahmen dieser Strukturen zustimmungsbedürftig sind, reicht es zu zeigen, daß es für jeden einzelnen Akteur rational ist, anderen *ex ante* keine Rechte abzutreten. Die »Symmetrie-Annahme« folgt auch unter Akteuren mit ganz unterschiedlichen Interessen aus dieser Annahme. Vorausgesetzt wird allerdings, daß alle Akteure das »Recht des Stärkeren« ablehnen. Das scheint für arbeitsteilige, liberale Gesellschaften plausibel.

In diesem Fall aber, so könnte meine nörgelnde Opponentin einwenden, liege die Begründungslast auf einer (ebenfalls »dicken«) Theorie der Gesellschaft. Die Anerkennung symmetrischer positionaler Rechte ist allein mit dem Verweis auf die sozialen Strukturen arbeitsteiliger Gesellschaften nicht hinreichend begründet, sondern erfordert weitere, nicht offengelegte Prämissen über die spezifische Struktur einer Gesellschaft und das gemeinsame Wissen der Akteure. Wenn ich die These vertrete, daß adäquate Beschreibungen der Koordinationssituation die sozialen Beziehungen zwischen den Akteuren enthalten, dann müßte ich auch der Vorstellung (wie sie z.B. von Martin Hollis vertreten wird) zustimmen, daß die Entscheidungen von Akteuren nur unter Berücksichtigung einer Vielzahl weiterer empirischer Informationen über die reale Gesellschaft, in der Menschen leben, interpretierbar sind. Mit der rationalen Wahl drückt sich eine bestimmte Lebensform aus; Rationalitätstheorien sind also in diesem Sinne expressiv.[71] Daraus folgt aber, daß Entscheidungen nur in bezug auf bestehende (reale) soziale Strukturen begründungsfähig sind (Hollis 1994a: 142-147; 1992: 115-130).[72] Um eine

71 Hollis' Vorstellung expressiver Rationalität (in bezug auf Wahlhandlungen) unterscheidet sich von dem Vorschlag Andersons, die expressive Einstellungen als Ausdruck bestimmter Überzeugungen einer Person betrachtet. Zu der Unterscheidung und den Konsequenzen dieser Unterscheidung siehe Hollis (1991: 17 f.) und Anderson (1993: 17-21).

72 Siehe für Implikationen dieser Annahme die Kritik Rosenbergs (1992: 22-30) an Hollis.

Einigung über den konkreten Gehalt positionaler Rechte herzustellen, müßten meine Akteure nicht nur die allgemeine Struktur ihrer Beziehungen in arbeitsteiligen Gesellschaften kennen, sondern über sehr viel mehr empirisches Wissen in bezug auf ihre sozialen Rollen in der Gesellschaft verfügen (resp. gemeinsame Überzeugungen in bezug auf die sozialen Rollen teilen). Ich hätte also gut daran getan, die empirischen Voraussetzungen von Kuchenteilungsspielen deutlich zu machen und zu begründen. Dabei hätte ich entweder eine plausible soziologische Rollentheorie oder eine soziale Lerntheorie vertreten müssen[73] – oder ich hätte eine relativistische Position vertreten können, dann aber sagen müssen, daß symmetrische positionale Rechte nur für ganz bestimmte Gesellschaften begründbar sind. Tatsächlich folge ich weitgehend Martin Hollis in seiner Beschreibung des Interpretationsproblems. Allerdings ist mir nicht klar, wie man unter Rückgriff auf empirische soziologische Theorien einer relativistischen Position entgehen kann. Positionale Rechte scheinen, so wie sie eingeführt wurden, gerade zu zeigen, daß die strukturellen Bedingungen rationaler Entscheidung verallgemeinerbar sind. Diese Intuition wurde begründet, indem auch Koordinationskonflikte im privaten Verkehr mit Fragen der politischen Philosophie (vgl. Kap. 1.3 und 2.1) verbunden wurden. Dieser Ausweg aus dem Interpretationsproblem führt zu weiteren Abgrenzungsproblemen, die ich im nächsten Abschnitt diskutiere.[74]

---

73 Bei Hollis (1994a: 154-176) findet man beide Tendenzen, die er versucht, miteinander zu verbinden. Auf der einen Seite unterstreicht er die Bedeutung sozialer Rollen, auf der anderen Seite interpretiert er diese Rollen unter Verweis auf den Begriff des Sprachspiels bei Ludwig Wittgenstein als sich entwickelnde Lebensformen von Personen. Vgl. zu den Problemen einer Lerntheorie als Grundlage der Annahme gemeinsamen Wissens (in der ökonomischen Theorie) Morris (1995: 238 f.).

74 Den Hinweis auf ein »entanglement« von Fragen der politischen Philosophie und der Theorie rationaler Entscheidung verdanke ich einer Diskussion mit Martin Hollis. Siehe dazu auch Hollis (1994a: 248-260; 1992: 128), wo er selbst diesen Ausweg unter Verweis auf eine liberale Interpretation des Rousseauschen Kontraktualismus vorschlägt. Vgl. auch Cohen (1997), der denselben Punkt gegen »bloß« politiktheoretische Ansätze macht, die Entscheidungen im privaten Verkehr innerhalb eines politisch gesetzten Rahmens zu wenig berücksichtigten.

13.2 Abgrenzungsprobleme II: Zwischen politischer Gerechtigkeit und ökonomischer Wahl unter Unsicherheit

Positionale Rechte wirken sich auf die endgültige Verteilung der Kuchenstücke zwischen den Akteuren aus: Symmetrische positionale Rechte führen zu einem subjektiv bemessenen egalitären Wohlstandsniveau. Fragen der rationalen Entscheidung werden in Kuchenteilungsspielen mit Gerechtigkeitsüberlegungen verbunden (vgl. Kap. 1.3 und 2.1).

Es ist dann, so meine nörgelnde Opponentin, vollkommen unklar, was die Überlegungen zu Kuchenteilungsspielen von politischen Theorien kontraktualistischer Provenienz unterscheidet. Die Auszeichnung einer symmetrischen Ausgangsverteilung scheint weitgehend dem Rawlsschen Urzustand (*original position*) hinter einem Schleier des Nichtwissens (*veil of ignorance*) zu entsprechen (Rawls 1993: §§ 24, 36-47; 1994b: 296-297; 1994d: 378). Allerdings entspricht die Kuchenteilungsregel nicht den Rawlsschen Gerechtigkeitsgrundsätzen. Statt meine Zeit mit langen Diskussionen der ökonomischen Theorie zu verbringen, hätte ich, so der Einwand, besser gezeigt, daß Personen, ausgehend von einer symmetrischen Ausgangsverteilung, die Kuchenteilungsregel und nicht die Rawlsschen Gerechtigkeitsgrundsätze wählen würden. Wobei man unabhängig davon, ob mir dieser Nachweis gelungen wäre, die üblichen Einwände gegen die Konstruktion einer hypothetischen Ausgangssituation geltend machen könne.[75]

75 Man kann gegen Rawls die Auffassung vertreten, daß der Übergang von einer hypothetischen (konjunktivischen) Zustimmung in der Ausgangssituation zu Rechten in echten Verteilungskonflikten ein *non-sequitur* darstellt, dazu insbes. Dworkin (1990: 252-295; 1981b: 338-345); dagegen die Erwiderung von Rawls (1994a: 272 f., insbes. Fn. 19). Siehe auch die Rawls-Kritik von Buchanan (1991: 48, 54-58; 1979: 195-197), der vorschlägt, den *veil of ignorance* durch einen *veil of uncertainty* zu ersetzen, hinter dem die Personen zwar ihre individuellen Fähigkeiten kennen, aber nicht den Weltverlauf, so daß sie über die Konsequenzen der möglichen Handlungsalternativen unsicher sind. Dies entspräche, so Buchanan, den Gegebenheiten einer konstitutionellen Wahl von Regeln wie z.B. bei der Festlegung von Steuertarifen. Gegen Buchanan kann man den Einwand erheben, daß ein solcher konstitutioneller Vertrag eine gegebene Ausgangsverteilung unplausibel stark berücksichtige, vgl. die Anmerkungen zu *endowment sensitiveness* oben S. 212. Ich hatte gesagt, daß die Auszeichnung symmetri-

Diese »Rawlssche Interpretation« des Kuchenteilungsspieles beruht tatsächlich auf einem Mißverständnis. Es ist zwar zutreffend, daß Entscheidungen in Kuchenteilungsspielen mit politischen Überlegungen verbunden werden. Aber anders als die Rawlsschen Gerechtigkeitsgrundsätze (insbes. das Differenzprinzip), die auf einen allgemeinen (für alle Mitglieder einer Gemeinschaft geltenden) institutionellen Rahmen, z.B. das Steuerrecht, angewendet werden, beschreiben Kuchenteilungsspiele Koordinationskonflikte zwischen realen Akteuren, denen konkrete Wünsche zugeschrieben werden, im privaten Verkehr. Diese Differenz entspricht ungefähr der (in den Politikwissenschaften üblichen) Unterscheidung zwischen *policy* und *politics* (siehe Kap. 1.3). Der mit Kuchenteilungsspielen verbundene Anspruch bezieht sich »nur« auf Koordinationsprobleme im privaten Verkehr und schließt so bestimmte Probleme (z.B. Rechte behinderter Menschen) von vornherein aus (vgl. Kap. 1.2). Es müßte allerdings gezeigt werden, daß Kuchenteilungsspiele mit einer adäquaten politischen Theorie kompatibel sind.

Folgt man meiner Unterscheidung, scheint nicht mehr klar, was solche Spiele von »normalen« Auktionen unterscheidet, wie sie z.B. Ronald Dworkin diskutiert (Dworkin 1981b: 283-334). Dworkin geht von Auktionen über Ressourcen aus, bei denen die Ausgangsbedingungen wie im Kuchenteilungsspiel durch die Ausgabe einer einheitlichen Muschel- (oder Geld-) Menge symmetrisch sind und die Spieler ihre Gebote über die einzelnen Güter (oder Kuchenstücke) simultan abgeben.

Der Begriff der Ressource steht bei Dworkin als Platzhalter für eine Vielzahl von möglichen Einsetzungen; neben so profanen Gütern wie Kuchenstücken können das z.B. auch verschiedene Ausbildungswege oder materielle Rohstoffe sein. Die (erwarteten) Auszahlungen der Akteure ergeben sich nicht direkt aus dem subjektiv bemessenen Nutzen der Güter, sondern aus der individuellen Fähigkeit, die Güter produktiv zu nutzen. Dieser technische Unterschied (und Dworkins Betonung, daß es sich bei den Gegenständen der Auktion um Ressourcen handelt) erklärt die unterschiedliche Bewertung der einzelnen Güter durch die Personen, ist aber ansonsten belanglos. Die Nichten unseres Beispieles könnten die Kuchenstücke statt nach dem Geschmack

---

scher positionaler Rechte im privaten Verkehr weder einen *veil of uncertainty* noch einen *veil of ignorance* voraussetzt, vgl. oben S. 240 insbes. Fn. 44.

auch nach dem Nährwert beurteilen, wobei dann die individuelle Bewertung davon abhängen würde, wie groß die Nichten sind und ob sie nach dem Genuß des Kuchens eher ihre Schularbeiten machen oder im Garten spielen gehen. Ressourcen als Gegenstand von Auktionen werden bei Dworkin nicht von Konsumgütern, sondern von Talenten und Fähigkeiten (und Präferenzen) unterschieden, die nicht Gegenstand der Auktion, sondern Bestandteil der Ausgangssituation sind (Dworkin 1981b: 311 f.). In der Ausgangssituation verfügen die Akteure alle über die gleiche Menge Muscheln, aber über unterschiedliche Fähigkeiten und Präferenzen. Die unterschiedlichen Auszahlungen sind das Ergebnis der unterschiedlichen Fähigkeiten und Bedürfnisse (*talents*), nicht aber der Ausgangsverteilung (*initial endowment*). Dworkin-Auktionen unterscheiden sich also durch die symmetrische Ausgangsverteilung (wie Kuchenteilungsspiele) von reinen Marktlösungen und nehmen (wieder unter expliziten Verweis auf Locke) die Intuition auf, daß die individuellen Eigenschaften der Personen im Koordinationsergebnis berücksichtigt werden sollten (Dworkin 1981b: 310).[76]

Auktionen benachteiligen auch unter der Bedingung symmetrischer Ausgangsverteilung den Spieler mit stärker differenzierten Präferenzen (der ein Gut besonders hoch bewertet und also viele Muscheln setzt), indem sie zu einer asymmetrischen Verteilung der (realen) Gütermenge führen und (vgl. die Ausgangssituation, in dem Kuchenbeispiel in Kap. 12.4) die Akteure auch gemäß ihrer eigenen (subjektiv bewerteten) Wohlstandsbewertung ungleich stellen. Der benachteiligte Spieler hätte sich in einer anderen Auktion mit anderen Mitspielern besserstellen können. Es gibt also auch unter der Bedingung symmetrischer Ausgangsverteilung gute Gründe dafür, die einfache

76 Dworkin (1981b: 335-338) selbst betont die Nähe zu Nozick, dessen reine Marktlösung aber die Ausgangsverteilung (*endowment*) berücksichtigen würde. Selbst wenn man der Meinung ist, so Dworkin, daß die individuellen Fähigkeiten für die Ressourcenverteilung entscheidend sein sollten, folge daraus eben nicht, daß das individuelle Privateigentum für die Verteilung der Ressourcen relevant sein sollte, vgl. mein Argument in Kap. 12.1. Dworkin (1981b: 283) behauptet, daß sein Modell unabhängig von Fragen der politischen Gerechtigkeit und der politischen Machtverteilung zu diskutieren sei. Das ist zum einen euphemistisch, wenn man eine symmetrische Ausgangsverteilung voraussetzt. Zum anderen erhebt er (Dworkin 1981b: 345) den unbescheidenen Anspruch, daß seine Überlegungen über die Gleichverteilung der Ressourcen erst die Grundlage bieten würden, politische Grundsätze zu begründen.

Auktion durch eine weitere (gerechte) Verteilungsregel zu ergänzen: Es ist für die Akteure rational, sich gegen solche Auktionen zu versichern, die sie im Vergleich mit einer durchschnittlich erwarteten (individuellen) Auszahlung besonders schlechtstellen. Dies scheint insbesondere dann plausibel, wenn es sich wie bei Dworkin um Auktionen über Produktivgüter handelt, entspricht aber auch unseren Kuchenteilungsspielen, für die wir mit Gründen Transferzahlungen eingeführt haben. Der Unterschied zwischen Kuchenteilungsspielen und Auktionen scheint *prima facie* nur in der Frage zu liegen, wie Transferzahlungen organisiert werden. Bei Dworkin werden die Transferzahlungen über einen ganz normalen Versicherungsmarkt[77] organisiert, bei dem die Versicherungsnehmer das Risiko versichern können, mit der Nutzung von Ressourcen (und ihren Fähigkeiten) Auszahlungen unter einem bestimmten Betrag zu erhalten. Sie zahlen eine Prämie und erhalten dafür im Versicherungsfall, also wenn die realisierten Auszahlungen eine zu vereinbarende Versicherungshöhe unterschreiten, von ihrer Versicherung einen Transfer in Höhe der Differenz. Um einen solchen Versicherungsmarkt sinnvoll als Teil einer gerechten Koordinationslösung interpretieren zu können, muß Dworkin ausschließen, daß die Akteure am Versicherungsmarkt spekulieren, d.h. den versicherten Betrag höher ansetzen als die (ohne Versicherung) zu erwartenden Auszahlungen (so daß die Differenz als Spekulationsgewinn von der Versicherung getragen werden müßte). Dazu macht er zwei Annahmen über den Verlauf der Prämienhöhe. Er nimmt zum einen an, daß die erzielbaren (erwarteten) Auszahlungen (*ambitions*) von den Fähigkeiten (*talents*) einer Person abhängen (die realisierten Auszahlungen dagegen sind in dem Modell eine Funktion der Nachfrage). Zum anderen nimmt er an, die Fähigkeiten in einer Gesellschaft seien so verteilt, daß die Streuung um den Median der erwarteten Auszahlungen gering ist. Unter diesen Voraussetzungen ergibt sich ein charakteristischer nicht linearer Verlauf der Versicherungsprämie im Verhältnis zur versicherten Auszahlungshöhe, wobei die Prämien erst sehr langsam (und unterproportional) wachsen und dann stark ansteigen (Abb. 17). (Im oberen Bereich der Funktion wachsen die Prämien dann wieder unterproportional.) Unter diesen Bedingungen ist es für die Ver-

77 Die Darstellung von Versicherungsmärkten bei Dworkin ist sehr kurz, eine gute Übersicht bietet Hellwig (1987: 1065-1076); zu dem Problem der Umverteilung durch Versicherungen siehe Eisen (1988: 117-127).

sicherungsnehmer rational, sich in Höhe der erwarteten Auszahlungen zu versichern (also nicht zu spekulieren).[78]

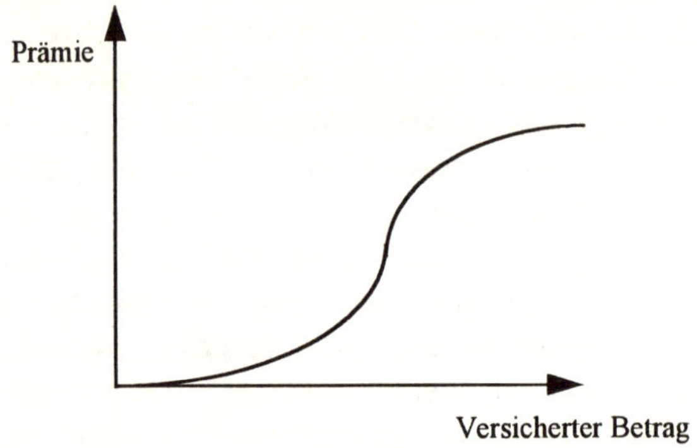

Prämienverlauf in Dworkin-Versicherungen

Abb. 17

Wenn die Versicherungsbeiträge nicht aus der (für alle Personen identischen) Muschelmenge, sondern aus den tatsächlichen Auszahlungen bezahlt werden, dann ergibt sich eine geringe Streuung der realen Nettoauszahlungen (nach Zahlung der Versicherungsprämie) um einen Medianwert mit einigen wenigen überdurchschnittlichen (realen Netto-) Auszahlungen für Personen mit sehr seltenen, hoch geschätzten individuellen Fähigkeiten.[79] Solche Personen (Sportler, Filmstars usw.) werden sich unterhalb ihrer erwarteten Auszahlungen versichern, so daß ihre Nettoauszahlungen (aufgrund der Unterversicherung, d.h. Prämienzahlungen, die im Verhältnis zu den am Markt realisierten Auszahlungen unterproportional gestiegen sind) über dem statistischen Durchschnitt liegen. Dieses Ergebnis unterscheidet Dworkin-Auktionen von der strikt egalitären Kuchenteilungsregel. Ich hätte also, so könnte man sagen (und selbst die nörgelnde Opponentin hätte das begrüßt und mir das Scheitern prophezeit), zeigen müssen, daß egalitäre Transferzahlungen vor dem Versicherungsmodell sinnvoll auszuzeichnen sind.

---

78 Dworkins Versicherungsmarkt ähnelt insofern den auch in der Bundesrepublik mittlerweile möglichen privaten Versicherungen gegen Arbeitslosigkeit.

79 Das mögen die von Dworkin angeführten Filmstars oder eben Sportler, die Chamberlain-Getzky-Fälle, sein, vgl. oben S. 148, Fn. 2.

Die Dworkin-Lesart der Kuchenteilungsspiele verkennt allerdings die Pointe der Kuchenteilungsregel, wie sie oben eingeführt wurde. Im Kuchenteilungsspiel sind ausschließlich die individuellen Bewertungen der Güter relevant. Weil Dworkin-Auktionen über Ressourcen eingeführt werden, sind die erwarteten Auszahlungen das Ergebnis der Gewinnchancen am Markt, so daß die oben (in Kap. 4) diskutierten Einwände auch die Dworkin-Auktion treffen. Aber auch wenn man den Marktmechanismus für die ursprüngliche Auktion verteidigt, gibt es, mit Dworkin, gute Gründe für Transferzahlungen, so daß sich (nach Umverteilung) eine weitgehende Gleichverteilung der Auszahlungen ergibt. Ausgehend von einer symmetrischen Ausgangsverteilung, ist dieses Ergebnis plausibel und unter Gerechtigkeitsüberlegungen wünschenswert. Dworkin scheitert aber mit dem Versuch, einen Zustand der (weitgehenden) Gleichverteilung über das Versicherungsmodell einzuführen. Die Wirkung des Versicherungsmodells hängt von dem Verlauf der Prämienzahlungen ab, d.h. erstens von der Prämisse über den Zusammenhang zwischen individuellen Fähigkeiten und erwarteten Auszahlungen und zweitens von der Prämisse über die Verteilung der Fähigkeiten in der Gesellschaft.

Wenn sich die erste schwächere Prämisse als falsch erweist, dann läßt sich auch die zweite stärkere Prämisse nicht aufrechterhalten. Es reicht also zu zeigen, daß die erste Prämisse falsch ist. Die Prämisse, daß Fähigkeiten und Auszahlungen miteinander verbunden sind, hat zwei Lesarten. Zum einen könnte man sagen, daß individuelle Fähigkeiten ein notwendiger und (unter normalen (vernünftigerweise zu erwartenden) Umständen, also wenn kein Blitz einschlägt o.ä.) hinreichender Grund dafür sind, Auszahlungen einer bestimmten Höhe zu erwarten. Diese Lesart ist für Marktgesellschaften klarerweise falsch. Die Auszahlungen sind auf Märkten eine Funktion von aggregiertem Angebot und aggregierter Nachfrage, nicht der individuellen Fähigkeiten. Zum anderen könnte man einer schwächeren Lesart folgen und sagen, daß eine Person auf Märkten, um überhaupt Auszahlungen erwarten zu können, irgendwelche Fähigkeiten anbieten muß. Diese Lesart ist bei einer weiten Verwendungsweise der Begriffes der Fähigkeit (also inkl. solcher »Fähigkeiten« wie besonders dumme Witze reißen etc.[80]) trivialerweise rich-

80 Die Beobachtung, daß der Markt ausgerechnet Possenreißer und Schauspieler, nicht aber Lehrer und Philosophen hoch entlohnt, hat Smith (1978: 92) einige intellektuelle Mühe bereitet. Am Markt gilt jede Tätigkeit als Fähigkeit, sofern sie bezahlt wird.

tig, reicht aber nicht, um die Schlußfolgerungen über den Verlauf der Prämienauszahlungen plausibel zu machen. Auf der einen Seite scheitert also Dworkins Versuch, über den Versicherungsmarkt eine egalitäre Verteilung einzuführen. Auf der anderen Seite zeigt er aber, daß sogar im Rahmen eines ökonomischen Modells der Auktionen Transferzahlungen mit dem Ziel einer egalitären Verteilung (bei gleichen Ausgangsvoraussetzungen) gut begründet werden können.[81] Genau das leistet die Kuchenteilungsregel.

13.3 Noch einmal von »fairem« Kaffee und »ökologischen« Bankgeschäften

Es mag ja sein, so könnte meine nörgelnde Opponentin nun zu guter Letzt einwenden, daß Kuchenteilungsspiele solche Situationen, in denen Menschen ihre Entscheidungen nicht unabhängig voneinander fällen, gut beschreiben; nur seien solche Situationen in unserer Welt nun einmal extrem selten. Genau das sei doch die Pointe von Dworkin-Auktionen, daß es nicht um normale Butter-Margarine-Entscheidungen gehe, sondern um die Ressourcenausstattung. Selbst wenn in unserer besten aller möglichen Welten alle mit allen auf wunderliche Weise verbunden wären, so müßte doch jeder einzelne in »normalen« Situationen, um zu überleben, den eigenen »Garten bestellen«[82] – ich möge dies bedauern oder auch nicht.

Dieser Einwand ist falsch. Zwar lassen sich nicht alle, aber doch eine Vielzahl relevanter Koordinationskonflikte als Kuchenteilungsspiele beschreiben. Es läßt sich anhand von Beispielen zeigen, daß Personen in Koordinationskonflikten, um effiziente und gerechte Lösungen erreichen zu können, ihre Entscheidungen nicht unabhängig voneinander fällen. Es geht nicht darum zu

---

81 So auch Dworkin (1981b: 319, Fn 11): »If I am wrong in this [den Annahmen über das durchschnittliche Versicherungsverhalten der Akteure, KRL] the hypothetical insurance argument would insist on radical redistribution and substantial wealth equality. So the scheme would offer an argument for that consequence, on that assumption.«

82 Meine nörgelnde Opponentin hat also offensichtlich Voltaires *Candide oder der Glaube an die beste der Welten* gelesen (1964: insbes. 29. Kap.).

zeigen, daß alle irgendwie mit allen – etwa durch dicke Bänder des Vertrauens – verbunden wären. Trotzdem kann man eben sagen (und gleich anhand der Beispiele zeigen), daß die Entscheidungen rationaler Akteure in einer Vielzahl von Koordinationskonflikten nicht unabhängig voneinander beschreibbar sind. Wenn man die Intuition der *trust-economics* (vgl. Kap. 2.3) aufnehmen will, müßte man sagen, daß Vertrauen – so wie Abhängigkeit – eben eine Eigenschaft von sozialen Strukturen ist.

Ökonomische Beispiele sind paradigmatisch für Koordinationskonflikte unter Menschen mit unterschiedlichen Interessen. Auch für solche Beispiele läßt sich die Kuchenteilungsregel sinnvoll anwenden. Betrachten wir zunächst die beiden Beispiele, mit denen die ökonomische Theorie so große Probleme hatte, daß sie als empirische Anomalien erschienen (Kap. 2.3): moralischen Konsum (von »fairem« Kaffee) und ökologische Bankgeschäfte. Anschließend komme ich noch auf die Humeschen Bauern zurück und diskutiere zum Ende kurz die Möglichkeit, auch Preisdifferenzierungen an Märkten als Kuchenteilungsspiel zu interpretieren. Da die Beispiele hier nur zur Illustration dienen, werden sie nur sehr kurz eingeführt und diskutiert. Man könnte natürlich ebensogut Koordinationskonflikte in Wohngemeinschaften oder Partnerschaften beschreiben, wie sie sich um Putzpläne, die Verwendung der Haushaltskasse oder in der Kindererziehung ergeben können. Die Anwendung der Kuchenteilungsregel auf solche lebensweltliche Fälle mag jedem einzelnen überlassen bleiben.

Um meine These zu verteidigen, muß ich zeigen können, daß sich (mindestens einige) empirische Beispiele unter Verwendung der zentralen Begriffe (Elemente) des Modells von Kuchenteilungsspielen interpretieren lassen. Die drei zentralen Elemente des Modells, für die wir im folgenden Entsprechungen in einigen Beispielen suchen, sind erstens die Vorstellung symmetrischer positionaler Rechte, zweitens die Vorrang-Regel, d.h. die Bewertung einer zur Verteilung anstehenden Gütermenge gemäß der individuellen Präferenzen (nicht zu Marktpreisen) und drittens Transferzahlungen mit dem Ziel eines egalitären (subjektiven) Wohlstandsniveaus.

In dem Kuchenteilungsspiel zwischen den Nichten konnten wir uns die Beschreibung enorm vereinfachen, indem wir eine identische Anzahl von Muscheln an die Spielerinnen verteilten. Dieses Muschelgeld erfüllte drei Funktionen: Es diente als Recheneinheit im intrapersonellen Vergleich, durch die Ausgabe von genau 100 Muscheln hatten wir die Bewertung interpersonell normiert, und schließlich wurde eine symmetrische Ausgangsverteilung hergestellt. In realen Situationen kann Macht auf vielfältige Weise ausgeübt werden, so daß die Zuschreibung symmetrischer positionaler Rechte etwas mehr Aufwand und insbesondere empirische Informationen voraussetzt. Wenn man ökonomische Konflikte beschreibt, läßt sich die intrapersonelle Bewertung und die interpersonelle Vergleichbarkeit hingegen recht einfach herstellen, indem man von den relativen Zahlungsbereitschaften ausgeht.[83] (Solche Zahlungsbereitschaften kann man erfragen oder durch Spiele testen. Oben wurde gezeigt, daß es gute Gründe gibt, bei der Angabe der relativen Zahlungsbereitschaft in Kuchenteilungsspielen nicht zu »schummeln«.) Allerdings sind nun die absoluten Transfers abhängig von dem zugrundegelegten Teil des Einkommens einer Person. Unter dieser Voraussetzung ist nicht mehr klar, ob das Kriterium der Neid-Freiheit sinnvoll interpretiert werden kann. Auf der einen Seite kommt die Vorstellung, daß Forderungen und Transfers sich nur auf einen Teil des Einkommens einer Person beziehen, einer moralischen Intuition entgegen. Menschen werden vor »moralischer Überforderung« geschützt, indem Ansprüche nur von Beteiligten und auch nur über einen wohldefinierten Bereich formuliert werden.[84] Auf der anderen Seite können »dicke« Forderungen, die Transfers ohne Gegenleistung betreffen, eben im Rahmen von Kuchenteilungsspielen (ohne zusätzliche Annahmen) nicht diskutiert werden. Das Modell erlaubt aber Beschreibungen, die über einfache Marktbeschreibungen hinausgehen und normativ interpretierbar sind.

Von »fairem« Kaffee: Eine nicht irrelevante Zahl von Personen orientiert ihr Konsumverhalten an normativ ausgezeichneten Eigenschaften eines Produktes.[85] Dieses Verhalten kann durch das einfache ökonomische Modell

---

83 Bei nicht ökonomischen Beispielen müßte man entsprechend andere »Zahlungsmittel« suchen – Küsse, Aufmerksamkeit usw.

84 Neben der Religionsfreiheit, die wir vielleicht auch dann nicht einschränken wollen, wenn sich einige Menschen durch die religiösen Riten anderer gestört fühlen, gehört dazu z.B. auch die Frage, ob es eine »verbindliche« Sexualmoral geben muß. Das ist halt eine Frage, die von den Betroffenen zu klären ist.

85 Eineinhalb Jahre nach der Markteinführung lag 1994 der Marktanteil von fair-gehandeltem Kaffee bei 2%. Siehe zu der Marktentwicklung normativ beworbener Produkte Pinzler (1994); insbesondere über fair-gehandelten Kaffee vgl. Bunzenthal (1994). Aktuelle Informationen über *Transfair International* findet man im Internet unter

erklärt werden, indem die moralischen Überzeugungen einer Person als Teil der (empirisch feststellbaren) erhöhten Zahlungsbereitschaft rekonstruiert werden. Ich habe gesagt, daß diese ökonomische Beschreibung erstens nicht unseren Intuitionen darüber entspricht, was Personen meinen, wenn sie sagen, daß sie fair-gehandelten Kaffee »gut« finden (Kap. 2.3), und daß sie zweitens nicht dem entspricht, was wir meinen, wenn wir einer Person Wünsche zuschreiben (vgl. Kap. 4.1). Wenn die These zutrifft, daß Kuchenteilungsspiele eine adäquate Interpretation des Konsumverhaltens unserer moralischen Kaffeetrinker leisten können, ist die bisherige Beschreibung der individuellen Entscheidungen am Kaffeemarkt unvollständig. Bisher haben wir nur die Entscheidung des einzelnen Kaffee-Konsumenten betrachtet (siehe Kap. 5.2). Der Konsum von »fairem« Kaffee bleibt jenseits der spezifischen Strukturen des Handels auf diesem Markt unverständlich. Der direkte Handel mit kleinbäuerlichem Kaffee ist unter »normalen« Marktbedingungen nicht möglich. Zum einen können die Konsumenten nicht sicher sein, ob ein entsprechend normativ beworbenes Produkt tatsächlich aus bäuerlichem Anbau kommt. Zum anderen können Kleinbauern unter »normalen« Marktbedingungen nicht direkt vermarkten. Bei der Direktvermarktung von Kaffee gibt es für Kleinbauern (mindestens) drei Probleme: Erstens sind sie in der Regel nicht in der Lage, Verbesserungsinvestitionen in ihre Anlagen und Pflanzungen vorzunehmen, so daß die Qualität der Rohware zum Teil unterdurchschnittlich ist (und nicht für den Export geeignet ist[86]). Zweitens sind sie aufgrund der geringen Kapitaldecke (und mangelhaften Kreditmöglichkeiten) nicht in der Lage, die Erntekosten vorzufinanzieren, so daß sie darauf angewiesen sind, den Ertrag eines Jahres bereits vor der Ernte zu verkaufen. Drittens können Kleinbauern ohne Ersparnisse und Kapitalrücklagen bei schwankenden Weltmarktpreisen keine stabilen Vermarktungsorganisationen aufbauen.

1992 wurde die Organisation *Transfair-International* mit dem Ziel gegründet, Kleinbauernkooperativen über ein eigenes eingetragenes Markenzeichen direkte Vermarktungsmöglichkeiten insbesondere auf dem europäi-

---

http://www.citinv.it/iniziative/equo/transfen.htm und auf der *Webpage* der Friedrich-Ebert-Stiftung http://www-fes.gmd.de.

86 Weil die Kaufkraft in der Mehrzahl der Erzeugerländer unter der Kaufkraft in Europa liegt, wird der beste Kaffee exportiert und nur die »dritte Wahl« bleibt den Erzeugern.

schen Markt zu eröffnen. Bei *Transfair* handelt es sich nicht um eine Handelsfirma, sondern um eine Dachorganisation, in der sowohl Produzentenverbände, Röster, Händler als auch politische und kirchliche Vereine oder Stiftungen zusammengeschlossen sind. Das eingetragene Markenzeichen wird unter kontrollierten Bedingungen vergeben, die für Konsumenten und Produzenten gleichermaßen transparent sind. Zu den Vergabebedingungen gehören neben Qualitätsstandards der Ware auch Anforderungen an die Organisation der Produzenten, wie z. B. die Bildung von Rücklagen für Sozialversicherung und Ausbildung. Dafür wird den beteiligten Produzenten erstens ein garantierter stabiler Mindestpreis geboten, der mindestens die realen Produktionskosten deckt und über dem Weltmarktpreis liegt.[87] Die Ware wird zweitens im voraus bezahlt. Schließlich wird technische Beratung bei Forschung und Entwicklung geboten.

Das Markenzeichen und die Leistungen für angeschlossene Produzenten können als symmetrische positionale Rechte interpretiert werden, die von *Transfair-International* Konsumenten und Erzeugern gleichermaßen garantiert werden: Beim fairen Handel können weder Produzenten noch Konsumenten Verhandlungsmacht durchsetzen. (Unabhängig davon kann man sagen, daß der Verzicht auf den Handel für die Produzenten besonders schlechte Konsequenzen hat. Aber *wenn* ein Handel zustandekommt, dann können gleiche positionale Rechte vorausgesetzt werden.)

Der Markt für fair-gehandelten Kaffee ist vom sonstigen Kaffeemarkt entkoppelt. Mit dem Garantiepreis und den Sozialleistungen ist ein Transfer verbunden. Wie können rationale Akteure die Höhe des Transfers bestimmen? Die Kuchenteilungsregel kann im Sinne eines plausiblen Preisbildungsmechanismus für den Garantiepreis interpretiert werden. Dazu definieren wir zunächst die Verhandlungsmenge der beteiligten Akteure. In unserem Fall handelt es sich um Leistungen, die direkt dem Handel mit »fairem« Kaffee zuordenbar sind, also Kaffee bzw. für die Kleinbauern (Konsum-) Güter, die

87 Der Garantiepreis lag 1996 bei 126 Cents/Pound, der durchschnittliche Weltmarktpreis bei 100 Cents/Pound. Sollte der Weltmarktpreis den Garantiepreis überschreiten, erhöhen die Transfair-Organisationen auf einen Preis Weltmarktpreis+5 Cent, diese und weitere Informationen unter http://www.ecotopia.be/epe/sourcebook/3.6.htm. Einmal vorteilhaft für die Produzenten waren die Preisschwankungen im Mai 1997, als der Preis für Arabica-Kaffee das erste Mal seit 1977 über 300 cents/pound erreichte.

sie mit den Einnahmen aus Kaffee erwerben können, die sozialen Maßnahmen für die Kleinbauern und eine Politik-Variable, hinter der sich Maßnahmen zur politischen Organisation von Kleinbauern u. ä. verbergen.[88] Die individuelle Punktebewertung wird normiert, wobei 100% dem Anteil des Einkommens, das für Kaffee ausgegeben wird bzw. mit dem Handel von Kaffee eingenommen wird, entspricht. Produzenten und Konsumenten bewerten beide das Gut »Kaffee/Konsumgüter« am höchsten. Idealiter bewerten die Produzenten die ihnen oktroyierten Sozialmaßnahmen höher als die Konsumenten, die sie zwar wünschen, aber nicht direkt davon profitieren. Schließlich gehen wir davon aus, daß die Kleinbauern die politische Organisation auch im eigenen Interesse unterstützen. Dann könnte sich z. B. eine Bewertung ergeben, wie sie in Abbildung 18 wiedergegeben ist. Die letzte Spalte gibt den Nutzenquotienten (NQ) wieder.

Konsumenten	Verhandlungsraum	Produzenten	NQ
70	Kaffee/Konsumgüter	60	1,17
10	Sozialmaßnahmen	30	3
20	Politik-Variable	10	2

Abb. 18

Wenn wir den subjektiv beurteilten Wohlstand unter den Nebenbedingungen der egalitären Verteilung und der Vorrang-Regel maximieren, ergibt sich ein Transfer von 0,46 »Kaffee/Konsumgut«, den die Konsumenten zugunsten der Produzenten leisten müssen.[89] Ich habe jetzt ein wenig geschummelt, indem ich angenommen habe, daß Konsumenten den Kaffee aus bäuerlichem Anbau so bewerten wie anderen Kaffee und die Differenz der Zahlungsbereitschaft sich nur aus der Bewertung der beiden anderen Güter des Verhandlungsraumes ergibt. Ich finde die Annahme plausibel, und sie erlaubt (*in a rat like manner*) den Transfer als Aufschlag auf den durchschnittlichen Einzel-

88 In der individuellen Punktebewertung müssen natürlich auch die Kosten der Leistungen berücksichtigt werden, so daß wir den Kaffee für die Konsumenten zu Verkaufspreisen (Einzelhandelspreis) und für die Produzenten zu Erzeugerpreisen berechnen und die sozialpolitischen sowie politischen Maßnahmen zu Erstellungskosten ansetzen.

89 In der Ausgangsverteilung ergibt sich das Verhältnis 90:30, so daß nach der AW-Formel $90-x(70)=30+x(60)$ sich für $x=0{,}46$ ergibt.

handelspreis für Qualitätskaffee (1996) von 7,00 DM/Pfund zu interpretieren, so daß sich ($7*1,46\approx10$) ein Kaffeepreis für »fairen« Kaffee im Einzelhandel von 10,00 DM/Pfund ergibt. Das Transfereinkommen des Bauern kann natürlich nicht diesem Aufschlag entsprechen, sondern muß gemäß seiner eigenen Bewertung errechnet werden und sollte, wenn *Transfair* nicht schummelt dem Erzeugerpreis von 126 Cents/Pound (= 453 g) oder 2,36 DM/Pfund[90] (auf dem Weltmarkt wird Kaffee in US-Maßeinheiten gehandelt) entsprechen.

Das »richtige« Ergebnis hängt natürlich von den faktischen Bewertungen ab und würde sich erhöhen, wenn man eine höhere Zahlungsbereitschaft der Konsumenten für Kaffee zugrundelegen würde. Interessant ist ein Blick auf die Auswirkungen der individuellen Bewertungen unterschiedlicher Güter auf die Höhe der relativen Transferzahlungen. Die Transferzahlungen sollten die Bewertung von Sozialmaßnahmen durch die Bauern berücksichtigen. Wird die Wirkung von Sozialmaßnahmen durch den Empfänger gering eingeschätzt, muß er anderweitig kompensiert werden. Man kann sich die politische Bedeutung dieses Punktes im Vergleich mit anderen Maßnahmen der Internationalen Entwicklungszusammenarbeit verdeutlichen. Es gibt Organisationen der Internationalen Entwicklungszusammenarbeit, die keine Transferzahlungen über den Erzeugerpreis, sondern ausschließlich über Sozialmaßnahmen leisten. In diesen Fällen wird nur dann ein adäquater (fairer) Transfer geleistet, wenn die Sozialmaßnahmen den Präferenzen der Begünstigten entsprechen.[91] In ähnlicher Weise könnte man für jedes einzelne Gut des Verhandlungsraumes die Auswirkungen von Veränderungen der Bewertungen diskutieren. Das Kuchenteilungsspiel erlaubt eine differenzierte Analyse des Marktes für fair-gehandelten Kaffee. Es ist nicht sinnvoll (hier im Sinne von »nicht verständlich«), die Akteure am Markt für fair gehandelten

---

90 Bei einem Dollarkurs von 1 \$ = 1,7 DM.

91 Dieses Problem stellt sich z.B. bei Tee, weil sich hier die Produktionsstruktur von der am Kaffeemarkt unterscheidet. Tee wird v.a. in großen staatlichen oder privaten Plantagen geerntet, so daß der Transfer nicht einfach über den Erzeugerpreis geleistet werden kann. Stattdessen werden beim fairen Handel mit Tee Sozialfonds für die Arbeiter und Arbeiterinnen der Plantagen unterstützt. Die Kuchenteilungsregel zeigt, warum diese Regelung suboptimal ist (sein kann).

Kaffee unabhängig von den gemeinsamen Organisationen zu beschreiben. Das galt es zu zeigen.

Von »ökologischen« Bankgeschäften: Neben den normalen Geldanlagen gibt es die Möglichkeit, die Verwendung eines angelegten Betrages durch die Beteiligung an »Ökologie-Fonds« oder »Ethik-Fonds« gezielt zu bestimmen, wobei die Kapitalverzinsung in der Regel unter der (in bezug auf Laufzeit und Risiko) vergleichbarer Kapitalanlagen liegt.[92] Ein Anbieter von »ökologischen« Finanzdienstleistungen ist die 1988 gegründete Ökobank e.G. in Frankfurt am Main. Selbst wenn man im Rahmen des ökonomischen Modells sinnvoll erklären kann, warum Menschen bei »ökologischen« Geldanlagen auf Zinseinkünfte verzichten, bleibt unklar, warum Menschen bei ihren Geldgeschäften eine institutionelle Form wählen, in der die Entscheidungen über alternative Anlagen (mindestens teilweise) von der Geldanlage entkoppelt und in Beiräten einer Gruppe von Personen überlassen werden, die nicht notwendig mit den Kunden der Bank identisch ist. Genau dies ist bei der Ökobank der Fall.

Kuchenteilungsspiele erlauben, das Anlageverhalten der Anteilszeichner und Kunden der Ökobank (oder vergleichbarer Unternehmen) zu beschreiben. Am »ökologischen« Kapitalmarkt haben Investoren in der Regel mehr Verhandlungsmacht als Kreditnehmer. Bei der Mehrzahl des privaten Anlagevermögens handelt es sich um Ersparnisse aus Arbeitseinkommen nach Abzug von Konsumausgaben, und Investoren können unter einer Vielzahl von Anlagealternativen wählen. Kreditnehmer hingegen fragen Investitionskredite nach, um sich Einnahmemöglichkeiten zu schaffen, die mindestens zum Teil nicht durch andere Kreditinstitute gefördert werden (würden), so daß die Kreditnachfrage das Angebot übersteigt. Die Ökobank übernimmt mit ihren offiziellen und autonomen Gremien die Rolle einer Mittlerin am Markt zwischen Nachfragern und Anbietern (von Geld). Die einzelne Investorin gibt ihre Verhandlungsmacht an die Beiräte ab, in denen normative Ansprüche in Form der Förderkriterien formuliert werden: Es werden nur solche

92 Für den von der Ökobank über die ÖKOVISION Lux. S. A., Luxemburg, angebotenen Fonds wird von der Bank eine Wertzunahme zum Stichtag 28.11.1996 von 2% ausgezeichnet, wobei die Bewertung über den Referenzzeitpunkt Mai bis November stark schwankt. Die Ausschüttung lag im Juli 1996 bei 0,10 DM/Anteil (1 Anteil zu 100 DM bei Erstausgabe).

Projekte gefördert, die im Verständnis der Mitglieder der Beiräte geeignet sind, benachteiligte soziale Gruppen zu fördern, oder die eben besonders umweltfreundlich sind. Investoren und Kreditnehmer haben bei der Ökobank gleiche positionale Rechte. Wie im Beispiel von *Transfair* übernimmt eine private Organisation die Absicherung symmetrischer positionaler Rechte. Interessant (aber nicht für diese Arbeit) wäre ein Vergleich der beiden Organisationen hinsichtlich der unterschiedlichen Art und Weise, Gleichberechtigung abzusichern.

Analog zu der Bestimmung des Garantiepreises am Kaffeemarkt muß im »ökologischen« Bankgeschäft ein Markt-unabhängiger, »fairer« Zinssatz auf der Basis der subjektiven Bewertungen der Akteure errechnet werden. Ein ganz einfaches Kuchenteilungsspiel um den Zinssatz könnte man wie folgt modellieren. Der Verhandlungsraum wird über die möglichen normativ bewerteten Eigenschaften eines Projektes z_1 (z.B. Windenergie) bis z_3 (z.B. Grasbedachung) und den Zinsertrag bestimmt. Eine Investorin kann zwischen Projekteigenschaften und zusätzlichem Zinsertrag substituieren. Die Forderung an den Kreditnehmer, Windenergie einzusetzen, entspricht dann einem Gebot auf z_1. Der Kreditnehmer substituiert zwischen einem Nachlaß bei den Zinsforderungen und der Umsetzung der aufgeführten Projekteigenschaften. (Wenn er kein Windrad bauen will, muß er mehr Punkte auf »Windenergie« setzen als die Investorin.) Die individuelle Punktebewertung wird normiert, wobei 100% für den Kreditnehmer der erwarteten Kapitalrendite und für die Investorin der Differenz zwischen Marktzins und dem verlangten Mindestzins entsprechen. Es ist plausibel, daß die Kreditnehmerin nicht alle Forderungen an ihr Projekt erfüllen will, zugleich aber in erster Linie einen niedrigen Zinssatz anstrebt. Da die Mindestzinserwartung für die Anlegerin bereits erfüllt ist, wird sie die Projekteigenschaften relativ stärker gewichten. Es könnte sich dann eine Situation wie in Abbildung 19 ergeben:

Anlegerin	Verhandlungsraum	Kreditnehmerin	NQ
10	z_1	0	/
40	z_2	20	2
10	z_3	5	2
40	Zinssatz	75	1,9

Abb. 19

Wir gehen davon aus, daß die Investorin keine Zinszahlungen erwartet und daß der Marktzins 8% beträgt. Maximiert man die individuell bewertete Wohlfahrt unter den bekannten Nebenbedingungen der egalitären Verteilung und der Vorrang-Regel, muß der Kreditnehmer einen Transfer von 0,13 »Zinssatz« an die Investorin leisten. Wenn man nun den Transfer mit der individuellen (relativen) Bewertung durch die Investorin und dem Marktzins multipliziert, ergibt sich der (für das Beispiel) faire Zinssatz einer ökologischen Geldanlage von 0,4%.[93] Durch eine Wirtschaftlichkeitsprüfung muß nachgewiesen werden, daß der Kreditnehmer in der Lage sein wird, seinen Kapitaldienst bei einem Zinsatz von 0,4% zu leisten.

Es mag zunächst verwirren, daß sich ein Transfer von Kreditnehmer zu Investorin ergibt. Das liegt natürlich zum einen an der Modellierung des Beispieles und hier insbesondere daran, daß der Mindestzinssatz bereits vorher herausgerechnet wurde (bzw. hier zur Vereinfachung mit 0% angesetzt wurde). Zum anderen folgt diese Beschreibung von Transferzahlungen in Kuchenteilungsspielen aus dem Ausschluß von Rechten aus der Verwendung von Eigentum (oder Besitz). Das scheint tatsächlich der Intuition von Menschen zu entsprechen, die ihr Geld zu einem minimalen Zinssatz bei der Ökobank anlegen. Menschen verzichten auf mögliche Gewinne aus der Verwendung von Kapital zugunsten anderer, weil sie ihnen Rechte (über Teile ihres Einkommens) zuschreiben. Das galt es zu zeigen.

Sowohl im Beispiel des »fairen« Kaffees als auch im Beispiel der ökologischen Bankgeschäfte finden wir Organisationen, die zwischen den »eigentlichen« Akteuren vermitteln.[94] Inwiefern lassen sich mit Kuchenteilungsspielen auch »normale« Koordinationssituationen zwischen ganz normalen Menschen (also weder politisch-korrekten Konsumenten noch ökologisch überzeugten Anlegern) beschreiben? Betrachten wir noch einmal die Nachfahren der Humeschen Farmer. Um das leidige Problem der Heubergung

---

93 Der Transfer ergibt sich aus der Formel $75-75(x)=60+40(x)$, so daß $x=0{,}13$. Multipliziert mit der der relativen Bewertung durch die Anlegerin und dem Zinssatz ergibt sich $0{,}13*0{,}4*8=0{,}4$.

94 Das entspricht einer ganz klassischen Antwort auf die Frage, welche Aufgaben Institutionen (Unternehmen und Konsumentenvereinigungen) haben: Unternehmen minimieren die (Transaktions-) Kosten von *Verhandlungen* zwischen Marktteilnehmern, vgl. Coase (1937: 18-33).

nach so langer Zeit endlich aus der Welt zu schaffen, würden sie sich unter den modernen (insbesondere steuerrechtlichen) Bedingungen vielleicht in einer Betriebsgemeinschaft zusammenschließen. Anders als ihre Vorfahren beschreiben sie nun die Heubergung als gemeinsame Unternehmung. Indem sie für die Dauer der Nutzung den Teil ihres Eigentums, der direkt der Heuernte zuordenbar ist (Wiesen und Heubergungsgeräte), in die gemeinsame Unternehmung einbringen, verzichten sie auf mögliche Verhandlungsmacht; sie gestehen sich gleiche positionale Rechte zu. Die Abrechnung aus der Unternehmung erfolgt am Ende der Ernteperiode. Da die Partner weiterhin wirtschaftlich selbstständig sind, bilanzieren sie unabhängig voneinander die Einzahlungen und Auszahlungen aus dem gemeinsamen Geschäft. Obwohl in der Betriebsgemeinschaft die Entscheidungen nicht mehr unabhängig voneinander beschrieben werden können, erfolgt die Bewertung der Unternehmung individuell: Jeder einzelne verfolgt seine (disjunkten) Interessen. Verweigert jedoch ein Bauer die Mitarbeit, nachdem seine Scheune gefüllt ist, so muß er bei der Abrechnung Transferzahlungen an den anderen zahlen, bis sich beide (subjektiv) gleichstellen. Man kann sich sogar vorstellen, daß dies für einen Bauern dann vorteilhaft ist, wenn er bei einer anderen Verwendung seiner Arbeitszeit einen höheren Gewinn erzielen kann (als die subjektiv bewerteten Transferzahlungen).

Aber auch Markttransaktionen zwischen ökonomischen Akteuren, die weder in großen Organisationen zusammengeschlossen sind noch formelle Institutionen gründen, lassen sich als Kuchenteilungssspiel interpretieren. Die Standardökonomie verwendet viel Mühe darauf zu verstehen, warum es an Märkten z.B. von Computern oder Mobilfunkleistungen zu einer Vielzahl von Produkt- und Leistungsdifferenzierungen kommt. Es ist, so die Standarderklärung, für den Anbieter dieser Leistungen rational, die individuelle Zahlungsbereitschaft der Nachfragenden abzuschöpfen. Dies gelingt dann besonders gut, wenn durch Bündelung von bestimmten Angeboten eine Produktdifferenzierung erreicht werden kann, mit der die Preisdifferenzen gerechtfertigt erscheinen. Diese Theorie widerspricht zum einen der Wettbewerbstheorie, derzufolge es an transparenten Märkten zur Anpassung von Preis und Leistungen kommen muß, und zum anderen der alltäglichen Lebenserfahrung. Bei einer Vielzahl von Produkten handeln wir mit dem Anbieter oder Nachfrager das Preis-Leistungsverhältnis aus. Eine Lösung ist dann effizient und gerecht, wenn beide den Eindruck haben, gemäß der eigenen subjektiven Bewertung (mindestens) gleichgestellt zu sein. Das entspricht dem Ergebnis unserer Kuchenteilungsspiele.

Das Beispiel der Preisdifferenzierung zeigt zugleich die Grenzen der Beschreibung von Markttransaktionen als Kuchenteilungsspiel auf. Es gibt auch beim Wirtschaften typische Nullsummen-Situationen, in denen ein Akteur nur genau dann gewinnen kann, wenn der andere verliert. Solche Situationen lassen sich nicht als Kuchenteilungsspiele beschreiben. Wir können nicht davon reden, daß sich die Akteure gleiche positionale Rechte zugestehen. Preisdifferenzierungen gehen dann nicht mit einer Leistungsdifferenzierung einher – man spricht auch von Preisdiskriminierung. Eine solche Situation ergibt sich z.B. dann, wenn Personen ihre Monopolstellung ausnutzen können oder mangelhafte Markttransparenz herrscht wie auf dem Markt für gebrauchte und neue PKW (Ayres/Siegelman 1995). In solchen Situationen stellt sich allerdings nicht nur die Frage, wie das Koordinationsproblem zwischen den Akteuren adäquat beschrieben werden kann, sondern auch die Frage, welche Voraussetzungen erfüllt sein müssen, damit wir überhaupt von einer gerechten Koordinationslösung sprechen können, in der nicht das »Recht des Stärkeren« dominiert.[95]

13.4 Epilog zu Solidarität und Konkurrenz oder »Ein neues Lied, ein besseres Lied!«

Außerhalb des Schlaraffenlandes leben Menschen unter der Bedingung von Knappheit, so daß Koordinationskonflikte entstehen. Wenn man der Meinung ist, daß das »Recht des Stärkeren« auch unter kompetitiven Bedingungen nicht geeignet ist, um Koordinationsprobleme zu bewältigen, dann muß man Lösungen suchen, die für alle Beteiligten zustimmungsfähig sind. Zustimmungsfähige oder *idealiter* (unter rationalen Akteuren, die genügend

95 Die Frage, wie rassistische Vorurteile und soziale Benachteiligung die Marktsituation beeinflussen, wird in den USA unter dem Begriff der *Economics and the Politics of Race* diskutiert (Sowell 1983: 15, 132, 159-182).

Zeit haben) gemeinsame Entscheidungen hatte ich in einer schwachen Verwendungsweise des Begriffes als »solidarisch« bezeichnet.

Eine Lösung ist zustimmungsfähig, wenn sie sowohl in einem ausweisbaren Sinne effizient ist als auch einem nicht trivialen Gerechtigkeitskriterium genügt. In Koordinationskonflikten ist zunächst völlig unklar, wie solche Lösungen aussehen können. Zustimmungsfähige Lösungen von Koordinationskonflikten sind möglich, so die These, wenn man ihre soziale Struktur bei der Beschreibung adäquat berücksichtigt. In den Grenzen sozialer Strukturen sind Entscheidungen rationaler Akteure nicht unabhängig voneinander beschreibbar. Diese Vorstellung wurde unter Verweis auf das Design formaler Spiele präzisiert und gesagt, daß Gleichberechtigung in einem Spiel (einer Koordinationssituation) sinnvoll als Rationalitätsforderung aufzufassen ist. Es ist unvernünftig, sich an einem Spiel zu beteiligen, bei dem die Teilnehmer nicht gleichberechtigt sind. (Im letzten Abschnitt haben wir am Beispiel von *Transfair* gesehen, daß es sogar »Spiele« gibt, die nur zustandekommen können, wenn gleichberechtigte Ausgangsbedingungen sichergestellt sind.) Wir hatten gesehen, daß Gleichberechtigung nicht mit einem starken Gleichheitsprinzip, wohl aber mit dem Prinzip der Neid-Freiheit vereinbar ist. Nun ist allerdings unklar, inwiefern dieses Kriterium der Neid-Freiheit unseren Vorstellungen der Verteilung von Gütern in solidarischen Gesellschaften entspricht.

Die Diskussion über eine »Entsolidarisierung der Gesellschaft« (Huber 1996) zeigt, daß die Vorstellungen darüber, wie Solidarität genau zu kennzeichnen ist, stark auseinandergehen. Selbst wenn man darin übereinstimmt[96], daß sowohl individueller Wohlstand als auch soziale Absicherung Elemente einer als solidarisch zu bezeichnenden Gesellschaft sind, ist unklar, wie ein

---

96 So ist man sich im allgemeinen z.B. über ein Prinzip der Gleichbehandlung Gleicher einig; trotzdem kann man offensichtlich der Meinung sein, daß gleiche Arbeit unter Umständen ungleich bezahlt werden soll – zumindestens sahen dies Pläne des Vorstandes der Volkswagen AG vor, mit der Gründung einer eigenen, aber selbständigen Firma für Zeitarbeit Arbeiter in Werken der Volkswagen AG unter dem Haustarif zu beschäftigen. (Der Vorschlag wurde nach heftigem Protest des Betriebsrates fallengelassen.) Siehe zu dem Konflikt bei Volkswagen Blüthmann/Martens (1997). Aus der Anerkennung bestimmter allgemeiner Prinzipien folgt nicht, daß Menschen »dicke« moralische Überzeugungen teilen (Nida-Rümelin 1997b: 284-287).

sozialer Zustand beschaffen ist, der diesen Forderungen genügt. Aus einer so schwachen Übereinstimmung folgt kein sozialer Konsens über die Ausgestaltung einer »gesamtgesellschaftlichen Solidargemeinschaft« (Czayka 1994).[97] Man muß den Begriff der Solidarität sinnvoll neu bestimmen.[98] Das gilt insbesondere, aber nicht ausschließlich für ökonomische Koordinationskonflikte. Auch in Partnerschaften, Wohngemeinschaften usw. ergeben sich Koordinationskonflikte, die gemeinsame Lösungen der Beteiligten verlangen – trotz konfligierender Interessen.

Für liberale Gesellschaften, in denen Menschen mit unterschiedlichen Interessen miteinander konkurrieren, lassen sich keine eindeutig und für alle Personen normativ ausgezeichneten sozialen Zustände bestimmen. Mit der Analyse von Kuchenteilungsspielen, die Koordinationskonflikte in liberalen Gesellschaften vielleicht ganz gut abbilden, wurde gezeigt, daß sich dennoch auch unter kompetitiven Bedingungen Kriterien der Zustimmungsfähigkeit angeben lassen. Dabei läßt sich jedoch nicht immer eindeutig genau ein sozialer Zustand auszeichnen. Koordinationslösungen sind das Ergebnis von Verhandlungen zwischen Akteuren, die unter der Bedingung von Knappheit nicht unabhängig voneinander entscheiden (sollten). Um ein Verhandlungsergebnis erreichen zu können, müssen Koordinationskonflikte vielfältig und aus der Sicht aller Betroffenen beschrieben werden (Lohmann 1997b).

Mit Kuchenteilungsspielen wurde ein analytischer Rahmen diskutiert, innerhalb dessen Begriffe entwickelt wurden, die geeignet sind, die sozialen Strukturen von Koordinationskonflikten vielfältig zu beschreiben. Dabei wurden zwei Fragen ausgeklammert. Zum einen wurde immer vorausgesetzt, daß wir von Akteuren mit wohldefinierten Wünschen und Interessen ausge-

---

97 Vgl. zu dem Problem der Übereinstimmung in liberalen Gesellschaften die Kontroverse um die Kapitalismus-Kritik von George Soros (Soros 1997; von Weizsäcker 1997; Vargas Llosa 1997) oder auch die Debatte um das Sozialwort der christlichen Kirchen (Kirchenamt der Evangelischen Kirche/Sekretariat der Deutschen Bischofskonferenz 1997; Piper 1997).

98 Diese Forderung wird selbst von so unerwarteter Seite wie dem Vorstandsvorsitzenden der Daimler Benz AG Jürgen E. Schrempp unterstützt, der in einem Vortrag »Unternehmerische Verantwortung in einer sich verändernden Welt« am 14.11.1996 in der Friedrich-Ebert-Stiftung, Bonn, gefordert hat, man müsse, »den arg strapazierten Begriff der Solidarität neu mit Leben füllen.« Dabei hat er leider offengelassen, wie das aussehen könnte.

hen können, die (warum auch immer) ihren individuellen Wünschen und Interessen folgen. Wenn die These der Abhängigkeit individueller Entscheidungen in sozialen Beziehungen zutrifft, dann scheint diese Voraussetzung sehr stark. Man müßte genauer untersuchen, wie intrapersonelle Konflikte zwischen verschiedenen guten Gründen, die eine einzelne Person für ihre Handlungen angibt, gelöst werden können und in welchem Sinne wir unter diesen Bedingungen überhaupt von moralischen (und anderen) Handlungsgründen reden.[99] Diese Frage ist z.B. relevant, wenn wir uns fragen, welche Rolle Institutionen (und Sanktionen) bei der Lösung von Koordinationskonflikten zukommt. Einige Hinweise liefern die realen Beispiele, die im vorhergehenden Abschnitt diskutiert wurden.

Zum anderen habe ich mich bei den Überlegungen auf Koordinationskonflikte zwischen Personen beschränkt, die wie bei der Konkurrenz um Güter im privaten Verkehr als gleichberechtigt angesehen werden können. Es wurde nicht diskutiert, wie die Interessen von Menschen, die nicht konkurrieren können (z.B. behinderte Menschen) oder wollen (Eremiten, »Lebenskünstler«), und von Entitäten, denen wir in einer weiten Verwendungsweise des Begriffes vielleicht auch »Interessen« zuschreiben (»die« Natur, Tiere etc.), berücksichtigt werden können. Dazu bedürfte es einer breiteren Beschreibung von Interaktionsstrukturen und einer ausgearbeiteten politischen Theorie.[100] Im Rahmen einer politischen Theorie wären auch Probleme der Koalitionsbildung in größeren Gruppen und (für den ökonomischen Fall) der Monopoltheorie zu diskutieren.

Der Anspruch dieser Arbeit war zu zeigen, daß adäquate Beschreibungen von Koordinationskonflikten zwischen Personen mit konfligierenden Interessen sowohl Aspekte der Solidarität als auch der Konkurrenz berücksichtigen müssen. In diesem Fall lassen sich die Entscheidungen individueller Akteure nicht unabhängig voneinander beschreiben: Rationale Personen entscheiden in den Grenzen sozialer Strukturen. Es wurde gezeigt, daß unter diesen Bedingungen gerechte und effiziente Lösungen von Koordinationskonflikten

99 Siehe die Kontroverse zwischen Kavka (1993) und Moreh (1993). Zu Handlungsgründen vgl. Williams (1996; 1984a) und Nagel (1984).

100 Siehe dazu Nida-Rümelin (1995: 30-32), vgl. Dettling (1996). Es reicht sicherlich nicht, nur darauf zu verweisen, wir müßten uns halt alle irgendwie vertrauen (Lawrence Becker 1996: 58-61).

ausgezeichnet werden können. Menschen können auch außerhalb des Schlaraffenlandes und in Konkurrenz um eine Vielzahl von Gütern ganz gut miteinander leben – wenn sie nur rational sind.

Anhang

Gauthiers *Translucency*-Argument (Kap. 11.2)

Das Translucency-Argument stellt eine probabilistische Abschwächung des Symmetrie-Argumentes dar. Es soll gezeigt werden, daß es unter bestimmten Umständen (plausiblen Wahrscheinlichkeiten) rational ist zu kooperieren (ein CM-Spieler zu sein). Dabei werden folgende Wahrscheinlichkeiten zugrundegelegt:

(a) Die Kooperations-Wahrscheinlichkeit p, daß sich CM-Spieler treffen und erkennen,

(b) die Irrtums-Wahrscheinlichkeit q, daß ein CM-Spieler auf einen SM-Spieler trifft, diesen jedoch nicht erkennt, selbst aber erkannt wird, und

(c) die Treff-Wahrscheinlichkeit r, auf einen CM-Spieler zu treffen, also die relative Verteilung von CM- und SM-Spielern in der Population.

Für einen CM-Spieler ergibt sich nach Gauthier der Erwartungswert

(1) $E(u)^{CM} = u' + rp(u'' - u') - (1 - r)qu'$

Dabei hat Gauthier den Gewinn aus der unbeabsichtigten Ausbeutung eines nicht als CM erkannten Mitspielers noch nicht berücksichtigt.[1] Berücksichtigt man den unbeabsichtigten Ausbeutungsgewinn, wobei angenommen wird, daß die Irrtumswahrscheinlichkeit für CM- und SM-Spieler gleich ist, ergibt sich der Erwartungswert für CM-Spieler

(2) $E(u)^{CM\text{-}2} = u' + rp(u'' - u') - (1 - r)qu' + rq(1 - u')$

Für SM-Spieler ist der Erwartungswert

1 Diesen Fall schließt Gauthier (1986: 174) zur Vereinfachung aus. Hier wird er der Vollständigkeit halber aufgenommen.

(3) $E(u)^{SM} = u'+rq(1-u')$

$E(u)^{CM} \geq E(u)^{SM}$ gilt genau dann, wenn

(4) $\frac{p}{q} \geq \frac{(1-u')}{(u''-u')} + \frac{(1-r)u'}{r(u''-u')}$ bzw. für

$E(u)^{CM\text{-}2} \geq E(u)^{SM}$ dann

(5) $\frac{p}{q} \geq \frac{u'}{(u''-u')} + \frac{u'}{r(u''-u')}$

Da

(6) $\frac{(1-u')}{(u''-u')} \geq 1$ und

(7) $\frac{u'}{(u''-u')} \leq 1$ für $\forall u'(u' \leq 0{,}5 \wedge u' \leq 0{,}5u'')$

läßt sich zeigen, daß

(8) $(4)-(5) \geq 0$ für $\forall u'(u' \leq 0{,}33 \wedge u' \leq 0{,}5u'')$

unabhängig von r, und

(9) $\exists u'(u', u' \leq 0{,}5u'')$ für das gilt: $(5) \leq 1$ so daß

(10) $(5) \leq 1 \rightarrow (q \geq p) \vee (q \leq p)$.

Als Resultat dieser probabilistischen Auflösung des Symmetrie-Argumentes halten wir fest, daß

(a) es ein Verhältnis von p/q gibt, so daß $E(u)^{\mathrm{CM}} \geq E(u)^{\mathrm{SM}}$,

(b) Gauthier aufgrund seiner Berechnung von $E(u)^{\mathrm{CM}}$ dieses Verhältnis für $\forall u'(u' \leq 0{,}33 \wedge u' \leq 0{,}5u'')$ zu hoch annimmt,

(c) die Ergebnisse von der Relation der Auszahlungen, nicht von ihren absoluten Werten abhängen,

(d) es eine Relation der Auszahlungen u'/u'' gibt, so daß $E(u)^{\mathrm{CM\text{-}2}} \geq E(u)^{\mathrm{SM}}$ auch dann, wenn die Irrtums-Wahrscheinlichkeit q größer ist als die Kooperationswahrscheinlichkeit p,

(d) die notwendige p/q-Ratio gleichfalls von r abhängt.

Damit glaubt Gauthier gezeigt zu haben, daß die Wahl einer CM-Strategie rational ist.

Von der Vielzahl guter Verhandlungslösungen (Kap. 12.4)

Am Ende des Kapitels 12.4 wird sehr kurz gezeigt, daß der vorher diskutierte Fall einer eindeutigen Lösung des Kuchenteilungsproblems nach der AW-Regel einen Spezialfall darstellt. Im folgenden wird dieses kurze Argument etwas ausführlicher dargestellt. In der Tabelle sind der ursprüngliche, »alte« Fall (für eine eindeutige Lösung) und der »neue« Fall dargestellt.

Inken		Kuchenstücke	Tara		Nutzenquotient	
neu	alt		alt	neu	alt	neu
17	17	Apfel	21	21	1,24	1,24
14	14	Mandarine	17	17	1,21	1,21
14	14	Feige	10	10	1,4	1,4
14	14	Apfelsine	4	4	3,5	3,5
17	17	Pflaume	14	14	1,21	1,21
14	10	Himbeere	14	17	1,4	1,21
8	10	Erdbeere	14	17	1,4	1,75
2	4	Schoko	6	3	1,5	1,5
100	100		100	100		

Die Ausgangsverteilung entsprechen sich für die alte und die neue Bewertung der Kuchenstücke:

Inken	Feige, Apfelsine, Pflaume	45
Tara	Apfel, Mandarine, Himbeere, Erdbeere, Schoko	72

Jede Aufteilung folgt der Formel $45+x(14)+y(14)=72-x(17)-y(17)$; wobei für x und y die Transfers an Mandarine (x) und Himbeere (y) eingesetzt werden.

Im Optimum bekommen beide Nichten ca. 57,2 MP, dem folgende drei und (unendlich viele) andere Aufteilungen des Kuchen entsprechen (wobei die erste Lösung der »alten« Lösung gleichkommt):

1. Inken 45+0,87(14)+0(14)=57,2 MP
   Tara 72−0,87(17)−0(17)=57,2 MP

   ...

2. Inken 45+0,435(14)+0,435(14)=57,2 MP
   Tara 72−0,435(17)−0,435(17)=57,2 MP

   ...

3. Inken 45+0(14)+0,87(14)=57,2 MP
   Tara 72−0(17)−0,87(17)=57,2 MP

Es wurde darauf hingewiesen, daß diese Vielzahl möglicher (optimaler) Verhandlungslösungen vielleicht besonders gut unseren Intuitionen über »reale« Verhandlungen entspricht.

Cheating in Kuchenteilungsspielen (Kap. 12.5)

Die modifizierte Kuchenteilungsregel ist, so sagt meine Opponentin in Kap. 12.5, anfällig gegen bewußt falsche Bewertungen der Spieler. Dieses Argument würde durchgehen, wenn die Informationen in dem Spiel asymmetrisch verteilt wären, das heißt, wenn eine Spielerin ihre Bewertungen auf der Grundlage der Bewertungen ihrer Mitspielerin festlegen könnte. In diesem Fall von Informationsasymmetrien könnte eine der Spielerinnen ihre realen Auszahlungen steigern, indem sie eine falsche Bewertung der Kuchenstücke angibt. Das Argument wird hier für Inken (als Lügnerin) nachgezeichnet. In der Tabelle sind das ursprüngliche Kuchenteilungsspiel (»ehrlich«) und ein »unehrliches« Spiel (*cheating*) wiedergegeben. Der Nutzenquotient (NQ) ist nur für das unehrliche Spiel aufgeführt.

Inken		Kuchenstücke	Tara	
unehrlich	ehrlich			NQ (unehrlich)
20	17	Apfel	21	1,05
16	14	Mandarine	17	1,06
11	14	Feigen	10	1,1
6	14	Apfelsinen	4	1,5
16	17	Pflaume	14	1,14
13	10	Himbeere	14	1,08
13	10	Erdbeere	14	1,08
5	4	Schoko	6	1,2
100	100		100	

Bei ehrlicher Bewertung kann Inken 57, 2 Muschelpunkte erreichen.

Bei unehrlicher Bewertung ergibt sich eine Ausgangsverteilung von 33:72 zugunsten von Tara. (Inken erhält die Teile Feige, Apfelsine und Pflaume.) Da das Apfelstück den niedrigsten Nutzenquotienten (NQ) aufweist, wird das Apfelstück umverteilt:

$$33+x(20)=72-x(21)$$

$$x=0{,}95$$

Tara muß 0,95 Teile des Apfelstückes an Inken angeben, so daß beide (gemessen an der unehrlichen Angabe Inkens) nach Umverteilung 52 Muschelpunkte hätten. Da Inken tatsächlich gemessenen an ihrer ehrlichen

Bewertung bereits vor Umverteilung eine Auszahlung in Höhe von 45 Muschelpunkten erhalten hat, würde sie ein Transfer von 0,95*17 (17 Muschelpunkte entspricht ihrer ehrlichen Bewertung) mit einer Auszahlung von 61,15 Muschelpunkte sowohl besserstellen als Tara als auch besserstellen als bei ehrlicher Angabe.

Das Argument der Opponentin geht allerdings nur unter Annahme von Informationsasymmetrien durch. Die wollten wir aber mit der Voraussetzung symmetrischer positionaler Rechte gerade ausschließen. Das Beispiel liefert ein Argument mehr dafür, daß diese Voraussetzung tatsächlich sinnvoll ist.

Literatur

Das in eckige Klammern gesetzte Datum gibt für Bücher, bei denen zwischen Erstveröffentlichung und der genannten Ausgabe mehr als 10 Jahre liegen, das Jahr der ersten Auflage an. Das gilt auch für Aufsätze aus Sammelbänden, deren Erstveröffentlichung mehr als 10 Jahre zurückliegt, in diesem Fall wird auf die Quelle der Erstveröffentlichung verwiesen. Bei wörtlichen (nicht überarbeiteten) Übersetzungen von Aufsätzen in Sammelbänden wird zusätzlich der originalsprachige Titel genannt.

Akerlof, George A. (1970), »The Market for Lemons: Qualitative Uncertainty and the Market Mechanism«, in: *Quarterly Journal of Economics* 84, S. 488-500.

Alexandra, Andrew (1992), »Should Hobbes's State of Nature be represented as a Prisoner's Dilemma?«, in: *The Southern Journal of Philosophy* XXX.2, S. 1-16.

Anderson, Elisabeth (1996), »Reasons, Attitudes, and Values: Replies to Sturgeon and Piper«, in: *Ethics* 106, S. 538-554.

Anderson, Elisabeth (1993), *Value in Ethics and Economics*, Cambridge/Mass.

Apel, Karl-Otto (1984), »Das Problem einer philosophischen Theorie der Rationalitätstypen«, in: Schnädelbach, Herbert (1984), S. 15-31.

Aristoteles (1986), *Nikomachische Ethik*, übersetzt von Olof Gigon, Stuttgart, 6. Auflage.

Arneson, Richard J.(1996), »About Anderson: Value in Ethics and Economics«, in: *Economics and Philosophy* 12, 89-95.

Arrow, Kenneth (1950), »A Difficulty in the Concept of Social Welfare«, in: *Journal of Political Economy* 58, wiederabgedruckt in: ders. (1984), *Social Choice and Justice*, Oxford, S. 1-29.

Axelrod, Robert (1995), *Die Evolution der Kooperation*, München [1984], 3. Auflage.

Ayres, Ian/Siegelman (1995), Peter, »Race and Gender Discrimination in Bargaining for a New Car«, in: *The American Economic Review* 85.3, S. 304-321.

Bacharach, Michael/Hurley, Susan (Hrsg.) (1994), *Foundations of Decison Theory*, Oxford, 2. Auflage.

Backhouse, Roger E. (1992), »The Constructivist Critique of Economic Methodology«, in: *Methodus* 6, S. 65-82.

Bartuschat, Wolfgang (1981), »Anthropologie und Politik bei Thomas Hobbes«, in: Höffe, Otfried (1981), S. 19-38.

Bayertz, Kurt (1996), »Staat und Solidarität«, in: ders. (Hrsg.), *Politik und Ethik*, Stuttgart, S. 305-329.

Beck, Ulrich (1995), »Was Chirac mit Shell verbindet«, in *Die Zeit* 37 (08.09.1995), S. 9.

Becker, Gary S. (1981), *A Treatise on the Family*, Cambridge.

Becker, Gary S. (1962), »Irrational Behavior and Economic Theory«, in: *Journal of Political Economy* LXX 1, S. 1-13, wiederabgedruckt in: Caldwell, Bruce J. (1993), S. 291-303.

Becker, Lawrence C. (1996), »Trust as Noncognitive Security about Motives«, in: *Ethics* 107, S. 43-61.

Beckermann, Ansgar (Hrsg.) (1996), *Analytische Handlungstheorie*, Frankfurt/M., Bnd. 2.

Benton, Raymond (1990), »A Hermeneutic Approach to Economics: If Economics is not Science, and if it is not merely Mathematics, then what could it be?«, in: Samuels, Warren J. (Hrsg.), *Economics as Discourse*, Norwell, S. 65-89.

Berlin, Isaiah (1969), »Two Concepts of Liberty«, in: ders., *Four Essays on Liberty*, Oxford, S. 118-172.

Bicchieri, Christina (1993), *Rationality and Coordination*, Cambridge/Mass.

Bicchieri, Christina (1989), »Self-Refuting Theories of Strategic Interaction: A Paradox of Common Knowledge«, in: *Erkenntnis* 30, S. 69-85.

Bien, Günther (1990), »Die aktuelle Bedeutung der ökonomischen Theorie des Aristoteles«, in: Biervert, Bernd et al. (1990), S. 33-64.

Bieri, Peter (1981), »Generelle Einführung«, in: ders. (Hrsg.), *Analytische Philosophie des Geistes*, Königstein, S. 1-27.

Biervert, Bernd et al. (Hrsg.) (1990), *Sozialphilosophische Grundlagen ökonomischen Handelns*, Frankfurt/M.

Binmore, Ken (1994), *Game Theory and the Social Contract. Volume I: Playing Fair*, Cambridge u.a.

Binmore, Ken (1993), »Bargaining and Morality«, in: Gauthier, David/Sugden, Robert (1993), S. 131-156.

Binmore, Ken (1992), *Fun and Games*, Lexington/Mass.

Birnbacher, Dieter (1990), »Der Utilitarismus in der Ökonomie«, in: Biervert, Bernd et al. (1990), S. 65-85.

Blüthmann, Heinz/Martens, Erika (1997), »Konflikt statt Konsens. Trotz Auftragsboom und Sonderschichten will Volkswagen weitere Arbeitsplätze abbauen und den Haustarif unterlaufen«, in: *Die Zeit* 16 (11.04.1997), S. 19.

Blüthmann, Heinz (1995), »Manager und Märkte«, in: *Die Zeit* 30 (21.07.1995), S. 16.

Bohnet, Iris/Frey, Bruno S. (1997), »Moral oder Eigennutz? Eine experimentelle Analyse«, in: Lohmann, Karl Reinhard/Priddat, Birger P. (1997), S. 139-159.

Bohnet, Iris/Frey, Bruno S. (1995), »Ist Reden Silber und Schweigen Gold?«, in: *Zeitschrift für Wirtschafts- und Sozialwissenschaften* 115.2, S. 169-209.

Braithwaite, Richard B. (1969), *Theory of Games as a Tool for the Moral Philosopher*, Cambridge.

Brams, Steven J. (1994), *Theory of Moves*, Cambridge/Mass.

Brams, Steven J./Taylor, Alan D. (1996), *Fair Division - From Cake-Cutting to Dispute Resolution*, Cambridge/Mass.

Brandes, Wilhelm (1988), *On the Limitation of Armchair Economics*, Schriften des Instituts für Agrarökonomie, Göttingen.

Brandes, Wilhelm (1978), »Über das subjektive Element in der Betriebsplanung«, in: Köhne, Manfred (Hrsg.), *Beiträge zur Agrarökonomie*, Göttingen, S. 15-28.

Braybrooke, David (1974), »From Economics to Aesthetics: The Rectification of Preferences«, in: *Noûs* 8, S. 13-24.

Brocker, Manfred (1992), *Arbeit und Eigentum. Der Paradigmenwechsel in der neuzeitlichen Eigentumstheorie*, Darmstadt.

Broome, John (1994a), »The Structure of the Good: Decision Theory and Ethics« in: Bacharach, Michael/Hurley, Susan (1994), S. 123-146.

Broome, John (1994b), »Discounting the Future«, in: *Philosophy and Public Affairs* 23/2, S. 128-156.

Broome, John (1991), »Rationality and the Sure-Thing-Principle«, in: Meeks, Gay (1991), S. 74-102.

Buchanan, James (1991), *The Economics and the Ethics of Constitutional Order*, Michigan.

Buchanan, James (1988), »Marktversagen und Politikversagen«, in: Koslowski, Peter, *Individuelle Freiheit und demokratische Entscheidung*, Tübingen, S. 34-47.

Buchanan, James (1984), *Die Grenzen der Freiheit*, Tübingen [1975].

Buchanan, James (1979), *What should Economists do?*, Indianapolis.

Buchanan, James/Tullock, Gordon (1971), *Calculus of Consent. Logical Foundation of Constitutional Democracy*, Michigan, 4. Auflage.

Bunzenthal, Roland (1994), »Genuß mit gutem Gewissen - Fairer Kaffee schlägt Brücke vom Bauern zum Käufer«, in: *Frankfurter Rundschau* vom 24.12.1994, S. 13.

Caldwell, Bruce J. (Hrsg.) (1993), *The Philosophy and Methodology of Economics. Volume I*, Cambridge.

Chiang, Alpha C. (1984), *Methods of Mathematical Economics*, Auckland u.a., 3. Auflage.

Child, James W. (1994), »Can Libertarianism sustain Fraud Standard«, in: *Ethics* 104.4, S. 722-738.

Chwaszcza, Christine (1994), »Rationale Akteure und ›natürliche Rechte‹«, in: Nida-Rümelin, Julian (1994d), S. 411-436.

Coase, Ronald H. (1960), »The Problem of Social Cost«, in: *Journal of Law and Economics* 3, S. 1-44.

Coase, Ronald H. (1937), »The Nature of the Firm«, in: *Economica* 4, S. 386-405, wiederabgedruckt in: Williamson, Oliver E./Winter, Sidney G. (Hrsg.) (1993), *The Nature of the Firm. Origins, Evolution, and Development*, New York-Oxford, S. 18-33.

Cohen, Gerry A. (1997), »Where the Action is: On the Site of Distributive Justice«, in: *Philosophy and Public Affairs* 26.1, S. 3-30.

Cohen, Gerry A. (1989), »Are Freedom and equality compatible«, in: Elster, Jon/Moene, Karl Ove (Hrsg.), *Alternatives to Capitalism*, Cambridge, S. 113-126.

Coleman, James S. (1990), *Foundations of Social Theory*, Cambridge/Mass.

Cottrell, Allin (1995), »Intentionality and Economics«, in: *Economics and Philosophy* 11.1, S. 159-176.

Cramer, Konrad (1981), »Naturzustand und Vernunft«, in: Höffe, Otfried (11981), S. 39-67.

Czayka, Lothar (1994), »Mehr Wettbewerb ist kein Allheilmittel«, in: *Frankfurter Rundschau* vom 20.09.1994, S. 16.

Damme van, Eric (1992), »Fair Division under Asymmetric Information«, in: Selten, Reinhard (Hrsg.), *Rational Interaction. Essays in Honor of John C. Harsanyi*, Berlin u.a., S. 121-144.

Danto, Arthur C. (1980), *Analytische Philosophie der Geschichte*, Frankfurt/M.

Dasgupta, Partha (1994), »Savings and Fertility: Ethical Issues« , in: *Philosophy and Public Affairs* 23/2, S. 99-127.
Davidson, Donald (1993a), »Der Mythos des Subjektiven«, in: ders., *Der Mythos des Subjektiven: Philosophische Essays*, Stuttgart, S. 84-107.
Davidson, Donald (1993b), »Reply to Ralf Stoecker«, in: Stoecker, Ralf (1993b), S. 287-290.
Davidson, Donald (1990a), »Psychologie als Philosophie« [zuerst als: »Psychology as Philosophy« in: *Philosophy of Psychology* (1974)], in: ders., *Handlung und Ereignis*, Frankfurt/M., S. 321-335.
Davidson, Donald (1990b), »Die logische Form der Handlungssätze« [zuerst als: »The logical Form of Action Sentences«, in: Rescher, Nicholas (Hrsg.), *The Logic of Decision and Action*, Pittsburgh 1967], in: ders., *Handlung und Ereignis*, Frankfurt/M., S. 155-177.
Davidson, Donald (1990c), »Handlungen, Gründe, Ursachen« [zuerst als: »Action, Reasons and Causes«, in: Journal of Philosophy (1963)], in: ders., *Handlung und Ereignis*, Frankfurt/M., S. 19-42.
Davis, John B. (1995), »Personal Identity and Standard Economic Theory«, in: *Journal of Economic Methodology* 2.1, S. 35-52.
Dennett, Daniel C. (1991), »Real Patterns«, in: *The Journal of Philosophy* 88, S. 27-51.
Dennett, Daniel C. (1981), »Intentionale Systeme« [zuerst als: »Intentional Systems«, in: *Journal of Philosophy* 68 (1971)], in: Bieri, Peter (Hrsg.), *Analytische Philosophie des Geistes*, Königstein, S. 162-183.
Dettling, Warnfried (1996), »Abschied vom Normalen«, in: *Die Zeit* 5 (26.01.1996), S. 21.
Donaldson, Thomas/Dunfee, Thomas W. (1995), »Integrative Social Contract Theory«, in: *Economics and Philosophy* 11.1, S. 85-112.
Drösser, Christoph (1997), »Der Pfad ins Unglück«, in: *Die Zeit* 3 (16.01.1997), S. 66.
Duchrow, Ulrich (1986), *Weltwirtschaft heute. Ein Feld für Bekennende Kirche?*, München.
Dworkin, Ronald (1990), *Bürgerrechte ernstgenommen*, Frankfurt/M. [1978].
Dworkin, Ronald (1983), »In Defense of Equality«, in: *Social Philosophy and Policy* 1/1, S. 24-40.
Dworkin, Ronald (1981a), »What is Equality? Part I: Equality of Welfare«, in: *Philosophy and Public Affairs* 10.3, S. 185-246.
Dworkin, Ronald (1981b), »What is Equality? Part II: Equality of Resources«, in: *Philosophy and Public Affairs* 10.4, S. 283-345.
Ebeling, Richard M. (1991), »What is a Price? Explanation and Understanding«, in: Lavoie, Don (Hrsg.), *Economics and Hermeneutics*, New York, S. 177-194.
Eglau, Hans O. (1994), »Ohne Maß und Stil – Managergehälter: In Topetagen wird oft schamlos abkassiert«, in: *Die Zeit* 48 (25.11.1994), S. 33-34.
Eisen, Roland (1988), »›Versicherungsprinzip‹ und Umverteilung – Einige theoretische Überlegungen zu den Grenzen des Versicherbaren«, in: Rolf, Gabriele/Spahn, Bernd/Wagner, Gert (Hrsg.), *Sozialvertrag und Sicherung. Zur ökonomischen Theorie staatlicher Versicherungs- und Umverteilungssysteme*, Frankfurt/M., S. 117-127.
Eisenführ, Franz/Weber, Martin (1994), *Rationales Entscheiden*, Berlin u.a., 2. Auflage.

Eißel, Dieter (1997), »Die Umverteilungspolitik des Steuerstaates«, in: *Erziehung und Wissenschaft* 4, S. 31-33.

Elster, Jon (1989), *Solomonic Judgement*, Cambridge.

Elster, Jon (Hrsg.) (1986), *Rational Choice*, New York.

Elster, Jon (1979), *Ulysses and the Syrens*, Cambridge.

Elster, Jon (1978), *Logic and Society. Contradictions and Possible Worlds*, New York u.a.

Esping-Andersen, Gosta (1990), *The Three Worlds of Welfare Capitalism*, Oxford.

Etzioni, Amitai (1993), »Über den Eigennutz hinaus«, in: Wieland, Josef (Hrsg.), *Wirtschaftsethik und Theorie der Gesellschaft*, Frankfurt/M., S. 109-133.

Euchner, Walter (1993), »Individuelle und politische Macht: Der Beitrag John Lockes im Vergleich zu Hobbes und Spinoza«, in: Gebhardt, Jürgen/Münkler, Herfried (1993), S. 117-138.

Euchner, Walter (1979), *Naturrecht und Politik bei John Locke*, Frankfurt/M.

Farina, Francesco et al. (Hrsg.) (1996), *Ethics, Rationality and Economic Behaviour*, Oxford.

Farrell, Joseph (1995), »Talk is Cheap«, in: *The American Economic Review* 85.2, S. 186-190.

Flotow von, Paschen (1995), *Geld, Wirtschaft und Gesellschaft. Georg Simmels Philosophie des Geldes*, Frankfurt/M.

Forst, Rainer (1993), »Kommunitarismus und Liberalismus – Stationen einer Debatte«, in: Axel Honneth, *Kommunitarismus: Eine Debatte über die moralischen Grundlagen moderner Gesellschaften*, Frankfurt/M., S. 181-212.

Frank, Robert F. (1989), »Reply on Joseph Harrington«, in: *American Economic Review* 6, S. 594-596.

Frank, Robert F. (1987), »If Homo Oeconomicus could choose his own Utility Function, would he want one with Conscience?«, in: *American Economic Review* 9, S. 593-604.

Frankena, William K. (1994), *Analytische Ethik*, München [1963], 5. Auflage.

Frankfurt, Harry G. (1971), »Freedom of the Will and the Concept of a Person«, in: *Journal of Philosophy* 68/1, S. 5-20.

Franssen, Maarten (1994), »Constrained Maximization Reconsidered – An Elaboration and Critique of Gauthier's Modelling of Rational Cooperation in a Single Prisoner's Dilemma«, in: *Synthese* 101, S. 249-272.

French, Peter A. (1996), »Rationality and Ethics«, in: *ProtoSoziologie* 8/9, S. 210-222.

Frey, Bruno F. (1992), »Tertium Datur: Pricing, Regulating and Intrinsic Motivation«, in: *Kyklos* 45, S. 161-184.

Frey, Bruno F. (1990), *Ökonomie ist Sozialwissenschaft*, München.

Frey, Bruno S./Bohnet, Iris (1993), »Der ökonomische Blickwinkel«, in: *Wirtschaftswissenschaftliches Studium* 2, S. 95-97.

Friedman, Milton (1984), »The Methodology of Positive Economics«, in: Hausman, Daniel M. (1984b), S. 210-244.

Friedman, Milton (1980), *Free to choose*, New York.

Friedman, Milton (1964), »Theory and Realism – A Reply«, in: *American Economic Review* 54, S. 736-740.

Friedman, Milton (1953), *Essays in Positive Economics*, Chicago.

Fudenberg, Drew et al. (1985), »Infinite-horizon Models of Bargaining with one-sided incomplete Information«, in: Roth, Alvin E. (1985c), S. 99-114.
Fukuyama, Francis (1995), *Konfuzius und die Marktwirtschaft*, München.
Galston, William A. (1995), »The Two Concepts of Liberalism«, in: *Ethics* 105.3, S. 516-534.
Gärtner, Wulf (1992a), »Einige Überlegungen zu A. Sens Formulierung individueller Rechte«, in: Hollis, Martin/Vossenkuhl, Wilhelm (1992), S. 63-73.
Gärtner, Wulf (1992b), »Verhandlungsmodelle der kooperativen Spieltheorie und Verteilungsgerechtigkeit«, in: Homann, Karl (Hrsg.), *Aktuelle Probleme der Wirtschaftsethik*, Berlin, S. 109-119.
Gärtner, Wulf/Krüger, Lorenz (1982), »How to reconcile Individual Rights with Collective Action«, in: Stegmüller, Wolfgang et al. (Hrsg.), *Philosophy of Economics*, Berlin, S. 280-304.
Gauthier, David (1996), »Commitment and Choice.: An Essay on the Rationality of Plans«, in: Farina, Francesco et al (1996), S. 217-243.
Gauthier, David (1994), »Assure and Threaten«, in: *Ethics* 104, S. 690-721.
Gauthier, David (1993a), »Between Hobbes and Rawls«, in: Gauthier, David/Sugden, Robert (1993), S. 24-39.
Gauthier, David (1993b), »Uniting separate Persons«, in: Gauthier, David/Sugden. Robert (1993), S. 176-192.
Gauthier, David (1990), *Moral Dealing. Contract, Ethics and Reason*, Ithaca and London.
Gauthier, David (1986), *Morals by Agreement*. Oxford.
Gauthier, David (1985a), »Bargaining and Justice«, in: *Social Philosophy and Policy* 2, wiederabgedruckt in: ders. (1990), S. 187-206.
Gauthier, David (1985b), »The Unity of Reason: A Subversive reinterpretation of Kant«, in: *Ethics* 96, wiederabgedruckt in: ders. (1990), S. 110-126.
Gauthier, David (1982), »No Need for Morality: The Case of the Competitive Market«, in: *Philosophic Exchange* 3.3, S. 41-54.
Gauthier, David (1974), »Rational Cooperation«, in: *Noûs* 8, S. 53-65.
Gauthier, David/Sugden, Robert (Hrsg.) (1993), *Rationality, Justice and the Social Contract*, Ann Arbor.
Gebhardt, Jürgen/Münkler, Herfried (Hrsg.) (1993), *Bürgerschaft und Herrschaft: Zum Verhältnis von Macht und Demokratie im antiken und neuzeitlichen politischen Denken*, Baden-Baden.
Goodin, Robert E. (1993), »Equal Rationality and Initial Endowments«, in: Gauthier, David/Sugden, Robert (1993), S. 116-130.
Goodin, Robert E. (1988), *Reasons for Welfare. The Political Theory of the Welfare State*, Princeton/New Jersey.
Goodman, Nelson (1990), *Weisen der Welterzeugung*, Frankfurt/M. [1978].
Goodman, Nelson (1980), »On Starmaking«, in: *Synthese* 45, S. 211-215.
Gosepath, Stefan (1994), »Eine einheitliche Konzeption von Rationalität«, in: *ProtoSoziologie* 6, S. 104-119.
Gosepath, Stefan (1992), *Aufgeklärtes Eigeninteresse – eine Theorie theoretischer und praktischer Rationalität*, Frankfurt/M.
Hacking, Ian (1991), »A Tradition of Natural Kinds«, in: *Philosophical Studies* 61, S. 109-126.

Hagel, Joachim (1991), *Effizienz und Gerechtigkeit*, Baden-Baden.
Hahn, Frank (1991), »Benevolence«, in: Meeks, Gay (1991), S. 7-11.
Hahn, Frank (1982), »On some Difficulties of the Utilitarian Economist«, in: Sen, Amartya/Williams, Bernard (1982), S. 187-198.
Hamlin, Alan P. (1986), »Individual Rationality«, in: ders., *Ethics, Economics and the State*, Brighton, S. 12-59, 178-180, 186-193, wiederabgedruckt in: Caldwell, Bruce J. (1993), S. 304-362.
Hampton, Jean (1991), »Equalizing Concessions in the Pursuit of Justice«, in: Vallentyne, Peter (1991b), S. 149-161.
Hardin, Russell (1996), »Trustworthiness«, in: *Ethics* 107, S. 26-42.
Hardin, Russell (1988), *Morality within the Limits of Reason*, Chicago.
Hare, Richard H. (1973), »Rawls' Theory of Justice«, in: *Philosophical Quarterly* 23, wiederabgedruckt in: ders. (1989), *Essays in Ethical Theory*, Oxford, S. 145-174.
Hargreave Heap, Shaun (1994), »Bargaing«, in: dies. et al. (1994), S. 130-143.
Hargreave Heap, Shaun et al. (Hrsg.) (1994), *The Theory of Choice. A Critical Guide*, Oxford.
Harrington, Joseph (1989), »Comment on Robert Frank's ›If Homo Oeconomicus could choose his own Utility Function, would he want one with Conscience?‹«, in: *American Economic Review* 6, S. 588-593.
Harsaae, Erik (1994), »Verwendung der hermeneutischen Methode in der Ökonomie«, in: *Homo Oeconomicus* XI.1, S. 99-111.
Harsanyi, John C. (1996), »Morality and Incentives«, in: Farina, Francesco et al (1996), S. 22-35.
Hausman, Daniel M./McPherson, Michael S. (1996), *Economic Analysis and Moral Philosophy*, Cambridge.
Hausman, Daniel M./McPherson, Michael S. (1993), »Taking Ethics Seriously: Economics and Contemporary Moral Philosophy«, in: *Journal of Economic Literature* XXXI, S. 671-731.
Hausman, Daniel M. (1984a), »Are General Equilibrium Theories Explanatory?«, in: ders. (1984b), S. 344-359.
Hausman, Daniel M. (Hrsg.) (1984b), *The Philosophy of Economics*, Cambridge/Mass.
Hayek von, Friedrich A. (1977), *Drei Vorlesungen über Demokratie, Gerechtigkeit und Sozialismus*, Tübingen, S. 23-38.
Hegselmann, Rainer (1979), *Normativität und Rationalität – Zum Problem praktischer Vernunft in der analytischen Philosophie*, Frankfurt/M.
Hellwig, Martin (1987), »Versicherungsmärkte: Theorie – B. Versicherungsmärkte mit unvollständiger Information«, in: Farny, Dieter et al. (Hrsg.), *Handwörterbuch der Versicherungen*, Karlsruhe, S. 1065-1076.
Hempel, Carl G. (1980), »Comments on Goodman's Ways of Worldmaking«, in: *Synthese* 45, S. 193-199.
Henrichsmeyer, Wilhelm et al. (1988), *Einführung in die Volkswirtschaftslehre*, Stuttgart, 8. Auflage.
Hobbes, Thomas (1980), *Leviathan*, Stuttgart [1651].
Höffe, Otfried (1996a), *Vernunft und Recht*, Frankfurt/M.

Höffe, Otfried (1996b), »Der Kommunitarismus als Alternative? Nachbemerkungen zur Kritik am moralisch-politischen Liberalismus«, in: *Zeitschrift für philosophische Forschung* 50, S. 92-112.

Höffe, Otfried (1994), *Politische Gerechtigkeit. Grundlegung einer kritischen Philosophie von Recht und Staat*, Frankfurt/M., 2. Auflage.

Höffe, Otfried (1992), »Gerechtigkeit als Tausch? Ein ökonomisches Prinzip für die Ethik«, in: Lenk, Hans/Maring, Matthias (1992), S. 119-133.

Höffe, Otfried (1991), *Gerechtigkeit als Tausch? Zum politischen Projekt der Moderne*, Baden-Baden.

Höffe, Ofried (1988), »Minimalstaat oder Sozialrechte – eine Problemskizze«, in: ders., *Den Staat braucht selbst ein Volk von Teufeln. Philosophische Versuche zur Rechts- und Staatsethik*, Stuttgart, S. 78-104.

Höffe, Otfried (1984), »Sittlichkeit als Rationalität des Handelns?«, in: Herbert Schnädelbach (1984), S. 141-174.

Höffe, Otfried (Hrsg.) (1981), *Thomas Hobbes – Anthropologie und Staatsphilosophie*, Fribourg.

Holler, Manfred J. (1992), *Ökonomische Theorie der Verhandlungen*, München, 3. Auflage.

Holler, Manfred J./Illing, Gerhard (1996), *Einführung in die Spieltheorie*, Berlin u.a., 3. Auflage.

Hollis, Martin (1994a), *The Philosophy of Social Science*, Cambridge.

Hollis, Martin (1994b), »Autonomy«, in: Hargreave Heap, Shaun et al. (1994), S. 73-89.

Hollis, Martin (1993), »The Agriculture of the Mind«, in: Gauthier, David/Sugden, Robert (1993), S. 40-52.

Hollis, Martin (1992), »Honour among Thieves«, in: Hollis, Martin/Vossenkuhl, Wilhelm (1992), S. 115-130.

Hollis, Martin (1991), *Rationalität und soziales Verstehen*, Frankfurt/M.

Hollis, Martin (1984), »Homo Oeconomicus und die Erbsünde«, in: Markl, Karl-Peter (Hrsg.), *Analytische Politikphilosophie und ökonomische Rationalität*, Opladen, S. 230-253.

Hollis, Martin/Sugden, Robert (1993), »Rationality in Action«, in: *Mind* 102, S. 1-35.

Hollis, Martin/Vossenkuhl, Wilhelm (Hrsg.) (1992), *Moralische Entscheidung und rationale Wahl*, München.

Homann, Karl (1995), *Gewinnmaximierung und Kooperation – Eine ordnungsethische Reflexion*, Kieler Arbeitspapiere des Instituts für Weltwirtschaft an der Universität Kiel No. 691, Kiel.

Homann, Karl (1994), »Die moralische Qualität der Marktwirtschaft«, in: *List-Forum* 20.1, S. 15-27.

Homann, Karl/Pies, Ingo (1993), »Liberalismus: kollektive Entwicklung individueller Freiheit – Zu Programm und Methode einer liberalen Gesellschaftstheorie«, in: *Homo Oeconomicus* X.3/4, S. 297-347.

Hubig, Christoph/Poser, Hans (Hrsg.) (1996), *Cognitio Humana – Dynamik des Wissens und der Werte*, Leipzig.

Hume, David (1990a), *Untersuchungen über die Prinzipien der Moral*, Stuttgart [1751].

Hume, David (1990b), *Eine Untersuchung über den menschlichen Verstand*, Stuttgart [1748].

Hume, David (1978), *A Treatise of Human Nature*, Oxford [1739].
Jacobsen, Hans Jørgen (1996), »On the Foundations of Nash Equilibrium«, in: *Economics and Philosophy* 12, S. 46-88.
Jones, Karen (1996), »Trust as an Effective Attitude«, in: *Ethics* 107, S. 4-25.
Kant, Immanuel (1795), *Zum ewigen Frieden. Ein philosophischer Entwurf.*
Kant, Immanuel (1785), *Grundlegung zur Metaphysik der Sitten.*
Kant, Immanuel (1781), *Kritik der reinen Vernunft.*
Kapp, K. William (1988), *Soziale Kosten der Marktwirtschaft*, Frankfurt/M. [1960].
Kappelhoff, Peter (1995), »Soziale Interaktion als Tausch: Tauschhandlung, Tauschbeziehung, Tauschsystem, Tauschmoralität«, in: *Ethik und Sozialwissenschaften* 6, S. 3-13.
Kappelhoff, Peter (1993), *Soziale Tauschsysteme. Strukturelle und dynamische Erweiterungen des Marktmodells*, München.
Kavka, Gregory S. (1993), »Internal Prisoner's Dilemma Vindicated«, in: *Economics and Philosophy* 9, S. 171-174.
Kelly, Jerry S. (1988), *Social Choice Theory*, Berlin.
Kern, Horst (1996), »Vertrauensverlust und blindes Vertrauen: Integrationsprobleme im ökonomischen Handeln«, in: *SOFI-Mitteilungen* 24, S. 7-14.
Kern, Lucian/Nida-Rümelin, Julian (1994a), »Eine Positionen-orientierte Lösung des Liberalen Paradoxon«, in: Julian Nida-Rümelin (1994d), S. 437-447.
Kern, Lucian/Nida-Rümelin, Julian (1994b), *Logik kollektiver Entscheidungen*, München.
Kirchenamt der Evangelischen Kirche/Sekretariat der Deutschen Bischofskonferenz (Hrsg.) (1997), *Für eine Zukunft in Solidarität und Gerechtigkeit*, Bonn.
Kirchgässner, Gebhard (1992), *Hält sich der Homo Oeconomicus an Regeln?*, Diskussionsbeiträge der Volkswirtschaftlichen Abteilung der Hochschule St. Gallen (67).
Kirchgässner, Gebhard (1991), *Homo Oeconomicus*, Tübingen.
Kirchgässner, Gebhard (1986), *Die neue Welt der Ökonomik*, Beiträge des Fachbereiches Wirtschaftswissenschaften der Universität Osnabrück.
Kirzner, Israel (1994), »The Ethics of Competition«, in: Siebert, Horst (1994), S. 101-114.
Kleinewefers, Hennen (1985), *Reformen für Wirtschaft und Gesellschaft*, Berlin.
Knudsen, Christian (1993), »Modelling Rationality, Institutions and Processes in Economic Theory«, in: Mäki, Uskali et al. (Hrsg.), *Rationality, Institutions and Economic Methodology*, London, S. 265-299.
Korsgard, Christine M. (1986), »Scepticism about Practical Reason«, in: *The Journal of Philosophy* 1, S. 5-25.
Krebs, Martina (1996), »Kann denn Liebe Arbeit sein?«, in: Hubig, Christoph/Poser, Hans (1996), S. 172-179.
Kreps, David (1990), »Corporate Culture and Economic Theory«, in: Alt, James E./Shepsle, Kenneth E. (Hrsg.), *Perspectives on Positive Political Economy*, Cambridge, S. 90-143.
Kreps, David (1988), *Notes on the Theory of Choice*, London.
Kurnitzky, Horst (1994), *Der heilige Markt. Kulturhistorische Anmerkungen*, Frankfurt/M.
Kymlicka, Will (1990), *Contemporary Political Philosophy*, Oxford.
Laden, Anthony (1991), »Games, Fairness, and Rawls's A Theory of Justice«, in: *Philosophy and Public Affairs* 20, S. 139-222.

Lanz, Peter (1993), »The Explanatory Force of Action Explanation«, in: Stoecker, Ralf (1993b), S. 291-301.

Lehning, Percy B. (1993), »Right Constraints?«, in: Gauthier, David/Sugden, Robert (1993), S. 95-115.

Lenk, Hans/Maring, Matthias (Hrsg.) (1992), *Wirtschaft und Ethik*, Stuttgart.

Levi, Isaac (1994), »Consequentialism and Sequential Choice«, in: Bacharach, Michael/Hurley, Susan (1994), S. 92-122.

Levi, Isaac (1986), *Hard Choices. Decision Making under unresolved Conflict*, New York.

Lindblom, Charles (1983), *Jenseits von Markt und Staat. Eine Kritik der politischen und ökonomischen Systeme*, Frankfurt/M. u.a.

Lingen v., Thomas (1993), *Marktgleichgewicht oder Marktprozeß – Perspektiven der Mikroökonomik*, Wiesbaden.

Locke, John (1983), *Über die Regierung*, Stuttgart [1690].

Lodewijks, John (1994), »Anthropologists and Economics: Conflict or Cooperation?«, in: *Journal of Economic Methodology* 1.1, S. 81-104.

Lohmann, Karl Reinhard (1997a), »Moralische Überzeugung und wirtschaftliche Wahl«, in: Lohmann, Karl Reinhard/Priddat, Birger P. (1997), S. 117-138.

Lohmann, Karl Reinhard (1997b), »Was ist eigentlich Wirtschaftsethik? Eine systematische Einführung«, in: *Aus Politik und Zeitgeschichte. Beilage zur Wochenzeitschrift ›Das Parlament‹* B 21, S. 31-38.

Lohmann, Karl Reinhard (1996a), »Reich, nicht glücklich. Eine Kritik des neoliberalen Wohlfahrtsmodells«, in: Hubig, Christoph/Poser, Hans (1996), S. 156-163.

Lohmann, Karl Reinhard (1996b), »Zur Integration von Werten in Entscheidungen: Entscheidungsorientierung und eine liberale Theorie der Werte«, in: Lohmann, Karl Reinhard/Schmidt, Thomas (1996), S. 137-194.

Lohmann, Karl Reinhard (1995a), »Die Bedeutung der Intuition bei Entscheidungen«, in: Priddat, Birger P. (Hrsg.), *Wittener Jahrbuch für ökonomische Literatur*, Marburg, S. 175-189.

Lohmann, Karl Reinhard (1995b), *Darf Pedro sein Land verkaufen?*, Marburg.

Lohmann, Karl Reinhard/Priddat, Birger P. (Hrsg.) (1997), *Ökonomie und Moral. Beiträge zur Theorie ökonomischer Rationalität*, München.

Lohmann, Karl Reinhard/Schmidt, Thomas (Hrsg.) (1996), *Werte und Entscheidungen im Management*, Marburg.

Lowes, Adolph (1984), *Politische Ökonomik*, Königstein.

Machina, Mark J. (1994), »Dynamic Consistency and Non-Expected Utility«, in: Bacharach, Michael/Hurley, Susan (1994), S. 39-91.

MacIntyre, Alasdair (1985), »Was dem Handeln vorhergeht« [zuerst als: »The Antecedents of Action«, in: Williams, Bernhard (Hrsg.), *British Analytical Philosophy*, London 1966], in: Beckermann, Ansgar (1985), S. 168-194.

Mackie, John L. (1992), *Ethik – Die Erfindung des moralisch Richtigen und Falschen*, Stuttgart [1977].

Macpherson, Crawford B. (1990), *Die politische Theorie des Besitzindividualismus*, Frankfurt/M. [1962], 3. Auflage.

Malmnäs, Per-Erik (1994), »Axiomatic Justification of the Utility Principle: A formal Investigation«, in: *Synthese* 99.2, S. 233-249.

Mandeville, Bernard (1980), *Die Bienenfabel oder Private Laster, öffentliche Vorteile*, Frankfurt/M. [1714].

March, James G. (1978), »Bounded Rationality, Ambiguity and the Engineering of Choice«, in: *Bell Journal of Economics* 9, S. 587-608, wiederabgedruckt in: Elster, Jon (1986), S. 142-170.

Margalit, Avishai/Goldblum, Naomi (1995), »A Metaphor Game«, in: *Synthese* 104.2, S. 299-323.

Marx, Karl (1957), *Das Kapital*, Stuttgart [1867-1894; in der von Kautsky, Benedikt hrsg. gekürzten Volksausgabe 1927].

Mayer-Tasch, Peter Cornelius (1983), »Das Problem der Naturrechtslehre«, in: Locke, John, *Über die Regierung*, Stuttgart, hrsg. von Mayer-Tasch, Peter Cornelius, S. 192-200.

McClennen, Edward (1992), »Morality as a Public Good«, in: Hollis, Martin/Vossenkuhl, Wilhelm (1992), S. 25-41.

McClennen, Edward (1990), *Rationality and Dynamic Choice*, Cambridge.

McCloskey, Donald/Klamer, Arjo (1995), »One Quarter of GDP is Persuasion«, in: *The American Economic Review* 85.2, S. 191-200.

McMillan, John (1992), *Games, Strategies and Managers*, Oxford.

Meeks, Gay (Hrsg.) (1991), *Thoughtful Economic Man*, Oxford.

Meran, Josef (1992), »Wirtschaftsethik. Über den Stand der Wiederentdeckung einer philosophischen Disziplin«, in: Lenk, Hans/Maring, Matthias (1992), S. 45-81.

Meran, Josef (1991), »Wohlstand und Gerechtigkeit. Die Wirtschaft als Thema der praktischen Philosophie«, in: Bayertz, Kurt (Hrsg.), *Praktische Philosophie. Grundorientierungen angewandter Ethik*, Hamburg, S. 85-133.

Merz, Martin/Wernicke, Christian (1995), »Die neue Internationale. Greenpeace gegen Shell und Frankreich. Amnesty für Menschenrechte. Terre des hommes für die Armen – private Organisationen nehmen Einfluß auf die Weltpolitik. Zwischen Markt und Staat erstarkt eine dritte Kraft«, in: *Die Zeit* 35 (25.08.1995), S. 9.

Messner, Dirk (1995), *Die Netzwerkgesellschaft*, Köln.

Mill, John Stuart (1985), *Der Utilitarismus*, Stuttgart [1871].

Moore, George Edward (1984), *Principia Ethica*, Stuttgart [1903].

Moreh, J. (1993), »Are there Internal Prisoner's Dilemmas?«, in: *Economics and Philosophy* 9, S. 165-169.

Morris, Stephan (1995), »The Common Prior Assumption in Economic Theory«, in: *Economics and Philosophy* 11, S. 227-253.

Müller, Gitti (1996), »Die erste Klasse entscheidet nicht mehr alleine«, in: *Frankfurter Rundschau* 17.06.1996, S. 6.

Myers, R. H. (1994), »Prerogatives and Restrictions from the Cooperative Point«, in: *Ethics* 105.1, S. 128-152.

Nagel, Thomas (1984), »Bemerkungen zu Bernard Williams' Beitrag«, in: Schaper, Eva/Vossenkuhl, Wilhelm (1984), S. 262-266.

Nagel, Thomas (1978), *The Possibility of Altruism*, Oxford.

Narveson, Jan (1983), »On Dworkinian Equality«, in: *Social Philosophy and Policy* 1/1, S. 1-23.

Negro, Franco (1963), *Das Eigentum. Geschichte und Zukunft – Versuch eines Überblicks*, München-Berlin.

Nell-Breuning von, Oswald (1963), »Wirtschaftsethik«, in: Görres-Gesellschaft (Hrsg.), *Staatslexikon. Recht-Wirtschaft-Gesellschaft*, Freiburg, Bnd. 8, S. 722-780, wiederabgedruckt in: Lenk, Hans/Maring, Matthias (1992), S. 31-44.

Nelson, Alan (1990), »Are Economic Kinds Natural?«, in: Savage, C. Wade (Hrsg.), *Scientific Theories. Minnesota Studies in the Philosophy of Science* Bnd. XIV, Minnesota, S. 102-135.

Neumann v., John/Morgenstern, Oscar (1968), »The Notion of Utility« [aus: dies., *Theory of Games and Ecomic Behaviour*, Princeton 1953], in: Page, Alfred N. (Hrsg.), *Utility Theory – A Book of Readings*, London, S. 215-233.

Nida-Rümelin, Julian (1997a), »Ökonomische Optimierung in den Grenzen struktureller Rationalität«, in: Lohmann, Karl Reinhard/Priddat, Birger P. (1997), S. 101-111.

Nida-Rümelin, Julian (1997b), »Soziale Demokratie und Kommunitarismus«, in: Chatzimarkis, Georgios/Hinte, Holger (Hrsg.), *Freiheit und Gemeinsinn*, Bonn, S. 287-289.

Nida-Rümelin, Julian (1996), »Bellum omnium contra omnes – eine Analyse des Hobbesschen Naturzustandskonzepts«, in: Kersting, Wolfgang (Hrsg.), *Thomas Hobbes – Leviathan*, Berlin, S. 109-130.

Nida-Rümelin, Julian (1995), »Der zivile Staat«, in: Luckner, Andreas (Hrsg.), *Dissens und Freiheit – Kolloquium Politische Philosophie*, Leipzig, S. 21-32.

Nida-Rümelin, Julian (1994a), »Das *rational-choice*-Paradigma: Extensionen und Revisionen«, in: ders. (1994d), S. 3-29.

Nida-Rümelin, Julian (1994b), »Begründung in der Ethik«, in *Logos* 1.3, S. 306-320.

Nida-Rümelin, Julian (1994c), »Die Vielfalt guter Gründe und die Theorie praktischer Rationalität«, in: *ProtoSoziologie* 6, S. 95-103.

Julian Nida-Rümelin (Hrsg.) (1994d), *Praktische Rationalität*, Berlin.

Nida-Rümelin, Julian (1993a), *Kritik des Konsequentialismus*, München.

Nida-Rümelin, Julian (1993b), »Practical Reason, Collective Rationality and Contractarianism«, in: Gauthier, David/Sugden, Robert (1993), S. 53-73.

Nida-Rümelin, Julian (1992), »Ökonomische Rationalität und praktische Vernunft«, in: Hollis, Martin /Vossenkuhl, Wilhelm (1992), S. 131-152.

Nida-Rümelin, Julian (1991), »Practical Reason or Metapreferences? An Undogmatic Defence of Kantian Morality«, in: *Theory and Decision* 30, S. 133-162.

Nisan, Mordecai (1986), »Die moralische Bilanz. Ein Modell moralischen Entscheidens«, in: Edelstein, Wolfgang/Nunner-Winkler, Gertrud (Hrsg.), *Zur Bestimmung der Moral. Philosophische und sozialwissenschaftliche Beiträge zur Moralforschung*, Frankfurt/M., S. 347-376.

North, Douglas C. (1990), *Institutions, Institutional Change and Economic Performance*, Cambridge/Mass.

Nozick, Robert (1995), *The Nature of Rationality*, New Jersey.

Nozick, Robert (1982), *Philosophical Explanation*, Cambridge.

Nozick, Robert (o. J.), *Anarchie, Staat und Utopie*, München [1974].

Nozick, Robert (1969), »Newcomb's Problem and Two Principles of Choice«, in: Rescher, Nicholas et al. (Hrsg.), *Essays in Honor of Carl G. Hempel*, Dordrecht, S. 114-146, wiederabgedruckt in: Campbell, Richmond/Sowden, Lanning (Hrsg.) (1985), *Paradoxes of Rationality and Cooperation*, Vancouver, S. 107-133.

Osborne, Martin J. (1985), »The Role of Risk Aversion«, in: Roth, Alvin E. (1985c), S. 181-213.
Pareto, Vilfredo (1976), *Das Individuelle und das Soziale*, [Vortrag auf dem Internationalen Kongreß für Philosophie, Genf 1904], in: ders., *Ausgewählte Schriften*, hrsg. von Mongardini, Carlo, Frankfurt/M., S. 153-162.
Pettit, Philip (1994), »Decision Theory and Folk Psychology«, in: Bacharach, Michael/ Hurley, Susan (1994), S. 147-175.
Phlips, Louis (1983), *Applied Consumption Analysis*, Oxford.
Pichler, Joseph A. (1978), »Capitalism in America. Moral Issues and Public Policy«, in: George de, Richard T./Pichler, Joseph A. (Hrsg.), *Ethics, Free Enterprise and Public Policy*, New York, S. 19-39.
Pinzler, Petra (1997), »›Gott meint es gut mit mir.‹ Kleinstkredite als wirksames Instrument der Entwicklungspolitik«, in: *Die Zeit* 6 (31.01.1997), S. 33.
Pinzler, Petra (1994), »Moral statt Markt«, in: *Die Zeit* 49 (02.12.1994), S. 37.
Piper, Adrian M. S. (1996), »Making Sense of Value«, in: *Ethics* 106, S. 525-537.
Piper, Nikolaus (1997), »Gott und das Geld«, in: *Die Zeit* 10 (28.02.1997), S. 24.
Priddat, Birger P. (1997), »Alternative Interpretation einer ökonomischen Metapher: die ›invisible hand‹ bei Adam Smith«, in: *Ethik und Sozialwissenschaften* 8.2, S. 1-10.
Priddat, Birger P. (1996), »Statt einer Einleitung: Essay über Unternehmensphilosophie – und darüber, was sie nicht ist.«, in: Lohmann, Karl Reinhard/Schmidt, Thomas (1996), S. 11-18.
Priddat, Birger P. (1994), *Ökonomische Knappheit und moralischer Überschuß*, Hamburg.
Priddat, Birger P. (1993), »Ökonomie und Macht. John Locke. Neue Ansätze«, in: Gebhardt, Jürgen/Münkler, Herfried (1993), S. 139-172.
Putnam, Hilary (1985), »Geist und Maschine«, [zuerst als: »Minds and Machines«, in: Hook, S. (Hrsg.), *Dimensions of Mind*, New York 1960], in: Beckermann, Ansgar (1985), S. 364-397.
Putnam, Robert (1993), *Making Democracy Work. Civic Traditions in Modern Italy*, Princeton.
Rasmussen, Eric (1989), *Games and Information*, Oxford.
Rawls, John (1994a), Gerechtigkeit als Fairneß: politisch und nicht metaphysisch [zuerst als: »Justice as Fairness: Political not Metaphysical«, in: *Philosophy and Public Affairs* 14 (1985)], in: ders. (1994e), S. 255-292.
Rawls, John (1994b), Der Gedanke eines übergreifenden Konsenses [zuerst als: »The Idea of an Overlappping Consensus«, in: *Oxford Journal of Legal Studies* 7 (1987)], in: ders. (1994e), S. 293-332.
Rawls, John (1994c), »Der Bereich des Politischen und der Gedanke eines übergreifenden Konsenses« [zuerst als: »The Domain of the Political and Overlapping Consensus«, in: *New York Law Review* 64 (1989)], in: ders. (1994e), S. 333-363.
Rawls, John (1994d), Der Vorrang des Rechten und die Ideen des Guten [zuerst als: »The Priority of Right and the Ideas of the Good«, in: *Philosophy and Public Affairs* 17 (1988)], in: ders. (1994e), S. 364-397.
Rawls, John (1994e), *Die Idee des politischen Liberalismus. Aufsätze 1978-1989*, Frankfurt/M.
Rawls, John (1993), *Eine Theorie der Gerechtigkeit*, Frankfurt [1971], 7. Auflage.

Rawls, John (1982), »Social Unity and primary Goods«, in: Sen, Amartya/Williams, Bernard (1982), S. 159-185.
Raz, Joseph (1990), *Practical Reasons and Norms*, New Jersey.
Roback Morse, Jennifer (1997), »Who is Rational Economic Man?«, in: *Social Philosophy and Policy* 14.1, S. 179-206.
Rorty, Richard (1994), »Wahrheit ohne Realitätsentsprechung«, in: ders., *Hoffnung statt Erkenntnis: eine Einführung in die pragmatische Philosophie*, Wien, S. 11-36.
Rorty, Richard (1988), »Solidarität und Objektivität?« [zuerst als: »Solidarity or Objectivity«, in: Rajchman, John (Hrsg.), *Post-Analytical Philosophy*, New York 1986], in: ders., *Solidarität oder Objektivität? Drei philosophische Essays*, Stuttgart, S. 11-37.
Rosenberg, Alexander (1992), *Economics – Mathematical Politics or Science of Diminishing Returns?*, Chicago.
Ross, Don (1995), »Ontological Foundation of Microeconomics«, in: *Economics and Philosophy* 11, S. 113-136.
Roth, Alvin E. (1985a), »Editor's Introduction and Overview«, in: ders. (1985c), S. 1-7.
Roth, Alvin E. (1985b), »Toward a Focal-Point Theory of Bargaining«, in: ders. (1985c), S. 259-268.
Roth, Alvin E. (1985c), *Game-theoretic Models of Bargaining*, Cambridge.
Rothschild, Kurt W. (1981), *Einführung in die Ungleichgewichtstheorie*, Berlin.
Rousseau, Jean Jaques (1989), *Abhandlung über den Ursprung und die Grundlagen der Ungleichheit unter den Menschen*, Berlin [1755].
Rowe, Nicholas (1989), *Rules and Institutions*, New York.
Rutherford, Malcolm (1994), *Institutions in Economics – The old and the new Institutionalism*, Cambridge/Mass.
Ryle, Gilbert (1987), *Der Begriff des Geistes*, Stuttgart [1949].
Schaper, Eva/Vossenkuhl, Wilhelm (Hrsg.) (1984), *Bedingung der Möglichkeit. ›Transcendental Arguments‹ und transzendentales Denken«*, Stuttgart.
Scharpf, Fritz W./Mohr, Martin (1994), *Efficient Self-Coordination in Policy Networks - A Simulation Study*, Max-Planck-Institut für Gesellschaftsforschung Discussion Paper 94.1, Köln.
Scheffler, Samuel (1994), »The Appeal of Political Liberalism«, in: *Ethics* 105.1, S. 4-22.
Schlatter, Richard (1951), *Private Property. The History of an Idea*, London.
Schlothfeld, Stephan (1995), *Arbeit, Selbstachtung, Selbstverwirklichung*, Diskussionspapier Nr. 24, Wirtschaftswissenschaftliche Fakultät der Universität Witten/Herdecke.
Schmidt, Johannes (1995), »Rational Choice Fundierung von Gerechtigkeitsprinzipien«, in: *Analyse und Kritik* 17, S. 167-182.
Schmidt, Thomas (1996a), »Klassische Erwartungsnutzentheorie: Status, Anwendbarkeit, Perspektive«, in: Kunze, Volker/Druwe, Ulrich (Hrsg.), *Handlungs- und Entscheidungstheorie in der Politikwissenschaft*, Opladen, S. 42-55.
Schmidt, Thomas (1996b), »Werte und Entscheidungen: Über die Relevanz einiger ausgewählter Kapitel der praktischen Philosophie für ein empirisches Forschungsprojekt«, in: Lohmann, Karl Reinhard/Schmidt, Thomas (1996), S. 29-82.
Schmidt, Thomas (1995), *Rationale Entscheidungstheorie und reale Personen*, Marburg.
Schmidtz, David (1997), »Self-Interest: What's in it for me?«, in: *Social Philosophy and Policy* 14.1, S. 107-121.
Schmitz, David (1994), »Choosing Ends«, in: *Ethics* 104.2, S. 226-251.

Schnädelbach, Herbert (Hrsg.) (1984), *Rationalität*, Frankfurt/M.
Selten, Reinhard (1978), »The Chain-Store-Paradox«, in: *Theory and Decision* 9, S. 127-159.
Selten, Reinhard (1975), »Reexamination of the Perfectness Concept for Equilibrium Points in Extensive Games«, in: *International Journal of Game Theory* 4, S. 25-55.
Sen, Amartya (1991), »Beneconfusion«, in: Meeks, Gay (1991), S. 12-16.
Sen, Amartya (1987), *On Ethics and Economics*, Oxford.
Sen, Amartya (1986), »Behaviour and the Concept of Preference«, in: Elster, Jon (1986), S. 60-81.
Sen, Amartya (1977), »Rational Fools: A Critique of the Behavioral Foundations of Economic Theory«, in: *Philosophy and Public Affairs* 6, S. 317-344.
Sen, Amartya (1974), »Choice, Orderings and Morality«, in: Körner, Stefan (Hrsg.), *Practical Reason*, Oxford, S. 54-67.
Sen, Amartya (1971), *Collective Choice and Social Welfare*, San Francisco u.a.
Sen, Amartya/Williams, Bernard (Hrsg.) (1982), *Utilitarianism and Beyond*, Cambridge.
Siebert, Horst (Hrsg.) (1994), *The ethical Foundation of the Market Economy*, Tübingen.
Simmel, Georg (1903), »Soziologie der Konkurrenz«, in: *Neue Deutsche Rundschau* 14, S. 1009-1023; wiederabgedruckt in: ders. (1986), S. 173-193.
Simmel, Georg (1900), »Die Arbeitsteilung als Ursache für das Auseinandertreten der subjektiven und der objektiven Kultur«, aus: ders., *Philosophie des Geldes*, Leipzig, S. 475-505, wiederabgedruckt in: ders. (1986), S. 95-128.
Simmel, Georg (1896), »Das Geld in der modernen Kultur«, in: *Zeitschrift des Oberschlesischen Berg- und Hüttenmännischen Vereins* 35, wiederabgedruckt in: ders. (1986), S. 78-94.
Simmel, Georg (1986), *Schriften zur Soziologie*, hrsg. Heinz-Jürgen Dahme/Otthein Rammstedt, Frankfurt/M.
Simon, Herbert (1986), »Rationality in Psychology and Economics«, in: *Journal of Business* 59.4, S. 219-224.
Simon, Herbert (1957), *Models of Man*, New York.
Smith, Adam (1978), *Der Wohlstand der Nationen*, München [1776].
Soros, George (1997), »Die kapitalistische Bedohung«, in: *Die Zeit* 4 (17.01.1997), S. 25.
Sowell, Thomas (1994), *Classical Economics Reconsidered*, Princeton [1974].
Sowell, Thomas (1983), *The Economics and the Politics of Race*, New York.
Sterne, Laurence (1994), *Tristram Shandy*, München [1759].
Stewart, Hamish (1995), »A Critique of Instrumental Reason in Economics«, in: *Economics and Philosophy* 11.1, S. 57-83.
Stobbe, Alfred (1983), *Volkswirtschaftslehre II – Mikroökonomik*, Berlin.
Stoecker, Ralf (1993a), »Reasons, Actions and their Relationship«, in ders. (1993b), S. 265-286.
Stoecker, Ralf (1993b), *Reflecting Davidson*, Berlin.
Strauss, Leo (1965), *Hobbes' Politische Wissenschaft*, Neuwied-Berlin.
Sturgeon, Nicholas L. (1996), »Anderson on Reason and Value«, in: *Ethics* 106, S. 509-524.
Suchanek, Andreas (1997), »Verdirbt der *homo oeconomicus* die Moral?«, in: Lohmann, Karl Reinhard/Priddat, Birger P. (1997), S. 65-84.

Suchanek, Andreas (o. J.), *Der homo oeconomicus als Heuristik*, Diskussionsbeiträge der wirtschaftswissenschaftlichen Fakultät Ingolstadt der Katholischen Universität Eichstätt Nr. 38.

Suchanek, Andreas (1993), *Ökonomischer Ansatz und theoretische Integration*, Tübingen.

Sugden, Robert (1996), »Rational Co-ordination«, in: Farina, Francesco et al. (1996), S. 244-262.

Sugden, Robert (1994a), »Consumer Theory«, in: Hargreave Heap, Shaun et al. (1994), S. 265-285.

Sugden, Robert (1994b), »Rational Bargaining«, in: Bacharach, Michael/Hurley, Susan (1994), S. 294-315.

Sugden, Robert (1994c), »The Theory of Rights«, in: Siebert, Horst (1994), S. 31-51.

Sugden, Robert (1985), »Why be consistent? A Critical Analysis of Consistency Requirements in Choice Theory«, in: *Economica* 52, S. 167-183.

Taylor, Charles (1992a), »Was ist menschliches Handeln?«, in: ders. (1992c), S. 9-51.

Taylor Charles (1992b), »Bedeutungstheorien«, in: ders. (1992c), S. 52-117.

Taylor, Charles (1992c), *Negative Freiheit? Zur Kritik des neuzeitlichen Individualismus*, Frankfurt/M..

Taylor, Charles (1982), »The Diversity of Goods«, in: Sen, Amartya/Williams, Bernard (1982), S. 129-144.

Taylor, Charles (1979), *Hegel and Modern Society*, Cambridge.

Tilly, John (1994), »Accounting for the Tragedy in the PD«, in: *Synthese* 99.2, S. 251-276.

Trapp, Rainer (1994), »Die Verwendbarkeit von Verhandlungsmodellen im Rahmen der Ethik«, in: Nida-Rümelin, Julian (1994d), S. 313-347.

Tugendhat, Ernst (1994), *Vorlesungen über Ethik*, Frankfurt/M., 2. Auflage.

Tugendhat, Ernst (1992a), »Zum Begriff und zur Begründung von Moral«, in: ders. (1992d), S. 315-333.

Tugendhat, Ernst (1992b), »Liberalism, Liberty and the Issue of Economic Human Rights«, in: ders. (1992d), S. 352-370.

Tugendhat, Ernst (1992c), »Die Hilflosigkeit der Philosophen angesichts der moralischen Schwierigkeiten von heute«, in: ders. (1992d), S. 371-382.

Tugendhat, Ernst (1992d), *Philosophische Aufsätze*, Frankfurt/M.

Tully, James (1982), *A Discourse on Property*, Cambridge.

Tuomela, Raimo (1996), »Rational Cooperation and Collective Goals«, in: *ProtoSoziologie* 8/9, S. 260-291.

Tversky, Amos/Kahnemann, Daniel (1990), »Rational Choice and the Framing of Decision«, in: Karen Schweers Cook/Margaret Levi (Hrsg.), *The Limits of Rationality*, Chicago, S. 60-89.

Tversky, Amos/Kahneman, Daniel (1981), »The Framing of Decision and the Psychology of Choice«, in: *Science* 211, S. 453-458, wiederabgedruckt in: Elster, Jon (1986), S. 123-141.

Ulrich, Peter (1993), *Transformation der ökonomischen Vernunft. Fortschrittsperspektiven der modernen Industriegesellschaft*, Bern u.a., 3. Auflage.

Vallentyne, Peter (1991a), »Gauthier's three Projects«, in: ders. (1991b), S. 1-11.

Vallentyne, Peter (Hrsg.) (1991b), *Contractarianism and Rational Choice*, Cambridge/Mass.

Vargas Llosa, Mario (1997), »Der Teufel als Prediger«, in: *Die Zeit* 8 (14.02.1997), S. 24.

Vilks, Arnis (1991), *Neoklassik, Gleichgewicht und Realität*, Heidelberg.

Voltaire, François Marie (1964), *Candide oder der Glaube an die beste der Welten*, Berlin [1759].

Vossenkuhl, Wilhelm (1992a), »Vernünftige Wahl, rationale Dilemmas und moralische Konflikte«, in: Hollis, Martin/Vossenkuhl, Wilhelm (1992), S. 167-173.

Vossenkuhl, Wilhelm (1992b), »Ökonomische Rationalität und moralischer Nutzen«, in: Lenk, Hans/Maring, Matthias (1992), S. 186-213.

Vossenkuhl, Wilhelm (1989), »Understanding Individuals«, in: Schaper, Eva/Vossenkuhl, Wilhelm (Hrsg.), *Reading Kant*, Oxford, S. 196-214.

Vossenkuhl, Wilhelm (1984), »Präsuppositionen moralischer Urteile und Kriterien der Moralität«, in: Schaper, Eva/Vossenkuhl, Wilhelm (1984), S. 267-275.

Wassermann, David (1996), »Let them eat Chances: Probability and Distributive Justice«, in: *Economics and Philosophy* 12, S. 29-49.

Weber, Max (1985), *Wirtschaft und Gesellschaft*, Tübingen [1921].

Weizsäcker von, C. Christian (1997), »Die populistische Herausforderung«, in: *Die Zeit* 6 (31.01.1997), S. 36.

Westerwelle, Guido (1997), »Einige müssen rudern«, in: *Die Zeit* 14 (28.03.1997), S. 8.

Wieland, Christoph Martin (1984), *Geschichte der Abderiten*, Berlin, Weimar [1781].

Williams, Bernard (1996), »Values, Reasons, and the Theory of Persuasion«, in: Farina, Francesco et al. (1996), S. 66-74.

Williams, Bernard (1984a), »Präsuppositionen der Moralität«, in: Schaper, Eva/Vossenkuhl, Wilhelm (1984), S. 251-261.

Williams, Bernard (1984b), *Moralischer Zufall*, Königstein.

Wilson, Robert (1985), »Reputation in Games and Markets«, in: Roth, Alvin E. (1985c), S. 27-62.

Witt, Ulrich (1995), »Evolutorische Ökonomik«, in: Seifert, Eberhard K./Priddat, Birger P. (Hrsg.), *Neuorientierungen in der ökonomischen Theorie: Zur moralischen, institutionellen und evolutorischen Dimension des Wirtschaftens*, Marburg, S. 153-179.

Witt, Ulrich (1987), *Individualistische Grundlagen der evolutorischen Ökonomik*, Tübingen.

Sachregister